한국 민주화운동의 성격과 논리

한국 민주화운동의 성격과 논리

초판 1쇄 발행 2010년 12월 22일

편 자 ㅣ 안병욱
발행인 ㅣ 윤관백
발행처 ㅣ 

편 집 ㅣ 이경남 · 김민희 · 하초롱 · 소성순 · 주명규
표 지 ㅣ 김현진
제 작 ㅣ 김지학
영 업 ㅣ 이주하

인 쇄 ㅣ 한성인쇄
제 본 ㅣ 광신제책

등록 ㅣ 제5-77호(1998.11.4)
주소 ㅣ 서울시 마포구 마포동 324-1 곳마루 B/D 1층
전화 ㅣ 02)718-6252 / 6257   팩스 ㅣ 02)718-6253
E-mail ㅣ sunin72@chol.com
Homepage ㅣ www.suninbook.com

정가 21,000원
ISBN   978-89-5933-400-1(세트)
ISBN   978-89-5933-404-9   94300

· 잘못된 책은 바꿔 드립니다.

민주화운동기념사업회 4월혁명 50주년 기념 연구총서 4

한국 민주화운동의 성격과 논리

한국역사연구회 안병욱 편

발간사

　50년 전 무너진 이 땅의 민주주의를 지키기 위해 싸웠던 수많은 젊은이가 있었습니다. 그 해의 4월, 180여 위의 희생자와 6천여 명의 부상자라는 크나큰 희생을 치른 끝에 한국사회는 부정과 부조리에 물든 이승만 권위주의체제를 무너뜨리고 민주주의를 시대적 가치로 각인시킬 수 있었습니다.

　부정선거에 대한 학생들의 항의시위로 시작되어 시민혁명으로 발전한 4월혁명은 형식과 제도로서의 민주주의를 만들어냈을 뿐 아니라, 진정으로 국민을 주인으로 나서게 하는 민주화운동의 시원이자 거대한 분수령이라는 의의를 지니고 있습니다. 4월혁명은 국내적으로는 모든 지역에서 전개된 전국적 수준의 혁명이었으며, 국제적으로도 아시아는 물론 세계의 민주화운동에 있어 선도적인 모범을 보인 혁명입니다.

이 극적인 사건은 한국적 상황에서뿐만 아니라 국제적 상황에서도 참으로 유일무이한 독특한 사건입니다. 우리는 현대역사에서 4월혁명과 비교 가능한 권력과 사건 사이의 상호작용 형태를 알지 못합니다.

4월혁명 50주년을 맞아 열렸던 국제학술대회에서 고트프리드 킨더만 뮌헨대 명예교수가 했던 이 말은, 4월혁명의 특징과 함께 세계사에서 지니는 위상을 잘 보여주고 있습니다.

반세기의 시간 동안 질곡의 역사를 헤쳐오면서, 4월혁명은 대부분의 사람들에게 '미완의 혁명'으로 인식되고 있습니다. 하지만 '현재진행형'인 4월혁명의 의미는 50년이라는 시간의 흐름 속에서 기억이 흐려지는 과정을 겪고 있기도 합니다.

때문에 민주화운동기념사업회는 4월혁명 50주년을 맞이하여 4월혁명의 정신을 재조명하고 계승함으로써 민주화운동의 역사성을 규명하고 민주주의의 성숙을 함께 고민하고 모색하기 위해 일련의 작업들을 진행해왔습니다. 4월혁명 관련 사료를 집대성한 사료총집을 만드는 작업이 그 한 축이라면, 지역별로 진행된 4월혁명의 구체적 역사를 복원하고, 오늘의 시각에서 4월혁명을 재조명하는 다양한 연구들을 수행하는 것이 다른 한 축이었습니다. 모두 6권으로 발행되는 4월혁명 50주년 연구총서는 이 같은 연구 결과들을 모은 것입니다.

우선 다양한 연구자들과 함께 반세기가 지난 현시점에서 4월혁명을 재조명하는 종합적인 연구서 『4월혁명과 한국민주주의』를 발간하였습니다. 둘째, 제주를 포함한 전국 10개 지역에서 "지역에서의 4월혁명과 한국민주주의의 지역적 과제"라는 주제하에 학술토론회를 개최하여 4월혁명이 각 지역에서 어떻게 전개되었는지, 민주주의와 관련해서 각 지역이 안고 있는 문제점이 무엇인지를 고찰하고, 그 결과물을 바탕으로 『지역에서의 4월혁명』을 발간하였습니다. 셋째, 한국여성문학학회·여성사학회·한국여성철학회, 한국사회경제학회, 한국역사연구회, 한국정치연구회, 현대매체연구회, 비판사회학회 등 여러 진보적 학술단체들과 함께 4월혁명 50주년을 기념하는 학술토론회를 공동으로 개최하고, 그 결과물을 4권의 책으로 발간하였습니다.

어려운 과제를 맡아 훌륭한 연구를 수행해 주신 많은 연구자들, 각 지역에서 4월 정신을 되살려 민주주의 발전을 위해 애쓰고 계신 벗들에게 감사의 인사를 전합니다. 민주주의와 정의를 향한 1960년 4월의 웅장한 기념비 위에, 5월과 6월의 찬연한 역사를 새겨온 모든 분들께도 진심으로 감사드립니다.

4월혁명 50주년의 의미를 다시 한 번 깊이 성찰하면서 이 연구 성과들이 민주화운동의 역사와 의미에 대한 연구를 더욱 풍부하게 하고, 한국 민주주의의 지속적인 발전에 이바지하는 단단한 주춧돌이 되기를 기대합니다.

2010년 11월
민주화운동기념사업회 이사장　함세웅

민족, 민주, 민중론의 재평가를 시도하며

올해는 '4월혁명' 50주년, 5·18광주민주항쟁 30주년이 되는 해이다. 4월혁명은 이승만정권을 붕괴시키고 한국사회에 새로운 국면을 창출했지만 1년 후인 5·16쿠데타로 사실상 진압당하였다. 5·18광주민주항쟁은 신군부의 탄압으로 실패하였다. 그러나 4월혁명과 5·18민주항쟁의 경험과 기억들은 계속해서 한국사회에서 민주주의와 사회변혁에 대한 열정과 행동을 추동하는 힘이 되었다. 한국의 민주화운동은 끊임없이 희생을 축적하며 줄기차게 전개되었고, 지금도 민주주의의 영역과 수준을 확대하기 위하여 계속되고 있다.

어느 나라이든 민주주의는 사람들의 능동적인 참여와 행동을 통해 달성된다. 민주주의 제도와 장치는 혹시 외부로부터 이식되거나 수용될 수 있을지도 모른다. 그러나 이러한 제도와 장치를 실제로 작동시키는 동력은 민주주의를 누리고자 하는 사람들이 스스로 형성할 수밖에 없다. 한국의 민주화운동은 한국 민주주의를 가능하게 하고, 그것을 실제로 작동하게 만든 힘의 원천이었다고 할 수 있다.

한국의 민주화운동세력들은 민주화를 추동하는 힘을 마련하기 위해 나름대로 독특한 논리와 지향점을 형성하였다. 과거 민주화운동에서 이러한 지향점은 흔히 '민족', '민주', '민중'이라는 단어로 표상되었다. 최근 들어 이러한 민주화운동의 논리에 대해 비판적 성찰을 촉구하는 논리도 나타났다. 탈민족주의론이 제기되면서 한국의 민주화운동이 갖고 있었던 민족주의적 경향에 대해 반론이 제기되었다. 민주화운동 과정에서 민주주의는 '옳은 것'이라는 도덕적 시각이 너무 압도하다보니 실제 그 내용을 채워나가는 데 있어서 제도적으로나 내용적으로도 많은 한계를 보였다는 지적도 있었다. 즉 1987년 6월민주항쟁 이후 민주화 과정에서도 좀처럼 정당정치가 자리 잡지 못하고, 민주화의 성과가 제대로 사회경제적 측면의 민주주의로 확산되지 못하고 있다는 비판이 그것이다. 또한 민중론에 대해서도 민중이 변혁주체로 너무 단일하게 표상되어 민중 내부의 다양성을 반영하지 못한다는 반론이 있었다.

민주주의라는 것은 어떤 고정된 목표점이라기보다는 끊임없이 그 형식과 내용을 개선해 나아가야 하는 지향점이라 할 수 있다. 따라서 민주화도 어느 순간에 목표점에 도달하여 완성되는 것이 아니라 끊임없이 추구해야 할 과정으로 존재한다고 할 수 있다. 이러한 측면에서 과거 민주화운동의 논리와 지향성은 끊임없이 다양한 비판과 성찰 속에서 새로운 생명을 얻어가야 할 것이다. 과거 민주화운동의 논리는 불균등한 세계체제에서 나타난 대외적 예속/종속의 문제, 민족분단, 계급적 불평등 등 한국사회가 처해있는 내외적 조건 속에서 그것에 대한 대응으로 나온 것이었다. 물론 이러한 조건들 자체가 현재 많이 변화하기는 하였지만 근본적으로 문제가 해결된 것은 아니다. 과거 민주화운동세력이 고민했던 문제들은 그 양상은 달라졌지만 여전히 현재진행형이라 할 수 있다.

한국사회에서 사상적, 학술적 흐름은 주로 외부적 자극에 의하여 단절과 재출발을 반복하는 경향이 없지 않다. 과거의 나름대로 이유 있는 고민과 그로부터 나온 담론들이 제대로 충분히 깊이 있게 검토되지 못하고, 새로운 사조의 도입으로 의제 자체가 새롭게 형성되면서 그냥 흔적도 없이 사라져버리는 경향이 있다. 그렇기 때문에 새로운 사조(思潮)는 사상과 이론으로 정립되지 못한 채 그야말로 물결만 남기는 경향이 없지 않다. 1980년대 사회구성체 논쟁 같은 것이 대표적이다. 이러한 양상이 반복되다보면 과거의 고민과 문제의식들이 현실에 맞게 좀 더 구체화되고 정밀화된 내용을 갖추거나, 비판적으로 극복되는 것이 아니라 그냥 더 이상의 생명력을 얻지 못하고 박제화되고 만다. 또한 과거의 고민들을 제대로 정리하거나 성찰하지 못한 채 진행되는 새롭게 시작되는 담론과 논쟁들은 그 뿌리가 미약하기 때문에 제대로 현실의 접점을 찾지 못하고 부유하는 경향이 없지 않다. 새로운 발상이 충분히 뿌리를 내리지 못하고 다시 새로운 발상으로 대체되는 변화무쌍하고 새롭지만 실제로는 '진부한' 양상이 반복된다. 이와 같은 악순환을 막기 위해서도 과거 민주화운동세력의 논리와 지향성에 대해 끊임없는 재검토와 학술적 논의를 하는 것이 필요하다.

이 책은 과거 민주화운동세력이 내세운 논리와 지향성을 다양한 차원에서 재평가함으로써, 한국 민주주의의 새로운 가능성을 모색해본다는 취지로 기획되었다. 여기서는 주로 과거 한국 민주화운동 과정에서 나타난, 민족, 민주, 민중론을 재검토한다. 여기에 수록된 논문의 시각과 방법론, 주장들은 실로 다양하다. 우리는 이 책을 통하여 어떤 일정한 합의가 이루어질 것이라 기대하지는 않는다. 오히려 한국사회에 존재하는 다양한 관점과 견해들을 드러내고, 논쟁을 유발하며, 지속적인 학술적 고민을 추동하는데 이 책의 의미를 찾고 싶다.

안병욱의 글은 이 책의 내용을 열어주는 글이다. 이 글을 통해 독자들은 한국 민주화운동의 전반적인 전개과정과 그 특징을 이해할 수 있을 것이다. 그는 한국 민주화운동이 대중의 자발성에 주로 의지하여 전개되고, 이를 이끌 특정 조직 및 지도집단이 뚜렷하게 형성되지 못한 것이 중요한 특징이자 한계라고 지적한다. 그렇기 때문에 민주화운동 과정에서 많은 희생과 헌신이 있었지만 이것이 실제 사회의 변화를 발생시키는 데에는 많은 한계를 보여주었다고 진단한다.

1부의 내용은 민주화운동세력의 민족문제와 민주주의 문제에 대한 대응 논리를 다룬다. 한국의 민주화운동에서 예속/종속 또는 민족분단 같은 민족문제가 끊임없이 쟁점을 형성해왔음은 주지의 사실이다. 이준식은 일제 식민지시기 민족해방운동의 논리와 지향성이 해방 이후 민주화운동에 미친 영향을 진단한다. 그는 민족해방운동과 민주화운동은 서로 인맥적으로 연결되는 것은 아니라고 본다. 다만 식민지시기 다양한 민족해방운동세력들이 만들려고 했던 새로운 사회와 국가에 지향점은 일제 말기에 일정한 수렴 현상을 보이는 데 이것이 대한민국의 제헌 헌법에도 반영되었다고 본다. 비록 헌법의 내용이 실제 실현된 것은 아니지만 과거의 민주화운동은 헌법이 지향하고 있는 자유와 평등, 인권을 실현하기 위한 운동이었으므로 양자는 서로 연결되는 측면이 있다는 것이다.

김정인은 저항적 민족주의와 밀접한 관계를 갖고 있는 내재적 발전론을 분석하면서 역사의식, 역사학 방법론에 대한 논쟁이 어떻게 당시의 현실과 접목되었는지를 분석한다. 1960, 1970년대 역사학계에 엄청난 영향을 미쳤던 내재적 발전론은 일제 식민지 시대부터 존재했던 유물사관의 전통을 이어받은 것과 근대화론적 시각에 입각한 것이 함께 존재하였다. 이 중 유물사관에 입각한 내재적 발전론은 민주화운동의 성장을 겪으면서 근대화론적 시각과 분리되기 시작하였고, 이는

1980년대 변혁지향적인 민중사학을 형성하는 데 중요한 밑바탕을 형성하였다고 평가한다.

분단 상황하에서 한국의 민주화운동은 끊임없이 분단현실의 개선과 극복을 위한 통일운동과 밀접한 연계하에 전개되어왔다. 김지형은 각 민주화운동 세대별로 분단문제에 대한 인식과 대응 양상을 정리하였다. 이를 통해 민주화운동세력이 분단문제에 대응하는 사고와 행동은 각 세대별로 또한 그 세대 내부에서 다양한 차이가 있었다는 것을 지적한다. 그리고 이러한 차이가 발생하는 원인은 각 세대가 처한 조건과 민주화운동의 강조점의 차이도 존재하지만 북한사회에 대한 인식과 같은 미묘한 쟁점도 존재하였음을 지적한다.

이상록은 민주화운동세력의 민주주의관을 분석하면서 그 내부의 다양성과 양면성에 대해 보다 과감한 분석을 하고 있다. 그는 박정희 정권의 독재와 종속적 근대화론을 비판하는 민주화운동세력의 논리가 '파행적', '비정상적', '왜곡된' 근대화의 문제점을 지적하는 데 주력하여 근대사회가 갖고 있는 본질적인 문제점과 억압성을 간과하거나, 오히려 이를 지켜주는 양면성이 있었음을 지적한다. 그러나 한편으로 그 안에서 일부이기는 하지만 근대사회의 본질적 억압성을 폭로하고, 그 바깥을 지향하려는 경향도 함께 나타나고 있었음을 지적한다. 이를 통해 1960, 1970년대의 역사와 민주화운동을 독재와 반독재, 통일과 반통일의 이분법만으로 분석하는 것의 문제점을 제기하였다.

2부는 민중론과 이와 결부된 민주화운동세력의 개혁, 변혁 구상을 다루고 있다. 민중은 민주화운동 과정에서 한국사회의 변혁의 주체가 될 집단을 지칭하는 개념이었다. 이세영은 한국근현대사에서 민중 개념이 어떻게 구성되어왔는지를 다양한 민중론을 소개하고 검토하며 분석하였다. 그는 1970년대 지식인들의 '관념적 민중론'이 민주화운동의 발전으로 말미암아 실재성과 구체성을 획득하여 1980년대 중반 이후 변혁적 민중론으로 발전해갔다고 파악하였다.

한편 이용기는 변혁주체로서의 민중 개념은 민중 내부의 다양성을 무시하고, 지식인이 생각하는 사회변혁을 위해 민중을 동원대상으로 타자화시키는 문제가 있었다고 비판한다. 그는 민중의 저항을 변혁적, 의식적 실천에 한정하지 말고, 실재 민중의 생활 과정에서 나타나는 지배에 대한 거부, 무시, 사보타지, 비틀기, 전유, 탈주 등 다양한 실천의 양상을 살펴볼 것을 강조한다. 그리고 이러한 새로운 민중사 서술을 위해 필요한 구술사 방법론을 소개하였다.

한국의 민주화운동세력은 물론 결코 단일한 정치, 사회집단은 아니었다. 그 안에 근본적인 사회변혁을 염두에 두고 있는 집단도 있었고, 기존 체제 내에서의 개혁을 추구하는 집단도 존재했다. 군사독재정권에 맞서는 과정에서 두 집단은 연대하였고, 따라서 이들의 변혁론과 개혁론도 서로 근본적인 차이는 있으나 현실적인 요구에 의해 겹쳐지는 양상이 나타날 수밖에 없었다.

류동민은 사회 변혁론이었던 민족경제론이 1971년 보수 야당 대통령 후보 김대중의 '대중경제론'에 미친 영향을 구체적으로 접근하였다. 이를 통해 1970년대 민주화운동세력이 계급모순과 민족모순의 동시적 해결과 이를 위한 정치적 민주주의 확립이라는 삼자관계를 "민족경제"라는 개념틀에서 현실 정치의 조건에 맞게 다양한 방식으로 풀어가려했던 노력을 분석하였다.

1980년대 민주화운동세력의 변혁론은 '사회구성체' 논쟁으로 보다 구체화된다. 김영수는 이 시기 사회구성체론을 몇몇 이론가들의 주장과 논쟁이 아니라 현실 속에 존재했던 노동운동의 양상을 통해 접근하였다. 그는 사회구성체론이 한국 노동운동 속에서 존재했던 다양한 정파를 매개로 실천운동에 필요한 투쟁노선 및 조직노선의 정립에 영향을 미치는 과정을 분석하였다. 이를 통해 사회구성체론이 1987년 노동자 대투쟁 이후 전국노동조합협의회 및 민주노총 건설투쟁의 밑거름이 되고, 노동자 정치세력화의 주체를 양성하는데 기여했다고 평가했다.

여기에 수록된 논문들은 모두 2010년 7월 9일 한국역사연구회와 민주화운동기념사업회가 공동주최한 4월혁명 50주년 기념 학술회의 "한국 민주화운동의 논리와 지향성의 재평가"에서 발표된 것들이다. 이 날 학술회의에는 토론자로 박찬승(한양대학교), 이승렬(강원대학교), 김보영(이화여자대학교), 박상훈(도서출판 후마니타스), 이영호(인하대학교), 윤택림(한국구술사연구소), 이상철(성공회대학교), 임대식(역사문제연구소) 등이 참여하여 질의와 논평을 해주었다. 이들의 질의와 논평은 발표자들의 글의 내용을 보완하고 수정하는데 많은 도움을 주었다. 학술회의에 참여한 토론자들에게 이 자리를 빌어 감사의 말씀을 올린다. 이 책의 저자들 중의 일부는 학술회의 발표 후 자신의 논문을 관련 학회지에 발표하였는데 역시 이때 논문을 검토한 논평자들에게도 고마움을 표한다. 이렇게 해서 수정 보완된 글들을 한 권의 책으로 엮게 된 것이다. 앞으로도 한국의 민주화운동과 그 과정에서 제기된 논리와 지향성에 대해 많은 논쟁과 연구가 이루어지기를 기대한다.

심포지움 기획자
홍석률

차례

제1부 민족주의와 민주주의의 저항적 재구성

제2부 민중론과 개혁, 변혁 구상

한국 민주화운동에 대한 평가와 인식의 전환을 위하여

안병욱

1. 머리말

한국 현대사의 특징 가운데 하나는 치열하게 전개되어온 민주화운동에 있다. 한국사회는 민주화운동을 통해서 괄목할 만한 민주발전을 이루었다. 민주화운동은 한국 사회변동의 원천이었으며 식민지배하의 독립운동, 해방공간의 혁명운동을 계승한 것이다. 또 역사적으로는 19세기 농민항쟁이나 개화운동과 연계되어 있다.

한국사회가 서양의 민주주의에 적극적 관심을 기울이기 시작한 것은 19세기 말이었다. 당시 조선사회는 안으로 농민층의 대규모적인 항쟁에 직면하여 일대 위기상황에 처해있었다. 농민들은 부패하고 무능한 전제왕권에 일찍부터 반기를 들었고 마침내 억압적이고 차별적인 지배체제를 거부하기에 이르렀다. 이런 상황에서 개화파 일부가 유럽에서 형성된 주권재민의 대의정치에 관심을 기울였다. 그들은 비록 초보적 수준의 이해였지만, 민주제도가 당시 조선사회가 당면하고 있던 과제를 해결하는데 적절한 방안이 될 것으로 평가하고 이를 적극 수용하고자 하였다. 하지만 아직 한국사회는 오랫동안 길들여있던 전제왕권 체제를 버리고 서양의 민주주의를 대안으로 수용할 수 있을 만한 여건을 갖추지는 못했다. 그러나 농민 중심의 기층사회에는 봉건지배층을 향한 저항의식이 팽배해 있었고 또 그런 의식을 집단화하여 실행한 경험들이 뿌리 깊게 내재해 있었다.

20세기 들어 한국사회는 40년 가까이 일제침략하에 있었기 때문에 1945년 해방이 될 때까지 선진 민주주의를 수용할 수 없었다. 2차대전 이후 미국·영국·소련 등 연합국들은 한국을 독립시키기로 합의하면서도, 독립에 앞서 5년 동안의 신탁통치를 실시하기로 결정하였다. 전승국들은 한국이 아직 민주주의적인 독립국가를 운영할 수 있는 여건을 갖추지 못했다고 평가하고 신탁통치라는 과도기가 필요하다고 했다. 신탁통치를 내세운 실제 이유야 여하 간에 그런 주장이 제기될 만큼 당시 한국사회의 민주주의를 위한 조건은 열악했다. 그런 상황에서 외세 개입에 의해 한국사회는 남북으로 양분되었으며 통일독립의 기회를 상실하고 말았다.

한국의 민주주의는 분단국가 이승만정부에 대한 민중의 저항으로부터 뿌리내리기 시작했다. 민주사회를 염원해온 민중은 반민주적인 이승만정부를 상대로 반독재 항거에 나섰다. 반독재 항거는 1960년 4월항쟁을 거쳐, 1970년대의 반유신운동, 1980년 5월항쟁, 1987년 6월항쟁 등으로 이어지면서 한국사회의 민주적 변화와 발전을 추동해왔다. 이러한 민주사회를 향한 반독재 항거를 민주화운동으로 지칭한 것이다.

군사정권 종식 이후 민주화운동에 대한 사회적 평가가 이루어지고 또 이를 기념하기 위한 법률들이 제정되면서 정부기구들이 설립되었다. 그 가운데 2001년 제정된 「민주화운동 기념 사업회 법」에서 '민주화운동이란 1948년 8월 15일 대한민국 정부 수립 이후 헌법에 보장된 국민의 기본권을 침해한 권위주의적 통치에 항거하여 국민의 자유와 권리를 회복·신장시킨 활동'이라고 정의했다.[1] 법률적으로는 권위주

---

1) 2000년 제정된 「민주화운동관련자명예회복및보상등에관한법률」에서는 "민주화운동이라 함은 1969년 8월 7일 이후 자유민주적 기본질서를 문란하게 하고 헌법

의적인 통치에 항거한 활동을 민주화운동으로 규정한 것이다.[2]

'항거'와 관련해서는 2000년 제정된 「민주화운동 관련자 명예회복 및 보상 등에 관한 법률」 시행령에서 "항거는 직접 국가 권력에 항거한 경우뿐 아니라 국가 권력이 학교·언론·노동 등 사회 각 분야에서 발생한 민주화운동을 억압하는 과정에서 사용자나 기타의 자에 의하여 행하여진 폭력 등에 항거함으로써 결과적으로 국가 권력의 통치에 항거한 경우를 포함한다"고 하였다.

이렇게 관련 법률이 제정됨으로써 사회적으로도 민주화운동이란 헌법상의 기본권을 확보하기 위해 독재권력과 공권력의 탄압에 맞서 항거한 운동이라는 평가를 공유하게 되었다. 나아가 권위주의 권력이 야기한 사회 전반의 억압적인 현상들에 대한 저항들도 민주화운동으로 인정되었다. 이는 대체로 민주화운동은 1960년의 4월항쟁시기부터 본격화되었으며 1987년 6월항쟁에서 정점을 이루었고 이후로 한국사회가 민주사회로 전환되었다는 인식을 전재하고 있다.

그동안 민주화운동에 대한 학술적인 검토도 폭넓고 다양하게 이루어져 왔다. 중요한 사건과 운동에 대해서는 관련 단체들의 주관하에 각종 기념행사, 학술연구, 관련자료 수집 편찬 등의 기념사업들이 진

에 보장된 국민의 기본권을 침해한 권위주의적 통치에 항거하여 민주헌정질서의 확립에 기여하고 국민의 자유와 권리를 회복·신장시킨 활동을 말한다"라고 하였다. 여기에서는 이 법률 목적에 따라 민주화운동으로 인한 피해로서 구제대상이 되는 기간을 1969년의 삼선개헌에 대한 반대운동 이후로 한정하고 있다. 이는 법률 제정 당시의 정치적 합의에 따른 규정이며 민주주의를 헌법체계 위주로 판단하는 인식이 전재되어 있다. 곧 삼선개헌이 유신정권 전두환정권으로 이어지는 헌정질서 유린의 출발점이 되었다고 평가한 것이다. 이 법률은 그 뒤 2007년에는 "1964년 3월 24일 이후 자유민주적 기본질서……" 운운으로 다시 개정되었다.

 2) 「민주화운동기념사업회법」 시행령에서는 구체적으로 '3·15의거, 4·19혁명, 6·3 한일회담 반대운동, 3선개헌 반대운동, 유신헌법 반대운동, 부·마항쟁, 광주 민주화운동 및 6·10항쟁' 등을 민주화운동의 대표적 사례로 적시하고 있다.

행되고 있다. 그러나 지금까지의 연구들은 개별 사건 위주의 분절적 접근에 머물렀으며 역사변동의 흐름 속에서 차지하는 계기적 의의를 조명하지 못하고 있다. 또 각종 기념사업들은 으레 해당 운동을 실제 이상으로 미화하거나 과대 포장하기 마련이었다. 따라서 그동안 민주화운동을 역사적으로 올바르게 평가하고 자리 매김하는 일에 왜곡되거나 미흡한 점이 많았다. 반면에 수구기득권세력들은 시대착오적 이데올로기 공세를 펼치면서 민주화운동의 의의를 폄하하거나 정체성을 훼손하고 있다. 그 결과 한국사회는 권위주의 정부 붕괴 이후 민주화운동의 목적의식과 의의를 망각하게 되고 어느덧 사회변동의 역동성마저 상실해가고 있다.

2. 민주화운동의 전개

1945년 일제 식민지배로부터 해방된 후 남한에서는 3년간의 미군정기 끝에 1948년 선거를 실시해 제헌의회를 구성했다. 제헌의회는 대통령 중심제의 민주적인 헌법을 제정하고 이승만을 대통령으로 선출하였다. 형식적으로는 이때부터 한국은 민주주의 사회라고 할 수 있다. 전제왕권이 사라졌고, 이민족의 식민지 침략도 끝났다. 하지만 한국에서 민주주의를 말하기에는 아직 멀었다. 나라는 남북으로 분단되었는데 분단 과정에서 치열한 사상투쟁이 전개되었으며 심각한 이념 갈등이 야기되었다. 이는 통일적인 국가체제가 성립되지 못하고 과도기적 행정체제가 만들어진 것을 나타낸다. 끝내 서로 전쟁을 치르게 되었고 그 전쟁을 통해 한국사회는 공동체 기반이 해체되고 극복하기 어려운 적대적 대립, 갈등을 겪어야 했다.

초대 대통령으로 선출된 이승만은 민주주의를 시행하려는 의지도 없었고 역량도 부족했다. 그는 남북분단을 개인적 권력구축의 빌미로 활용하면서 파행적인 국정운영을 자행하였다. 이승만은 대통령이라는 지위보다는 전제군주와 같은 위상과 권력을 요구했으며 직선제, 중임제한철폐 등의 임의적 개헌을 통해 종신집권을 추진했다. 그는 민주주의의 핵심 근간인 헌법을 권력장악의 장식물 정도로 여기고 자의적으로 농단함으로써 민주주의 정착을 시작 단계에서부터 근본적으로 파탄시켰다. 이승만으로부터 시작된 헌법 파괴와 헌정질서 유린의 악업(惡業)은 이후 박정희, 전두환 등으로 이어지면서 한국 민주주의 수립과 정착 과정을 지난하게 만들었다. 그에 따라 우리 헌정사에서 역설적이게도 헌법은 준수할 목표라기보다는 개정, 철폐, 지탄의 대상으로 치부되곤 했다. 이런 까닭에 4·19, 10·26, 6월항쟁 등에서 민주화 요구가 줄곧 헌법개정 문제로 귀결되곤 했다.

이승만정권은 1960년 선거에서 최소한의 형식적인 절차마저 무시한 야만적인 폭력과 불법을 자행하였다. 국민들은 투표권이 거의 유일한 의사표현 수단이었는데 이마저 엽기적인 방법으로 유린당하자 그동안 쌓였던 분노를 터트리면서 반이승만 항쟁에 나섰다. 이승만정권은 무력을 동원하여 시위 진압에 나섰지만 결국 시위 군중의 희생을 무릅쓴 항거로 붕괴되었다. 이승만정권은 국민들의 자주적이고 민주적인 국가에 대한 요구를 폭압과 살인의 독재정치로 답했던 것이다. 4월항쟁으로 민중은 그러한 이승만독재를 붕괴시킨 가시적 성과를 거뒀으며 그 점에서는 한국 최초로 민중이 승리한 항쟁이라 할 수 있다.

한국사회에 내재해있던 저항의식이 왜 비로소 1960년 3·15부정선거에 즈음해서 표출될 수 있었는지에 대한 검토가 필요하다. 개혁과 진보적 역량은 19세기 이래 농민항쟁과 독립운동을 거치면서 상당히 축적되었다. 하지만 이 역량은 남북분단과 전쟁 과정에서 국가보안법으로 통제당하였고 진보적 가치는 흑백논리의 덫에 걸려 철저하게 탄압받고 파괴되었다. 비판적이거나 진보적 성향의 인사들은 물론 잠재적 인물들까지 모두 보도연맹원으로 엮여 학살당했다. 정부는 온갖 유인책과 강압을 동원하여 시골 구석구석까지 예외 없이 보도연맹을 조직하였는데 마침 전쟁이 일어나자 적에게 협조할 가능성이 있다는 구실을 붙여 수만 명 보도연맹원들을 집단학살했다.[3] 그렇게 개혁 진보 역량이 소진되었고 또 발본색원되었기 때문에 이승만과 우익집단의 광기 어린 횡포에 직면했으면서도 역사에서 4·19 때까지 이렇다 할 저항을 접할 수 없었던 것이다.

1960년 4·19항쟁기에 비로소 중고등 학생들을 중심으로 새싹이 돋아나듯이 새로운 항거가 시작된 것이다. 기존의 운동 기반은 붕괴되었거나 지하로 잠적한 상황에서 분단과 전쟁 과정에서 치렀던 희생의 상흔에서 어느 정도 빗겨나 있었던 청소년들이 앞장서 눈앞의 불의를 외면하지 않는 정의감으로 저항운동을 전개할 수 있었다. 한국사회의 역동성이 그들을 통해서 회복되었다고 할 수 있다.

4월항쟁의 승리를 통해서 모처럼 한국사회에 열린 공간이 마련되었다. 당시는 억압적인 권력이 붕괴되었을 뿐 아니라 직접적으로 간섭하는 외부세력이 있었던 것도 아니다. 또 안으로 봉건지배세력이 무너지고 난 후 아직 특권층이나 기득권세력의 아성이 구축되어 있었던 것도 아니다. 따라서 한국사회의 미래 전망과 관련해서 여러 갈래의

---

3) 이승만 정부는 전쟁이 일어나자 전국적으로 보도연맹원들을 예비 검속한 후 현지 군인, 경찰관 등을 시켜 집단학살하였다. 보도연맹에 관한 정확한 통계는 나와 있지 않다. 전국적으로 수많은 무고한 인명을 학살하면서도 그 진상조차 은폐하였던 것이다. 다만 보도연맹 결성을 주도했던 자들은 보도연맹원 규모가 약 30만 명 정도였다고 증언했다. 진실화해위원회는 보고서에서 "조사 결과 희생자 수 추산이 가능한 몇 개 군의 경우, 보도연맹원 중 약 30~70%가 학살된 것으로 나타났다"고 했다. 이로써 미루어보면 이때 학살당한 인원은 수만 명에 이를 것으로 추정된다(진실화해를위한과거사정리위원회, 2010, 『진실화해위원회 제8차 보고서』 7권, 551쪽).

선택지가 제공되어 있었다.

하지만 4월항쟁의 성과는 이듬해 박정희의 군사쿠데타로 인해 물거품이 되었고 민주주의 전망은 갈수록 어둠 속으로 파묻혀 희미해졌다. 박정희는 20세기 한국사회에 필요한 민주주의적 가치관을 이해하지 못했으며 단지 식민지 시대에 학습한 일제의 전체주의적 사고에 머물러 있었다. 그 같은 수준에서 19세기 일본의 메이지개혁을 본떠 5·16쿠데타를 자행했다. 또 10년 후 박정희는 3선개헌을 강행하여 장기집권의 길로 접어든 후 순차적으로 종신집권과 세습을 노린 음모에 따라 유신이라는 100년 이전의 전제왕조와 같은 체제를 만들려고 했다.[4] 우선 1971년 10월 위수령으로 대학에 무기한 휴업령을 내리고 12월 '국가비상사태'라는 것을 선포하였고 '국가보위에 관한 특별조치법'을 변칙으로 강행 통과시켰다. 또 느닷없이 북한과 7·4공동성명에 합의하더니 이를 핑계 삼아 끝내 1972년 10월 비상계엄을 선포하고 특별선언이라는 것을 통해 헌정을 중단하고 유신체제로 돌입하였다. 일본의 메이지유신을 모방하려는 박정희의 시대착오적 발상으로 1970년대 한국사회는 100년이나 후퇴하는 역사적 파행을 겪게 되었다.

박정희는 유신체제로 종신집권과 제왕적 지위를 확보했다.[5] 대통령직은 6년 임기로 되어 있었지만 임기란 단순한 수사에 불과할 뿐이었다. 유신체제는 입법·사법·행정의 3권을 완벽하게 대통령 1인에게 집중시켜 무소불위의 통제와 권한을 행사하도록 했다. 그러나 문제는 국민의 저항과 민주인사, 학생들의 민주화투쟁이었다. 유신 직

---

4) 박정희, 1963, 『국가와 혁명과 나』(1997년 지구촌 재간행), 172~177쪽. 박정희는 5·16쿠데타 이후 발간한 이 책에서 "일본이 메이지유신이라는 혁명과정을 겪고 난지 10년 내외에 일약 극동의 강국으로 등장"하였고 "이는 실로 아시아의 경이"라고 찬양하면서, 일본의 메이지유신은 앞으로 "많은 참고가 될 것"이기 때문에 "본인은 이 방면에 앞으로도 관심을 계속하여 나갈 것이다"라고 기술했다.

5) 민주화운동기념사업회 편, 2005, 『유신과 반유신』, 선인.

전 학계 언론계 심지어 사법부 등 각계의 자율화 요구를 포함해서 5·16 이후 10여 년간 이어진 치열한 반정부 시위는 박정희에게 가장 큰 압박이었으며 종신집권을 위해서는 반드시 넘어야 할 난제였다. 이 같은 민주화운동을 제압하지 못한다면 종신집권은 어려웠다. 이 때문에 꼭 필요한 장치가 무소불위의 탄압을 가능하게 하는 긴급조치였다. 국정 전반에 걸쳐 특별조치를 할 수 있는 무한대의 권한이었다. 이는 대외적으로 국가안보를 핑계 삼는 계엄령과는 별도로 반정부 비판을 봉쇄하기 위한 비상조치권이었다.

유신체제하에서 대규모 탄압이 무시로 남발되었다. 1973년 10월 2일에 반유신 학내시위가 최초로 일어났고 이때 강제 연행된 학생이 215명에 이르렀다. 1974년부터는 민주화운동에 나선 수많은 학생과 인사들을 탄압하기 위하여 긴급조치라는 강압책을 잇달아 발동하였다. 긴급조치 4호의 경우 '인민혁명을 기도한 민청학련이라는 지하조직을 적발'했다고 하면서 발령했는데 이를 이용하여 학생과 민주인사들을 1,024명이나 체포 연행하여 수사하였고, 230명을 구속하였으며 군법회의를 통해 그들에게 징역 5년 이상에서 무기징역, 사형에 이르는 중형을 선고하였다.[6] 긴급조치 9호의 경우는 1975년부터 5년간이나 지속되었는데 정부의 공식 발표로도 구속자가 550명에 이르렀고 10·26 이후인 1979년 12월 당시에도 수감 중인 사람만 110명에 달했다.[7] 1979년 10월 부마항쟁이 일어나자 다급해진 박정희정권은 군 특수부대를 부산 마산에 급파하여 군대의 무력으로 시위에 나선 학생, 시민

---

6) 국가정보원진실위, 2007, 「인민혁명당 및 민청학련 사건 진실규명」, 『과거와 대화 미래의 성찰』. 국정원 내부 문건인 「민청학련 국가변란기도사건 수사결과보고」(1974년 5월 16일자 작성)에는 검거 745명, 고지자 266명(자수자), 수배 중 23명 등 총 관련자 1,034명이라고 했다. 그러나 이 날짜보다 열흘 늦은 5월 27일에 비상군법회의 검찰부는 '수사 당국이 조사한 인원은 총 1,024명'이라고 발표했다(『동아일보』, 1974년 5월 27일 기사).

7) 『동아일보』, 1979년 12월 8일 기사.

들을 폭력진압하면서 1,563명이나 연행하였고 또 우범자 일제 단속이라는 명목으로 전국에서 4일 만에 4,200명을 잡아들이는 등 위압적 분위기를 조성함으로써 폭력적인 공포정치로 정권을 지탱해갔다.[8] 무엇보다 대통령 박정희의 직접적인 지목에 따라 도예종 등 8명은 학생시위 배후 조종자의 혐의로 군사법정인 1, 2심을 거쳐 대법원에서 1975년 4월 8일 사형이 확정되었고 형이 확정된 지 18시간 만인 다음날 새벽 전격적으로 사형이 집행되었다. 이는 형식만 사법절차를 거쳤을 뿐 비밀 지령에 따른 살인행위와 다르지 않았다. 들러리 선 당국자들과 사법부 또한 권력자의 요구에 따라 국가폭력 행위에 가담한 범죄자들에 해당한다 할 것이다.

이렇듯 한 사람 권력자의 자의적인 의사에 따라 반대세력을 잔인하게 사형시키는 등 부당하게 운영되던 사법체계로 한국에서 10·26이 일어날 때까지 반체제 인사로 낙인이 찍힌 인사는 수만 명에 이르렀다. 민주화운동으로 구속되거나 처벌당하고 혹은 우연적이거나 사소한 계기로 운동에 연루된 경우에도 한번 운동권 인사로 처벌되거나 주목을 받게 되면 일상생활에서 감수해야 하는 탄압은 끝이 없었다. 이른바 블랙리스트에 오르면 공안기관의 끊임없는 감시와 통제로 마땅한 일자리를 구할 수도 없었다.[9] 직장을 구하더라도 정부는 압력을 가하여 끝내는 직장으로부터 쫓겨나게 했다. 누구도 박정희에 반대해서는 생존이 불가능하도록 만들겠다는 일종의 거세정책 같은 것이었다. 그러나 결과는 박정희의 의도와는 반대로 나타났다. 반복되는 저항운동을 통해 매번 새로운 반정부인사들이 배출되었고 그들은 유신

---

8) 『동아일보』, 1979년 10월 23일·11월 29일 기사.

9) 긴급조치가 발동된 1974년 이후 대학교에서 이른바 학원사태로 제적된 학생이 786명이었고, 재임용 탈락 교수는 181명이었다(『동아일보』, 1979년 12월 8일 기사). 이들은 대부분 반정부 인물로 낙인이 찍혀 직장을 구하기 어려웠으며 심지어 상업 활동도 감시와 통제를 받았다.

하에서 반정부인사로 낙인찍힌 후 오롯이 반정부운동에 매진하도록 유도되었다. 그렇게 축적된 민주인사들이 수만 명에 이르렀던 것이다.

1970년대 반유신운동을 통해 역설적으로 우리 사회에 소중한 인적 자원이 배출된 셈이다. 민주화운동을 통해 형성된 운동권 인사들이 1980년대를 거쳐 1990년대에 이르기까지 한국 사회운동의 중심적 역할을 담당하였다. 반유신운동으로 한국사회의 변화와 개혁을 주도하는 세력의 원천이 형성되었던 것이다. 그들은 운동 과정에서 너무나 혹독한 상황들을 겪어왔기 때문에 이후에는 그 경험으로 어떠한 탄압에도 맞서 싸울 수 있었다.

극도의 폭압적인 유신독재로 여타의 기득권층조차도 존립이 위태롭게 된 상황에서 1979년 예방혁명적인 대책의 필요성이 고조된 가운데 10·26에 의해 박정희정권이 붕괴되었다.[10) 10·26사태 이후, 한국 사회의 민주화는 누구도 거역할 수 없는 당연한 추세였다. 이는 국민 모두가 요구하고 한순간도 지체할 수 없는 시급한 과업이었다. 하지만 그 대체권력이 만들어지는 과정은 순탄하지 못했다. 그 틈을 노려

---

10) 1979년 10월 26일 박정희 대통령이 살해된 '궁정동만찬 사건'의 직접적 사단은 YH사태 이후에 급격하게 혼미해진 정국, 국회의 김영삼 의원 재명, 이로 인한 부마항쟁 등이었다. 일반시민들도 동참한 부마항쟁에서 반정부시위가 예전과 달리 폭동에 가깝게 격렬하게 전개되었고 당국은 마산 시위군중이 총기(사제)를 사용했다고 발표하기에 이르렀다(그러나 뒷날 조사에서 이는 당국이 날조한 것이며 시위에 총기가 등장한 적이 없는 것으로 밝혀졌다). 마침 그보다 10여 일 전 남조선민족해방전선(남민전)이라는 반정부 비밀조직이 적발되었는데 남민전은 반정부 도시게릴라 활동을 위해 무장을 도모했던 것으로 드러났다. 정부는 이런 점들을 서로 엮어 대대적으로 보도하게 하면서 공포분위기를 연출하였다. 이에 맞추어 박정희는 "(반정부 시위가 확대되어)사태가 더 악화되면 내가 직접 쏘라고 발포명령을 내리겠다"고 엄포를 놓았고, 또 차지철 경호실장은 캄보디아에서는 300만 명이나 희생시켰는데 우리는 100~200만 명 희생시키는 것쯤이야 무슨 문제냐고 하면서 무자비한 살육작전을 감행할 수 있다고 예고하였다. 그러나 오히려 이런 유혈 탄압정책이 한반도에서 자칫 이란이나 월남과 같은 사태의 재현을 초래할 가능성이 있다는 강한 우려를 낳게 하였고 그에 따라 사전에 어떻게든 불행한 사태 예방을 위한 조치를 취할 필요성이 제기되었을 수 있다. 이런 소용돌이의 핵심부에 김재규가 위치해 있었다.

전두환을 비롯한 신군부는 권력 쟁탈의 기선 장악을 위해 12·12쿠데타를 자행하고 최규하 대통령 권한대행 정승화 계엄사령관 등을 제압했다. 그러나 신군부 집단은 1980년 이른바 '서울의 봄' 투쟁 등 민주화세력의 강력한 저항에 직면하였다. 특히 광주시민들은 민주화운동을 탄압하고 권력을 탈취하려는 전두환 일당의 계엄군을 상대로 목숨을 걸고 투쟁하였다. 스스로 무장하고 시민군을 조직해서 방어선을 구축하고 살인 내란군과 전쟁을 치렀다. 이 민주화 전쟁은 반역사적 세력에 대항하여 억압과 폭력을 거부하고 자유와 평등을 확보하기 위한 것이었다.[11]

전두환정권은 5·18항쟁의 진압에서 유혈참극을 자행했던 연장선에서 민주화운동에 대한 탄압의 강도를 갈수록 높여 나갔다. 살인 폭력을 일상적인 통치 수단으로 삼아 민주화운동을 탄압하였고 언론과 결탁하여 혹세무민의 여론을 조성하여 대중의 이성적 판단을 방해하였다.

전두환과 기득권세력은 공공기관은 물론 일반 기업체에서도 5월항쟁에 대한 탄압책으로 비판성향의 인물들을 포함해서 특정지역 출신들을 숙정, 사회정화라는 이름하에 축출하여 지역 차별을 구조화하였고 대중들의 맹목적 지역감정을 적극적으로 조장하여 통치수단으로 활용하였다. 하지만 이들이 공권력 이름으로 자행한 감내하기 힘든 폭력과 파멸적 조치들은 도리어 일반 국민들의 혐오에 가까운 분노를 자아냈다.

전두환정권하에서 내내 희생을 무릅쓴 투쟁이 계속되었다. 이는 한편으로 '5월 광주의 희생'에 대한 원죄 의식과 반성적 자각을 통해서, 다른 한편으로 광주에서 극단적인 폭력까지를 경험하고 난 후 이제는

---

11) 안병욱, 2007, 「5·18광주민중항쟁의 의의와 역사적 평가」, 『5·18민중항쟁과 정치·역사·사회 1』, 5·18기념재단.

어떠한 희생도 더 이상 두렵지 않았기 때문에 가능했다. 즉 광주에서 자행된 시민학살에 대한 집단적인 분노 그리고 죽음도 마다하지 않았던 영웅적 항쟁에 대한 역사적 기억이 이후 투쟁의 주요 동력이 된 것이다.

광주항쟁을 고비로 권위주의 정권을 뒤받쳐주고 있는 미국정부에 대한 비판적인 언술이 가능해졌다. 광주항쟁을 반추하여 성찰하는 과정에서 한국과 미국의 관계에 대한 올바른 인식이 필요하다는 점이 제기된 것이다. 이를 계기로 1985년 5월에는 일군의 대학생들이 서울의 미문화원을 점거 농성하는 투쟁을 전개하였다. 그들은 점거 농성을 통해 광주유혈진압에 개입한 미국의 책임을 대중들에게 광범위하게 전파 인식시켰고 또 국제적인 차원으로 확산시켰다. 미문화원농성을 계기로 그동안 사회적으로 가장 엄격하게 탄압받았던 반미운동에 대한 금기가 무너졌다.

1985년 2월 국회의원 선거를 계기로 표출된 일반 시민들의 민주화에 대한 의지가 확인되면서 민주세력의 공세가 더욱 치열해졌다. 민주세력은 야당과 연대하여 대통령직선제 개헌운동을 전개하였다. 1986년 직선제 개헌을 추진하기 위한 인천집회에 수만 명의 시민들이 참가하였다. 그날의 시위와 운동양상은 예전과 사뭇 달라졌다. 민주세력과 군사정권의 고조된 대결 국면은 상호 간에 물러설 수 없는 막다른 상황으로 치달았다. 마침 1987년 1월 14일 치안본부에 연행되었던 대학생 박종철이 고문으로 사망한 사실이 폭로되었다. 이미 야만적이고 잔인한 고문 사건들이 여러 차례 폭로되어 국민들의 분노가 높던 때였다. 이 사건을 계기로 분노에 찬 격렬한 시위가 연달아 촉발되었고 마침내 6월민주항쟁으로 승화되었다.

6월항쟁 기간에 전국적으로 연인원 500만에 달하는 민중이 참가해 20여 일 동안이나 시위를 계속하였다. 거리집회와 가두시위에 수많은 시민이 참여함으로써 또 어느 한 계층·계급에 국한된 것이 아닌 민중운동으로 확산되었다. 이렇게 대규모로 강렬하게 전개된 투쟁으로 궁지에 몰린 전두환정권, 그리고 무엇보다 안정적인 권력 재편을 유도했던 미국은 이미 기득권으로 탈바꿈한 언론과 과실을 챙기는데 급급한 정치인들을 활용해 6·29선언이라는 기만책으로 위기를 모면해 나갔다.

광주항쟁 이후 예전과 다른 투쟁양상이 나타났다. 우선 투쟁이 지속적이고 강력해졌으며 투쟁 규모도 크고 광범위해졌다. 부여된 과제를 두고 금기시하여 머뭇거리거나 회피하지 않았으며 정면에서 불굴의 의지로 투쟁해 나갔다. 또 6월항쟁에서는 광주에서의 투쟁을 교훈 삼아 희생은 줄이면서도 성과를 극대화하기 위한 방안들이 강구되었다. 광주항쟁의 희생에서 의미 있는 교훈을 구했으며 그 교훈들을 적극적으로 활용하였다. 그에 따라 항쟁을 효율적으로 이끌어갈 지도부를 구성하고, 공권력의 폭력을 여러 곳으로 분산하여 약화시키는 전술을 펼쳤다. 그리하여 6월항쟁에서는 그 운동의 양상이나 성과에 비추어 별다른 희생이 발생하지는 않았다. 이런 투쟁들을 기반으로 하여 1987년 6월항쟁이 성공한 것이다.[12]

6월항쟁을 계기로 억눌려있던 민중의 권리의식이 고양되었다. 특히 노동자들은 전국적으로 수많은 노동현장에서 시위와 파업에 돌입했다. 6월항쟁의 승리를 계기로 쌓여있던 노동자들의 생존권 요구가 돌파구를 찾아 일시에 분출한 것이다. 6월항쟁 직후인 7, 8, 9월 석 달에 걸쳐 노동자들이 일으킨 노동쟁의는 3,300여 건에 달했고 쟁의에 참여한 인원은 122만여 명으로 10인 이상 사업체 총 노동자 333만 명의 37%에 달하였다. 노동자대투쟁은 기본적으로 노동자 인권과 권리의

---

12) 안병욱, 1997, 「6월민주항쟁의 계승과 민족민주운동의 과제」, 『6월민주항쟁과 한국사회 10년 1』, 학술단체협의회.

식의 성장에서 비롯되었고 '작업장민주주의'를 쟁취하기 위한 운동이었다.[13] 그동안 자본은 공권력의 비호하에 노동자들을 일방적으로 억압하고 침탈해왔다. 그렇게 침탈당했던 노동자들이 민주화투쟁 과정에서 '인간답게 살고 싶다'며 계급적 연대에 나선 것이다.

1987년 노동자 대투쟁은 사업장 단위의 노동쟁의를 넘어 지배구조의 변화를 요구하였다. 또 대투쟁은 어용노조들을 민주노조로 탈바꿈시켰다. 이제 한국사회는 노동자 조직이 활성화됨으로써 변혁운동을 추동할 수 있는 새로운 동력을 얻게 되었다. 노동자의 계급의식 신장과 민주노조 확장으로 민주화운동의 질적 전환을 모색할 수 있었다. 이후에 민주화운동의 양상은 학생과 지식인 위주의 비조직적 저항운동에서 민중 주도의 조직적 투쟁으로 바뀌게 되었다. 운동의 쟁점도 반독재 민주화에서 계층 간 갈등과 모순에 따른 변혁과제로 전환되었다. 반독재 민주화운동은 사회진보를 향한 민중항쟁으로 확장되었으며 그에 따라 한층 정교한 운동체가 형성되어야 했다.

3. 반독재 민주화운동의 평가

현재 한국사회는 상당한 수준의 민주주의를 실현하고 있다. 아직 세계적 수준에 견주어 미흡하고 여전히 많은 과제를 안고 있지만 적어도 이제는 군사독재나 장기집권에 의한 권위주의적 통치의 위험성은 희박하고, 한동안 너무나 일상적이었던 국가폭력도 사라지고 있다. 서양의 민주제도가 도입된 지 반세기만에 달성한 결실이다. 이는 전적으로 민주화운동의 성과다.

---

13) 노중기, 1997, 「6월민주항쟁과 노동자 대투쟁」, 『6월민주항쟁과 한국사회 10년 1』, 학술단체협의회.

우리는 한국사회가 민주화운동을 통해 민주주의를 실현해온 과정에서 드러난 몇 가지 특징들을 살펴볼 수 있다.

첫째, 한국의 민주주의는 계몽적인 형태로 소개되거나 수용된 것이 아니다. 한국에서 민주주의는 저항과 투쟁을 통해서 체득되었다. 조선왕조 말에 입헌군주제가 논의되기는 했지만 그것은 주권재민의 민주사회와는 차이가 있었다. 일제침략기에는 역사의 과제가 해방과 자주독립 문제에 집중되었다. 이어진 해방공간에서 사회혁명이 무산되고 남북이 분단되면서 극단적인 사상탄압으로 진보세력은 송두리째 말살되었다. 이승만, 박정희, 전두환 등으로 거듭된 권위주의 통치로 비판과 변화의 역동성은 인멸되었다. 그같은 극단의 억압과 시련을 극복하고 민중은 불모지에서 반독재 민주화운동을 통해 민주주의를 학습한 것이다.

둘째, 한국은 민주발전의 과정에서 수많은 희생을 연이어 치렀다. 권력과의 대결에서 일시 패배하더라도 또다시 항쟁에 나서면서 거듭해서 희생을 치렀다. 조선왕조 말기인 1894년의 농민전쟁 이래로 희생을 무릅쓴 민중의 저항투쟁들이 계속되었다. 일제침략에 대항한 3·1 독립운동과 학생독립운동, 해방공간의 민족분단과 이념투쟁 과정에서 수만 명의 민중이 희생되었다. 또 권위주의 정권의 탄압으로, 그리고 이에 맞선 4월항쟁, 5월광주항쟁, 6월항쟁 등 반독재 민중항쟁 과정에서도 무차별 학살로 수백 명의 시위군중이 희생되었다. 이렇게 일련의 투쟁 과정에서 수많은 인사들이 희생되었지만 이에 좌절하지 않고 더욱 치열하게 항거하여 끝내는 그 대가로 압제를 물리치고 민주화로 나아갈 수 있었다.

셋째, 반독재 군중시위 참여자들은 대부분 비조직 대중이었다. 그들은 공권력의 폭력성에 대한 공분을 참지 못하고 자발적으로 결합하였다. 그렇다고 계급갈등, 지역 대립, 종교 문제 등 특정한 계층의 이해관계 때문에 집단행동에 나선 것이 아니었다. 반독재 민주화운동은 폭력적인 공권력을 상대로 집단적이고 물리적인 저항이 될 수밖에 없었다. 그들은 희생을 각오하고 투쟁에 참여했다. 하지만 한국의 민주화 시위는 맹목적 폭동으로 비화한 사례가 없다. 이 점은 다른 나라의 경우에 시위가 대부분 파괴적 폭동으로 번졌던 사례들과 크게 대비된다. 이렇듯 사전 계획이나 조직기반이 없으면서도 집권세력의 폭력 진압을 상대로 수만 명의 군중이 결집하여 투쟁하면서 난동이나 폭동으로 번지지 않았던 것은 공동체적 기반 때문에 가능해진 일이다. 오랜 역사를 통해 형성된 공동체적 유대에 의해 별도의 조직적인 기반이 없어도 집체적으로 의견을 수렴해 항쟁을 이끌어 갈 수가 있었다.

넷째, 민주화를 위한 항쟁이 연이어 전개되었지만 특정 인물의 주도로 이루어지진 않았다. 때문에 역사적으로는 대중적 지도자가 항쟁을 통해 등장한 적이 없다. 항쟁이 거듭되었지만 매 항거는 새로운 세력에 의해 주도되었다. 새로 형성된 주도세력이 집체적으로 항쟁을 이끌었는데 그때마다 운동권의 세대교체도 자연스럽게 이루어졌다. 항쟁이 진행되는 과정에서 주도적 역할을 수행하는 중심축이 형성되기도 했지만 그런 경우에도 항쟁을 끝까지 책임 있게 통솔한 것은 아니었다. 따라서 항쟁 사후에 성과를 바탕으로 후속과업들을 책임지고 이끌어 갈 인물이나 조직이 부각되지 못했다. 곧 항쟁에서 승리한 몇 번의 가시적 성과에도 불구하고 역사적으로 대중적 명망성을 확보한 인물이나 대안세력은 만들어지지 못했다.[14] 그 결과 대부분 항쟁들은 시위 열기가 식으면서 후속과제 관철에 대한 대책을 세우지 못하고

---

14) 어느 나라든 정치적 격동을 겪는 과정에 시대를 앞서 가면서 헌신적으로 역사발전에 기여한 인물이 등장하기 마련이고 그 기여한 바에 따라 한 사회의 중요한 책무를 떠안게 되는 경우가 많다. 우리의 경우는 그에 해당하는 인물은 찾기 어려운 반면에 오히려 운동권이 대세를 이룰 때 기회주의적으로 편승하였다가 뒷날 매명하는 예를 흔히 볼 수 있다.

마무리되거나 기성정치권에 주도권을 빼앗기고 막을 내렸다. 예컨대 4월항쟁으로 이승만을 축출하고, 6월항쟁처럼 대통령직선제 개헌을 관철시킨 성과를 얻었지만 결국은 박정희쿠데타 그리고 노태우집권으로 이어지는 결과를 초래하고 말았다.

다섯째, 한국의 민주화운동은 혁명운동은 아니었다. 혁명적인 사회변화를 추진한 것이 아니라 기본적으로 권위주의 정권에 대한 반독재 항거였다. 민중은 첨예한 저항의지와 희생을 무릅쓴 폭넓은 참여에도 불구하고 반공의식, 국가보안법, 대미관계, 계급갈등 등 일련의 이념적 정체성에 관련되는 문제를 쟁점화 하는 데 소극적이고 회피적이었다. 또 민중의 이런 태도 때문에 진보 운동권의 집요한 노력에도 불구하고 항쟁을 이끌 지도부, 전략, 조직 건설도 성사되지 못했다. 이는 분단과 한국전쟁의 경험에서 비롯된 이념에 대한 강한 부정적 인식이 크게 작용하기 때문이다. 이런 한계로 현장의 싸움에서는 승리했더라도 결말은 패배로 귀착되었고 한국사회의 진보적 전환을 이루어내지 못했다.

4. 반독재 항거에서 사회진보 운동으로

오늘날 민주화운동을 성공적인 것으로 평가할 수만은 없는 상황이 되었다. 한국에서 6월항쟁 이후 개혁세력과 보수세력 간에 치열한 공방이 전개되던 시기에 세계적으로는 동서 냉전체제가 붕괴되었다. 세계사의 흐름이 바뀌었다. 당연히 한국사회의 민주화에 대한 인식도 바뀌어야 했다. 민주화, 남북문제, 대미관계, 민족통일 등은 국제관계와 서로 연계하여 추진되어야 했다.

1990년대 들어 그동안의 정치투쟁 위주의 저항운동에서 나아가 진보언론운동, 시민운동, 진보정당운동, 노동운동 등의 다변화된 형태로 전개되었다. 항거형태도 그동안 학생들이 거리시위를 이끌고 이에 일반 시민들이 동조하는 형태였으나 이제는 민중조직이 주도했다. 민중조직은 노동운동권을 중심으로 학생, 농민, 지역조직, 지식인단체 그리고 시민단체들이 결합하여 이루어졌다. 새로운 민중조직은 상당한 대중성과 조직력을 확보하였고 일부 투쟁성도 갖추었다. 사회적으로 노동조직의 위상이 높아지고 또 한총련사태 등을 거치면서 대학생조직이 약화되었다. 그에 따라 민중운동권에서 학생운동권의 역할이 점차 소멸되어 갔다. 1990년대 중반에 이르러서는 사실상 대학생 주도의 민주화운동 시대가 마감된 것이다. 동시에 학생운동권이 보여준 비판의식과 또 시위를 주도하던 투쟁력도 상실했다. 이후 대중집회의 위력도 약화되고 영향력도 사라졌다.

하지만 역사적으로 반독재운동 단계를 충실히 마무리하고 새로운 차원의 민주화운동으로 이행할 수 있는 계기를 일거에 박탈한 사건은 1990년 1월 노태우, 김영삼, 김종필 세 사람이 주도한 이른바 '삼당합당' 사건이었다. 이로 인해 축적되어 왔던 민주화운동 역량은 분열되고 해체되었으며 군사쿠데타나 권위주의 정권을 역사적으로 엄정히 청산할 수 있는 기회도 사라진 것이다.[15] 상당수의 민주화운동 참여자들이 군사정권 잔재에 편승하여 기득권층으로 변신하였다. 군사정권과 권위주의 정치에 들러리서면서 유착했던 인사들은 1993년 김영삼정권을 만들어 기득권을 지켜내고 보수세력의 중심축을 형성하면서 계속해서 한국사회를 농단할 수 있었다.

---

15) 김대중, 2010, 『김대중자서전 1』, 삼인, 571~574쪽. 김대중은 삼당합당에 대해 "민의를 배반한 쿠데타였다", "6월항쟁이 국민의 힘으로 완성을 보지 못하고 노태우의 6·29선언과 모호한 타협의 결과가 이런 최악의 결과를 가져왔다", "우리나라 정치사에 최악의 지역주의를 조장했다"고 하면서 민주화에 심각한 악영향을 초래한 것이라고 비판하였다.

친독재 인사들은 '독재의 과거사' 청산을 삼당합당으로 모면한 후 신자유주의 공세에 편승하여 자본의 들러리로 나섰다. 이제 자본의 영향력이 전사회 각 분야로 확대되면서 지배구조가 질적으로 바뀌었다. 한국사회는 군부세력도 반공극우집단도 공안세력도 아닌 자본의 전일적 지배체제가 확립된 것이다. 자본은 1997년 외환위기를 기화로 보수정치권을 앞세워 일방적으로 유리한 법률 보호막을 확보했으며 공안세력과 보수언론을 매수하고 조종하여 번견으로 삼았다. 한국의 자본은 제왕적 위세에 더하여 정부의 파쇼적 지원을 받아 무소불위로 전횡하고 있다.[16)]

대중들은 보수언론의 여론조작과 자본의 신자유주의 공세로 방향감각을 잃고 있다. 진보적 담론은 보수언론의 물량공세에 밀려 의제 설정의 주도권을 잃었다. 그 결과 사이비 언론에 현혹된 대중을 올바르게 견인하지 못했다. 지난날처럼 폭력에 의한 억압이 아니라 조작된 여론에 의한 운동의 무력화가 이루어졌다. 학생운동권의 영향력은 소멸되고 신자유주의 공세로 노동운동은 대중과 유리되었다. 이에 비해 기독교 보수교단을 중심으로 반공 친미 친자본의 보수계층이 광범위하게 결집하였다.[17)] 그들은 상황을 유리하게 연출하기 위해 극우 수

---

16) 김용철, 2010, 『삼성을 생각한다』, 사회평론. 이 책을 통해 삼성재벌에 예속되어 있는 한국사회의 실상을 확인할 수 있다. 삼성재벌 이건희 일가가 불법으로 약탈하여 조성한 비자금을 살포하면서 자행한 국정 농단의 실체와 삼성재벌에 매수당하여 하수인 노릇해 온 정치인 정부고관 관료 사법부 언론인 등의 추악한 행각이 드러나 있다.

17) 『한겨레신문』 2010년 5월 19일자 「권태선칼럼」에서, 권태선 기자는 프랑크 라뤼 '유엔 의사표현의 자유 특별보고관'이 2010년 한국의 인권상황을 조사한 후 '한때 인권신장의 모범적 사례로 거론됐던 한국이 1970년대로 되돌아가는 것 같고 또 금서목록이 다시 등장하는 등 중세를 방불케 한다'고 비판했다고 했다. 그러면서 라뤼 보고관은 민주주의를 위해 목숨까지 던졌던 한국인들이 왜 이명박 정권을 선택하여 역사의 퇴행을 용인하게 되었는지에 대해 질문했고, 이에 누군가가 "이명박 대통령이 판 욕망의 정치에 우리 시민들이 넘어간 것 같다"는 답을 내놓았다고 설명했다. 현 한국사회가 처한 민주화 전환기의 어려운 상황을 상징

구집단을 동원하여 민중과 충돌을 야기하면서 공포분위기를 조성하기도 한다. 이른바 뉴라이트들은 진보 개혁세력을 향해 마치 해방공간의 사상탄압을 재현하듯이 폭력적인 이념공세를 펼치면서 공안세력과 공생관계를 형성하였다. 기득권세력의 태생적 한계인 약탈적 속성을 감싸고 정당화하기 위한 이데올로기 작업이다. 이를 위해 이승만, 박정희를 민중 탄압의 독재자에서 건국의 위대한 지도자로 둔갑시키면서 민주화운동의 의의를 훼손하고 있다.

민주화운동의 성과로 장면정권, 김대중정부, 노무현정부 등 비권위주의 정부가 수립되었다. 이 정부들은 독재정권의 유산인 비민주적 요소들을 청산하고 민주화를 완성해야 할 시대적 과제를 부여받았다. 그럼에도 세 정부 모두 국민의 기대에 부응하는 민주개혁을 추진하지 못하였다. 오히려 과거 권위주의 정부의 범죄와 과오를 사면해주거나 혹은 정당화해주는 잘못을 범했다.

민주화운동의 성과로 헌법적 규정은 민주주의적인 것으로 확보했을지라도 그 틀로 운영되는 구체적 법률들은 낡은 유물인 채로 변하지 안했다. 대통령조차 국가보안법 폐지를 주장하면서 '칼집에 담아 박물관의 유물로 보내야 한다'고 나섰지만[18] 반민주적 법률은 여전히 시퍼렇게 살아남았다. 민주화의 성과는 독재시기 폭력수단을 청산할 수 있을 정도에 이르지 못한 것이다. 그동안 독재자들에 의해 국가보안법으로 처벌받고 사형 당한 자들이 얼마나 되는지 가늠하기조차 어렵다. 그런데도 문민정부라고 하는 김영삼정부 5년 동안 국가보안법

─────────────

적으로 적절히 표현한 것이라 생각한다.

18) 노무현 대통령은 국가보안법이 국가를 위태롭게 하는 사람을 처벌하는 것이 아니라 정권에 반대하는 사람을 처벌하는데 사용되었으며 그 과정에서 엄청난 인권탄압이 있었고 비인도적 행위들이 저질러졌다고 하면서 이제 낡은 유물로서 칼집에 넣어 박물관으로 보내 폐기처분하자고 했다(『오마이뉴스』, 2004년 9월 6일 기사).

으로 구속된 인원이 1,989명이고, 민주정부라는 김대중정부 5년 동안에도 1,058명이 구속되었으며 그 가운데 대학생들은 각각 1,159명과 839명이나 되었다.[19] 국가보안법 등 중세기적 통치수단에 의해 통제되고 있는 한국사회의 실체를 확인할 수 있다. 이렇듯 민주사회를 향한 본질적 과제는 여전히 미결인 채로 남아있으며 그 위에 자본을 축으로 새로운 억압과 수탈구조가 구축되고 있는 것이다.

5. 맺음말

한국사회는 민주 발전이 지체되면서 세계사의 흐름에 뒤처졌다. 이러한 세계사와의 격차를 극복하기 위한 것이 민주화운동이다. 곧 한국 민주화운동의 역사는 한국사회 민주발전의 역사를 의미한다. 그러나 한국사회는 사실상 당장의 현안에 발목이 잡혀 시대적 또는 진보적 과제에 대비하는 여유를 갖지 못했다. 사회적으로 미래 지향의 목적의식이 부재했으며 또 민주사회에 대한 기본 인식이 명확하게 공유되지 못했다. 그동안 전개되어온 반독재 민주화운동도 실재로는 학생을 비롯한 대중의 자발성에 의지했지 진보적 과제를 내세워 결집한 조직력의 결과로 이룩된 것은 아니다. 따라서 오랜 민주화운동에도 불구하고 오늘날 인권과 평등 사회를 향한 진보적 가치는 갈수록 퇴색되고 통일을 향한 민족사적 전망도 갈수록 흐려지고 있다.

민주화 운동사를 통해 새삼 확인한 것은 민중이 시대를 가장 앞서 나갔다는 점이다. 정치 지도자와 지식인들이 소극적인 태도로 머뭇거리는 사이 민중은 새로운 도전에 나섰다. 2002년의 미군장갑차살인사

---

19) 민주사회를위한변호사모임, 2004,『국가보안법을 없애라』, 118~122쪽 통계자료 재인용.

건, 평택미군기지, 매향리사격장, 한미자유무역협정과 미국쇠고기 수입 등의 문제로 대대적인 시위운동을 전개하였고 특히 2008년의 촛불시위를 통해 저항운동의 새로운 장을 열었다. 그렇게 민중은 포기하거나 좌절하지 않고 역사의 돌파구를 만들었다. 1960년 4·19항쟁과 1987년 6월항쟁도 그 같은 한계적 상황을 딛고 전개되었다. 1985년 2·12총선, 2002년 대통령선거, 2010년 지자체선거의 예상 밖 승리도 마찬가지였다. 비록 정치권의 배신으로 아직 그 결실을 얻지는 못했지만, 민중은 거리의 한 사람 시위자로 그치거나, 또 한 사람 유권자에 머무르지 않고 전위적 투사로서 역사에 도전했다. 그러나 문제는 앞서 논한 것처럼 그 힘만으로는 역사를 온전하게 바꾸지 못한다는 데 있다. 민중은 투표를 통해서 기성의 조건 가운데 어느 하나를 선택할 수는 있지만 진보를 실현할 새로운 판을 조직해 낼 수 있는 것은 아니다. 때론 공분을 느낀 나머지 시위에 나서 항거할 수는 있지만 일회적으로 그칠 뿐 진보적 변혁을 궁극적으로 관철해낼 수 있는 것도 아니다.

권위주의 정권이 물러난 이후 변혁적 사회전환이 이루어지지 못한 가운데 등장한 정권들은 권력 유지의 안전판을 위해 기득권세력과 쉽게 타협했다. 그같은 현실정치에서 민주화운동의 헌신적 가치는 공허해지고 반면에 기존의 반민주적 억압구조는 그대로 유지되었다. 과거의 억압체제는 이제 독재를 위한 탄압수단이라는 비판에서 벗어나 오히려 민주사회를 지탱하는데 필수적인 당연한 제도로 치부되고 합리화되었다. 이에 따라 민주화운동은 역사의 진보를 견인하지 못하고 쳇바퀴 돌듯 똑같은 문제에 매달려 맴돌게 되는 것이다. 그렇기 때문에 지난 민주화 이행기의 두 차례 민주정권은 당연히 민주화운동의 후속과제에 대한 역사적 임무를 적극적으로 수행했어야 했다. 그들의 임무는 역사적 격변기의 개혁 못지않게 중요했다. 그러나 기대에 부응하지 못하고 소극적으로 임한 개혁정책 때문에 수구세력의 준동과 신보수 정권의 등장을 초래하여 권위주의 시대로 회귀한 정책을 다시 겪어야 하는 지경에 이르렀다.

민주화 이행기 한국사회가 안고 있는 과제는 지난날의 반독재 민주화운동시기에 견주어 훨씬 지난한 문제이다. 지난 반독재운동시기에 민중은 투쟁의 필요성에 상대적으로 쉽게 공감하면서 참여하였다. 하지만 반독재운동 이후의 과제를 관철하는 데서 민중의 참여를 이끌어내기는 쉽지 않다. 보수언론의 악의적 왜곡보도로 민중의 역사의식은 흐려지고, 걸핏하면 좌경용공으로 몰아붙이는 이념공세로 민중의 진보적 행보가 차단되고 있다. 자본의 조종을 받은 권력은 모든 노동자들을 불안정한 날품팔이로 전락시켜 연대운동을 불가능하게 한다. 과거에는 독재자의 통제와 탄압이라고 인식하던 것들을 이제는 사회적 필요성을 인정할 수 있는 질서와 규범으로 받아드리고 있다. 또 온 사회가 극우적 논리와 이기적 분파주의에 휘둘린 나머지 민족적 공동체의식이 실종됨으로써 민족통일에 대한 당위적 인식도 약화되고 있다. 이는 자칫 통일을 무망하게 만들고 남북을 영구히 분리시킬 우려를 낳고 있는 것이다.

한국사회가 엄청난 희생을 치르면서도 끊임없이 민주주의 발전을 향해 투쟁해 올 수 있었던 것은 오랜 역사를 통해 축적한 문화적 역량 때문이라고 생각한다. 한국은 고대로부터 근대에 이르기까지 단계적으로 사회통합과 발전을 이루어왔으며 다양하고 이질적인 요소들을 수용하여 공동체를 성립시켰다. 그 기반 위에서 변화의 요구와 사회통합을 함께 충족시킬 수 있었다. 이제 그동안의 민주화운동 성과를 계승하고 발전시켜 한 차원 승화된 민주적 발전을 이룩하기 위해서는 민중이 이념적 혁신을 이루어야 하고 계급적 연대를 강화해야 한다. 그리하여 명확한 계급의식과 정체성으로 자본과 기득권세력이 만들어 내는 우상을 깨뜨릴 수 있어야 한다. 민중이 속박과 우상에서 벗어나 각자의 계급적 정체성을 올바르게 인식할 때 역사를 바꿀 수 있는 변혁의 동력이 될 것이다.

제1부

민족해방운동의 유산과 민주화운동

이준식

1. 머리말

재작년 미국산 소고기 수입문제로 촛불이 한참 타오를 때 〈헌법 제
1조〉라는 노래가 널리 불렀다. 이 노래의 가사는 단순하기 짝이 없다.
'대한민국은 민주공화국이다. 대한민국은 민주공화국이다. 대한민국
의 모든 권력은 국민으로부터 나온다'라는 가사가 되풀이될 뿐이다.
그런데도 이 노래는 많은 사람에게 사랑을 받았다. '대한민국은 민주
공화국'이라는 헌법 제1조의 규정, 아니 더 정확하게는 제1조를 포함
한 헌법의 여러 조항이 제대로 지켜지지 않는 현재 한국사회의 모습
이 반영되었기 때문일 것이다.

이 글은 촛불시위에서 드러났듯이 한국사회가 민주주의의 위기를
겪고 있다는 현실인식에서 출발한다. 특히 민주주의의 위기와 직결된
민주화운동을 이해하는 한 방법으로 일제강점기 민족해방운동의 유
산에 주목하려고 한다. 21세기 한국사회의 현실을 민족해방운동의 역
사에 연결시키는 것이 어떤 의미에서는 생뚱맞을 수도 모른다. 그러
나 이러한 접근을 시도하는 데는 나름의 이유가 있다.

---

* 이 글은 『역사와 현실』 77호(2010)에 실린 논문을 수정 가필한 것이다.

일제강점기 민족해방운동은 당연히 일제로부터의 해방을 추구한 모든 운동을 가리킨다. 그렇지만 민족해방운동의 목표가 단지 식민통치로부터의 해방에만 있었던 것은 아니다. 거기에는 해방 이후 새로 만들어질 국가에 대한 전망도 포함되어 있다. 민족해방운동세력은 저마다 해방을 이룬 뒤의 건국구상을 밝혔다. 일제강점기 전체를 놓고 보면 각각의 구상은 점차 수렴하는 모습을 보였다. 정치와 관련해서는 모든 국민(또는 인민)의 자유와 권리가 보장되는 민주공화제를 지향하고 있었으며, 경제와 관련해서는 완전한 공산주의사회도 아니고 자본주의사회도 아닌, 적어도 토지와 대기업의 국유화를 통해 최소한의 평등(균등)이 이루어지는 체제를 지향하고 있었다. 거기에는 좌도 우도 없었다.

그러나 민족해방운동을 이렇게 이해하는 것은 1980년대 초까지만 해도 불가능한 일이었다. 두 눈이 아니라 한 눈으로만 역사를 보는 것이 강요되고 있었기 때문이다. 굳이 민족해방운동이라는 말 대신에 독립운동이라는 말을 써야 한 것도 이와 무관하지 않다.(김정인, 2006) 이승만정권 시절에는 이승만을 중심으로 독립운동이 정리되었고, 박정희정권이 들어서면서는 북한과의 체제경쟁을 위해 대한민국임시정부(이하 임정)나 봉오동전투니 청산리대첩이니 하는 1920년대 초 만주에서의 무장독립운동이 과도하게 부각되었다.

그러나 민주화운동의 진전에 따라 민족해방운동사를 새로 정리하려는 움직임이 나타났다. 특히 민주화운동이 노동·농민운동 등과 결합하면서부터는 민족해방운동도 노동자·농민 등의 민중 중심으로 파악하려는 경향이 두드러졌다. 민주화운동의 성장이 민족해방운동의 재해석을 가능하게 한 것이다. 거꾸로 민족해방운동사에 대한 새로운 이해는 민주화운동의 진전에 새로운 빛을 비추기도 했다. 민주화란 정치적 민주주의의 쟁취에 그치는 것이 아니라 민중의 경제적,

사회적 권리를 확보하는 데까지 나아가야 한다는 것이 민족해방운동의 역사를 통해 새삼 확인되었다. 한국 근현대사에 면면히 이어져 내려온 저항민족주의의 전통이 민족해방운동에서 비롯되었다는 인식은 민족해방운동과 민주화운동이 만나는 결정적 계기가 되었다.

이 글은 민주화운동의 원점을 일제강점기까지 거슬러 올라가서 찾으려고 한다. 예컨대 4·19 이후 고양된 통일운동은 길게 보면 일제 식민통치로부터의 민족해방을 위해 정치적·이념적 차이를 뛰어넘어 연대와 통합을 모색하던 민족해방운동의 전통을 이어받은 것이었다. 민족해방운동과 민주화운동의 연관성은 여기에 그치지 않는다. 민주화운동이 민주주의를 이루지 못한 체제에 대한 저항운동의 성격을 띤다고 했을 때 그러한 정신이 어디에서 비롯되었는지를 따져보아야 하는데 그 원천의 하나로 민족해방운동에 주목할 필요가 있다. 그렇다고 민주화운동이 단지 민족해방운동에서 저항의 정신만을 계승한 것은 아니다. 저항운동을 통해 이루려고 한 사회 곧 자유와 권리와 평등이 보장되는 민주화된 사회라는 상도 민족해방운동을 통해 그 단초가 마련되었다는 점을 강조하려고 한다.

2. 민족해방운동의 이념적 지향

민족해방운동은 독립국가의 수립만이 아니라 제국주의 지배 이래 빼앗긴 모든 정치적·경제적·사회적 권리의 회복까지 지향했다.(이기훈, 2005) 민족해방운동 진영은 궁극적으로는 자본주의 시장경제체제를 지향하는 우파와 사회주의체제를 지향하는 좌파의 두 축을 중심으로 형성되었다. 그리고 두 진영의 이념적 바탕이 된 것은 민족주의와 사회주의였다. 그렇지만 두 진영의 구분이 분명한 것은 아니었다.

사회주의진영을 놓고 보면 최초의 사회주의자 가운데 일부는 이전부터 존재하던 '민족운동의 한 분파'(임경석, 2003, 40쪽)에서 갈라져 나온 사람들이었다.(박철하, 1998 ; 이애숙, 1998 ; 임경석, 1998 ; 임경석, 2003 ; 전명혁, 1998) 초기 사회주의운동에서 활동한 인물들 가운데 상당수가 사회주의를 수용하기 이전에 이미 다양한 민족운동에 종사한 경험을 갖고 있었다.(이준식, 1999)

역으로 민족주의자 가운데서도 적지 않은 사람들이 사회주의에서 말하는 평등문제에 대해 상당 부분 동조하고 있었다. 흔히 민족주의는 독립 이후 자본주의의 경로를 모색했다고 한다. 그런데 민족주의자라고 해서 모두 자본주의에 찬성한 것은 아니었다. 국내에서는 안재홍 등의 민족주의 좌파가 그러했다. 그리고 해외에서는 더 많은 민족해방운동가들이 비(非)공산주의 · 반(反)자본주의 노선을 추구했다.

일제강점기 좌파 대 우파의 전선은 민족 대 반민족의 전선에 비해 본질적인 것이 아니었다. 이는 우리 사회가 근대의 형성 초기에 식민지로 전락해 식민지근대의 길을 걷게 된 데서 비롯된다. 원칙적으로 자본주의의 발전과정은 시민사회의 확대과정이어야 한다. 실제로 서구의 경우 자본주의근대화의 주도세력은 부르주아지였다. 그렇지만 식민지근대를 경험한 우리 사회에서 부르주아지의 발전은 극히 제한되었고 따라서 자본주의근대화를 지향하는 우파의 민족해방운동도 그만큼 취약할 수밖에 없었다. 실제로 1920년대 이후 민족해방운동에서는 사회주의운동이 주도적인 흐름으로 자리를 잡게 되었다. 그러면서 사회주의계열의 민족해방운동은 최소강령으로서의 부르주아 민주주의의 과제 곧 일반민주주의의 과제와 더불어 최대강령으로서의 반(反)자본주의 과제를 동시에 제기하고 있었다.(전명혁, 2001, 72쪽)

민족주의세력도 반드시 자본주의근대화만을 선호하지는 않았다. 보수적이었다는 평가를 받는 임정도 정치적 · 사회적 권리에 관한 한

사회주의세력 못지않게 평등지향적이었다. 1930년대를 전후해서는 토지국유화를 실현하고, 대생산기관 역시 국유화한다는 방침을 세우고 있었다. 임정의 마지막 헌법인 대한민국임시헌장(1944)에 따르면 파업의 자유는 인민의 자유와 권리의 하나로 인정되었다. 토지국유화, 중요 산업과 대생산기관의 국유화, 파업의 자유 등의 정책은 해방 이후 한국사회에서 '급진·좌경·용공'이라는 낙인이 찍힌 어떤 사회운동단체나 진보정당의 정강정책보다 더 급진적인 것이었다.(한홍구, 2002, 99~100쪽)

〈헌법 제1조〉에 나오는 민주공화제에 대한 발상이 처음으로 정착된 것은 민족해방운동의 전개과정을 통해서였다. 강제병합 당시만 하더라도 대한제국은 군주제 국가였다. 그런데 강제병합으로부터 10년 뒤에 일어난 3·1운동에서 대한제국을 되찾겠다는 이야기는 거의 등장하지 않았다.

1917년에 신규식, 박은식, 신채호, 조소앙 등 14인의 이름으로 발표된 대동단결선언은 국민주권의 공화주의이념을 처음으로 공식문서화한 것이었다.(박찬승, 2007) 이 선언에서 특히 주목되는 것은 '주권상속의 대의'라는 구절이다. 이는 대한제국이 삼보 곧 토지와 국민과 주권을 포기한 1910년 8월 29일은 곧 "오인 동지가 삼보를 계승한 날"이며 "오인 동지는 완전한 상속자"라는 의미였다. 곧 강제병합의 순간 군주주권의 제국은 사라졌고 주권재민의 민주공화제 국가가 새로 출범했다는 것이다. 이 선언을 계기로 공화주의는 민족해방운동의 주된 흐름으로 자리를 잡았다.

공화주의로의 흐름은 1919년에 조소앙이 기초하고 신채호, 박은식 등의 이름 아래 발표된 대한독립선언서를 통해 더 구체화되었다.(김기승, 1999) 이 선언서의 서명자들은 독립이 민족평등, 동양평화, 인류평등을 위한 길이라는 점을 분명히 했다. 독립을 인류평등으로까지 이어서 인식함으로써 열린 민족주의의 사고를 보여준 것이다. 독립을 정의와 인도에 입각한 민주, 자유, 인간(개인)·민족평등의 실현을 통해 모든 민족과 사람이 평화롭게 공존하는 대동사회 건설의 한 과정이라고 규정한 것도 마찬가지이다. 그렇게 함으로써 독립의 의미를 잃어버린 주권의 회복과 독립국가의 건설이라는 좁은 틀에 가두지 않고 민주주의의 실현, 민족구성원 개개인의 해방과 평등의 실현으로까지 확대했기 때문이다.

3·1운동은 주권재민의 근대국가 이념이 정립되는 결정적 계기가 되었다. 3·1운동 과정에서 여러 독립선언서가 발표되었다. 그 가운데 대한제국으로의 복귀를 주장한 것은 하나도 없었다. 3·1운동 당시 한성임시정부 약법 등 여러 정부안이 등장했는데 모두 민주공화제를 지향했다.

3·1운동을 통해 확고해진 주권재민의 이념은 그 뒤 민족해방운동에서 중요한 역할을 했다. 이를 상징적으로 보여준 것이 1920년 상해에서 수립된 임정이었다. 임정의 수립을 통해 처음으로 인민과 평등과 자유를 보장하는 주권재민의 근대국가가 출범했다. 1919년 4월 제정된 대한민국임시헌장은 대한민국이 민주공화제 국가라는 점을 분명히 했다.(국사편찬위원회 편, 2005, 3쪽) 동시에 대한민국의 인민은 종교·언론·저작·출판·결사·집회·통신·주소이전·신체·소유의 자유를 누리는 한편 남녀·귀천·빈부의 차이 없이 일체 평등하다고도 규정함으로써 자유·민주·평등을 대한민국의 핵심가치로 설정했다.

특히 대한민국임시헌장 제3조의 "남녀귀천급빈부의 계급이 무하고 일체 평등"하다는 조항은 혁명적인 것이었다. 여기서 '귀천'은 신분제를 의미하는 것으로 보인다. 대한제국시기에 이미 법적으로 신분제가 철폐되었으니 귀천에 따른 불평등을 인정하지 않은 것은 당연한 일일 수도 있다. 그런데 임정은 여기서 한 걸음 더 나아가 '남녀'의 평등과 '빈부'의 평등까지도 선언했다.[1] 예컨대 임정이 여성의 참정권을 인민의 보편적 권리로 인정한 것은 중국과 일본은 물론이고 미국이나 영국보다 앞선 것이었다.(이준식, 2009a)[2]

이후 임정의 헌법구상은 1919년 9월 대한민국임시헌법 제정, 1925년 4월 대한민국임시헌법 개정, 1927년 4월 대한민국임시약헌 제정, 1940년 10월 대한민국임시약헌 개정, 1944년 4월 대한민국임시헌장 제정을 거치면서 다소 바뀌었다. 그러나 마지막까지 민주공화제를 수립한다는 것, 주권이 인민(또는 잠정적으로 광복운동자)에 있다는 것, 인민은 남녀귀천 및 빈부를 떠나 평등하다는 것, 인민은 권리와 자유를 가지며 평등한 의무를 진다는 것은 바뀌지 않았다.(국사편찬위원회 편, 2005, 6~34쪽 ; 이준식, 2009a, 113~114쪽)

임정이 구상한 민주공화제에서 공화는 균등 내지 평등과 이어지는 것이었다. 인민은 일체 평등하다는 규정이 이를 잘 보여준다. 모든 인민이 평등하게 자유를 누리고 의무를 지며 정부구성에 참여한다는 규정도 마찬가지이다. 인간의 존엄과 가치에 대한 존중은 생명형, 신체형, 공창제 등을 모두 인간의 존엄과 가치에 반하는 것으로 전폐되어야 한다고 본데서 잘 드러났다.

그렇다면 사회주의진영에서는 민족해방 및 그에 이어지는 국가건설에 대해 어떤 생각을 갖고 있었을까? 이 문제를 풀어가는데 단초가

---

1) 당시 상해에서 활동하던 손두환(孫斗煥)이 대한민국임시헌장의 제정에 대해 "사천년간 미증유한 인민의 의사에 의하여 인민을 위하는 정치를 시(施)하게 되고 남녀귀천빈부 등의 제계급을 근본적으로 타파하기 시작"했다고 감격할 정도로 임시정부의 평등주의 지향은 뚜렷했다.(孫斗煥, 1920)

2) 주요 국가의 여성참정권 획득년도를 보면 뉴질랜드 1893년, 호주 1902년, 덴마크 1915년, 소련 1917년, 캐나다 1918년, 오스트리아 · 독일 · 네덜란드 · 폴란드 · 스웨덴 1919년, 미국 1920년, 영국 1928년, 스페인 1931년, 태국 1932년, 필리핀 1937년, 인도네시아 1941년, 프랑스 · 헝가리 · 이탈리아 1945년 등이다.

되는 것은 대다수의 초기 사회주의자들이 식민지라는 조건을 중시해 민족해방의 과제가 즉각적인 사회주의의 실현보다 우선하는 것으로 보았다는 사실이다. 이 경우 민족해방을 위해서는 같은 목적을 지향하는 민족주의자들과의 연대 곧 통일전선이 필요한 것으로 간주되었다. (이준식, 2009b, 26~34쪽)

임정보다 뒤늦게 사회주의계열의 화요파, 상해파, 북풍파가 손을 잡고 1925년 4월 17일 국내에서 조선공산당을 결성했다. 조선공산당은 1928년 해산할 때까지 공식적으로는 강령을 채택하지 못했다. 그러나 당의 간부인 김찬에 따르면 창당대회에서는 '일본제국주의 통치의 완전한 타도와 조선의 완전한 독립, 8시간 노동제·노임증가 및 최저임금제 제정·실업자구제·사회보험제, 부녀의 정치적·경제적·사회적 일체의 권리평등, 국가경비에 의한 의무교육 및 직업교육 실시, 언론·집회·결사의 자유와 식민지 노예교육 박멸, 동양척식주식회사·일본 이민제·군농회 철폐, 일본인 지주에 소작료 지불거부' 등의 당면문제 슬로건이 논의되었다고 한다.(이준식, 2009b, 83~85쪽) 조선공산당이 당면문제 슬로건의 첫 번째 항목으로 '일제타도와 독립'을 내걸었다는 것은 중요한 의미를 갖는다. 아울러 다른 슬로건 가운데도 민족문제와 관련된 것이 많았다. 따라서 조선공산당 창당대회에서 당면한 조선혁명의 과제를 민족해방혁명, 반제혁명으로 규정하고 이를 위해 국내외의 모든 애국적 세력과의 동맹에 적극적으로 나서겠다는 방침이 사실상 채택되었음을 알 수 있다.

이는 1925년 말 제1차 조선공산당 탄압사건이 일어난 뒤 상해로 망명한 간부들이 중심이 되어 발행한 조선공산당 기관지『불꽃』1926년 7월호에 수록된 '조선공산당 선언'(조선공산당 중앙위원회, 1926)에서도 확인된다. 이 선언서에는 '민주공화국을 건설하되 국가의 최고 및 일체 권력은 국민으로 조직한 직접, 비밀, 보통 및 평등의 선거로 성립한 입법부에 있을 일, 8시간 노동제 실시, 직업조합의 조직 및 동맹파업의 자유, 대토지 소유자·회사 및 은행이 점유한 토지를 몰수해 국가의 토지와 함께 농민에게 교부할 일' 등 40개 항의 주장이 담겨 있다. 그 내용은 대체로 일반민주주의의 과제 곧 부르주아 민주주의혁명의 과제를 내용으로 하는 최소강령의 성격을 띠고 있다. 그렇다면 최대강령은 무엇이었을까? 그 답은 조선의 완전한 해방의 과제를 실행하기 위해 노동자·농민 계급, 도시 소부르주아지, 지식인 및 부르주아지 등 일제와 대립하는 모든 역량을 결집해 민족혁명유일전선을 만들 것을 제시한 데서 찾아볼 수 있다. '조선의 완전한 해방'이 바로 조선공산당이 설정한 최대강령이었다. 조선공산당은 부르주아 민주주의혁명 강령에 기초한 통일전선정권 수립이라는 국가건설론을 갖고 있었던 것이다. 실제로 이후 조선공산당은 통일전선을 이루는 데 전력을 경주했다.

김재봉중앙에 이어 출범한 강달영중앙 시기에는 천도교를 포함한 민족주의세력과 손을 잡고 '국민당' 또는 '대한독립당'이라는 이름 아래 통일전선체의 결성을 추진했다. 그리고 그 연장선에서 1926년 6월 10일 순종의 장례일을 이용해 거족적 만세시위운동을 일으킨다는 계획을 세웠다.(장석흥, 1996 ; 장석흥, 2000) 이 과정에서 만들어진 '격고문'에 나오는 "식민지에서는 민족해방이 곧 계급해방이며 정치해방이 곧 경제해방"이라는 구절은 널리 알려져 있다. 여기에는 일제 앞에 모든 조선 사람이 피압박자이자 피착취자이기 때문에 민족모순을 먼저 해결해야만 한다는 생각이 압축되어 있다. 민족모순의 유일하고도 완전한 해결책은 바로 민족혁명 곧 독립이었다.

강달영중앙에 뒤이은 김철수중앙 시기에도 조선공산당은 '정우회 선언'(『조선일보』 1926년 11월 17일)을 통해 다시 민족주의좌파와의 '제휴'를 강조하고 나섰다. 이는 통일전선의 결성이 조선공산당의 확고부동한 방침이었음을 보여준다. 그리고 그 연장선에서 국내에서의 최대 민족통일전선체라고 하는 신간회가 1927년 출범할 수 있었다.

1920년대 말과 1930년대 초의 짧은 시기에는 사회주의진영도 코민테른의 12월테제(1928) 등 극좌노선의 영향으로 민족통일전선의 범주를 협소한 것으로 인식했다. 민족부르주아지나 소부르주아지는 통일전선의 대상이 아닌 것으로 규정되었다. 민족혁명은 공산당이 토지문제의 혁명적 해결방안을 갖고 농민을 지도할 때만 가능한 것으로 규정되었다. 민족혁명과 사회혁명이 동일시되기에 이른 것이다.(이애숙, 1994 ; 임경석, 1994)

그러나 1930년대 중반 이후에는 반파쇼 인민전선론으로 전환하기 시작했다. 예컨대 이재유 그룹은 "일본에서 독립하지 않는 이상은 언제까지나 조선은 공산주의국가로 될 수 없"다는 인식 아래 "민족혁명 곧 부르주아 민주주의혁명"을 목표로 활동했다.(李載裕, 1937) 이러한 인식은 자연스럽게 통일전선의 대상을 반일의식이 있는 민족부르주아지로까지 확대하는 운동론의 전환으로 이어졌다.

3. 일제강점 말기 민족통일전선과 건국구상

1930년대 중반 이후 민족해방운동의 여러 세력 사이에서는 서로 연대와 통일을 모색하려는 움직임이 강화되기 시작했다. 각 세력은 이념적 지향성의 차이에 집착하지 않고 대일항쟁을 위한 민족통일전선 결성을 지향했다. 사상적 지향은 조금씩 달랐지만 일제 식민통치를 끝내고 민족해방을 이루는 것이 무엇보다 시급한 과제라는 데 대해서는 기본적으로 인식을 같이 하고 있었던 것이다. 여기서는 주로 해외의 사회주의운동과 민족주의운동이 운동방침에서 서로 접근해 가는 과정을 검토하려고 한다.

안창호는 흔히 자본주의 근대화론자로 알려져 있다.(서중석, 1989, 79쪽) 그런 안창호도 1926년 5월의 한 강연에서 "나는 대생산기구를 국가공유로 하자 함에 동감하는 자오. 나도 무산자의 하나이므로 다수한 빈자를 위하여 부자와 자본의 권리를 타파하여야 될 것을 아오. 그러나 지금 오늘날은 부자니 빈자니 유산자니 무산자니를 막론하고 다같이 합동 단결하여 오직 한낱 일본을 적을 삼고 민족혁명을 하여야만 쓰겠다 생각하는 사람이오"라는 발언을 했다.(安昌浩, 1926) 이러한 생각은 1930년 1월 안창호가 임정의 이동녕, 조소앙 등과 함께 한국독립당을 창당하면서 "국토와 주권을 완전히 광복하며, 정치·경제·교육의 균등을 기초로 하는 신민주국을 건설"한다는 당의(黨義) 아래 "1. 보통선거제를 실시하고, 국민의 참정권을 평등하게 할 수 있는 기본권리를 보장할 것, 1. 토지와 대량생산기관을 공유하고, 국민의 참정권을 평등하게 할 것, 1. 생활상의 기본지식과 필요기능을 수득(修得)시키며 충분한 의무교육을 공비(公費)로서 실시하고 국민의 수학권(修學權)을 평등하게 할 것" 등의 당강을 만든 것으로 이어졌다.(金正柱 編, 1971, 698쪽) '토지와 대생산기관의 공유', '공비 의무 교육' 등 도저히 우파의 생각이라고 볼 수 없는 내용을 당강에 반영한 것이 주목된다. 이는 1930년을 전후한 시기에 이미 해외 민족해방운동세력 사이에서는 좌우를 막론하고 해방 후 세워질 국가의 모습에 대해 일정한 공통분모가 만들어지고 있었음을 의미하기 때문이다. 물론 한국독립당을 만든 세력은 사회주의자가 아니었다. 그런데도 사회주의의 대의에 공감하고 있었던 것이다. 이러한 생각을 가진 것은 안창호나 조소앙만이 아니었다. 나라 안팎에서 일제로부터의 해방을 꿈꾸고 그 꿈을 현실화하기 힘쓰던 적지 않은 민족주의자가 운동역량을 극대화하기 위해 사회주의자와 손을 잡자는 생각을 갖고 있었고 그랬기 때문에 사회주의운동이 내세우던 토지와 대생산기관의 국유화 같은 주장을 수용하고 있었던 것이다.

1935년 7월 중국관내 사회주의자와 민족주의자의 연합 조직으로 (조선)민족혁명당(1935)이 출범했다.(朝鮮總督府警務局保安課, 1935, 82쪽) 중국관내 주요 세력이 거의 망라된 셈이었다.[3] 김구 등 한국독립당 안의 임정 고수파가 참여를 거부했고, 창당 후 얼마 지나지 않아 내부 분열로 신한독립당 등이 이탈했지만 적어도 민족혁명당은 창당 초기에는 중국관내 민족해방운동의 통일전선체라는 성격을 갖고 있었다. 따라서 민족혁명당의 강령에는 좌우파가 모두 동의한 최소한의 합의가 반영되어 있었다. 민족혁명당은 당의를 통해 "정치, 경제, 교육의 평등에 기초를 둔 진정한 민주공화국을 건설하여 국민 전체의 생활평등을 확보"하겠다는 원칙을 천명했다. 그리고 당강을 통해서는 다음과 같은 방침을 밝혔다.(강만길, 2003, 495~496쪽)

1) 구적(仇敵) 일본의 침략세력을 박멸하고 우리 민족의 자주독립을 완성한다.
2) 봉건세력과 일체 반혁명세력을 숙청하고 민주집권의 정권을 수립한다.
3) 소수인이 다수인을 박삭하는 경제제도를 소멸하여 국민생활상 평등의 제도를 확립한다.(중략)
6) 국민은 일체의 선거권 및 피선거권을 가진다.
7) 국민은 언론, 집회, 출판, 결사, 신앙의 자유를 가진다.
8) 여자는 남자의 권리와 일체 동등하다.
9) 토지는 국유로 하여 농민에게 분급한다.
10) 대규모의 생산기관 및 독점적 기업을 국영으로 한다.
11) 국민 일체의 경제적 활동은 국가의 계획하에 통제한다.
12) 노농운동의 자유를 보장한다.(중략)

---

3) 민족혁명당에는 한국독립당(조소앙, 김두봉 등), 의열단(김원봉, 윤세주 등), 조선혁명당(최동오, 김학규 등), 신한독립당(지청천, 신익희 등)이 참여했다.

14) 의무교육과 직업교육은 국가의 경비로써 실시한다.(중략)
16) 국적의 일체 재산과 국내에 있는 적 일본의 공·사유 재산은 몰수
한다.

민족혁명당에서 추진하고자 한 민주공화국의 핵심은 '봉건세력과 반혁명세력'을 몰아내고, 모든 국민에게 선거권과 피선거권을 주는 데 있었다. 또한 민족혁명당은 소수의 사람이 다수의 사람을 수탈하는 제도를 철폐하기 위해 모든 토지를 국유화해 농민에게 분배하고 대규모 생산기관 및 독점기업을 국영화하려고 했다. 여기서 민족혁명당에의 참가를 거부한 김구 중심의 임정 고수파가 대안으로 만든 한국국민당도 당의에서 "정치·경제 및 교육의 균등을 기초로 한 신민주공화국을 건설"하고 "토지와 대생산기관을 국유로 해 국민의 생활권을 평등하게 한다"는 방침을 밝힌 데 주목할 필요가 있다.(金正明 編, 1967, 644~655쪽) 한국국민당과 민족혁명당의 방침에는 별 차이가 없었던 것이다. 이는 1930년대 중반이면 중국관내에서 민족해방운동의 주도권을 놓고 경쟁하던 여러 세력이 이념적 지향성의 차이를 뛰어넘어 비슷한 노선을 추구하고 있었음을 의미한다.

1941년 중경의 임정에서 채택한 건국강령은 그러한 정황을 보여주는 단적인 보기이다.(한국정신문화연구원 편, 1997, 84~92·315~320쪽) 건국강령을 채택할 당시만 해도 임정은 우파만으로 운영되고 있었다. 그럼에도 불구하고 건국강령의 내용을 보면 사회주의적 지향을 상당 부분 수용했음을 쉽게 확인할 수 있다. 특히 해방을 이룬 뒤 나라를 세우는 과정에서 어떤 경제정책을 추진할 것인가를 규정한 제3장 제6항이 이를 단적으로 보여준다.

제3장 건국
(중략)

6. 건국시기의 헌법상 경제체계는 국민 각개의 균등생활을 확보함과 민족전체의 발전과 국가를 건립보위함에 연환관계를 가지게 하되, 아래의 기본원칙에 의거하여 경제정책을 추행(推行)함.

    가) 대생산기관의 공구(工具) 및 수단을 국유로 하고 토지와 어업, 광산, 농림, 수리, 소택과 수상·육상·공중의 운수사업과 은행, 전신, 교통 등과 대규모의 농, 공, 상, 기업과 성시(城市)·공업구역의 공용적 주요 방산(房産)은 국유로 하고 소규모 혹 중등기업은 사영으로 함.

    나) 적의 침점(侵占) 혹 시설한 관·공·사유토지와 어업, 광산, 농림, 은행, 회사, 공장, 철도, 학교, 교회, 사찰, 병원, 공원 등 방산과 기지(基址)와 기타 경제. 정치, 군사, 문화, 교육, 종교, 위생에 관한 일체 사유자본과 부적자(附敵者)의 일체 소유자본과 부동산을 몰수하여 국유로 함.

    다) 몰수한 재산은 빈공, 빈농 및 일체 무산자의 이익을 위한 국영 혹 공영의 집단생산기관에 충공(充供)함을 원칙으로 함.

    라) 토지의 상속, 매매, 저압(抵押), 전양(典讓), 유증, 전조차(轉租借)의 금지와 고리대금업과 사인(私人)의 고용농업제도의 금지를 원칙으로 하고 두레농장, 국영농장, 생산소비와 무역의 합작기구를 조직 확대하여 농공대중의 물질 및 정신상 생활정도와 문화수준을 제고함.

    마) 국제무역, 전기, 자래수(自來水: 수도-필자)와 대규모의 인쇄, 출판, 영화, 극장 등을 국유, 국영으로 함.

    바) 노공, 유공, 여공의 야간노동과 연령, 지대, 시간의 불합리한 노동을 금함.

    사) 공인과 농인의 면비의료를 실시하며 질병소멸 및 건강보장을 여행(勵行)함.

    아) 토지는 자력자경인에게 분급함을 원칙으로 하되 원래의 고용농, 자작농, 소지주농, 중지주농 등 농인 지위를 보아 저급에게부터 우선권을 줌.

건국강령에서 단적으로 드러나듯이 1930년대 중반부터 1940년대 초반에 이르기까지 정치적으로는 민주공화국 건설, 경제적으로 토지와 중요 생산기관의 국유화 등 몇 가지 측면에서 좌우를 막론하고 중국 관내 민족해방운동세력 사이에서는 대체적인 합의가 이루어지고 있었다. 따라서 건국강령은 사회주의진영까지 아우르려는 의도가 담긴 건국구상이었다.

한편 만주에서는 김일성 등 항일무장투쟁세력이 1936년 5월 반제민족통일전선 방침에 입각해 조선의 독립을 선결과제로 내걸고 재만한인조국광복회(이하 조국광복회)를 결성했다. 이 세력은 중국공산당의 무장조직인 동북항일연군에 소속되어 있었다. 따라서 기본적으로 사회주의자로서의 정체성을 갖고 있었다. 그렇지만 1930년대 초 만주에서의 극좌노선이 초래한 운동역량의 손실을 반성하는 가운데 민족통일전선 내지는 반파시즘 인민전선의 중요성을 절감하게 되었고 그 연장선에서 광범위한 반일민족통일전선체의 결성을 추진한 것이다. 그리하여 한편으로는 중국민족과의 연대를 추구하면서 다른 한편으로는 민족 내부에서 반제반파쇼전선에 동참할 수 있는 세력과의 연대를 적극 모색했다. 이러한 방침은 다음과 같은 조국광복회의 10대강령에서 분명하게 드러났다.(姜德相 編, 1977, 265~266쪽)

1. 한국민족의 총동원으로 광범한 반일통일전선을 실현함으로써 강도 일본제국주의의 통치를 전복하고 진정한 조선의 독립적 인민정부를 수립할 것.
2. 한중민족의 친밀한 연합으로써 일본 및 그 주구 만주국을 전복하고 한중인민이 자기가 선거한 혁명정부를 창설하여 중국영토 안에 거주하는 한인의 진정한 자치를 실현할 것.(중략)
4. 일본의 모든 기업, 철도, 은행, 해상 선박, 농장, 수리 기관, 매국적 친일분자의 모든 재산과 토지를 몰수하여 독립운동의 경비에 충당하며 일부 빈곤한 동포를 구제할 것.
5. 일본 및 그 주구들의 인민에 대한 채권, 각종 세금, 전매제도를 취소하고, 대중생활을 개선하며, 민족적 공·농·상업을 장애없이 발전

시킬 것.

6. 언론, 출판, 사상, 집회, 결사의 자유를 전취하고 봉건사상을 장려하는 왜놈의 백색공포 실현에 반대하고 모든 정치범을 석방할 것.

7. 양반, 상민, 기타 불평등을 배제하고 남녀, 민족, 종교, 교육 등의 차별 등을 하지 않고 일률적으로 평등하게 대하며, 부녀의 사회상 대우를 제고하고 여자의 인격을 존중할 것.

8. 노예동화교육에 반대하고 우리 말과 글로써 교육하며 의무적인 면비교육을 실시할 것.

9. 8시간 노동제의 실행, 노동조건의 개선, 임금의 인상, 노동법안의 확정, 국가기관으로부터 각종 노동자의 보험법을 실시하며, 실업노동대중을 구제할 것.(하략)

조국광복회는 항일에 동조하는 모든 사람을 망라해 반일민족통일전선을 결성하는 한편 일제를 몰아낸 뒤에는 독립적 인민정부를 수립한다는 계획을 세웠다. 이 정부는 직접·보통 선거에 의해 선출된 각 지역대표에 의해 구성된 것이었다. '독립운동의 경비조달과 가난한 동포의 구제'라는 단서가 붙어 있기는 했지만 일제가 소유한 모든 생산기관, 친일민족반역자가 소유한 모든 재산과 토지를 몰수할 것도 밝혔다. 독립 이후에 수립될 인민정부는 대중의 생활을 개선하며 민족기업을 육성해야 하는 것으로 규정되었다. 중국관내 민족해방운동세력이 내세운 건국구상과 크게 다를 바가 없었다.

중국관내의 화북지방에서 중국공산당과 함께 항일투쟁을 벌이던 화북조선독립동맹(이하 독립동맹)이 1941년 8월 중순 무렵 확정한 강령(金正明 編, 1967, 992쪽)도 마찬가지이다. 독립동맹은 다음에서 알 수 있듯이 독립자유의 민주공화국 수립, 반일민족통일전선 건설, 무장투쟁의 수행이 주요 방침이라는 점을 분명히 했다.

1. 본 동맹은 조선에 대한 일본제국주의의 지배를 전복하고 독립자유

의 조선민주공화국을 수립할 목적으로 다음 임무를 실현하기 위하여 싸운다.

  1) 전국민의 보통선거에 의한 민주정권의 수립.

  2) 언론, 출판, 집회, 결사, 신앙, 사상, 태업의 자유 확보.

  3) 국민인권 존중의 사회제도를 실현한다.

  4) 법률·사회·생활상 남녀평등의 실현.(중략)

  6) 조선에 있는 일본제국주의자의 일체 자산 및 토지를 몰수하고 일본제국주의와 밀접한 관계에 있는 대기업을 국영으로 귀속하며 토지분배를 실행한다.

  7) 8시간 노동제를 실시하여 사회의 노동을 보장한다.

  8) 인민에 대한 부역 및 잡세를 폐지하고 통일적 누진세제도를 실시한다.

  9) 국민의무교육제도를 실시하고 이에 필요한 경비는 국가가 부담한다.(중략)

  2. 본 동맹은 조선독립을 쟁취하려는 하나의 지방단체로서 조선혁명운동에 적극 참가하고 아래의 임무를 실현하기 위하여 분투한다.

  (중략)

  4) 전 조선민족의 반일통일전선을 확대공고화하기 위하여 노력한다.

(하략)

독립동맹은 임정에의 합류를 거부한 세력으로 알려져 있다. 그런데 강령만 놓고 보면 임정의 그것과 큰 차이가 없다. 독립동맹도 민주공화국의 수립을 지향했다. '언론·출판·집회·결사의 자유, 남녀평등, 노동권보장, 국비의무교육, 토지분배' 등도 모두 임정의 헌법구상과 정확하게 일치했다. 가장 눈길을 끄는 것은 스스로를 '하나의 지방단체'로 규정한 것이다. 임정과의 연대를 염두에 둔 규정이었을 것이다. 지방단체란 표현에서도 알 수 있듯이 임정의 대표성을 인정하면서 반일통일전선의 결성을 중시하고 있었던 것이다.

이상에서 살펴본 바와 같이 민주공화제와 균등경제는 1930년대 중반부터 민족해방운동세력의 건국구상에서 대세를 이루었다. 이는 민족주의진영과 사회주의진영 사이에서 합의된 것이었다. 해방 이후 새로 세워질 국가가 추진해야 할 사업방향을 제시한 것이기도 했다. 민족주의자들은 자본주의체제만을 이상적이라고 생각하지 않았다. 오히려 사회주의와 자본주의 양자의 모순과 한계를 극복한 새로운 체제를 건설하려고 했다. 사회주의자들도 즉각적인 프롤레타리아혁명과 프롤레타리아독재를 유보하고 민족해방을 위해 민족주의자와 연대할 필요를 인정했다. 이 점에서 민족주의세력과 사회주의세력 사이에는 연대의 가능성이 열려 있었던 것이다. 독립동맹, 조국광복회 등 사회주의세력은 말할 것도 없고 통일전선정당이라고 할 수 있는 민족혁명당, 우파정당인 한국국민당, 한국독립당, 그리고 임정 등이 모두 토지와 대생산기관의 국유화정책을 채택하고 있었다.

건국구상의 수렴은 현실적으로 민족해방운동세력 사이의 연대의 가능성이 점차 높아지고 있었음을 반영한 것이었다. 실제로 국내외 민족해방운동세력 사이에는 연대가 모색되고 있었다. 이른바 해외 3대 운동세력이라고 하는 임정, 독립동맹, 동북항일연군, 그리고 국내의 조선건국동맹(이하 건국동맹)이 서로 편지를 주고받거나 사람을 파견해 일제에 대한 공동투쟁의 방안을 논의하려고 한 것이다.[4]

해외에서는 중경의 임정이 연안의 독립동맹, 연해주의 항일무장투쟁세력과 연락관계를 맺고 있었다. 임정은 내부적으로는 정부와 의정원의 확대개조, 임시헌장·건국강령 개수(修改)작업 등을 시도하는 한편 장건상와 이충모를 각각 연안과 연해주에 파견해 구체적인 연대를 모색하려고 한 것이 확인된다. 임정은 다른 지역에서 활동하고 있던 세력과의 연대를 통해 최종적으로는 통일전선체로서의 독립운동자대

---

4) 이 문제를 다루고 있는 글로는 신용하, 2004 ; 정병준, 1993 ; 정병준, 1996 ; 정병준, 2009 ; 한시준, 1995 ; 한시준, 2002 등이 있다. 이하의 논의는 이러한 연구 성과를 바탕으로 한 것이다.

표대회를 개최함으로써 일제에 대한 항쟁을 결집시키고 더 나아가서는 해방 이후의 건국구상도 마무리하려고 한 것이다.

이러한 임정의 움직임에 대해 독립동맹도 적극 호응했다. 이는 독립동맹과 그 산하 무장단체인 조선의용군의 핵심인물 가운데 다수가 임정에 합류한 민족혁명당 출신이었기 때문에 가능한 일이었다. 더욱이 임정과 독립동맹은 이념적 차이에도 불구하고 1930년대 말 이후에는 민족통일전선의 필요성과 자유와 평등이 실현되는 새로운 국가건설에 관한 한 사실상 의견의 수렴을 보이고 있었다. 일제의 패망이 가시화된 상황에서 해외의 민족해방운동세력이 단결해야 할 필요성을 두 세력 모두 절감하고 있었다. 그리하여 이미 독립동맹에서는 김두봉과 김학무가, 임정에서는 김구와 김원봉이 나서서 여러 차례 편지를 주고받으며 운동노선의 합일점을 모색하고 있었다.

그 결과 김두봉은 1944년 10월 16일 김구에게 편지를 보내 연안방문을 권유했다.(김구 · 김규식, 1948) 그러자 김구도 김두봉에게 독립동맹과 중국공산당이 자신을 환영한다면 임정과 독립동맹의 통일을 위해 직접 연안으로 갈 수 있다는 뜻을 밝혔다. 이에 김두봉은 민족의 이익을 기준으로 삼아 김구의 연안행을 환영한다고 답했다. 물론 김구의 연안행은 실현되지 않았다. 대신에 장건상이 김구의 특사로 연안에 파견되었다. 장건상에 따르면 연안행의 목적은 중경에서 개최될 예정인 '해외항일조직대표회의'에 독립동맹 대표 파견을 요청하기 위한 것이었다고 한다.(곽상훈 외, 1966, 423~424쪽 ; 이정식, 2005, 209~210쪽) 어쨌거나 김구가 직접 연안에 갈 의사를 표명할 정도로 임정과 독립동맹의 통일전선 결성방침은 구체화되고 있었다.(『동아일보』1945년 12월 23일)

물론 임정과 독립동맹이 염두에 두고 있던 통일전선의 대상은 더 광범위한 것이었다. 만주에서 연해주로 이동한 항일무장투쟁세력, 국내의 건국동맹 등 지하 혁명 조직도 연대의 대상이었다.(內務省警保局保安課, 1941, 98~99쪽) 그렇지만 역시 가장 중요한 것은 임정과 독립동맹의 연대 움직임이었다. 1941년 10월 말 연안에서 개최된 동방각민족반파시스트대회에서 김구가 장개석, 모택동 등과 함께 명예주석으로 추대된 것(『해방일보』 1941년 10월 27일)이라든지 1942년 11월 독립동맹 진서북(晉西北)분맹 창립식 식장에서 손문, 장개석, 모택동 등과 함께 김구의 초상화가 걸린 것(『해방일보』 1942년 11월 21일)은 독립동맹이 김구를 민족해방운동의 대표자로 인정하고, 임정을 통일전선의 주요 동맹자로 인정했다는 것을 의미한다.(鐸木昌之, 1986, 83쪽)

이밖에도 독립동맹은 국내와 연계를 맺기 위해 이극을 파견했으며, 역으로 건국동맹은 상해, 북경, 북만주 등지에 연락원을 파견했다. 그 연장선에서 김사량은 건국동맹을 이끌고 있던 여운형의 북경 연락원 이영선을 통해 연안행을 결행하기도 했다.(안우식, 1987) 독립동맹과 건국동맹은 이후 수시로 사람, 자료, 축전 등을 주고받으며 연락 관계를 유지했다.

민족해방운동세력 사이의 통일전선 결성시도는 예상보다 빨리 온 해방으로 구체적 성과를 거두는 데까지는 나아가지 못했다. 그렇지만 그러한 시도가 있었다는 사실 하나만 놓고 보더라도 해방 직전의 상황은 결코 민족해방운동의 암흑기가 아니었다. 국내의 경우에도 일제의 가혹한 탄압 아래 지하화되었기 때문에 실상을 제대로 밝히기 어렵지만 그런 가운데서도 지하에서 여러 움직임이 있었다는 것이 확인된다.(임경석, 1991 ; 홍석률, 1991) 1945년 8월 이후의 해방정국은 이러한 민족해방운동의 흐름의 영향을 받으면서 전개된 것이었다. 일제 강점 말기 국내외에서 민족통일전선운동에 참가했던 임시정부의 좌우합작세력, 독립동맹 계열, 건국동맹 계열이 좌우합작 및 남북협상 노선을 걷게 되는 역사적 연원도 여기에 있었던 것이다.

4. 민주화운동, 대한민국 헌법, 그리고 민족해방운동

민주화운동이 이루려고 하는 민주주의에는 크게 네 가지 범주가 있다.(손호철, 2003, 7~9쪽) 첫 번째는 정치엘리트 사이의 공정한 경쟁을 보장하고 사람들이 자신의 정치적 선호를 자유롭게 드러낼 수 있도록 사상과 결사의 자유 같은 정치적 기본권을 보장하는 정치적 민주주의이다. 두 번째는 빈곤으로부터의 자유 등 인간으로서 살아가는 데 보존되어야 할 최소한의 존엄성과 관련된 사회경제적 권리를 보장하는 사회경제적 민주주의이다. 세 번째는 생산자들이 스스로 주요한 결정을 내리는 생산자 자주관리를 보장하는 생산자 민주주의이다. 네 번째는 다양한 일상적인 삶에서의 권리를 보장하는 일상성의 민주주의이다. 민주화운동을 첫 번째의 정치적 민주주의를 위한 반독재투쟁으로만 이해하는 것은 잘못이다. 사회경제적 민주주의, 생산자 민주주의, 일상성의 민주주의를 위한 노력도 모두 민주화운동으로 이해되어야 한다.

민주화운동이라고 하면 독재에 대항해 정치적 민주주의를 복원하기 위해 벌려온 저항운동을 지칭하는 것으로 보는 경우가 많다. 그렇지만 이는 민주화운동을 너무 좁게 파악하는 것이다. 그보다는 민주화운동을 '민주주의를 세우고 확대하기 위한 운동'으로 더 넓게 볼 필요가 있다. 좀 더 구체적으로는 모든 억압, 착취, 차별, 배제의 최소화가 이루어지는 상태를 민주주의로 보고 억압, 착취, 차별, 배제에 저항하는 운동을 민주화운동으로 보자는 것이다. 그리고 그렇게 볼 때 민주화운동의 전사(前史) 내지는 역사적 뿌리로서의 일제강점기 민족해방운동, 그리고 해방정국기의 변혁운동까지 시야에 넣는 민주화운동의 역사서술이 가능해질 것이다.

여기서는 민족해방운동과 민주화운동을 매개하는 연결고리로 헌법의 문제에 주목하려고 한다. 비록 현실적으로는 형해화되었지만 대한민국 헌법은 훌륭한 법이다. 현행 헌법의 모태는 1948년에 제정된 제헌헌법이다. 그런데 많은 사람이 제헌헌법이 자본주의 시장경제론과 자유민주주의를 바탕으로 만들어졌다고 여기고 있다. 그러나 이는 착각이다. 몇 차례의 개헌과정을 거치면서 시장경제론의 성격이 강화되었다고 하는 현행 헌법도 마찬가지이다.

최근 들어 대한민국헌법이 갖고 있는 진보적, 민주주의적 성격에 주목해 대한민국 헌정사를 이해하는 시각을 바꾸어보려는 논의가 활발해지고 있다. 제헌헌법의 제정과정에 대한 새로운 연구5)에 따르면 제헌헌법의 체제와 내용은 19세기 말 이후 민족해방운동세력의 다양한 국가건설론으로부터 영향을 받았다고 한다. 특히 임정의 헌법구상이 결정적인 영향을 미쳤다는 것이다. 문제는 임정의 헌법구상 자체가 우리가 흔히 알고 있듯이 우파만의 이해관계를 반영한 것이 아니라 좌파의 이해관계도 반영한 것이라는 데 있다. 앞에서 살펴보았듯이 일제강점기 특히 말기의 민족해방운동 진영의 국가건설론은 좌우를 뛰어넘어 서로 수렴하는 경향을 보이고 있었다. 결국 임정을 포함한 민족해방운동세력의 건국구상이 해방정국기의 정치지형에도 영향을 미쳤고 다시 그 영향 아래 민족해방운동의 지향성을 담은 제헌헌법이 만들어질 수 있었던 것이다.

먼저 한 문장으로 된 제헌헌법의 전문에 "각인의 기회 균등" 또는 "국민생활의 균등한 향상"이라는 표현이 거푸 나타난 데 주목할 필요가 있다. 균등 곧 다른 말로 하면 평등이라는 생각이 대한민국 헌법을 만들 때 핵심적인 배경으로 자리를 잡고 있었음을 보여주기 때문이

---

5) 새로운 연구는 법학과 정치학 분야를 중심으로 활발하게 이루어지고 있다. 대표적인 연구성과로는 박명림 2003 ; 박명림 2008 ; 서희경 2006 ; 서희경 2007 ; 서희경 · 박명림 2007 ; 신우철 2008a ; 신우철 2008b ; 정상우 2007 등을 들 수 있다.

다. 헌법전문의 내용은 이후 몇 차례에 걸친 개헌과정을 통해 약간의 굴곡을 겪었지만 "각인의 기회 균등"과 "국민생활의 균등한 향상"이라는 구절은 현행 헌법에도 여전히 살아남아 있다. 따라서 대한민국이 헌법상으로는 처음부터 현재까지 평등주의의 이상을 바탕으로 하고 있음을 알 수 있다.

1930년대 중반 이후 국내외에서 활동하고 있던 민족해방운동세력은 일제타도와 민족해방이라는 목표를 실현하기 위해 예외 없이 다른 세력과의 연대와 통일을 모색하고 있었다. 이 과정에서 각 세력의 국가건설론이 서로 수렴하고 있었다는 사실은 중요한 의미를 갖는다. 임정의 건국강령을 비롯해 각 민족해방운동세력이 밝힌 새로운 국가건설 구상은 거의 비슷했다. 민주공화제 국가를 만들어 국민(또는 인민)의 자유와 평등을 최대한 보장한다는 데 대해서는 모든 민족해방운동세력이 같은 생각을 갖고 있었다. 심지어 흔히 우파(민족주의)와 좌파(사회주의) 사이에 현저한 차이를 보였다고 생각하기 쉬운 경제체제 구상에서도 중요 산업의 국유화, 중소자본 활동의 보장, 토지개혁 등의 공통요소가 발견된다. 제헌헌법이 전문에서 '균등'을 새로 세워질 국가의 핵심 가치로 제시한 데는 이러한 배경이 자리를 잡고 있었던 것이다.

이러한 국가건설론의 수렴현상은 해방 이후 한동안 계속되었다. 이러한 흐름이 해방정국기 여러 정치세력의 헌법구상을 거쳐 제헌헌법에도 반영된 것이다. 실제로 해방정국기에 출현한 여러 정치구상을 보면 토지개혁의 구체적인 방법을 제외하고는 각 정치세력 사이에 뚜렷한 입장 차이가 없었다. 민주주의의 도입, 중요 산업의 국유화나 통제경제체제를 통한 균등경제의 실현 등 비슷한 점이 더 많았다. 앞에서도 언급했듯이 제헌헌법이 평등지향적이고 진보적인 내용을 갖춘 데는 이러한 상황이 크게 작용했다. 흔히 '제헌헌법의 아버지'라고 알려진 유진오는 제헌헌법을 구상하면서 "대한민국건국강령, 조선민주공화국임시약법(1946년 제1차 미소공동위원회에 제출차 준비되었던 민주주주의민족전선의 시안), 1947년 제2회 미소공동위원회에 제출된 자문 5호·6호에 대한 각 정당·사회단체의 답신, 조선민주주의인민공화국헌법, 각 정당의 강령과 정책"도 참조했다고 회고한 적이 있다.(유진오, 1980, 107쪽) 제헌헌법에는 좌우의 헌정구상이 종합되어 있었던 것이다. 민족해방운동의 국가건설론이 포함된 것은 물론이다. 유진오가 제헌헌법을 만드는 기본원칙으로 "개인주의적 자본주의 국가와 체제를 폐기하고 사회주의적인 균등의 원리를 채택하되, 개인주의적 자본주의의 장점인 각인의 자유와 평등 및 창의의 가치를 조화되고 융합되고 새로운 국가형태를 실현함을 목표로 삼고 있는 것"이라고 밝힌 것도 민족해방운동의 전통을 떠나서는 이해할 수 없는 대목이다.(유진오, 1949, 177쪽)

좀 더 구체적으로 헌법 본문의 개별 조항에 정치적, 사회적, 경제적 민주주의의 내용이 어떻게 담겨 있는지에 대해 살펴보기로 하자. 제헌헌법과 현행 헌법은 모두 국가의 형태 및 주권의 소유자에 대한 규정을 본문의 가장 앞에 두고 있다. 그런데 제헌헌법 제1조(대한민국은 민주공화국이다)와 제2조(대한민국의 주권은 국민에게 있고, 모든 권력은 국민으로부터 나온다), 그리고 현행 헌법 제1조 제1항(대한민국은 민주공화국이다)과 제2항(대한민국의 주권은 국민에게 있고, 모든 권력은 국민으로부터 나온다)이 토씨 하나 틀리지 않고 똑같다는 점이 눈길을 끈다. 대한민국이 민주공화국이며 주권이 국민에게 있다는 것이 대한민국 헌법의 출발점이다. 헌법상 국민은 정치적 측면에서 주권의 소유자일 뿐만 아니라 경제적·사회적 측면에서도 모든 권리를 누리는 주체이다. 당연히 이러한 헌법상의 규정은 민족해방운동 진영에서 1910년대 후반부터 제기하기 시작한, 그리고 1920년 임정의 헌법문서를 거쳐 1930년대 중반 이후 각 민족해방운동세력의 연대 움직임 과정에서 확고하게 정착된 민주공화제 구상의 연장선에서 파악되어야 하는 것이다.

제헌헌법에 따르면 국민은 "정치, 경제, 사회, 문화의 모든 영역에 있어서의 자유와 평등과 창의"(제5조)의 주체로서 "법률 앞에 평등이며 성별, 신앙 또는 사회적 신분에 의하여 정치적·경제적·사회적 생활의 모든 영역에 있어서 차별"을 받지 않는다. 구체적으로 국민은 "신체의 자유"(제9조), "신앙과 양심의 자유"(제12조), "언론, 출판, 집회, 결사의 자유"(제13조), "학문과 예술의 자유"(제14조)를 가지며 아울러 "균등하게 교육을 받을 권리"와 "초등교육의 의무"(제16조), "근로의 권리와 의무"(제17조)를 갖는다. 특히 "근로자의 단결, 단체교섭과 단체행동의 자유"(제18조), "(근로자의―인용자) 이익의 분배에 균점할 권리"(제18조), "모든 국민에게 생활의 기본적 수요를 충족할 수 있게 하는 사회 정의의 실현과 균형있는 국민경제의 발전"(제84조), "광물 기타 중요한 지하자원, 수산자원, 수력과 경제상 이용할 수 있는 자연력은 국유"(제85조), "농지는 농민에게 분배"(제86조), "중요한 운수, 통신, 금융, 보험, 전기, 수리, 수도, 가스 및 공공성을 가진 기업은 국영 또는 공영"(제87조) 등의 조항은 제헌헌법의 평등지향적 성격을 잘 보여준다. 결국 고전적 인권인 자유권뿐만 아니라 노동3권을 포함해 복지국가의 기본권인 사회적 기본권도 대거 포괄하고 심지어 자연자원의 국유화, 공공기업의 국·공영제, 경자유전(耕者有田)의 원칙에 입각한 농지개혁 등 통제경제 내지 계획경제에 가까운 구상을 담은 제헌헌법은 몇 가지 한계에도 불구하고 당시로서는 민주주의라는 이상에 비교적 충실한 매우 진보적인 헌법이었던 것이다.

물론 한국전쟁과 5·16군사쿠테타를 거치면서 헌법의 지향성도 변화를 겪었다. 이를테면 한국전쟁으로 반공이데올로기가 뿌리를 내리기 시작한 1954년에 이루어진 제2차 개헌에서는 자연자원의 국유화를 규정한 제헌헌법 제85조가 "광물 기타 중요한 지하자원, 수산자원, 수력과 경제상 이용할 수 있는 자연력은 법률이 정하는 바에 의하여 일정한 기간 그 채취, 개발 또는 이용을 특허할 수 있다"는 식으로 약화되었고 중요 기간산업의 국·공유화 원칙을 밝힌 제헌헌법 제87조도 아예 다른 내용으로 바뀌었다. 그리고 박정희정권은 1969년의 제5차 개헌을 통해 "대한민국의 경제질서는 개인의 경제상의 자유와 창의를 존중함을 기본으로 한다"(제111조)라는 시장경제론에 충실한 조항을 새로 넣는 동시에 제헌헌법 제18조 제1항의 '근로자의 이익 균점권'을 아예 삭제했다.

이와 같이 반공체제가 공고해지는 데 비례해 시장경제론이 점차 힘을 얻는 상황에서 경제적 권리의 진보적 성격이 점차 탈각되기도 했지만 여전히 부의 균등분배와 경제민주화라는 원칙, 그리고 정치적, 사회적 측면에서의 '자유, 평등, 복리, 민주주의'라는 원칙에 충실한 것이 대한민국헌법이다. 실제로 현행헌법상 국민의 사회적·경제적 권리에 대한 규정은 "모든 국민은 인간으로서의 존엄과 가치를 가지며, 행복을 추구할 권리를 가진다. 국가는 개인이 가지는 불가침의 기본적 인권을 확인하고 이를 보장할 의무를 진다"(제10조), "모든 국민은 법 앞에 평등하다. 누구든지 성별·종교 또는 사회적 신분에 의하여 정치적·경제적·사회적·문화적 생활의 모든 영역에 있어서 차별을 받지 아니한다"(제11조 제1항)라는 두 조항에서 출발한다. 현행헌법은 이어 "신체의 자유"(제12조), "거주·이전의 자유"(제14조), "직업선택의 자유"(제15조), "사생활의 비밀과 자유"(제17조), 통신의 자유(제18조), "양심의 자유"(제19조), "종교의 자유"(제20조), "언론·출판의 자유와 집회·결사의 자유"(제21조), "학문과 예술의 자유"(제22조), "능력에 따라 균등하게 교육을 받을 권리"(제31조 제1항), 노동자의 "근로의 권리"(제33조 제1항), 노동자의 "자주적인 단결권, 단체교섭권 및 단체행동권"(제33조 제1항), "인간다운 생활을 할 권리"(제34조 제1항), "건강하고 쾌적한 환경에서 생활할 권리"(제35조 제1항) 등을 하나하나 규정하고 있다.

5. 맺음말

최근 민주화운동의 역사적 기원을 찾는 노력이 활발하게 이루어지고 있다. 그런데 일반적으로는 민주화운동이 해방공간에서 형성된 중간파와 민족주의 및 사회주의세력을 인맥상으로나 노선상으로 계승했다고 설명한다. 그렇지만 이 문제는 일제강점기 민족해방운동의 유산과 관련해서도 이해할 필요가 있다. 일제의 식민통치에서 벗어나 자주적인 민족국가를 건설하기 위해 이념과 노선의 차이를 뛰어넘어 연대와 통일을 이루려고 했던 민족해방운동의 전통에 주목해야 한다. 실제로 해방 직전 대부분의 민족해방운동세력이 해방 후 세워질 국가의 상과 관련해 유사한 정강정책을 제시하고 있었다.

해방 후 새로운 국가가 만들어지는 과정에 민족해방운동세력은 사실상 참여하지 못했다. 1948년 남한과 북한에서 각각 분단정부가 수립되었다. 남한의 경우 대다수의 민족해방운동세력은 처음부터 분단정부에서 배제되었다. 건국에 참여한 소수의 민족해방운동가도 민족해방운동의 정체성을 유지한 것은 아니었다. 예컨대 조봉암의 경우 해방정국 초기만 해도 좌익에 관여했지만 1946년 중반 박헌영 계열의 조선공산당을 비판하면서 반(反)공산 · 반(反)자본노선으로 전환했다. 1949년에 일어난 국회프락치사건으로 일제강점기 조선공산당 간부 출신으로 당시 국회부의장이던 김약수가 정치권에서 제거되고 1956년

대통령선거에서 이승만의 유력한 경쟁자로 200만 표 이상을 득표했던 조봉암이 1958년의 진보당사건으로 1959년 사형을 당한 것은 분단체제에서 민족해방운동가의 현실을 극적으로 보여주었다.

이러한 맥락에서 볼 때 사람을 중심으로 민족해방운동의 유산을 따지는 것은 매우 어려운 일이다. 따라서 다른 각도에서 민족해방운동의 유산에 접근해야 한다. 제헌헌법이 제정되고 그것이 몇 차례의 개헌과정을 거치면서 현행 헌법에 이르기까지 민족해방운동이 이루고자 했던 지향성을 어느 정도까지 담고 있었는가를 따져보는 것이다.

다시 강조하지만 제헌헌법은 오늘날의 시각에서 보면 놀라울 정도로 진보적인 것이었다. 대한민국은 민주공화국이며 주권이 국민에게 있다고 규정한 제1조를 비롯해 여러 조항에 국민의 자유, 평등, 복리, 민주주의를 최대한 보장해야 한다는 내용이 포함되어 있다. 1950년대 민주당의 결성과 그에 뒤이은 진보당의 결성, 4·19를 계기로 활성화된 혁신운동, 박정희정권 아래에서 전개된 다양한 민주화운동, 그리고 1980년 광주민주화운동을 계기로 각 부문에서 폭발적으로 이루어진 사회변혁적 민주화운동은 모두 '자유, 평등, 복리, 민주주의'라는 헌법의 가치를 우리의 현실 삶에서 구현하자는 움직임으로 해석될 수 있다.

예컨대 4·19는 정치적 민주주의를 회복하기 위한 운동이었지만 이승만정권이 무너지자 4·19의 열기는 바로 평화통일운동으로 나아갔다. 이는 4·19를 계기로 정치적 민주주의를 요구하는 움직임이 사회경제적 민주주의를 지향하는 방향으로 전환했음을 의미한다. 1960년대 초의 평화통일운동은 짧게는 해방정국기에 어떻게 해서든 남북분단을 막으려던 통일지향적 정치세력의 전통을 이어받은 것이지만 더 길게 보면 일제 식민통치로부터의 민족해방을 위해 정치적·이념적 차이를 뛰어넘어 연대와 통합을 모색하던 민족해방운동의 전통을 이어받은 것이라고도 할 수 있다. '자유, 평등, 복리, 민주주의'의 가치가 구현된 현실이야말로 민족해방운동가들이 꿈꾼 세상이었다. 이 점에서 민주화운동은 민족해방운동이 남긴 유산을 계승해 왔고 또 앞으로도 계승해 나갈 것이다.

민주화운동은 민족해방운동으로부터 크게 두 가지 유산을 이어받았다. 하나는 저항적 민족주의의 정신이다. 민족해방을 위해서는 좌우의 차이를 뛰어넘어 민족역량을 극대화해 일제와 맞서 싸워야 한다는 정신이 바로 그것이다. 민족해방이 민주화라는 말로만 바뀌었을 뿐 민주화운동도 민주주의를 되찾기 위해 각계각층의 연대와 통합을 모색해 왔다는 점에서 민족해방운동의 유산을 이어받았다고 할 수 있다. 다른 하나는 좀 더 구체적인 것이다. 인민의 자유와 권리, 그리고 평등이 보장되는 국가를 만들겠다는 민족해방운동세력의 구상은 특히 일제강점말기로 갈수록 서로 수렴하고 있었다. 이러한 구상은 일부 친일파와 좌경모험주의자를 제외하고는 해방정국기 그 어떤 정치세력도 부정할 수 없는 것이 되었다.[6] 물론 우파의 속내는 따로 있었을 터이지만 적어도 겉으로는 순수한 자본주의노선을 이야기할 수 없었던 것이 당시의 상황이었다. 미군정이 통제하고 있던 남한에서도 한때는 사회주의를 지향하는 흐름이 대세를 이루고 있었다. 우익을 포함한 각 정치세력이 중요산업의 국유화를 내걸고 계획경제의 도입을 주장한 데는 이러한 상황이 작용하고 있었다.(김인식, 2008 ; 정태헌, 2004)

민족해방운동은 그러한 시대정신의 반영이자 선도자였다. 그 결과 지금으로서는 상상도 할 수 없을 정도의 진보적인 헌법이 1948년에 제정될 수 있었던 것이다. 그 후 한국전쟁을 거치면서 반공체제가 공

---

6) 이승만도 해방 직후에는 적어도 경제체제상으로는 공산주의가 우월하다고 인정할 정도였다.(이승만, 1945, 22~23쪽)

고해짐에 따라 제헌헌법의 진보성은 상당히 약화되었다. 그렇지만 아직도 헌법은 형식적인 측면에서는 상당한 정도로 이상적이다. 문제는 그러한 헌법이 국민의 일상생활에서는 전혀 지켜지지 않는다는 데 있다. 민주화운동의 목표는 형해화된 헌법을 제대로 되살리는 데 있다. 민족해방운동에서 이루려고 한, 자유와 권리와 평등이 보장되는 체제를 만들려는 것이 민주화운동의 목표인 한 민주화운동은 민족해방운동의 계승자이다.

▣ 참고문헌

강만길, 2003 『증보 조선민족혁명당과 통일전선』, 역사비평사.
김기승, 1999 「대한독립선언서의 사상적 구조」『한국민족운동사연구』 22.
김인식, 2008 『광복 전후 국가건설론』, 독립기념관 한국독립운동사연구소.
김정인, 2006 「민족해방투쟁을 가늠하는 두 잣대: 독립운동사와 민족해방운동사」 『역사와 현실』 62호.
박명림, 2003 「한국의 초기 헌정체제와 민주주의」『한국정치학회보』 37집 1호.
______, 2008 「헌법, 국가의제, 그리고 대통령 리더십: '건국헌법'과 '전후헌법'의 경제조항 비교를 중심으로」『국제정치논총』 48집 1호.
박찬승, 2007 『민족주의의 시대: 일제하의 한국민족주의』, 경인문화사.
박철하, 1998 「북풍파 공산주의그룹의 형성」『역사와 현실』 28호.
서중석, 1989 『한국 근현대의 민족문제 연구』, 지식산업사.
서희경, 2006 「대한민국건국헌법의 역사적 기원(1898~1919)」『한국정치학회보』 40집 5호.
______, 2007 「시민사회의 헌법 구상과 건국헌법에의 영향(1946~1947): 해방 후 시민사회헌법안·미소공위답신안 제정을 중심으로」『동양정치사상사』 6권 2호.
서희경·박명림, 2007 「민주공화주의와 대한민국 헌법 이념의 형성」『정신문화연구』 30권 1호.
손호철, 2003 「민주화운동, 민주화, 민주주의—개념과 한국적 특성을 중심으로」『한국과 국제정치』 19권 4호.
신용하, 2004 「광복 직전 한국 민족 독립운동과 민족 연합 전선」『백범과 민족운
　　　동 연구』 2.
신우철, 2008 「건국강령(1941.10.28) 연구」『중앙법학』 10집 1호.
______, 2008 「해방기 헌법초안의 헌법사적 기원」『공법연구』 36집 4호.
안우식, 1987 『아리랑의 비가: 민족주의 작가 김사량의 비극적 생애』, 열음사.
유진오, 1949 『헌법해의』, 명세당.
______, 1980 『헌법 기초 회고록』, 일조각.
이기훈, 2005 「민족해방운동과 독립운동」『역사비평』 73.
이승만, 1945 『건국과 이상』, 국제문화협회.
이애숙, 1994 「세계 대공황기 사회주의진영의 전술 전환과 신간회 해소 문제」『역
　　　사와 현실』 11호.
______, 1998 「1922~1924년 국내의 민족통일전선운동」『역사와 현실』 28호.
이준식, 1999 「국내 사회주의 운동에 대한 역사적 평가―초기 사회주의 운동을
　　　중심으로」『한국민족운동사연구』 23.
______, 2009a 「대한민국임시정부와 여성 독립운동」『한국민족운동사연구』 61.
______, 2009b 『조선공산당 성립과 활동』, 독립기념관 한국독립운동사연구소.
임경석, 1991 「국내공산주의운동의 전개과정과 그 전술(1937~1945)」 한국역사연
　　　구회 1930년대 연구반『일제하 사회주의 운동사』, 한길사.
______, 1994 「세계 대공황기 사회주의·민족주의 세력의 정세인식」『역사와 현
　　　실』 11호.
______, 1998 「서울파 공산주의 그룹의 형성」『역사와 현실』 28호.
______, 2003 『한국사회주의의 기원』, 역사비평사.
장석흥, 1996 「6·10만세운동연구」 국민대 박사학위논문.
______, 2000 「6·10만세운동과 통일전선운동」『국사관논총』 90.
전명혁, 1998 「1920년대 국내 사회주의운동 연구―서울파를 중심으로」 성균관대
　　　박사학위논문.
______, 2001 「식민지 시대 민족해방운동의 근대적 성격과 민주주의」『한국 민주
　　　주의와 사회운동의 동학』, 나눔의 집.
정병준, 1993 「조선건국동맹의 조직과 활동」『한국사연구』 80.
______, 2006 「광복 직전 대한민국임시정부의 민족통일전선」『백범과 민족운동
　　　연구』 4.

────, 2009 『광복 직전 독립운동세력의 동향』, 독립기념관 한국독립운동사연구소.

정상우, 2007 「대한민국임시정부 헌법과 1948년 헌법」 『법과 사회』 32.

정태헌, 2004 「해방 전후 경제계획론의 수렴과 전쟁 후 남북에서의 적대적 분화」 『한국사학보』 17.

鐸木昌之, 1986 「잊혀진 공산주의자들: 화북조선독립동맹을 중심으로」 『항전별곡』, 거름.

한시준, 1995 「1940년대 전반기의 민족통일전선운동」 『대한민국임시정부와 좌우합작운동』, 한울.

────, 2002 「대한민국 임시정부의 국내 진입 구상-해방 직전 해외 무장 세력과의 연계를 중심으로」 『한국근현대사연구』 21.

한홍구, 2002 「한국의 시민사회, 역사는 있는가」 『시민과 세계』 창간호.

홍석률, 1991 「1940~45년 학생운동의 성격과 활동」 『한국사론』 24.

곽상훈 외, 1966 「張建相篇」 『사실의 전부를 기술한다』, 희망출판사.

김구·김규식, 1948 「김구·김규식이 김두봉에게 보낸 편지(2월서신)」 1948년 2월 16일.

孫斗煥, 1920 「元年을 送함」 『獨立新聞』 1920년 1월 10일.

安昌浩, 1926 「오늘의 우리 革命」 『獨立新聞』 1926년 9월 3일.

이정식, 2005 「장건상」 『혁명가들의 항일 회상』, 민음사.

한국정신문화연구원 편, 1997 『한국독립운동사자료집: 조소앙편(3)』, 한국정신문화연구원.

姜德相 編, 1977 『現代史資料』 30卷, みすず書房.

金正明 編, 1967 『朝鮮獨立運動 2』, 原書房.

金正柱 編, 1971 『朝鮮統治史料』 10卷, 韓國史料研究所.

內務省警保局保安課, 1941 「華北朝鮮靑年聯合會代表大會宣言」 『特高月報』 1941년 4월호.

李載裕, 1937 「朝鮮に於ける共産主義運動の特殊性と其の發展の能否」 『思想彙報』 11호.

朝鮮總督府警務局保安課, 1935 『高等警察報』 5호.

내재적 발전론과 민족주의

김정인

1. 머리말

해방 후 남한은 반공국가였다. 반공은 조봉암과 같은 거물 정치인만이 아니라, 조작간첩사건에서 알 수 있듯이 무고한 민초까지 간첩으로 몰아 사형시킬 만큼 절대적 가치였다. 분단 현실 속에서 반공의 폭력성은 타민족의 지배를 받던 일제강점기보다 더 획일화된 사상의 지형을 만들어냈다. 그로 인해 남한에서는 민족해방운동의 주류였던 사회주의 인맥이 거의 궤멸되었고, 사회주의 사상을 공개적으로 거론하는 것은 불법적인 범죄행위가 되었다.

4·19는 그 반공주의에 균열을 낸 최초의 민중항쟁이었다. 4·19 이후 통일과 평화를 제기하며 등장하는 반(反)－반공주의[1] 연대가 내세운 가치가 바로 민족주의였다. 반공 천하인 남한 사회에서 민족주의

---

[1] 반공 혹은 반북을 거부하는 것이 곧 친북이라는 주장은 이념적 정치 공세일 뿐이다. 반공 혹은 반북에 편승하여 평화를 위협하는 분단세력에 대한 저항의 본질은 친북이 아니고 그러한 반공주의가 갖고 있는 기득권에 반대하는 데 있다. 곧 남한에서 반공주의에 반대하는 반－반공주의는 친북이 아니라 사대주의·성장주의와 결합한 반공주의에 반대하는 '연합전선'의 성격을 띠고 있다고 볼 수 있다. 반－반공주의는 미국의 매카시(McCarthy) 시대에 등장한 용어이다. 반매카시파는 공산주의를 포용, 즉 친공하고자 한 것이 아니라, 반공주의를 거부하고자 했다는 것이다.[Jeffrey C. Alexander, 2003(박선웅 옮김, 2007), 89쪽]

만이 극우와 극좌를 배제한 중도와 합법적 연대 이념으로 공감대를 얻을 수 있었고 또한 공개적인 표방도 가능했기 때문이었다. 4·19는 곧 저항적 민족주의의 부활을 의미하는 사건이기도 했던 것이다. 또한 그것은 자주화의 전통 위에 분단극복의 통일을 지향하는 '신'민족주의였다. 그 연대 이념으로서의 민족주의 안에서 사회주의적 흐름이 다시 조심스럽게 운신을 시작했다. 한일회담 반대투쟁으로 민족주의의 지평은 더욱 확대되었다.

1970년대를 거치면서 정치 사회적 모순이 격화되고 그에 대한 저항이 민주화운동으로 응집되는 가운데 민주주의자들이 반공의 덫을 벗고 민족주의에 관심을 보이는 한편 민중이 변혁 주체로서 다시 주목받으면서 민중적 민족주의가 탄생했다. 1980년대에 민중적 민족주의가 민족·민주·민중이라는 삼민의 이념을 재코드화 되면서 드디어 사회주의는 민주화운동에 변혁이론을 제공하며 남한에서 처음으로 만개했다. 1920년대를 풍미했던 맑스보이들이 환생한 것처럼 사회주의의 열풍이 불었다. 하지만 사회주의는 복권되자마자 1980년대 말부터 소련 및 동구 사회주의권이 붕괴되면서 비판과 성찰 혹은 극복의 대상으로 왜소화되고 말았다. 안타깝게도, 분단이 낳은 이념적 불구성을 치유하고 다양한 이념이 공존할 수 있는 기회는 사라졌고, 지금은 반－반공(반북)주의가 민족주의도 사회주의도 아닌 좌파 혹은 진보로 불리며 우파/보수와 갈등하는 프레임을 형성하고 있다.

이러한 이념적 격변 속에 일제강점기에 태동했던 역사운동[2]의 전

---

2) 역사는 과거를 정당화하는 강력한 무기다. 최근 이념 갈등을 수반한 '역사 내전'이 정치적 무기로서의 과거의 힘을 잘 보여주고 있다. 이러한 정치적 무기로서의 역사는 '역사 정책'을 통해 구현된다. 에드가 볼프룸은 역사정책에 역사를 대상으로 하는 정부의 정책과 함께 자기 정당화를 위해 역사를 정치적 무기로 동원하는 정치·사회세력의 역사운동도 포함시키고 있다.[Edgar Wolfrum, 2002(김승렬 옮김, 2007)] 본고에서는 한국 근현대 역사학 내의 변혁적 실천적 사론이 현실과 맺고 있던 운동성에 주목하여 이를 역사운동으로 개념화하여 사용하고

통은 어떠한 변모를 겪었을까. 지금껏 근대 역사학의 성립과 발전 과정은 민족해방운동의 일환이었다고 평가되어왔다. 강한 실천성과 운동성을 담보하며 전개된 역사운동의 전통은 남한에서 사회주의가 침잠했다가 다시 부상하여 변혁론으로 비상했던 궤적과는 어떤 연관성을 갖고 있을까.

본고에서는 4·19로 민족주의가 공론과 정치의 장에서 부활하면서 분화하고 또한 민중적 민족주의와 결합하면서 변혁사론인 민중사학을 낳았던 내재적 발전론에 주목하여 역사운동의 흐름을 복원해 보고자 한다.3) 특히 남한에서 중도·합작의 구심체였던 민족주의와 그 운명을 같이 한 역사학계 내의 합작체격인 내재적 발전론의 흐름 중 '좌'에 위치했던 유물 사관적 경향에 주목하고자 한다. 즉 민족주의가 사회주의의 보호막 구실을 했듯이 유물 사관적 경향이 내재적 발전론이라는 우산 아래서 여타 연구 경향과 공존하면서, 해방 직후 마르크스주의 사학과 신민족주의 사학의 실천적 역사운동과 1980년대 민중사학의 정립과 함께 부활한 역사운동 간의 징검다리 역할을 한 점을 살피고자 한다. 분단 현실과 반공주의라는 시대적 제약과 역사학계의 보수적 풍토로 인해 실천성과 운동성을 갖춘 역사운동으로 발전하지

자 한다.

3) 내재적 발전론이라는 개념이 일본의 조선사학계에서 나온 것은 주지의 사실이다. 김인걸은 일본에서 내재적 발전론이란 용어를 정식화한 연구성과로 1981년에 발간된 『新朝鮮史入門』에 실린 中塚明의 「內在的發展論と帝國主義硏究」를 들고 있다.(김인걸, 1997, 115쪽) 그래서 이 개념 사용에 비판적인 시각도 있다. 그런데, 1960, 70년대에 등장한 식민극복사학을 민족사학, 혹은 민족주의 사학으로 부르기도 하지만, 일반적으로는 내재적 발전론이 더 널리 통용되고 있는 것이 현실이다. 그것은 민족사학으로 통칭할 수 없는 이질적인 사학사적 흐름이 그 안에 공존하고 있음을 인지하고 있기 때문인데, 그것이 바로 유물사관적 경향이다. 유물사관을 거론하는 것조차 불법인 현실에서 민족주의와 마찬가지로 내재적 발전론은 역사학계의 중도와 합작 전선의 지칭하는 개념으로 해석할 수 있을 것이다.

못한 한계는 있지만, 양자의 매개 고리로서의 역사적 역할은 결코 간과할 수 없는 성과라 할 수 있다. 특히 1980년대 이후 역사학계가 민주화운동에 변혁사론을 제공하고 역사운동을 대중화할 수 있었던 역능은 1960, 1970년대 내재적 발전론, 특히 유물 사관적 연구 성과의 지속적인 축적에서 나온 것이라 할 수 있다. 이것은 다른 학문에서는 찾아볼 수 없는 역사학만의 독특한 양상이었다는 점도 지적하지 않을 수 없다. 이와 같은 접근은 내재적 발전론을 종래와 같이 사학사적인 차원보다는 좀 더 운동론적인 차원에서 분석함을 의미한다.

2. 저항적 민족주의와 역사운동의 전통

민족주의는 국가의 자주권과 독립을 유지하거나 확보하기 위한 강령을 창출하여 민족적 주체성을 추구하거나 표현하는 하나의 이데올로기 운동이라 할 수 있다. 우리의 경우, 19세기 말 제국주의에 의해 세계 체제의 주변부로 편입되면서, 민족주의는 외세와 구별짓기를 위한 민족적 정체성 확립(=자주화)과 서구적 근대성의 구현(=근대화)이라는 다소 모순적인 요구와 결부되면서 정치투쟁의 장에서 주인공으로 부상했다. 그리고 국망과 일제강점기를 거치는 동안 민족주의는 반외세라는 저항적 속성이 강화되면서 정치세력에 정당성을 부여하는 절대적인 상징 기호로 작용했다. 그리고 독립 혹은 해방을 추구하는 민족주의를 공유하는 한에서 이들 정치세력은 근대화의 목표와 방법을 놓고 갈등했다. 자본주의적/사회주의적 근대화라는 목표와 문화적 계몽운동/계급투쟁과 혁명이라는 방법론을 둘러싼 분화가 나타난 것이다.(박선웅, 1997, 54쪽) 부르주아 민족주의자들은 교육, 국어, 국사, 과학 등의 분야에 주목하며 계몽운동을 전개했다. 그들은 점진적인 사회 변화를 가져오는 문화적 개혁운동이 궁극적으로는 독립의 초석이 될 뿐만 아니라, 근대화의 밑거름이 될 것으로 믿었다. 이런 의미에서 그들을 문화적 민족주의자라고 부르기도 한다.[Michael Robinson, 1988(김민환 옮김, 1990)]

3·1운동 이후 사회주의가 확산되면서 부르주아 민족주의자들은 이데올로기적 비판에 직면하게 된다. 상당수의 민족주의자들이 사회주의 근대화 프로그램을 새로운 민족해방운동의 이론으로 받아들였다. 그들은 부르주아 민족주의자들의 점진주의적·문화주의적·타협적 태도를 비판하고 일제에 대해 보다 비타협적인 정치투쟁을 전개할 것을 주장했다. 이러한 사회주의적 민족주의자들이 추구하는 근대성의 목표는 자본주의 단계를 넘어 사회주의 사회를 건설하는 것이었다. 그들은 도시의 부르주아지와 지식인들을 자본주의의 옹호자에 불과하다고 경멸하면서 노동자, 농민을 비롯한 민중의 편에 서고자 했다. 그들은 식민지 민족은 총체적인 무산계급이며 제국주의는 곧 자본주의이므로 민족해방은 곧 계급해방을 의미한다고 믿었다.

문화적 민족주의 세력이 비타협/타협 진영을 분화되는 가운데 저항적 민족주의를 공통 기반으로 하는 좌우간의 합작·통일·연합의 움직임은 민족유일당운동, 신간회의 결성 등을 통해 실현되기 시작하면서 해방 직전까지 국내외에서 중도와 합작의 기반을 점차 넓혀갔다. 이는 일제 통치가 강력한 물리력에 기반하고 폭압적인 현실에서 비롯된 민족해방운동세력의 대응전략이자 자구책의 성격이 강한 것이었다. 이를 두고 조지훈은 '한국의 민족운동은 민족적 사회주의, 사회주의적 민족주의의 색조가 진작부터 짙었다'고 평했다.(서중석, 1985, 273쪽)

일제강점기 반제민족사학이 성립하고 발전하는 도정 역시 이러한 저항적 민족주의의 궤적과 크게 다르지 않았다. 우리에게 근대 역사학의 성립은 곧 반제민족사학의 구축을 의미했다. 그 출발점에 선 역사학자는 박은식과 신채호였다. 이들은 대한제국기부터 자주화를 위한 구국운동과 근대화를 위한 계몽운동에 적극 참여했으며 국망 이후에는 만주와 중국으로 망명하여 민족해방운동에 투신했던 전력을 갖고 있었다. 그들에겐 역사 연구가 곧 역사운동으로서 민족해방운동의 일환이었다. 박은식이 항일투쟁의 역사를 기술하여 민족주의 고양에 기여했다면, 신채호는 역사의 본질을 아와 비아의 투쟁으로 보는 저항적 색채가 농후한 사론을 펼쳤다. 그에게 '아', 즉 역사적 주체는 대외적으로 민족을, 대내적으로는 민중을 의미했다. 우리 역사의 발전과정을 민족문제와 계급문제를 중심으로 파악하고 있었던 것이다.

민족주의자 중에 사회주의를 받아들이는 이가 존재했듯이, 역사학자 중에도 마르크스주의 사학자들이 등장했다. 백남운, 이청원, 이북만 등이 대표적인 학자들이다. 이 중에는 이청원과 같이 아시아적 생산양식론의 시각에서 한국사를 파악하면서 식민사관의 정체성론을 인정하는 모순에 빠지는 경우도 있었다. 반면 백남운은 한국사가 세계사적 보편적 발전법칙에 입각하여 발전했다며 정체성론을 정면으로 부정하는 성과들을 내놓아 주목받았다. 그는 한국사 역시 '세계사적 일원론의 역사법칙에 의하여 다른 제 민족과 동궤적인 발전과정을 거쳐온 것'으로 파악하고 유물사관에 입각하여 한국사의 합법칙적 발전과정을 체계화하고자 했다. 이러한 백남운의 역사 연구는 곧 식민사학의 정체성론을 정면으로 타파한 역사운동의 일환이었다. 한편, 마르크스주의 사학자들과는 달리 역사를 정신활동의 산물로 파악하며 조선얼, 조선심 등을 강조하는 민족주의 사학자들도 존재했다. 정인보, 안재홍, 문일평 등은 1930년대 중반 조선정신의 회복과 그 주체로서의 민중 개념을 바탕으로 조선학운동을 전개했다. 안재홍의 경우는 민족 내부의 계급투쟁보다는 제국주의자들과 맞서 싸우기 위한 민족협동전선의 중요성을 설파하며 신간회에 참여한 경력을 갖고 있었다. 그런데, 해방 직전까지 마르크스주의 사학과 민족주의 사학은 민족해방운동의 합작·연대 추구와는 달리, 반제민족사학 통일 전선을 구축하기 보다는 서로 구별짓기를 하는데 그치고 말았다.

해방 직후 두 민족주의 진영의 근대화를 둘러싼 이데올로기적 대립은 중도와 합작의 역량을 압도하며 강렬한 좌우투쟁으로 분출되었다. 합작과 연대의 경험은 좌우합작운동과 단선반대운동으로 이어졌지만, 여운형과 김구의 암살이라는 비극으로 마무리되고 말았다. 이러한 종속과 분단의 위기 속에서 민족/반민족을 가르는 민족주의는 차츰 이적시되어 갔지만, 상대적으로 자주와 통일을 지향하는 합작과 연대의 실천 이념으로서의 위상도 강화되어갔다. 마르크스주의 사학을 대표하는 백남운과 신민족주의 사학을 주창한 안재홍도 연합과 공생을 강조하는 민족주의론을 제기하며 정당 활동 등을 통해 합작을 모색했다.

백남운은 민족주의와 공산주의의 공통기반을 부각시켜 연합을 강조하는 '연합성 신민주주의'를 제안했다. 그는 민족주의와 공산주의는 자유민주주의 대 프로민주주의, 자본주의적 경제 대 사회주의적 경제라는 대립구도를 형성하기 마련이지만, 당시 현실로는 어느 하나를 선택하기 어려우니 연합성 민주 정권과 민주 경제를 수립해야 한다고 주장했다. 그리고 이를 위한 민족주의자와 공산주의자의 연합 토의를 역사적 임무라며 강조했다.(박찬승, 2010, 214~217쪽)

안재홍은 균등 사회·공영 국가를 지향·완성하는, 즉 진정한 민주주의의 토대 위에 존립되는 전민족 동일 운명의 민족주의를 주장했다. 이러한 신민족주의적 시야에서 보면 새로 건설된 민족 국가는 진보적이고 반제국주의적인 지주, 자본가, 농민, 노동자 등 모든 계층을 통합하여 만민공생을 이념으로 하고 계급 독재를 지양하는 신민주주의 국가여야 했다.(박찬승, 2010, 203~210쪽) 안재홍, 손진태 등의 신민족주의 사학자들은 대체로 좌우연합을 추구하는 중도우파의 처지에서 정당 활동에 참여했다.

한편, 이 시기에는 역사학자들에 의해 신국가 건설을 위한 정체성의 형성에 필요한 역사 '만들기' 운동이 전개되었다. 마르크스주의 사학자들은 백남운을 주축으로 조선학술원, 조선과학자동맹, 민족문화연구소 등에 가담하여 이를 거점으로 연구 활동과 동시에 실천 활동에 나섰다. 그들은 당시 과학의 임무를 '과학과 과학적 역사관과의 통일적 연관성에 대한 현실성을 인식하고, 과거의 문화적 전통의 역사적 특수성을 과학적으로 이해'하는 데 두어 과학적 연구방법론을 모색하고 실천적 변혁논리를 세우기 위한 기초작업으로 조선시대와 일제하의 사회구조를 해명하는 데 주력했다.(한국역사연구회, 1990, 32쪽) 안재홍, 손진태, 이인영, 조소앙, 정인보 등의 민족주의 사학자들은 신민족주의를 주창하면서 자주적 민족 국가 수립과 민족적 자유와 평등의 실현이라는 실천적 관점에서 민족사를 체계화하고자 했다. 나아가 손진태는 정치가이자 관료로서 교과서를 집필하는 등 역사 교육에 관여하며 역사 정책을 수립하는 등의 역사운동을 전개했다.(한국역사민속학회, 2003) 하지만 분단국가의 수립과 한국전쟁은 역사운동이 뿌려 놓은 성과를 온전히 거세하고 말았다.

3. 민족주의의 부활과 내재적 발전론의 등장

한국 전쟁 이후 반공제일주의하에서 목숨을 부지한 사회주의자는 물론 중도파의 운신의 폭도 매우 협소해졌다. 일부가 사회 민주주의 혹은 민주 사회주의를 표방하며 제도 정치권에 진입하려 했지만, 거부당했다. 1956년 대통령 선거에서의 조봉암의 활약에 고무된 그들은 혁신세력의 이름으로 재기를 도모했다. 그러나 북한을 적이 아니라 민족의 일부로 인정하는 것이 반공 체제를 위협하는 것으로 간주되는 분위기 속에서 조봉암은 간첩으로 몰려 사형 당했다. 저항적 민족주의 역시 거의 질식 상태에 놓이고 말았다. 하지만, 1950년대 말 신조회, 암장 등 일부 사회주의 그룹이 통일 문제를 제기하는 가운데 서울대 사회학과의 최문환 교수가 개설한 '민족주의의 전개과정'이라는 강의에 학생들이 지대한 관심을 보이는 등 민족주의의 잠재적 폭발력은 서서히 커져 가고 있었다.(신용하, 2004, 90쪽)

마침내, 4·19로 제한적이지만 열린 공간에서 민족주의적 요구가 분출했다. 식민 현실 속에서 민족주의는 곧 자주화를 의미했다. 그리고 분단이라는 모순 앞에서 민족주의는 통일이라는 또 하나의 가치를 추구해야 하는 과제를 떠안게 되었다. 혁신세력과 급진적인 대학생들이 기꺼이 민족주의 대오에 동참했다. 다양한 통일론이 제기되었고 통일운동이 전개되었다. 더불어 한미경제원조협정 체결에 반대하고 한미행정협정 체결을 촉구하는 등 자주화를 추구하는 저항도 존재했다. 그런데 1960년대에 연대 이념으로서의 민족주의가 내세우는 자주와 통일의 가치를 설파하는 데 있어 공개적으로 나서지는 않았지만, 사회주의 혹은 좌익 전력자의 역할이 적지 않았다. 혁신계가 창간한 『민족일보』와 통혁당의 잡지 『청맥』 등도 민족주의 담론을 선전하는 데 앞장섰다.(임대식, 2003, 264쪽) 이들 사회주의적 민족주의자들은 4·19를 민주주의적 혁명을 넘어 민족주의적이고 민중주의적으로 확대 발전한 것으로 적극적으로 해석하기도 했다. 한편, 한일회담 반대 운동을 겪으며 민족주의의 외연은 확대되어갔다. 민족적 민주주의 장례식이라는 상징 기호에서 알 수 있듯이 대학생과 지식인들은 한 때 마나 갖고 있었던 박정희정권에 대한 민족적·민주적 측면의 기대를 접었다. 그리고 민주주의를 추구하면서도 반공주의에 갇혔던 지식인들이 민족주의를 재인식하게 되었다. 그것이 1970년대 초 장준하의 민족주의론으로 나타나기도 했다.(서중석, 1997)

역사학계의 사정도 이러한 민족주의의 운명과 크게 다르지 않았다. 해방 후 민족 분단은 곧 학문 분단으로 이어졌다. 한국전쟁이 끝난 후 남한에서 마르크스주의 사학과 신민족주의 사학은 공개적인 활동 공간을 상실했다. 친일 청산에 실패한 현실과 같은 맥락에서 식민주의 사학의 아류인 문헌고증사학이 주류로 자리를 잡았다. 그들은 학계만이 아니라 교과서를 집필하며 역사교육에도 영향력을 행사했다. 마르크스주의 사학은 철저히 핍박받거나 배척당했으며, 민족주의 사학의 경우도 식민 사학의 여독과 문헌고증사학의 위력 앞에 표면에 나설 수 없었다. 그러므로 식민주의 사학에 대한 비판과 극복을 본격적으로 논의할 장이 마련될 리 없었다. 다만, 소장학자를 중심으로 신민족주의사학의 유풍을 배경으로 1952년에 역사학회가 창립되었다. 1950년대 역사학계의 분위기를 김용섭은 다음과 같이 회고했다.

> 필자는 이때 한국사의 이해에 관하여 그 기본자세의 문제로서 큰 벽에 부딪히고 있었다. 그것은 당시까지의 한국사학의 하나의 철칙으로 여기다시피하고 있었던 한국사에 있어서의 정체성 이론과 타율성 이론의 문제였다.……(중략)……농민층의 동태를 농민들의 주체적 계기에서, 그리고 한국사의 내적 발전 과정에서 파악해 보려 하였던 필자는 이 벽을 극복하지 않으면 안 되었다.……(중략)……1950년대의 후반기에는 아직 생소한 문제였고, 여러 군데 눈치를 보지 않으면 안 되는 문제이기도 하였다.(김용섭, 1970)

4·19로 부활한 저항적 민족주의의 물결은 무엇보다 역사학계에 커다란 영향을 미쳤다. 역사학계에서도 비로소 식민 잔재의 청산을 모색하기 위한 공개적인 논의가 가능해졌다. 그것은 일제강점기의 식민

주의사학·문헌고증사학과 민족주의 사학·마르크스주의 사학을 정리하고 평가하는 것에서 시작되었다. 그것은 곧 식민주의사학과 문헌고증사학을 비판하고 민족주의 사학을 재건 계승하는 민족사학의 모색으로 이어졌다. 그 가운데 마르크스주의 사학을 복권하려는 움직임도 일어났다. 하지만, 좌파·사회주의자들이 혁신세력의 이름으로, 그들의 평등주의가 민족주의에 의탁하여 존립 가능했듯이, 마르크스주의 사학의 모색 역시 민족사학의 배경 위에서, 즉 중도와 합작의 차원에서 조심스럽게 이루어졌다. 하지만, 4·19가 군사쿠데타로 좌절되고 군사정권에 의해 굴욕적인 한일회담이 추진되면서 문헌고증사학의 지배는 더욱 공고해졌다.(김인걸, 2000) 그럼에도 불구하고 민주주의 진영에까지 민족주의의 지평이 확대되어 가는 것과 맞물려 역사학계에서도 식민사학 극복을 화두로 민족주의 사학과 마르크스주의 사학이 미력하나마 시민권을 확보할 수 있었다. 하지만 여전히 마르크스주의 사학은 제 본질대로 호명되지 못하고 사회경제사학이라 불려야 했다.

이 시기 민족사학의 초미의 과제는 식민주의 사관의 타율성론과 정체성론 극복이었다. 그 경향은 크게 민족문화론과 내재적 발전론으로 구분된다.(이영호, 1994, 180쪽) 민족문화론은 주로 식민주의 사학의 타율성 이론을 비판하는데 집중했다. 민족문화론은 민족 문화의 역량과 고유성을 강조하는 문화사적 경향과 민족적 우월성을 극단적으로 강조하는 쇼비니즘적인 경향으로 다시 대별할 수 있다. 후자는 반공과 근대화를 기치로 한국적 민주주의, 민족 주체성 확립 등을 제기하는 민족주체사관으로 변질되었다. 내재적 발전론은 식민주의 사학의 정체성론을 비판하는데 초점을 두었다. 내재적 발전론은 한국사의 주체적 발전 과정을 법칙적으로 파악하고 체계화하려는 유물사관적 경향과 발전의 양적 측면을 강조하는 근대화론적 경향으로 대별된다.

문화사적 경향, 근대화론적 경향, 유물사관적 경향 등을 포용한 연구단체가 1967년에 창립된 한국사연구회였다.

4. 내재적 발전론의 전개와 분화

1950년대 이후 역사학계는 타율성론보다는 정체성론을 극복하는 데 더 소극적이었다. 오히려 정체성론을 인정하는 분위기도 적지 않았다. 그렇듯 타율성론 비판보다는 정체성론 비판이 더 진취적으로 받아들여지는 분위기에서 내재적 발전론이 등장했다. 그것은 이념 지형에서의 민족주의의 위상과 마찬가지로 역사학계 내에서 합작체, 즉 '통일전선'적인 지위를 확보하게 된다. 이는 내재적 발전론이 만개한 1969년에 한우근, 이기백, 이우성, 김용섭 등이 참가하여 작성한『중·고등학교 국사교육개선을 위한 기본 방향』의 '시안작성의 기본원칙'에 압축적으로 표현되어 있다. ① 국사의 전기간을 통하여 민족의 주체성을 살린다. ② 민족사의 각 시대의 성격을 세계사적 시야에서 제시한다. ③ 민족사의 전 과정을 내재적 발전 방향으로 파악한다. ④ 제도사적 나열을 피하고 인간 중심으로 생동하는 역사를 서술한다. ⑤ 각 시대에 있어서의 민중의 활동과 참여를 부각시킨다. 이는 내재적 발전론이 함의하고 있는 중심 내용을 거의 망라한 것으로 민족사를 주체적 입장에서 발전적으로, 세계사의 보편성을 고려하면서 체계화한다는 중도·합작적 성격을 분명히 하고 있다.(김인걸, 1997, 137~139쪽)

내재적 발전론은 앞에서 살펴본 것처럼 유물사관적 경향과 근대화론적 경향으로 나눌 수 있다. 연구방법론과 이후 행보 등과 관련해 볼 때 양자는 내재적 발전론 내에서 '좌'와 '우'의 위치에 있는 것으로 파악할 수 있다. '좌'의 위치에 있는 유물사관적 경향은 마르크스주의 사학의 연구방법론과 그 성과를 수용하는 동시에 일제강점기 민족주의 사학을 비판적으로 계승하고자 했다. 중도·연합적 성격을 지닌 '좌'였던 것이다. 이는 백남운이 추구했던 연합성 민주주의론의 역사학적 실천이자 남한에서의 마르크스주의 사학 전통의 복원을 의미하는 것이었다. 백남운은 마르크스주의 역사 연구의 방법론에 대해『조선사회경제사』첫 머리에 다음과 같이 언급한 바 있었다.

> 조선사의 연구는 곧 과거의 역사적·사회적 발전의 변동과정을 구체적 현실적으로 구명함과 동시에, 그 실천적 동향을 이론화하는 것을 임무로 해야 할 것이다. 그러기 위해서는 인류사회의 일반적 운동법칙인 사적 변증법에 의해 그 민족생활의 계급적 제관계 및 사회체제의 역사적 변동을 구체적으로 분석하고, 나아가 그 법칙성을 일반적으로 추상화함으로써만 가능하다.[백남운, 1933(하일식 옮김, 1994), 19쪽]

이처럼 유물사관에 입각하여 한국사의 발전과정이 궁극적으로는 세계사적 보편성으로서의 계급투쟁사임을 분명히 밝힌 백남운의 한국사 인식은 사회구성체론과 계급투쟁론에 입론하고 있었다. "세계사적 방법론하에서만 과거의 민족생활 발전사를 내면적으로 이해하게 되고 아울러 현실의 위압적 특수성에 대하여 절망을 모르는 적극적인 해결책을 찾아내게 된다"(백남운, 1933, 22쪽)는 언급을 통해서는 사회주의적 민족주의자로서의 그를 떠올리게 된다. 백남운이 "또 하나의 다른 형태의 민족주의 사관"을 갖고 있다는 것이다.(이기백, 1971, 66쪽)

남한에서의 유물사관적 경향은 계급투쟁론보다는 주로 사회구성체론에 입각한 연구성과를 통해 구현되었다. 그 성과를 대표하는 것이 시대구분론과 자본주의 맹아론이다. 시대구분론은 사회구성체론에 입론한 역사연구의 궁극적 도달점이라 할 수 있다. 이는 또한 한국사의 발전과정을 보편사적 발전 법칙과 관련하여 어떻게 정리할 것인가의 문제였다. 하지만, 한국사 연구에서 유물사관적 경향이 주류일 수 없는 까닭에 시대구분이라는 사회구성체론에 대한 문제의식을 갖는데 자극제가 될 수는 있었지만, 북한처럼 활발한 토론과 수렴 과정을 거칠 수는 없었다. 1960, 1970년대를 거치면서 시대구분과 관련하여 고대사회론, 중세사회론, 중세해체론 및 근대사회 성립사론, 그리고 근현대 성격론 등 많은 성과가 제출되었다. 하지만, 오늘날에 이르기까지 한국사 전체의 체계화를 염두에 둔 시대구분론이 본격적으로 제기되진 못하고 있다.(이경식, 1997, 226~229쪽)

자본주의 맹아 연구는 주로 조선 후기에 한정되어 농업·상업·수공업·광업 등의 부문에서 진행되었다. 김용섭은 양안 연구로 농법의 개량, 상업적 농업, 광작 등을 통해 새로운 농업 담당자층인 경영형 부농이 등장하고 있음을 입증했다.(김용섭, 1970·1971) 강만길 등은 상업에서 경강상인·개성상인 등 사상이 도고를 통하여 상당한 부를 축적했다고 보았다.(강만길, 1973) 유원동·김영호는 수공업에서 근대적 생산양식의 단초형태인 공장제 수공업이 등장했다고 주장했다.(유원동, 1977 ; 김영호, 1968) 이처럼 자본주의 맹아론은 이행기 사회구성의 토대를 해명한다는 안목에서 축적된 연구 성과도 적지 않았지만, 식민화의 현실과는 유리된, 즉 민족 스스로 근대 자본주의로 이행할 수 있을 것이라는 역사의식이 투영된 선험적 연구라는 비판을 감수해야만 했다.

이와 같은 유물사관에 의거해 한국 사회의 내재적 발전론을 밝히려는 노력은 북한에서도 남한과는 달리 역사학계 전반에서 활발히 시도되었다. 시대구분논쟁의 경우, 원시사회-고대노예제사회-중세봉건제사회를 한국사회에 모두 적용하는 방향으로 정리되었다. 자본주의 맹아론과 관련해서는 평민층 지주, 즉 서민지주에 주목한 허종호의 연구와 함께 조선후기 수공업과 광업 분야에서 매뉴팩춰의 존재를 확

인해 주었다.(박찬승, 2007, 80~81쪽 ; 한국역사연구회 북한사학사연구반, 2003)

내재적 발전론에서 '우'에 위치한 근대화론적 경향은 1950년대 말 1960년대에 걸쳐 미국에서 정립된 근대화론의 영향을 받았다.(박태균, 2004) 근대화론의 핵심 논리는 서구화·공업화였다. 이와 같은 근대화 논리가 자본주의 맹아론에 흡수되면서 생산력의 발전이나 생산관계의 관련성에 대한 해명 없이 화폐 및 상업의 발달 등 유통주의적 관점에서 조선후기 경제적 발전상을 일방적으로 부각시키는 경향으로 나타났다. 그리고 개화파의 서구 문물·제도의 도입을 강조하는 등 조선후기부터 개항기에 걸친 사회에서 근대적 서구적 요소를 찾고 이를 발전적인 것으로 평가했다. 즉 사회와 경제 발전의 주체와 발전 방향을 문제 삼지 않는 발전지상주의적 관점에서 제국주의의 식민지배를 합리화하는 논리로 작용했다. 그것은 곧 조국 근대화와 성장제일주의를 추구하는 근대화론을 뒤쫓으며 자신이 극복하고자 했던 식민주의 사관, 즉 정체성론으로 회귀하는 모순적 현실로 이어졌다.(이영호, 1994, 193~196쪽)

이와 같은 내재적 발전론 내의 유물사관적 경향과 근대화론적 경향의 공존은 후자가 국가주의 사학으로서의 입론을 강화하면서 우경화되자, 결국 깨지고 말았다. 근대화론적 경향의 이탈이 야기한 내재적 발전론의 '좌우' 분화가 일어난 것이다. 이는 유물사관적 경향이 유물사관이라는 말조차 쓰기 어려운 반공주의의 여전한 기세 앞에서 내재적 발전론의 이름으로 홀로 자신을 지켜내야 함을 의미하는 것이었다.[4]

반공주의의 자장 안에 갇힌 역사학계 주류는 유물사관적 경향은 물

---

4) 1980년대 소장학자들에게 내재적 발전론이란 그에 대한 북한과 일본 역사학계의 성과가 동시에 수용되면서 곧 변혁적이고 진보적인 유물사관적 경향을 가리키는 것으로 인식되고 있었다.

론 근대화론적 경향을 아우르는 내재적 발전론에 대해 날선 비판을 가했다. 정체성(停滯性)의 문제에 대한 반발로 내적 발전의 계기를 사실 이상으로 꾸며 보려는 경향도 경계해야 한다는 것이다. 더욱이 유물사관적 경향에 대해서는 "사회경제사가들이 빠지기 쉬운 독단적인 사관과 방법으로는 국사의 바른 체계가 세워지기 어렵다"는 혹독한 비판도 뒤따랐다.(전해종, 1966, 205쪽) 1970년대라고 해서 사정이 크게 나아지진 않았다. "우리 사학계의 수준으로 보아서는 설익은 이론이나 조급하게 된 체계보다는 먼저 여러 가지 사실을 보다 정확하게 실증해 나아가는 태도가 연구 분야를 보다 넓히는 일과 연구 내용을 보다 깊게 하는 일에 필요하다"는 쓴소리가 여전히 제기되고 있었다.(한우근, 1976)

한편, 상대적으로 반공주의로부터 자유로운 일본의 한국사 연구자들은 일찍부터 유물 사관적 연구 경향에 주목하여 이를 내재적 발전론으로 인식하고 있었다. 1960년대 식민주의 사학의 잔재를 청산하고 그것에 의해 왜곡된 한국사상을 바로 잡아 한국사를 발전적으로 체계화하고자 했던 시도를 내재적 발전론이라 명명한 것은 일본의 한국사 연구자들이었다.(中塚明, 1981, 216~276쪽)5) 그들은 해방 이전 정체적인 구조의 한국사 연구를 부정하고 새로 내세운 내재적 발전이라는 단어를 하나의 방법론을 격상시켜 정식화했다. "내재적 발전론은 이러한 역사관(식민주의 사관)을 극복하기 위해 '타율적'이지 않고 '내재적'으로, '정체적'이지 않고 '발전적'으로 조선의 역사를 추구하는 방법적인 관점"이라는 것이다.(吉野誠, 1993, 375쪽) 그들은 북한은 물론 남한에서도 1960년대에 그와 같은 내재적 발전론에 입각한 한국사상

---

5) 내재적 발전론의 개념 정의는 일본 학자에 의해 제시되었지만, 박찬승은 '민족의 주체적 내재적 발전과정'이라는 개념은 이기백이 먼저 사용한 것으로 본다.(이기백, 1968, 4~5쪽 ; 박찬승, 2007, 80쪽)

의 구축의 시도가 있었다는 점에 주목했다. 연구 방법론으로서의 내재적 발전론에 관해서 카지무라 히데키는 "거시적인 의미에서 일국사적 발전의 기본적인 원동력은 아래로부터의 계기, 즉 기층민중=직접 생산자의 생산·재생산에 있어서 창조적 영위(營爲), 그 구조로서의 생산력과 생산관계의 대응관계와 모순, 그리고 그것으로 조건지워진 의식의 성장과 계급투쟁의 전개 등이라고 생각된다. 그 의미에서는 그것은 유물사관의 방법으로 일국사를 대상화한다고 하는 것과 다르지 않다"고 하여 유물사관의 방법론으로 일국사를 대상화하는 것으로 정의했다.(梶村秀樹, 1986, 576쪽)

이처럼 중도와 합작의 속성을 갖고 있던 내재적 발전론에서 '좌'에 위치했던 유물사관적 경향은 스스로 마르크스주의 사학의 계승자임을 공개적으로 내세우지 못했다. 마르크스주의 사학, 유물사관(사적 유물론) 등의 개념이 공개적으로 언급된 것은 1980년대에 와서의 일이었다.[6] 그렇게 내재적 발전론의 '좌우' 분화 이후 유물사관적 경향이 자신의 색을 드러내는 과정에서도 여전히 민족주의가 지지대 역할을 했다. 실천성·운동성을 견지한 민족주의, 즉 민중 주체·통일 지향의 민중적 민족주의가 바로 그것이다.

5. 내재적 발전론과 민중적 민족주의의 조우

내재적 발전론의 '좌', 유물사관적 경향을 대표하는 학자는 김용섭이다. 그는 마르크스주의 사학의 시야에서 한국사의 발전과정을 체계

---

6) 민중사학을 주창하며 1986년에 발간된 『한국민중사』에서도 마르크스주의 사학을 여전히 사회경제사학으로 썼다. 하지만 한국역사연구회가 1989년에 발간한 『한국사강의』, 1992년에 발간한 『한국역사』부터는 마르크스주의 사학이라 서술하고 있다.

적으로 정리하는 데 유물사관의 방법론을 원용하면서도 계급사관에 매몰되는 것을 경계하는 동시에 신민족주의사학에서 제기했던 민족문제에도 주목하여 한국사 전체를 민족문제와 계급문제를 중심으로 파악하고자 했다.(박찬승, 1994, 338쪽) 이러한 합작적 입장이 김용섭을 후학들이 내재적 발전론을 대표하는 연구자로 인식하는데 영향을 미쳤다고 볼 수 있다.

먼저 김용섭은 일제 관학자들의 식민사관을 비판한 위에서 "오늘날 역사학이 지향하는 세계사의 발전과정이라고 하는 일반성 위에 한국사의 특수성이 살려진 그러한 역사관"에 입각한 새로운 한국사상(韓國史像)의 수립을 모색하고자 했다. 그것은 곧 한국사회의 "내적 발전과정"을 밝히는 작업을 의미했다.(김용섭, 1963) 이미 그는 초기 연구 성과부터 '내면적인 주체적인 계기', '한국적 내면적인 사회경제상의 발전과정', '변화되어가는 사회구성면' 등에 주목하고 있었다.(김용섭, 1956) 그의 이러한 사관과 사론은 곧 마르크스주의 역사학에 입론한 것으로 볼 수 있다.

이처럼 김용섭은 내재적 계기를 중심으로 포착하여 주체성·발전성의 측면에서 한국사에 있어 보편적 역사 발전 원리를 관철하고자 하는 안목으로 사회경제사, 주로는 농업사에 천착했다.[7] 시대구분론과 관련하여 그는 농업사에 준거한 시대구분을 통해 전근대와 근현대를 아우르는 통사체계로서의 한국사의 체계화를 시도했다. 그에 따르면, 사적 소유의 발전이 미비하여 지주전호제가 성립하지 않는 삼국

---

7) 김용섭과 같이 사회구성의 변화를 중심으로 한국사의 발전과정을 파악하려는 경향을 '사회구성사관'으로 부르기도 했다.(박찬승, 2007, 349쪽) 본고에서 유물사관적 경향이라 지칭한 것은 김용섭과 그의 영향을 받은 역사학자들의 경우 마르크스주의 사관을 계승하고는 있지만, 뚜렷한 사론으로 무장된 학파를 형성하지 못하고 또한 연구 방법론 역시 이전보다 훨씬 넓은 범주의 유물사관의 입장을 취하고 있었기 때문이다.

시대 이전까지가 고대사회다. 중세사회는 지주전호제가 성립 발전하는 통일신라—고려—조선 시기까지로 보았다. 그리고 조선 후기는 지주전호제가 크게 동요하는 중세사회 해체기로 규정했다.(김용섭, 2000)

자본주의 맹아론과 관련해서는 일찍부터 중세사회 해체기인 조선 후기 사회경제적 변화에 천착한 연구 성과를 내놓았다. 그 성과에 따르면 조선 후기에는 지주와 전호의 모순 관계의 내재적 발전 과정에 따라 본격적으로 농민층의 분해가 전개되었다. 그 과정에서 임노동을 이용한 농업생산의 합리적 경영, 차경지의 확대, 지대 인하, 상업적 농업 경영을 통해 소득을 늘려 부를 축적하는 새로운 계층인 '경영형 부농'이 성장했다.(김용섭, 1971) 또한, 조선 후기에는 농업 문제의 해결 방안으로는 농민 경제를 안정시킴으로써 농민항쟁을 해소시키려는 관점에서 두 계통의 농업론이 존재했다. 지주적 입장의 부세제도 개혁론과 소농 경제의 안정을 추구하는 토지개혁론이 그것이다.(김용섭, 1992)

한편, 근현대의 변혁운동과 관련하여 김용섭은 지주와 전호·소작농민 간의 계급적인 갈등과 대립을 해소하는 일은 혁명세력이나 민족해방운동세력이 승리하여 권력을 장악하고 혁명을 성공시키지 않는다면 기대하기 어렵다고 보았다. 결국 해방정국에서 야기된 남북분단의 원인이 사회변혁이 성공하지 못한 데 있다는 것이다.(안병욱, 1997, 202쪽)

이와 같이 김용섭으로 대표되는 유물사관적 경향은 한국사의 주체적 내재적 발전과정을 합법칙적으로 파악하고 체계화하려는 데에서 과학적 역사학을 지향한 것이었다. 구체적으로는 한국사의 발전과정에 대한 역사법칙적 인식, 근대화의 길에 대한 계급론적 인식, 현실 사회에 대한 사회구성체적 인식을 제고시켰다. 하지만, 정체성론의 극복에서 출발한 까닭에 위에서 살펴본 것처럼 근현대사에 있어 민족적 민중적 발전의 전망을 분명히 하지 못한 한계를 갖고 있었다. 즉 반제민족해방운동의 귀결로서 민중 주체의 민주 민족 국가 건설에 대한 전망을 갖지 못했다.(이세영, 1988, 86~87쪽) 이처럼 유물사관적 경향이 내재적 발전론 안에 은신하면서 결여하게 된 실천성이라는 덕목을 채워준 것은 유신이라는 폭압 체제 속에서 등장한 민중적 민족주의였다.

민중은 반공제일주의체제에서는 인민과 함께 기피되던 용어였다.[8] 하지만, 1970년대에 고통받는 민중을 발견하면서 비로소 남한에서 시민권을 얻게 된다. 이제 민중은 더 이상 추상적 존재가 아니라 바로 내 앞에 존재하고 나의 삶과 직면하는 존재임을 새삼 확인하게 되었던 것이다. 이 시기 민중은 대체로 "생산수단에서 소외되었기에 수탈당하게 되고, 통치수단에서 소외되었기에 억압당하고, 위광(威光)수단에서 소외되었기에 차별당하는 피지배자"로 정의되고 있었다.(한완상, 1980, 79쪽) 다시 말해, 총체적으로 소외된 피지배자, 혹은 역사를 이끌어 온 이름 없는 대다수의 사회 밑바닥에 깔린 사람들 혹은 능동적 주체적 인민을 가리키고 있었다. 이러한 민중에 대한 환기는 민중문학론, 민중문화운동론, 민중신학, 민중교육학, 민중경제론, 민중사회학 등의 출현을 가져왔다.

민중에 대한 주목은 민중을 변혁의 주체로 한 광범한 저항 이데올로기로서의 민중적 민족주의의 정립으로 이어졌다. 민족주의가 진정

---

8) 반공제일주의 사회에서 민중 혹은 인민을 대체하며 민인대중의 표상하던 대표적 대명사는 국민이었다. 좌파조차 민인대중을 국민이라 부를 때 이념적 공세로부터 자유로울 수 있었다. 일찍부터 쇼비니즘적 색채를 지닌 용어라는 우려가 있었지만, '인민(people)에 의한 인민을 위한 인민의 정치'를 '국민에 의한 국민을 위한 국민의 정치'로 가르치는 등 국민이라는 대명사가 범람할 수 있었던 문화는 반공주의의 산물이라 할 수 있다. 그러므로 최근 '국민'을 둘러싼 학계 논쟁은 이국적 잣대에 의지할 뿐, 우리 사회에서 '국민'이 갖는 역사성을 제대로 고려하지 않고 있다고 볼 수 있다.

한 의미에서 민족적이고 역사의 진보에 기여하기 위해서는 민중적 요구를 수렴해야 한다는 것이다.(박현채, 1983, 60~61쪽) 민중의 권익을 외면한 민족주의란 아예 처음부터 무의미하다는 비판도 제기되었다. 이렇듯 1970년대에 등장한 민중적 민족주의는 1980년대 민주화운동 속에서 만개했다. 민족의 통일과 자주, 민주주의와 민중 주체의 실현을 추구하는 민족·민주·민중의 삼민주의로 분출되었던 것이다.

역사학계도 민중 나아가 민중적 민족주의에 주목하기 시작했다. 성장된 민중을 기반으로 새로운 경지를 개척하려는 시도가 등장한 것이다. 현대에 있어서는 민중을 의식하지 않는 민족이란 있을 수 없고 진정한 민족문화란 민중을 기반으로 한 문화를 말하고 민족사란 민중을 주체로 한 역사를 의미한다는 자각에서 비롯된 변화였다.(변태섭, 1978, 20~21쪽) 나아가 민중을 변혁의 주체로 인식하고 민중의 삶을 역사 연구의 주 대상으로 하는 민중적 민족주의사학론을 제기했다. 이만열은 '이제 우리는 민중의식을 기반으로 하고 민중을 역사의 주체로 하는 민족사를 보아야 할 단계가 왔다'고 선언하며 '민중의식의 사관화'를 제창했다.(이만열, 1981) 강만길은 영웅주의적 역사관으로 통해 역사 담당 주체를 축소시키려는 역사학계의 관행에 문제제기를 하고 민중 세계의 역사의식의 성장을 저해하는 사론은 결국 역사학의 시대적 책무에 역행하는 것이라 비판하면서 민중이 주체가 되는 민중적 민족주의 사론을 제기했다. 나아가 강만길은 특히 민중적 민족주의 사학이 통일 지향의 분단극복사학에 입론해야 역사학이 실천성, 즉 현재성의 부재를 극복할 수 있다고 주장했다.(강만길, 1978a)

강만길은 해방 이후를 '분단시대' 혹은 '통일지향의 시대'라 명명하고 역사학이 분단시대를 청산하는데 이바지할 수 있는 가장 높은 단계의 작업은 분단국가체제를 지탱하는데 동원되었던 민족주의론이 가진 비민족적·반역사적 속성을 정확하게 또 철저히 극복하고 통일

민족국가 수립을 지향하는 민족주의론을 수립하는데 있다고 보았다.(김정인, 2006, 271~272쪽) 그것은 합작 전통의 계승을 의미하는 것이었다. 구체적으로 그는 분단극복사학의 '정통성'을 수립하기 위한 사실 발굴에 나섰다. 그는 특히 일제강점기 민족운동사에서 통일 민족국가 수립에 이바지 할 수 있는 역사적 사실들을 발굴하는 작업이 시급하다고 보았다.(강만길, 1978a, 22~23쪽) 그의 민족해방운동사 연구의 초점은 냉전논리에 의해 왜곡되었거나 망각되었던 좌익 계열의 운동을 조명하는 동시에 좌우합작의 정당성을 제고하는데 있었다.(강만길, 1978b)

강만길은 8·15 후의 분단시대를 민족운동사의 측면에서 보면 곧 민족통일국가수립운동의 시대이며 그 이데올로기적 대립의 극복을 위한 운동은 이미 8·15 전의 민족해방운동 과정에서도 꾸준히 계속되어왔다고 주장했다. 통일민족국가수립운동이 식민지 시대에서 분단시대에 걸친 민족운동으로 지금도 계속되고 있다는 것이다.(강만길, 1990) 그 주장의 핵심은 바로 역사학이 그 민족운동에 적극 동참해야 한다는 것이었다. 그것은 단절된 역사운동의 전통 복원을 요구하는 것이기도 했다.

이처럼 사회경제사에 천착한 유물사관적 경향의 내재적 발전론과 민족해방운동사를 주축으로 하는 민중적 민족주의 사론의 조우는 역사학에 실천성과 운동성을 불어넣었다. 그리고 그것은 변혁사론인 민중사학의 탄생과 역사운동으로 통한 역사 대중화로 이어졌다. 그리고 이러한 실천 활동을 통해 역사학은 민주화운동에 정당성을 부여하는 '정치적 무기'로서 소임에 충실할 수 있었다.

5. 변혁 사론으로서의 민중사학과 역사운동

1980년대는 냉전과 반공의 금기를 깨고 자주와 민주와 통일을 당당하게 이야기하던 민주화의 시대, 변혁의 시대였다. 학계도 무풍지대일 수 없었다. 변혁적·실천적 학문을 추구하는 새로운 이론적·실증적 연구성과들이 풍부하게 생산되었다. 민중론을 토대로 사회구성체 논쟁이나 변혁론 논쟁, 통일 논의 등이 활발히 전개되었다. 그러한 인식을 공유하는 연구자들의 조직화가 활발히 이루어지면서 새로운 학회, 연구소, 연구회 등이 등장했다. 역사학계에서는 망원한국사연구실(1984), 역사문제연구소(1986), 한국근대사연구회(1987), 한국역사연구회(1988), 구로역사연구소(1988) 등의 연구소와 학회가 생겨났고, '과학적 실천적 역사학의 수립을 통해 우리 사회의 자주화와 민주화에 기여'하고자 함께 토론하고 공동으로 집필하는 집단주의적 연구풍토가 자리잡아갔다.(이세영, 1997, 152~162쪽) 이러한 역사운동을 주도한 연구자들은 1970, 1980년대 대학과 대학원을 다니며 학생운동과 광주민중항쟁을 직접 경험하거나 영향을 받으며 학계에 진출한 소장 학자들이었다. 이들은 네오마르크스주의, 종속이론, 유물사관 등에 크게 영향을 받고 있었다. 이들의 결집은 한국사학계에서 진보적인 성향의 학파가 처음 대두한 것을 의미했다.

이때 등장한 변혁사론이 바로 민중사학이었다.(이윤갑, 1995 ; 김득중, 2006 ; 배성준, 2010) 민중사학이란 "역사발전의 주체는 민중이라는 선언적 명제에 기초하여 역사를 민중의 주체성이 확대되어가는 과정으로 해석하고, 이를 토대로 민중이 주인 되는 사회를 건설하기 위한 변혁의 전망을 모색하는 실천적인 학문"이었다.(김성보, 1991) 여기서 말하는 민중이 한국사에서 등장한 것은 세계 자본주의 체제의 전개에 의해 민족이 위기에 처한 조선 말기·대한제국기였다. 그것은 한국사에만 독특한 것이 아니고 후진국에서는 계급적 요인보다는 민족적 요인에 의해 민중이 형성되는 것이 보편적이었다. 즉, 제국주의 세계체제에 식민지로 편입되어 이로 인해 제기되는 인간해방·계급해방·민족해방의 과제 해결의 담당주체로서 민중이 형성되었고, 민중의 내부구성은 계급 또는 계급연합으로 나타났다.(정창렬, 1989, 14~15쪽) 이와 같은 민중 인식의 계보는 신채호와 백남운에서 시작된다. 1960, 1970년대에 역사의 무덤에서 두 사람을 재발견하면서 토대가 만들어졌고, 1970년대 말 이후 근대 사회의 발전 방향을 재인식하면서 형성된 민중 인식인 것이다. 민중사학론에서는 이처럼 민족 모순에 의해 강하게 규정받던 민중 개념에 계급 모순적 관점을 덧붙여 "역사를 과학적 변혁이론에 입각하여 분석 설명하며, 역사적 사실을 통하여 그 시대의 사회구조를 정확히 인식한 위에서 그 사회의 모순 구조를 파악하고, 모순 해결의 주체로서 민중"(이세영, 1988, 88쪽)에 주목했다.

나아가 민중사학은 "역사를 과학적 변혁운동 이론에 입각하여 분석 설명하는 사학이면서 동시에 인간과 역사와 사회를 적극적으로 변혁하는 사학"을 추구하고자 했다.(임영태, 1987, 13쪽) 그것은 내재적 발전론의 '좌', 유물사관적 경향에서 한 걸음 더 나아가 민중 주체의 과학적 마르크스주의를 강조하는 변혁사론의 성격을 띠는 것이었다. 또한 민중사학을 기반으로 변혁운동에 적극적으로 동참하고자 했던 신진 역사학자의 실천 의지는 해방정국의 험난한 파고 속에서 마르크스주의와 신민족주의를 무기로 현실 참여를 마다하지 않았던 역사운동 전통의 부활을 의미하는 것이었다.(김정인, 2006, 257~258쪽) 즉 민중사학은 1980년대 변혁적 분위기 속에서 역사운동의 방식으로 실천운동에 기여할 수 있는 토대를 형성했다. 변혁사론으로서의 민중사학이 내세우는 '진정한 실천성'의 내용은 다음과 같다.

　현단계 한국사 연구자들의 실천성은 우리 사회의 당면과제인 민중 주체의 민주주의 사회의 실현과 통일민족국가 건설에 대한 전망을 가질 수 있는 반제민족민주사학의 수립에서 확보될 수 있을 것이다. 그것은 반제민족사학의 전통 속에서 민중을 중심으로 역사를 이해하며, 사회구성체론 계급결정론적인 시각에서 역사발전을 설명할 것을 요구하고 있다.(이세영, 1988, 91쪽)

이처럼 민중사학은 1980년대 역사운동의 이론적 토대였다. 역사학은 물론 시민적 역사교육의 차원에서 민중사학에 근거한 한국사 체계와 '이야기(내러티브)'는 정치적·사회적 민주화와 함께 확산되어갔다. 또한, 민주화운동에는 다음과 같이 역사적 정당성 확보를 위한 계보학적 토대, 즉 '운동권적 역사관'을 제공하기도 했다.

　운동권 담론은 조선조 말 동학농민운동, 일제하 민족독립운동, 그리고 해방 후 통일된 독립 국가를 건설코자 투쟁했던 혁명적 민족주의 운동의 전통을 불러들임으로써 민중 혁명의 이념뿐만 아니라 역사와 전통에서 발견할 수 있는 민중적 에토스를 재생시키고자 했다. 따라서 운동권 담론의 관점에서 민주화는 자유롭고 자주적이며 통일된 민족 독립 국가를 형성하고 이를 위해 헤게모니적인 외세와 투쟁하는 긴 역사적 과정의 한 부분을 의미하며, 일제 식민 시대와 분단국가로 특징지어지는 현대사의 연장선상에서 이해된다.(최장집, 2009, 183쪽)

그 성공적인 과정을 경험한 역사학계에는 보수적 성향이 지배적인 다른 학계와 달리 진보적이고 실천적인 측면에서 강한 응집력을 지니는 독특한 풍토가 형성되었다. 이처럼 1980년대 이후 민주화의 진전은 곧 역사학계의 진보화 과정이었고, 그 기저에는 민중사관이 자리하고 있었다.

1980년대 우리 지성계를 강타한 이론적 패러다임은 마르크스주의였다. 문학, 철학, 사회과학 등의 학문 분야에서는 서구의 근현대 마르크스주의 학문 조류를 소개하는 동시에 현실 적용 가능성을 놓고 격렬한 논쟁이 전개되었다. 하지만 한국사학계의 경우는 사정이 달랐다. 내재적 발전론의 '외피'하에 유물사관의 한국사적 원용의 입론과 방법을 모색하던 전사(前史)를 갖고 있었던 것이다. 그와 같은 성과 위에서 신진 역사학자들은 『한국민중사』(1986), 『한국근대민족운동사』(1989) 등 공동 연구를 통해 통사류를 비롯한 대중 역사서를 발간하는 등 어느 학문 분야보다 적극적으로 학술운동과 동시에 역사 대중화운동에 뛰어들 수 있었다. 보수사학계와 권력은 반공주의의 성역을 무너뜨리면서 역사를 무기로 대중을 흡인하는 역사 대중화운동에 대해 민감하게 반응했다. 『한국민중사』와 『한국근현대민족해방운동사』 필화사건이 그것이다.

6. 맺음말

지금까지 역사학계 안팎에서 비판과 극복의 대상으로 집중포화를 맞고 있는 내재적 발전론과 민족주의의 관계를 역사운동론적인 차원에서 살펴보았다. 이를 통해 저항적 민족주의 부활과 함께 등장하여 역사학계의 합작체로서 자리한 내재적 발전론이 '좌우' 분화를 겪고 그중 유물사관적 경향이 민중적 민족주의와 조우하여 민중사학이라는 변혁사론으로 발전하고 이를 통해 한국전쟁 이후 단절된 역사운동의 전통을 복원하는데 기여했음을 확인할 수 있었다. 즉 내재적 발전론은 민족주의와 운명을 같이 하며 스스로는 실천성을 띠지 못한 한계를 갖고 있지만, 실천사학·변혁사학이 부활하는 데 중요한 징검다리 역할을 했다.

그런데, 요즘 내재적 발전론과 민족주의적 역사 인식에 대한 강도 높은 비판이 이어지고 있다. 때론 내재적 발전론의 합작적 성격을 구분하지 않고 비판하는 경우도 있다. 최근에는 김용섭의 유물사관적 경향의 연구를 둘러싼 논쟁이 진행되고 있다.(윤해동, 2009 ; 김용흠, 2009 ; 도면회, 2010) 그런데, 김용섭의 유물사관적 경향이 갖는 한계로 '경제주의적 결정론(5단계 발전법칙론)으로 전화된 유물사관에 근거하고 있고 영국이나 프랑스의 부르주아 혁명 모델을 적용 파악하여 한국사 발전의 특수성은 물론 보편성 확보에도 성공하지 못했다'는 점을 지적한 것은 민중사학적 시각에서도 개진된 바 있어 새삼스럽지는 않다.(이세영, 1995, 36쪽)

그렇다면 내재적 발전론이 비판의 초점이 된 이유는 무엇일까. 1980년대 이후 그것이 민중사학 혹은 변혁적 역사학의 일환으로 역사 대중화운동을 거쳐 민중에 뿌리내린 역사관이라는 인식에서 비롯된 것으로 볼 수 있다. 이와 같이 대중화된 운동권의 역사관이 좌파적 뿌리에서 나온 것으로 이해하는 뉴라이트가 '불온한 역사관'이 제도권 역사 교육에 진입하여 의식화 교육에 이용되고 있다는 판단하에 소위 '한국근현대사 교과서 파동'을 야기한 것은 주지의 사실이다.

이처럼, 내재적 발전론과 민중적 민족주의에서 나온 민중사학이 학문의 영역을 넘어 실천성을 담보하며 민주화운동에 이론적으로 기여했던 궤적은 보수와 진보라는 이분법적 구도 아래 이념 갈등이 격화되면서 필연적으로 역사의 정치무기화를 더욱 강화시키고 있다. 뉴라이트의 도발로 소송까지 불사하며 치루고 있는 역사 내전에서 뉴라이트는 늘상 이념을 무기로 내세운다. 대한민국사가 아니라 민족사 차원에서 역사를 서술하고 가르치는 것은 친북이고 좌파라는 단순한 논리를 교과서는 물론 개별적 학문 성과에까지 적용하고 비판한다.

점차 역사 내전에 익숙해지면서 이제는 역사와 정치의 경계를 가늠하기가 쉽지 않다. 내재적 발전론과 민족주의에 대한 국내외의 식민지근대화론자 혹은 근대주의자 혹은 탈근대·탈민족주의자들의 비판 역시 학문적 영역을 넘어 일종의 정치적 함의를 갖고 있는 것으로 읽혀진다. 학문과 사회의 보수화·우경화의 일면을 보여주고 있다는 해석이 그것이다. 역사학계에서도 내재적 발전론, 민중사학, 민중적 민족주의 사학 등을 검토하면서 내재적인 계기에 주목하거나 혹은 현실맥락적 차원에서 성찰하기보다는 객체화·대상화시켜 외부자의 시선에서 탈맥락적으로 비판하는 '정치적' 접근 방식을 쉽게 목도할 수 있다.

하지만 학문적·도덕적 잣대로 역사학을 정치무기화하는 현실을 무조건 비판하거나 부정하는 것은 곤란하다. 역사학계 내에 여러 사론이 존재하는 것도 전혀 문제가 되지 않는다. 오히려 문제는 그것들이 현실 분석과 미래 전망을 담고 있는 실천적·운동적 사론으로서는 여전히 미흡하다는 데 있다. 시민이 민중을 대신하고, 집단지성이 등장하고, 일상의 민주화가 변혁적 성격을 띠고, 더 이상 유물사관이 민족주의 혹은 내재적 발전론이라는 외피를 필요로 하지 않을 정도로 반공주의가 노후화되고 있는 현세(現世)를 담아낼 수 있는 새로운 '운동권적 역사관'은 부재하고 대중의 기호를 자극하는 역사 대중서와 사극이 역사 대중화운동의 낙수(落穗)를 전유하고 있는 것이 작금의 현실이다.

▣ 참고문헌

강만길, 1973 「조선후기 상업자본의 발달」, 고려대출판부.
———, 1978a 『분단시대의 역사인식』, 창작과비평사.
———, 1978b 「한국독립운동의 역사적 성격」『아세아연구』 59.
———, 1990 『통일운동시대의 역사인식』, 청사.

김득중, 2006「1980년대 민중의 발견과 민중사학의 성과와 한계」『내일을 여는 역사』 24.

김성보, 1991「민중사학, 아직도 유효한가」『역사비평』 16.

김영호, 1968「안성 유기 산업에 관한 조사보고」『아세아연구』 23.

김용섭, 1956「철종조 민란 발생에 대한 고찰」『역사교육』 1.

______, 1963「일제 관학자들의 한국사관－일본인은 한국사를 어떻게 보아왔는가」『사상계』 1963년 2월호.

______, 1970『조선후기농업사연구』 Ⅰ. 일조각.

______, 1971『조선후기농업사연구』 Ⅱ. 일조각.

______, 1992「근대화 과정에서의 농업개혁의 두 방향」『한국근현대농업사연구』, 일조각.

______, 2000「토지제도의 사적 추이」『한국중세농업사연구』, 지식산업사.

김용흠, 2009「역사와 학문에 건너뛰기란 없다」『내일을 여는 역사』 36.

김인걸, 1997「1960, 70년대 '내재적 발전론'과 한국사학」『한국사 인식과 역사 이론』, 지식산업사.

______, 2000「현대 한국사학의 과제」『20세기 역사학, 21세기 역사학』, 역사비평사.

김정인, 2006「분단과 통일에 관한 인문학적 성찰」『우리 안의 보편성』, 한울아카데미.

______, 2006「민족해방투쟁을 가늠하는 두 잣대 : 독립운동사와 민족해방운동사」『역사와현실』 62.

도면회, 2010「건너뛰기가 아니라 다시보기이다」『내일을 여는 역사』 38.

박선웅, 1997「학교 교육에 대한 이데올로기 비판을 넘어」『현상과 인식』 72.

박찬승, 1994「분단시대 남한의 한국사학」『한국의 역사가와 역사학』 하, 창작과비평사.

______, 2006『민족주의의 시대』, 경인문화사.

______, 2007「한국학 연구 패러다임을 둘러싼 논의－내재적 발전론을 중심으로－」『한국학논집』 35(계명대)

______, 2010『민족·민족주의』, 소화.

박태균, 2004「로스토우 제3세계 근대화론과 한국」『역사비평』 66.

박현채, 1983「분단시대 한국 민족주의의 과제」『한국민족주의론 Ⅱ』, 창작과비평사.

배성준, 2010 「1980~90년대 민중사학의 형성과 소멸」『역사문제연구』 23.

백남운, 1933 『조선사회경제사』, 개조사(하일식 옮김, 1994, 이론과실천사).

변태섭, 1978 『한국사의 성찰』, 삼영사.

서중석, 1985 「일제시대 사회주의자들의 민족관과 계급관」『한국민족주의론 Ⅲ』, 창작과비평사.

______, 1997 「분단체제 타파에 몸던진 장준하」『역사비평』 40.

신용하, 2004 「김구 선생, 최문환 스승과 나의 '민족' 공부」『다섯 수레의 책』, 서울대출판부.

안병욱, 1997 「민족통일과 한국사학의 과제」『한국사인식과 역사이론』, 지식산업사.

역사학회, 1969 『한국사의 반성』, 신구문화사.

유원동, 1977 『한국근대경제사연구』, 일지사.

윤해동, 2009 「'숨은 신'을 비판할 수 있는가－김용섭의 '내재적 발전론'」『역사학의 세기』, 휴머니스트.

이경식, 1997 「한국사연구와 시대구분론」『한국사인식과 역사이론』, 지식산업사.

이기백, 1968 「1967년도 한국사학계의 회고와 전망(국사)」『역사학보』 39.

______, 1971 「사회경제사학과 실증사학의 문제」『민족과 역사』, 일조각.

이만열, 1981 「민중의식 사관화의 시론」『인간과 세계에 대한 철학적 이해』, 삼중당.

이세영, 1988 「현대 한국 사학의 동향과 과제」『80년대 한국인문사회과학의 현단계와 전망』, 역사비평사.

______, 1995 「현대 한국사학의 발전」『한국역사입문①』, 풀빛.

______, 1997 「1980, 90년대 민주화문제와 역사학」『한국사인식과 역사이론』, 지식산업사.

이영호, 1994 「해방 후 남한 사학계의 한국사 인식」『한국사23－한국사의 이론과 방법 1』, 한길사.

______, 2009 「내재적 발전론과 한국사 인식」『논쟁으로 읽는 한국사1－전근대』, 역사비평사.

이윤갑, 1995 「한국 현대의 민족사학의 전개와 민중사학」『한국학논집』 22(계명대)

임대식, 2003 「1960년대 지식인과 이념의 분화」『지식변동의 사회사』, 문학과지성사.

임영태, 1987 「민중사학의 진전을 위하여」『한길』 6.
______, 1990 「남북한 사학사에 대한 비판적 검토」『창작과 비평』 68.
전해종, 1966 「한국사를 어떻게 보아 왔는가(1)」『신동아』 1966년 8월호.
정창렬, 1989 「한국에서의 민중사학의 성립·전개과정」『한국민중론의 현단계』, 돌베개.
최장집, 2009 『민중에서 시민으로』, 돌베개.
한국역사민속학회, 2003 『남창 손진태의 역사 민속학 연구』, 민속원.
한국역사연구회, 1990 「한국사인식의 방법과 과제」『한국사강의』, 한울아카데미.
한국역사연구회 북한사학사연구반, 2003 『북한의 역사 만들기』, 푸른역사.
한완상, 1980 『민중과 사회』, 종로서적.
한우근, 1976 「한국사학도의 반성」『대학신문』 1976년 1월 9일.

Edgar, Wolfrum, 2002 *Geschichte als Waffe. Vandenhieck & Ruprecht* (김승렬 옮김. 2007 『무기가 된 역사―독일사로 읽는 역사전쟁』, 역사비평사).
Alexander, Jeffrey C, 2003 *The Meanings of Social Life ; A Cultural Sociology. Oxford University Press* (박선웅 옮김, 2007 『사회적 삶의 의미』, 한울아카데미)
Robinson, Michael, 1988 *Cultural Nationalism in Colonial Korea, 1920~1925. University of Washington Press* (김민환 옮김, 1990 『문화적 민족주의』, 나남).

吉野誠, 1993 「朝鮮史의 方法' 解說」『朝鮮史의 方法―梶村秀樹著作集』 제2권, 明石書店.
梶村秀樹, 1986 「朝鮮近代史研究における內在的發展の視角」『東アジア世界史探究』, 汲古書院.
中塚明, 1981 「內在的發展論と帝國主義研究」『新朝鮮史入門』, 龍溪書舍.

민주화운동세대별 분단극복론의 추이

김지형

1. 머리말 : 민주화운동의 경험과 분단인식

현재 한국사회 총인구 4,700만 명 가운데 15~65세에 해당하는 인구는 3,370만 명으로 전체의 71.7%를 차지한다.[1] 사회활동 인구의 대다수가 4 · 19항쟁 및 이후 민주화운동을 직간접적으로 경험한 세대이다. 4 · 19 당시 스무 살 청년들은 70세 노년이 되었다. 유신체제를 겪고 신군부에 저항하던 젊은이들이 40~50대 기성세대로 장성하였다. 이들 세대가 미치는 사회적 영향을 고려할 때, 과거의 민주화운동이라는 특정한 경험이 하나의 뚜렷한 세대적 특질을 이루며 현재의 한국사회에 작용하리라는 짐작은 무리가 아니다.

'세대론'을 둘러싼 학술적 접근은 이 글의 목적과 별 관련이 없다. 각 시기별 민주화운동세대를 명확히 구분하려는 시도 역시 아니다. 다만 이 글에서는 '세대론적인 접근'을 통해 드러나는 민주화운동의 경험과 분단인식의 관계를 파악하고자 한다. 이 글에서 사용하는 '세대'의 의미는 특정한 '역사적 경험'을 공유해온 동시대 사람들이라는 의미로 사용하고자 한다.[2] 즉 정부수립 이후 학생 민주화운동세력을

---

1) 「2005 총조사인구」.(통계청 홈페이지 참조)

중심으로 한 특정시대의 민주화운동 또는 항쟁이라는 역사적 경험을 공유한 세대라는 의미로 사용하였다.[3]

한 세대를 30년 또는 20년으로 보는 것이 일반적이지만 한국사회운동사로 볼 때 대략 10년 단위를 생각해볼 수 있다. 민주화운동이 특정 정권에 저항해왔다고 할 때, 한국의 정치권력이 거의 10년 단위로 재편성된 점과 무관하지 않다. 이 글 역시 10년 단위로 민주화운동세대를 설정하고자 한다. 또한 이 글에서 사용하는 '민주화운동세대'는 학생운동 시기의 경험이라는 공통성에 기초하였다. 한국사회 대학생들의 높은 집단성과 조직성·한시성이라는 특성에다가 공통의 민주화운동 경험이 고유한 민주화운동세대를 엮어낸 것으로 볼 수 있다. 따라서 학생시절의 민주화운동을 경험한 세대로서의 구분에 기초하여 세대별 분단 및 통일 인식에 대한 구분을 시도하고자 한다.

학생운동 경험 세대의 분단 및 통일인식은 민족주의적 친화성과 직접적인 관련이 있다. 운동이념의 중층성과 상호작용을 고려해야하는 것이지만 과거 학생운동세력의 분단극복 인식의 근저에 강력한 민족주의적 성향이 자리 잡고 있었던 것은 분명하다. 이 논의를 확대한다면, 매 시대별 학생운동세력의 민족주의 인식 흐름에서 무엇이 변했으며 변하지 않았는가와 같은 추이를 파악하는 과정이 될 수 있다.

이 글에서는 분단문제에 대한 각 세대의 인식이 어떤 공통점과 차이점을 드러내는지 다루는 한편, 각 세대간 인적, 사상적 교류현상에 대해 접근함으로써 분단극복론의 내적 전통과 흐름에 주목하고자 한

---

2) 이 글에서 사용하는 '세대'의 의미는 역사주의 사회학자 칼 만하임(Karl Mann-heim, 1893~1947)의 세대 개념과 관련이 있다. 그의 세대 규정은 실질적으로 넓은 의미의 사회운동세력을 의미한다. 사회변화의 주체로 인식하는 경향이다. (박재홍, 2003 ; 주창윤, 2006)

3) 본 논문에서 사용하는 '민주화운동세대'는 역사적 세대로서의 의미로만 한정한다. 과거 각 시기별 민주화운동세대의 분단극복 인식만을 다루려는 것이며, 그들의 이후 인식의 변화는 이 글의 관심대상에서 제외돼 있다.

다. 민주화운동을 경험한 세대들은 분단극복을 과거로부터 해결하지 못한 민족사적 숙제로 인식하는 경향이 강했다. 그런 인식이 지속적인 분단극복론의 계승을 가능케 하였다. 이 점은 민주화운동과 분단극복론의 긴밀한 친화성을 의미하는 것이다. 민주화운동이라는 경험의 계승이 분단문제 해결을 지속적으로 추구한 내적 원천의 하나라고 한다면, 이 같은 측면은 탈분단적 사고의 역사적 근거를 되묻는 과정이 될 수도 있다.

매 시기별, 세대별로 분단극복론이 사회운동의 주요 과제로 제시된 것은 아니었다. 사회적 상황과 조건에 따라 민주화운동세대별 분단극복론의 내용과 주장이 달랐다는 점 또한 다루고자 한다. 나아가 세대로서의 민주화운동 경험집단이 더 이상 계승되지 못하는 현실에서 민주화와 통일문제의 미래도 모색해보고자 한다.

2. 1960년대 – 광장에서 밀실로 간 통일논의

1) 4 · 19세대의 통일논의 전면화

4 · 19항쟁은 정전체제 형성 후 불과 7년 만에 발생한 사건이었다. 전쟁 직후 반공이데올로기와 대북 강경주의가 편만한 시대에 학생들의 진취적 저항의식과 진보적 사고는 어디에서 연유한 것일까.

상식적인 추론과 달리 일부 6 · 25를 겪은 세대가 진보적인 4 · 19세대 형성에 일정한 기여를 한 것은 사실이다. 피난지의 학생생활과 서울 소재 상급학교 진학 등이 연결되어 전국적인 학맥이 형성되었으며, 이 같은 학맥을 활용해 4 · 19시기 대학간 연계와 동원을 통한 학생운동의 조직화에 결정적인 원동력을 이루게 되었다. 반공 적대의식

의 만연 속에서도 진보적 청년지성의 흐름은 대학가 안팎에서 조심스
럽게 형성되고 있었다. 부산의 구좌파 지식인 이종률과 청년지식인그
룹, 대구의 이수병 등 암장그룹, 서울의 주석균·유병묵 등의 한국농업
문제연구소 등의 학회 등이 그 사례이다. 또한 1950년대 중반 이후 대
학가에 형성되기 시작한 진보적 학생서클(신진회, 신조회, 협진회 등)
들은 4·19학생운동세대 중 이념지향형 학생세력의 원류에 해당한다.[4]

대부분의 학생들은 민주주의를 추구하는 마음과 해도해도 너무한
다는 순수한 정의감에서 4·19항쟁에 참여한 반면, 위와 같은 일부 진
보적 학생들의 경우는 맑스레닌주의 서적 등을 탐독해가면서 변혁이
론의 정립을 추구하였다. 이들은 장면 정부 등장 이후에 통일운동과
민족자주화운동의 성향을 강하게 드러냈다. 이처럼 4·19세대의 이원
화 경향은 대체로 뚜렷하다고 할 수 있다. 그러나 전자의 학생운동세
력이 학생회 중심의 공명선거운동과 생활개선운동이라는 틀 내에서
만 전적으로 머물렀으며, 반면 진보적인 학생들은 이런 문제에는 아
랑곳하지 않고 통일운동에만 매달렸다고 보는 지나친 이분법적 인식
은 곤란하다.[5]

이즈음 학생들의 통일논의와 통일운동은 이미 고양되고 있었다. 제
2공화국 형성 직후인 1960년 9월 말 고려대 정경대 학생회의 '민족통
일에 관한 제문제' 토론회에서 나타난 학생들의 통일인식은 이승만정
권의 무력통일론을 '비현실적'이라고 공박하는 것이었다. 4·19세대의
언어가 반영된 이 토론회의 주조는 유엔 감시 하의 남북총선거를 수

---

4) 이 책에서는 학생운동세력을 소수 엘리트 중심의 '이념지향형', 중간 지도그룹에
   해당하는 '행동형', 대다수 청년학생세력인 '민중형' 등으로 나누었다.(박태순·
   김동춘, 1991, 58~64쪽)

5) 예를 들면, 국민계몽대운동에 신진회, 신조회, 후진사회문제연구회 등이 공식 참
   가를 결정했으며 이들에 의해 선언문, 강령 등이 작성되었다. 부산의 암장그룹
   도 국민계몽운동에 참여했다.(정계정, 1995, 65쪽 ; 이수병선생기념사업회, 1992,
   74쪽)

단으로 하면서도 남과 북의 자주적인 해결을 강조하였으며 민족주의적인 중립화운동을 전개해야 한다는 주장이 많았다.[6] 1960년 11월 2일 서울대 법대 극동문제연구회 주최의 '기성세대와 학생간의 통일문제 심포지움'에서도 학생들은 외세의 배제로 주체성을 찾을 것, 기성세대를 믿을 수 없으니 학생들이 적극적으로 사회참여를 할 것 등을 주장하였다.[7] 부산대생 100여 명은 11월 5일 서면로터리에 집결하여 "통일만이 살길이다", "실속 없는 통일방안을 유엔에 상정말라" 등의 플랜카드를 들고 선언문 및 결의문을 발표하며 직접적인 행동에 나섰다.[8]

통일논의와 운동에 좀더 적극적인 세력은 1960년 말부터 등장한 각 대학의 민족통일연맹(민통련)이었다. 1961년 4·19 1주년을 맞이해 서울대 민족통일연맹에서 발표한 '4·19시국선언문'에서는 총 5개항의 선언 중 제2항에서 분단문제에 관한 입장을 표명하였다. 학생들은 남과 북의 자본주의와 사회주의를 모두 비난하였으며 '국내 냉전 청부세력'의 존재를 거론했다. 남북학생회담도 제안하였다. 민통련의 분단인식 및 남북교류 주장은 매우 선진적이며 특히 반외세 사고가 기층에 강하게 형성돼있음을 알 수 있다. 같은 날 서울대 학생회가 발표한 '4·19 제2선언문'에서도 통일문제가 언급되었다.

지금 이 땅의 역사 사실을 전진적으로 변혁시키기 위하여서는 반봉건, 반외압세력, 반매판자본 위에 세워지는 민족혁명을 이룩하는 길 뿐이다. 이 민주·민족혁명 수행의 앞길에는 깨어진 조국의 민족통일이라는 커다

---

6) 이 토론회에는 전국의 각 대학에서 원고 합격자 25명의 학생토론자가 참석했다.(노중선, 1989, 학생들의 주장 참조)

7) 기성세대 5명, 학생 5명이 참가한 서울대 문리대 강당에는 2천여 명의 청중이 운집하여 세 시간 동안 성황을 이루었다.(『한국일보』 1960년 11월 3일)

8) 이날의 시위는 이종률의 영향 하에 있는 부산지역 대학생 비밀조직인 후진성극복학생연구회(후연회)가 기획한 것이었다. 후연회는 부산지역 민통련 결성을 주도했다.(『영남일보』 1960년 11월 6일 ; 김선미, 2008, 178쪽)

란 숙제가 놓여 있다.(『민족일보』 1961년 4월 20일)

이 선언문은 이종률이 작성해 김상립을 통해 김정강(당시 서울대 민통련 중앙위원)에게 전함으로써 발표되었다.(김정강의 증언, 2001) 선언문의 작성자 이종률[9]은 민족주의 성향의 구좌파 이론가이자 당시 혁신계 연합체인 민자통(민족자주통일중앙협의회)의 주요 인사인데, 그의 민주민족혁명론과 반외세 통일론이 별다른 여과 없이 서울대 학생회 명의의 4·19 제2선언문으로 발표된 사실은 혁신계 이론가의 진보적 4·19세대에 대한 영향력을 반증하는 것이다.

서울대 민통련은 1961년 5월 3일 대의원대회에서 남북학생회담을 공식적으로 제의하였다. 이들은 남과 북 양쪽이 "소련과 미국의 실질적인 정치적·경제적 식민지에 불과하다"고 인식하였다. 학생들의 인식은 남과 북 어디에도 속하지 않은 것이었다. 5월 5일 민족통일전국학생연맹(민통학련) 결성준비대회에서 판문점 학생회담을 결의하였다. 이들은 공동선언문에서 대중적 통일세력의 상대방을 '외족과 그 추종세력'으로 설정하고, "통일에의 필요조건으로서의 남북한 학생간의 자유로운 교류와 접촉"을 주장하였다.(『민족일보』 1961년 5월 4·7일)

4·19시기의 통일론은 유엔감시하 남북한 총선거론, 중립화통일론, 남북협상론으로 나누어 살펴볼 수 있다.(홍석률, 2001, 제3장) 4·19 직후 학생운동세력의 통일론 역시 상대적으로 온건한 성향에 의한 남북총선거론 등 소박한 통일론에서부터 중립화통일론을 비롯해 남북협상에 의한 분단극복론까지 다양하게 분포됨으로써 그 스펙트럼이 넓게 형성된 점이 특징이다. 특히 남북학생회담이 4·19 이후 사회운동 고조기에서 차지한 여파를 고려할 때 이들의 분단극복론이 4·19세대의 통일의식을 견인하는 결정적인 근거가 되었다. 5·16쿠데타가

---

9) 이종률에 대한 논문.(민주주의사회연구소 편, 2006 ; 김선미, 2008)

이들의 남북협상운동에 반발해서 일어난 측면 또한 적지 않다.

당시 통일논의의 최고 쟁점은 중립화통일론이었는데 이 논쟁은 해외거주 이론가들로부터 시작되어 국내 보수와 혁신세력을 막론하고 뜨거운 논란을 불러일으켰다. 통일의 기본방향을 둘러싼 논쟁 또한 가열화 되었다. 영남일보 지면을 통해 전개된 양호민과 김영춘의 민족자주통일론을 둘러싼 토론은 매우 심각했다. 특히 연방제를 주장한 김영춘과 이를 비판한 양호민의 논쟁은 북한의 연방제 통일방안 공식 제의10) 이전에 이미 남쪽 사회 내부에서 이 문제를 둘러싼 치열한 논의가 공개적으로 벌어졌다는 점에서 그 의미가 매우 크다. 또한 남북교류문제와 진보, 혁신세력간의 통일논전도 신문지면 등을 통해 광범위하고 치열하게 벌어졌다.11)

이렇게 볼 때 4·19세대 학생들이 통일논의를 주도해 나갔다고 보긴 어렵다. 4·19학생세력은 논쟁보다는 직접적인 통일운동에 해당하는 실천에 더 기울어져 있었으며 선도적인 입장을 드러내고 주장하는 역할에 치중했다. 그들은 민주주의와 함께 민족통일의 성취야말로 4·19정신의 궁극적 실현이라고 생각했다. 당시 학생들은 자신들의 통일인식과 통일운동의 결과에, 즉 가시적 성과에 집착하는 모습을 보였다. 남북학생회담의 추진은 분명 당시 통일논의의 수준과 조건을 뛰어넘는 사안이었다. 혁신계의 지지를 받긴 했지만 전국민적인 지지와 성원에 기초했다고 평가하기는 어렵다. 이를 두고 4·19 당시의 한 청년세대는 "조직된 민중적 역량에 기초하지 않은 민족통일운동은 한갓 신기루와 같다는 교훈을 얻었다"고 회고한 바 있다.(김낙중, 1990,

---

10) 북한이 내부적으로 연방제를 검토하기 시작한 시점은 1950년대 중후반 무렵이지만 김일성이 맨처음 '과도적 대책으로서의 연방제'를 제안한 때는 1960년 해방 15주년 기념보고를 통해서였다. 다음의 글이 참조된다.(한모니까, 2000)

11) 이 논쟁에 대해서는 다음 책을 참조.(노중선, 1989, 제5장 ; 김보영, 2000)

232쪽) 그러나 "언론의 자유에는 한계가 있고 말 못할 타부가 있으니 만치 마이노리티(소수자)의 입장에서는 대중이 다 함께 영합한 막연한 관념론을 제시하여 우선 所論의 수긍을 획득하고 다음에 서서히 원하는 방면으로 논리를 펴쳐 가는 도리밖에는 없다"(탁희준·이정재, 1961, 172쪽)는 당시 대구지역 한 지식인의 현실인식을 고려할 때, 학생들의 선도적 운동방식은 불가피한 측면도 있었다고 해야할 것이다.

2) 6·3세대의 반외세 민족주의와 은폐된 통일론

1960년대 중반 한일협정 반대운동을 주도한 6·3세대는 4·19세대와 불과 3~4년 정도 차이가 난다. 그런 점에서 4·19세대와 6·3세대의 물리적 연령대에 주목하기보다 운동 목표와 경험의 차이에 기초한 구분이 요구된다.

1964년 3·24에서 6·3에 이르는 학생시위 가운데 5월 20일 서울대 문리대 교정에서 열린 '민족적 민주주의 장례식'은 당시 학생들의 인식을 잘 보여준다. 이 시위를 통해 학생들은 5·16이 4·19에 대한 반동임을 분명히 했고, 민족적 민주주의는 정보정치와 대중 기만을 위한 술책에 불과한 것으로 규정하였다. 또한 일본 제국주의를 수입하여 이미 대미 의존적인 반신불수의 한국경제를 2중 예속의 철쇄로 속박하는 것이 한일회담을 본질이라고 갈파하였다.(이종오, 1988, 58쪽)

> 이제 우리는 '빈곤과 부자유 그리고 외세의존'의 참담한 현실을 전진적으로 변혁시키려는 민족적 양심의 깃발을 올린다. (……) 민주적 긍지를 배반하고 일본 예속화를 촉진하는 굴욕적 한일회담의 즉시 중단을 엄숙히 요구한다.(6·3동지회, 2008, 106쪽)

위와 같은 민족적민주주의장례식 선언문은 김중태, 김정남 등이 선배들의 자문을 받아 상호 협의하여 작성하였는데, 학생회와 민통련의 4·19 제2선언문을 참고하여 학원사찰, 민생고, 한일회담반대 등의 내용을 삽입한 것이다. 그 과정에서 과거 신진회, 민통련 등의 인맥이 영향력을 행사했으며 이들과 연계된 학생들이 중심적인 역할을 하였다. 수적으로 볼 때 이들은 극소수에 불과했다. 그러나 이론적 역량이나 조직력에 비추어 볼 때 학생 전체를 움직일 수 있는 영향력을 가진 집단이었다. 이들은 5·16으로 움츠러든 학생운동 조직을 추슬러 1963년 초반 무렵, 조직 재건에 이르렀으며 1963년 10월, 50여 명이 모여 민족주의비교연구회(민비연)를 조직하였다. 이 민비연의 창립이 이듬해 6·3항쟁의 인적 배경을 이룬 것으로 볼 수 있다.(박태순 외, 1991, 172~187쪽)

6·3항쟁의 전개과정에서 두드러지게 나타난 이념상의 특징은 반외세 민족주의적인 성향이다. 반일민족주의가 운동의 토대로 작용했을 뿐만 아니라 학생들은 한일회담이 미국 측의 적극적인 주선 혹은 강요에 의해 동력화 되고 있음을 지적하였다. 그에 따라 매판자본과 함께 제국주의 허수아비를 화형에 처하는 학생들의 행동이 가능했던 것이다.

학생들의 반제적 인식, 즉 민족주체성에 대한 인식은 1960년대 전반적인 사조와 무관하지 않다. 1960년대의 세계는 민족주의가 지배적이었으며, 국내 지식인들은 해방 후 십수 년이 지나서야 민족주의 논리체계와 근거를 마련하기 시작하였다.(홍석률, 2004) 4·19와 6·3세대들은 '주체성'과 운명적으로 조우했던 것이다. 1950년대 중반 이후부터 전쟁의 충격이 가시면서 최초로 수면에 떠오른 '한국적인 것'의 타자는 일본과 식민사관이었다.(김주현, 2006, 382~384쪽) 이런 점에서 6·3세대의 반외세 민족주의적 성향의 역사적 근원은 전후 한국사회의 반일 주체성의 형성과 맥락을 같이 하는 것이다.

안보논리에 의해 난도질당한 언론의 자유, 사상의 자유를 갈구하며 성장해나간 세대가 또한 6·3세대였다. 이들 세대는 반공법에 의해 지사적 언론인들과 지식인들이 겪어야 했던 숱한 필화사건을 목격하면서 안보논리의 정치성과 허구성을 깨달았다. 6·3항쟁 전후에 일어난 함석헌, 장준하, 황용주, 황산덕, 이영희, 남정현, 서민호사건 등을 지켜보면서 6·3의 사자들은 민주화의 성취와 함께 통일논의의 자유화가 절실했을 것이다.

1964년 7월 18일, 박정권은 김정강, 김정남 등이 포함된 불꽃회사건을 터뜨림으로써 학생운동의 배후로 내세웠다. 당국은 불꽃회와 한 달 뒤 발표한 인민혁명당(인혁당)사건을 연결시켰으며 학생운동과 연계하려는 의도를 드러냈다. 물론 당시 학생운동을 김정강이 일사분란하게 조직, 지도했다고 볼 수 없다. 그런 점에서 이 사건은 공안당국의 전형적인 부풀리기 수사이다. 이 사건은 재판과정을 거치며 김정강의 단독사건으로 귀결되었으나 실제로는 도예종의 지도하에 전국단위의 '반제학생동맹'을 구상한 사건이었다.(신동호, 1995, 147~148쪽) 한일회담반대운동을 반정부운동으로, 다시 반매판 반외세 민족주의운동으로 이어가며 전국적 학생운동으로 고양시키기 위한 학생들의 노력들을 고려할 때, 자연발생적인 수준을 넘어서는 학생운동 조직화 시도의 하나라고 볼 수 있을 것이다.(박태순 외, 1991, 194쪽)

박정권은 6·3세대의 반제적 경향이 북괴의 지령을 받는 인혁당과 같은 지하당 때문이라는 판단이었으며, 이를 통해 6·3항쟁의 가치를 훼손하고자 하였다. 6·3으로부터 2개월 지난 8월 14일 중앙정보부장 김형욱에 의해 발표된 인혁당사건에는 대체로 4·19 직후의 민민청, 통민청, 민통련, 민자통 등 혁신운동 관계자들과 민비연 회원들이 연루되었다. 엄격한 반공사회에서 쟁쟁한 6·3세대 학생운동 스타들의 이름이 인혁당사건에 오르내리는 것 자체가 이들에게는 치명타였다.

당시 인혁당사건 관련자들에 대한 법적인 공소유지문제와 박정권의 정치적 활용 등에 관한 부분은 별도의 접근이 필요하지만, 이들에 대한 수사과정에서 인혁당 관계자들의 북한 및 분단 인식은 어느 정도 확인되고 있다. 물론 과거 군사정권기 공안사건의 수사 및 재판결과의 진정성에 대해서는 면밀한 검토가 필요하며 완전 부정, 완전 긍정할 수 없다는 전제하에서 관련자들의 진술과 증언 등을 참조할 수 있을 것이다.[12]

이 같은 맥락에서 1968년 통혁당사건 또한 검토할 필요가 있다. 당국의 발표에 따르면 통혁당의 김종태는 김일성의 직접 지시에 따라 지하당을 구축해나갔다. 통혁당의 중심인물들은 30대 중반으로서 4 · 19세대나 6 · 3세대의 선배 격이지만 4 · 19와 6 · 3이 불러온 변혁적 기운을 북한 직접연계노선으로 전환시키는데 앞장섰다. 통혁당과 같은 북한연계형 지하당세력이 6 · 3세대에게 어떤 역할을 미쳤는지 규명하기는 매우 곤란하다. 1967년 대선 및 총선 부정선거 반대운동과 미 험프리 부통령 방한반대투쟁 등에 통혁당이 관련된 것으로 보이지만 구체적으로 어떻게 학생들에게 영향을 미쳤는지 알기 어렵다. 대중적으로는 민주화운동을 전개한 것이었지만 통혁당 핵심성원들 일부가 북한의 남조선혁명론과 민족해방운동노선에 깊이 공명한 점 또한 사실이었다. 따라서 1960년대 민주화운동 가운데 다양한 힘이 작용하고 있었고, 그 하나의 흐름으로서 북한 직접연계에 의해 혁명노선을 추구한 매우 급진적인 세력도 있었음을 알 수 있다. 그러나 통혁당 하부성원들은 주체사상을 들어보지도 못했다. 마르크스 레닌 서적을 탐독했지 김일성 서적이 아니었다. 단지 항일 무장투쟁을 북한의 소설을 통해 알고 있는 정도였다.(박태순 외, 1991, 236쪽) 당시만 해도 북한의 지도이념은 마르크스레닌주의였으며 본격적으로 주체사상을 체계

---

12) 대조적인 진술은 다음의 책들이 참고 된다.(천주교 인권위원회 편, 2001 ; 명지대 한국학연구소 편, 2010)

화하기 이전이었으므로 통혁당 성원들의 학습이념이 주체사상인가 마르크스레닌주의인가는 별로 중요하지 않을 수 있다. 그보다 북한의 지도와 조직적 연계에 대한 의식적 수용여부가 관건일 것이다.

6·3세대의 분단극복론은 당시 수면 위로 명확하게 드러나지 않았다. 그보다 드러날 계기가 없었다고 보는 것이 현실적이다. 그러나 반외세 민족주의 인식은 한일회담 국면을 통해 뚜렷이 드러났다. 그들의 민족주의는 박정권의 민족적 민주주의를 대체하고자 하는 것이었으며 분단극복 의식으로 이어져 나갈 길을 닦는 것이었다.13) 그러나 그뿐이었다. 통일운동, 분단극복을 둘러싼 논의와 그에 따른 실천은 그 시대의 대중적 현안이 아니었고 요청도 아니었기 때문이다.

3. 1970년대 – 분단극복론의 변용과 내재화

1) 민청학련세대와 통일논의의 의식적 경계

박정희정권은 1972년 7·4남북공동성명을 내세워 유신혁명이라는 친위쿠데타를 일으켰다. 그 논거는 통일을 앞당기기 위하여 내부적 단결을 통한 파시즘체제의 구축이 불가피하다는 것이다. 잘 짜여진 북한체제와 대결하기 위해서는 남쪽체제도 철옹성 같은 조직이 되어야겠다는 논리였다. 여기에는 비겁한 정권연장 음모가 개입돼 있는 것이 틀림없지만 북한에 대한 경쟁심과 두려움 또한 반영돼 있었다.

1973년 8월 김대중 납치사건 이후 반유신투쟁의 시작점은 10·2 서울대 문리대생들의 시위였다. 11월부터 반유신투쟁이 조직되기 시작

---

13) 1960년대 말~1970년대 초 학생운동세력의 '전환기' 인식과 민주주의, 민족문제, 통일담론 등에 대해서는 다음 논문을 참조.(허은, 2009)

하였다. 1974년 새 학기부터 몇몇 대학들이 궐기하였고, 약속된 4월 3일에는 7개 대학에서 동시에 시위가 전개되었다. 이날 오후에 긴급조치 4호가 발동되었고, 전국민주청년학생총연맹(민청학련)사건이 터졌다.

민청학련 사건은 전국 각 대학의 운동세력을 조직하여 일제히 봉기하고자 한 조직적 운동이었다. 또한 의도적으로 종교세력, 재야세력, 지식인들과 연결되어 초보적인 통일전선의 형태를 시도하였다. 민청학련의 인식은 4월 3일 뿌려진 이들 명의의 '승리를 위한 민중·민족·민주선언'에서 찾을 수 있다.[14] 이들의 투쟁노선은 그 후 1980년대 중반기에 한국사회의 기본 지표가 되었다.(서중석, 1988) 성명 중 분단문제에 대한 이들의 인식은 다음의 내용으로 확인된다.

> 조국의 평화적 통일을 내걸고 시작한 남북대화의 결과를 보라. 통일의 문앞에 다가서기는커녕 오히려 민족의 영구분단으로 치닫고 있다. 저들의 남북대화는 영구집권을 위한 장식물 이상의 아무 것도 아니었다. (……) 남북통일이 오로지 저들의 점유물인양 떠들면서 저들이 폭력정치와 민중 수탈체제를 공고하게 할 때 통일의 길은 더욱 멀어진다. 자유와 평등이 보장되는 진정한 민주주의 승리만이 통일의 지름길임을 모르는가?

민청학련 명의의 전단에는 "남북통일 사탕발림 영구집권 최후수단"이라는 구호가 나타났다.[15] 민청학련은 남북대화를 '박정권의 영구집권을 위한 장식물'로 인식하였다. 독재정권이 권력의 안정화를 위해 남북대화를 이용했다는 지적이다.[16] 반공이데올로기를 활용해온 독재권

---

14) 반유신 학생운동의 이념을 1970년대 전·후반으로 나누어 정리한 글로는 다음을 참조.(이기훈, 2005)

15) 민청학련의 선언문, 전단, 결의문 전문은 다음의 자료집 참조.(기쁨과 희망 사목 연구소 편, 1996, 221~223쪽)

16) 이런 인식은 7·4공동성명 이튿날 민주수호국민협의회의 비판적 성명에서 한

력이 남북대화와 통일문제마저 권력을 위한 도구로 전락시켰다는 인식이 강하다. 이 같은 인식은 자연히 민주주의의 성취만이 올바른 통일의 길이라는 논리로 이어진다. 따라서 이들의 사고는 독재정권을 물리치고 민주주의정부가 수립될 때, 통일문제가 성의 있게 논의될 것이며 분단극복을 위한 실제적 진전이 가능하다는 논리라고 할 수 있다. 그것은 일종의 '선민주 후통일'적인 사고방식을 의미하는 것이다. 군사독재정권이 추구하는 남북대화와 통일문제는 모두 '정권유지를 위한 방편'에 불과한 것이 되며, 분단문제의 독자적인 영역은 존재하기 어렵게 된다. 이 같은 인식은 독재권력의 분단 활용이라는 저급한 통치논리를 냉정하게 지적한 것이지만, 분단·통일문제의 독자적인 기능과 영역을 도외시할 위험성 또한 내포한 것이었다.

이와 같은 민청학련세대의 변용된 통일문제인식은 분단문제에 대한 역사적, 구조적 인식의 부족과 결여에서 비롯된 것이라는 측면과 함께 이를 이해하기 위해서는 당시의 정치적, 사회적 여건 또한 고려할 필요가 있다. 군사정권의 십수 년간에 걸친 장기집권과정에서 탄탄해진 반공규율과 권력으로 인해 학생들의 분단·통일문제에 대한 자유로운 사고는 가능하지 않았으며 남북관계의 냉전적 흐름 또한 학생들의 사고를 획일화시키기에 충분하였다.

그같은 조건에서 박정권은 통일문제를 매개로 정권 강화에 돌입한 반면, 학생들은 이를 외면하였다. 그들은 오로지 절차적 민주주의 회복을 호소했고 철권체제 구축에 저항하였다. 학생들은 박 정권의 통일논리에 대해 논박하는 것 자체가 그들의 논리에 휘말리는 것이라고 봤으며 따라서 이 같은 구도에서 벗어나고자 했다. 당시 학생들에게

발자국 더 나간 것이다. 비상사태선언 등으로 선량한 시민들의 눈과 입과 귀가 가리워진 상태에서 돌연 발표한 성명에 대한 문제제기였으나 2년 후 학생들의 인식은 아예 사탕발림, 장식물이라는 것이다.(김지형, 2008, 211쪽)

박정희의 통일담론은 독립적 요소가 아니었으며 독재를 합리화하기 위한 종속변수에 불과했다. 따라서 '남북대화는 영구집권을 위한 장식물'에 불과한 것이라는 입장 표명이 가능했던 것이다. 학생들의 통일문제에 대한 냉소와 외면은 의도된 것일 수 있으며, 박 정권과의 정치적 대결을 더욱 예각화하기 위한 일리 있는 선택이었다. 그들은 '민주 대 반민주'의 구도 속에서 독재권력과의 정치적 대립항으로 정국을 설정한 만큼 독재정권의 논리체계와 일정한 거리를 둘 필요가 있었던 것이다. 스스로 정한 민청학련이라는 단체의 명칭에서도 민주화투쟁에 집중하고자 한 그들의 인식이 분명히 느껴진다. 그런 점에서 당시의 민중·민족·민주 선언은 이 땅의 민주화운동과 학생운동 및 통일운동이 지향해야할 기본성격에 대한—비록 그것이 사회과학적 철학적 정리수준은 아니었다 해도—최초의 이론화였다.(이철, 1991, 264쪽)고 볼 수 있다.

그런데 희한하게도 학생들의 민주화투쟁을 제어할 만한 사건은 모두 분단문제로 야기된 것들이었다. 1972년 남북공동성명에 이은 유신체제의 형성도 그러하지만, 민청학련사건의 여파가 채 가셔지기도 전인 1974년 8월 15일 육영수 피살사건(박정희 암살미수사건) 역시 마찬가지였다. 그러나 이 사건으로 일시 주춤한 듯 하면서도 9월 24일 천주교정의구현전국사제단이 발족되었으며 이후부터 다시 학생들의 구속인사 석방과 유신헌법 개정 요구시위가 강력하게 전개되었다. 역시 학생들과 민주화세력들로서는 불리한 냉전논리에 개입할 이유가 없었던 것이다.

민청학련사건에 대한 무리한 수사는 국내외의 반발을 불러일으켰고 오히려 그해 11월 함석헌, 김재준 등 71명에 의한 민주회복국민회의의 결성으로 이어졌으며, 언론자유수호운동으로 동아일보 광고사태 마저 빚어졌다. 박정권은 1975년 2월 유신헌법 신임 국민투표 형식을 밟아 학생, 재야인사들의 석방을 허용하지 않을 수 없었다. 새 학기 대학가에 다시 시위가 전개되기 시작하자 박정권은 4월 8일 긴급조치 7호를 발동, 고려대에 휴교령을 내리고 다음날 인혁당 관계자 8명을 대법원 판결 다음날 전격적으로 사형 집행하는 만행을 저질렀다.[17] 박정권의 무리수는 어떻게 해서든 민주화투쟁을 분단논리로 억압하려는 의도를 반영하는 것이다. 이틀 뒤 분노한 김상진 학생(서울대 농대)의 할복자살 사건이 발생해 또 한 차례의 충격을 주었다.

2) 비공개영역의 통일논의 : 민청학련과 인혁당

민청학련 사건은 학생운동, 종교계, 정계, 재야, 문학계와 학계 및 일본인 기자들까지 연루된 방대한 규모로 불거졌다. 그러나 정작 이 사건의 핵심은 그 규모가 아닌 학생운동권과 이들을 배후조종한 혐의로 지목된 인혁당과의 관계라고 할 수 있다. 1964년 인혁당사건(제1차)이 10년 만에 재현된 것인데 그때도 6·3세대와 인혁당 간의 관계가 초점이었다.

당시 학생운동권은 선배그룹과 후배그룹으로 나눌 수 있다. 1969년 3선개헌 반대운동으로 강제징집 되었다가 복학한 선배그룹과 70~71학번을 주축으로 한 후배그룹이다. 이들과 인혁당은 어떤 관계였을까. 민청학련 행동총책으로 사형선고까지 받았던 이철의 회고에 따르면, 3선개헌투쟁 이래 그를 비롯한 선배그룹과 여정남(인혁당 희생자)은 계속 접촉해왔다. 여정남은 그들보다 연배상으로 한참 위이지만 3선 개헌투쟁 등을 거치면서 오랫동안 서로 친분을 유지해왔다. 그는 서

---

17) 인혁당 재건위 사건은 2007년 1월 23일 대법원에서 무죄판결을 받았다. 이로써 이 사건에 대한 명예회복은 이루었지만 여전히 민주화운동이라는 틀에서의 정신계승은 이루지 못하고 있는 현실이다. 이 문제에 대한 글로 다음을 참조.(이동진, 2009)

울에 올라올 때면 이들에게 연락하여 소주잔을 기울이며 시국담을 교환하곤 하였다. 수사당국은 인혁당이 여정남을 통해 학생운동을 조종했다고 보았다.

이철은 검거 후 수사과정에서 여정남과 인혁당의 '배후조종'에 대한 집중적인 조사를 받았다. 수사 초기에는 이철, 유인태 등에게 여정남을 지도하였다는 진술서를 요구하였으나, 나중에는 여정남의 배후조종을 받았다는 진술 요구로 바뀌었다는 것이다.(이철, 1991, 259쪽) 이같은 증언으로 보면 수사당국이 인혁당과 민청학련의 관계를 꿰어 맞추기 수사로 일관했다는 느낌을 주기에 족하다. 그러나 민청학련 선배그룹과 여정남과의 자연스러운 접촉을 통한 시국토론은 사실이었으며, 최소한 이 과정에서 여정남으로 대표되는 인혁당의 인식과 영향력이 작용했을 가능성은 또 다른 차원의 문제로 남겨둘 필요가 있다. 지도 대상의 입장에서 지도-피지도 관계를 평가하기란 어렵다. 형식을 떠난 내용적 지도 또한 가능하기 때문이다. 이철은 구속 후 교도소에 들어갔을 때 옆방에 있던 인혁당 관계자 서도원에 대해서 '아, 우리 때문에 구속된 사람이구나'라고 생각할 정도였다. 유인태에 따르면 "통혁당사건의 영향도 있고 해서 운동판엔 가뜩이나 상호연계 같은 부분을 매우 조심스러워하는 분위기"가 있었기 때문에 "가까운 선배들의 선의의 간여도 지레 경계하곤 할 정도"였다는 것이다."(김희경, 1994, 177쪽) 5년 전 통혁당사건을 의식한 이같은 증언은 오히려 당시 학생운동권에 비공개 전위운동세력의 영향력을 의식하지 않을 수 없었다는 반증으로도 들린다.

1964년, 1974년 두 차례에 걸친 중앙정보부의 수사결과 발표에 따르면, 인혁당은 '남한에 강력한 지하당을 조직하라'는 김일성의 지시에 따라 1961년 남파된 북괴간첩 김상한이 재남 공산주의자들을 규합하여 1962년 1월에 조직한 지하당이다.[18] 6·3항쟁과 민청학련 수사과정에서 배후조종자로 인혁당 관련자들이 검거됨으로써 그 실체가 드러났다는 것이다.[19] 1차사건 관련자 일부가 2차사건 때에도 구속되었으며, 이재문 등은 이후 1979년 남민전사건 때에도 연루되었다. 사건의 주모자로 도예종이 지목 당하였다. 핵심 관련자들은 4·19시기 이후 꾸준히 조직적 활동을 해온 인물들이었다. 따라서 이들 인맥이 대체로 1960~1970년대 비합법, 비공개 전위운동의 흐름 중 하나를 형성한 것으로 볼 수 있다. 민청학련세대와 이들과의 관계는 학생운동세력과 구 변혁운동세력과의 연결이라는 의미에서 상호 접근했다고 할 수 있다. 이를 조직적 연결이라고 보기엔 무리가 따르지만(조희연, 1990, 98쪽) 개별적 접촉을 통한 영향력의 작용을 고려할 때 조직적 연결이냐 비조직적 연결이냐 하는 접근은 사실상 무의미한 것이다.

1974년 4월 29일 월남패망에 따른 박정희의 특별담화는 시국을 안보분위기로 반전시켰다. 5월 13일 악명 높은 긴급조치 9호가 발동돼 유신체제에 대한 일체의 논의를 금지함으로써 폭압체제가 더욱 강화되었다. 이후 5·22 서울대생들의 시위를 끝으로 2년 이상 대학가 시위는 촉발되지 못하였다. 다만 이듬해인 1975년 11월 18일 대학 궐기대회 추진위원회 명의로 발표된 궐기문 '민주·민족통일의 깃발을 높이 들자'에서 분단문제 인식의 일단을 드러냈다.

> 저들은 자주, 평화통일, 민족적 대단결의 원칙을 선언한 7·4남북공동
> 성명의 정신에 충실한 성의 있는 통일정책을 추진해보기도 전에 경솔하

---

18) 민청학련사건 수사상황 발표전문 참조(『동아일보』 1964년 8월 14일(조간), 1면 ; 1974년 4월 25일(석간)) 그러나 2005년 12월 국정원 과거사 진실위의 조사결과에 따르면, 전 동아대 교수 김상한의 월북은 중정이 아닌 다른 기관에 의한 북파였던 것으로 밝혀졌다.(『한겨레』 2005년 12월 7일)

19) 1차 인혁당사건을 발표한 김형욱은 훗날 회고록에서, 증거부족으로 풀려난 김배영이 우동읍과 월북한 후 1967년 남파간첩으로 내려왔을 때 검거돼 처형당했다고 밝혔다.(김형욱·박사월, 1985, 135쪽)

게도 전시상태를 선언했다. 이로 인해 전 민족을 전멸시킬 핵전쟁의 참화를 한반도에 끌어들일지도 모르는 슐레징거의 핵 사용 보장을 아무런 조건도, 단서도 없이 환영하였다.

또한 "……그 기초 위에서 남북공동성명 정신에 따라 민족대화의 시대를 여는 길만이 참다운 민주안보, 민족안보의 길이라는 것을, 이것만이 우리가 목숨 바쳐 싸워 찾아야 할 유일한 길이라는 것을" 등과 같은 표현을 찾아볼 수 있다.(기쁨과 희망 사목연구소, 1996, 475~476쪽) 즉 핵전쟁의 공포심을 반영한 반핵평화운동 정서의 단초가 확인되며, 정부의 안보논리를 남북대화로 상쇄하려는 사고가 드러난다.

민청학련사건이 1970년대 반유신민주화운동의 중심을 형성한 것은 분명하다. 정권의 억압적 체제가 본격적으로 심화된 것도 이 사건과 관련이 있다. 그에 따라 사실상 '운동권'이라는 용어가 등장한 1970년대 중반 이후 대학문화 전반이 반체제적, 저항적 성격을 강하게 띠기 시작하였다.(주창윤, 2006, 100쪽) 이러한 청년층의 저항적 감성은 북한·분단·통일문제 등에 대한 기존 인식의 변화를 불러올 충분한 정서적, 내적 계기로 작용할 만한 것이었다. 당시 대학생들은 전체 20대 청년 가운데 10%도 안 되는 선택받은 소수였지만 이들은 기성세대와 청년 세대의 모순과 갈등이라는 인식틀 안에서 사고했으며 변화의 담지자로서 내적 에너지를 응축하고 있었다. 그러한 분출의 일부가 민청학련사건으로 나타났고 변혁을 갈망하는 사회운동세대로 형성된 것이다.[20]

그러나 민청학련세대의 분단 및 통일인식은 반독재 민주화운동에 집중하기 위해 변용되지 않을 수 없었고, 민주와 통일을 분리해서 사

---

20) 1975년 5월 긴급조치 9호 이후의 '긴조세대'를 '민청학련세대'와 구분하여 특징화한 서술로는 다음을 참조.(조희연, 1995)

고하는 경향마저 띠게 되었다. 이들은 통일문제를 전면화 하기 어려운 상황이었으며 그 과제는 비공개 전위운동세력의 몫이 되고 말았다. 반유신 학생운동세력은 그들과의 인적·이념적 교호과정 속에서 영향을 받았지만, 뚜렷한 통일논의와 통일운동은 그들의 몫이 아니었다.[21] 그런 점에서 민청학련세대는 분단극복론과 통일운동을 잃어버린 세대라고 할 수 있다. 그 시대는 민청학련세대에게 통일논의를 요구하지 않았으며, 그들 역시 이를 의식했다는 측면에서 의도적으로 유보된 통일론 세대라고 해야 할 것이다.

4. 1980년대 – 민족담론의 변혁성과 다원성

1) 광주항쟁과 반미운동의 기원

1980년대 학생운동을 경험한 사람들은 광주항쟁으로부터 운동의 참여 계기를 부여받았다. 광주항쟁을 매개로 사회현실에 눈을 떴으며 1987년 6월항쟁과 같은 거대한 민주변혁에 동참하였다. 이들은 광주항쟁을 통해 유신체제와 군사정권 출현의 배후에 놓여있던 분단이라는 장애물에 주목하였다. 또 분단이 독재의 구조적 조건이며, 이러한 인식은 "통일 없는 민주화 없다"라는 사고로 확장되어 나갔다.(안병욱,

---

21) 유신 말기인 1978년 6월의 서울대 시위 유인물에서 다음과 같이 매우 원칙적인 통일과 분단인식을 드러내 주목된다. "통일은 한국민족사의 당면한 지상과제이다. 분단은 그 나라의 주체적 역량이 외세와 그에 영합한 반민족적 집단을 지양할 만큼 성숙하지 못했음에 결과한 것이기에 한국근대사의 모순과 비극의 종합적 표현이다."(이해찬, 1984, 251쪽 재인용) 반유신세대인 이해찬은 이 부분을 인용하며 학생들의 (높은) 의식수준을 잘 드러내주는 대목으로 평가했다. 그가 의미부여하는 뉘앙스는 민주화투쟁만 한 것이 아니라 분단문제에 대한 깊은 고민도 있었다는 것으로 드러내고자 한 것으로 보인다.

1997, 235쪽)

광주항쟁을 통해 1980년대의 반미주의가 대중적, 충격적 방식으로 유포, 확산된 점은 분명하다. 광주항쟁과정에서 미국이 보여준 태도와 역할은 학생들의 노골적인 반미 구호와 반미 행동주의로 나타났다. 1980년 12월 9일 광주 미문화원 방화, 1982년 3월 18일 부산 미문화원 방화, 1985년 5월 23일 서울 미문화원 점거농성 등 국내외에 큰 충격을 준 사건들이 반복적으로 일어났다. 그러나 광주항쟁 당시만 하더라도 반공주의의 위력은 대단했다. 시위대를 포함한 항쟁세력들조차 간첩혐의 등 반공주의 앞에 속수무책이었다.(최영태, 2006) 이후 광주와 미국의 관계가 학생운동권의 쟁점으로 부각되면서, 반미주의는 1980년대 중반 NL계 학생운동이 민주화운동의 중심세력으로 성장함에 따라 맹위를 떨치게 되었고, 특히 북한의 사상노선을 적극적으로 수용함으로써 운동의 이념 자체가 주체사상으로 결합되는 양상마저 보이게 되었다.(조대협, 2003, 204쪽) 반미주의와 강력한 민족주의에 기초한 민족해방의 논리, 주체사상의 혼재 양상을 띤 것이다. 그러나 당시에는 그 모든 조류가 민족담론의 일부로서 포괄적으로 수용되는 분위기였다.

정치사적 맥락에서 본다면 반미주의라는 현상으로 등장한 민족담론은 이미 훨씬 이전에 나타났어야 했다. 미국 주관하에 정전체제가 갓 형성되고 나라의 재정이 제로였던 1950년대 원조경제시대가 오히려 대미 종속성이 가장 높았던 시기였기 때문이다. 그러나 1980년대 민족담론의 등장은 객관적 조건보다 운동의 성장과 대항세력과의 역학관계의 변화라는 주체적인 조건이 그 직접적 배경으로 작용하였다. 1980년대 학생들이 레닌이나 스탈린, 코민테른의 혁명론을 액면 그대로 받아들이고 북한의 노선을 신봉한 것은 바로 이러한 논리와 운동을 폭력적으로 억압한 분단체제에 대한 즉자적인 저항의 의미를 갖고 있는 것이며, 인식의 진화, 발전과는 무관하게 1980년대라는 독특한 시대적 조건이 만들어낸 것이었다고 볼 수 있다.(김동춘, 1997, 90쪽) 여기에 광주항쟁으로 각성된 반미적 성향이 그 근원을 제공함으로써 1980년대의 풍부한 민족담론이라는 어장이 형성될 수 있었다.

2) 6월항쟁과 통일운동 및 북한바로알기

1980년대 대학생들은 분단문제 인식과 이를 극복하기 위한 방법에 대해서 대단히 적극적이며 진보적이었다. 당시 학생운동을 이끌던 한 6월항쟁세대의 회고이다.

> 같은 민족으로서의 북한에 대한 인식은 30대[22]와 다른 세대를 구별하는 또 하나의 기준이 될 수 있을 것이다. 대중적인 통일운동이 지금의 30대 초반들에 의해서 진행될 즈음, 그 이전 세대가 보여준 적대적 태도를 기억한다면 이런 판단이 무리가 없을 것이다. 30대는 전쟁과 관련된 집단으로서의 북한이라는 국민적 인식을 한 차원 끌어올려 통일의 대상으로서의 북한에 대한 인식을 고쳐시키기 위해 노력한 첫 세대이다."(우상호, 1996, 210쪽)

6월항쟁을 전후해서 격정적인 학생운동을 경험한 세대의 분단 및 통일문제에 대한 의식은 기성세대와 구분되는 또 다른 급진성을 드러냈다. 탈냉전 이후 1990년대에 조사된 국민들의 통일의식 및 대북의식을 종합해 볼 때, 통일의 방법을 둘러싼 논란은 세대적인 차이에 기초했던 것으로 보인다. 북한과의 합의통일을 추진할 것인가, 흡수통일을 추진할 것인가 하는 논란에 대해 전자의 지지기반은 젊은 층과

---

22) 이 인용에서 30대는 6월항쟁세대를 의미한다. 글의 작성 시점을 고려할 때 현재의 40대를 지칭.

중소득층 이상인 반면, 후자의 지지기반은 장노년층, 저소득층으로 나타났다.(정해구, 1997, 93쪽) 6월항쟁세대는 탈냉전 탈군부독재 민주화과정에서도 진일보한 북한, 통일의식을 견지해나간 것을 알 수 있다. 학생시절 6월항쟁 경험은 이들 세대에게 신념의 근거를 제공하였다. 탈냉전을 전후한 1986~1990년 시기에 '북한 대 미국', '북한 대 일본' 축구경기에서 북한을 응원하겠다는 답변의 비율이 1987년 6월항쟁을 경험한 이후부터 폭발적으로 늘어난 조사 결과 또한 흥미롭다.[23] 이 같은 사실은 6월항쟁과 이후의 방북사건들, 통일운동의 고양, 탈냉전의 전개 등 내외적인 정세의 변화가 크게 작용한 결과라고 이해할 수 있다.

1980년대의 통일운동은 한편으로 북한바로알기운동에 기반을 두고 있었다. 광주항쟁으로 비롯된 반미의식과 민족주의적 의식의 발로와 확산이 북한문제와 통일문제에 대한 관심으로 확산되면서, 반세기 동안 북한에 대한 정보와 판단을 독점해온 정치권력을 부정하기 시작하였다. 그런 점에서 당시 북한바로알기는 군사정권에 의한 반공냉전적 사회라는 편향된 조건을 타파하기 위한 몸부림이었다. 당시 북한에 대해 알려진 또는 알고 있었던 사실과 해석이 아닌 다른 가치와 기준, 역사적 사실, 현실에 대해 알려는 욕구는 놀라운 것이고 고무되어야 했지만 상황조건상 다른 역편향을 내포할 개연성 또한 있었다. 북한에 대한 전면 긍정 현상이 나타났기 때문이다. 과거 권위주의적인 한국사회는 매우 극단적이었고 이를 극복해나가는 방식과 태도 역시 극단적이었음을 고려할 때, 편향되고 왜곡된 냉전시기의 북한 이해를 객관적·합리적·이성적·동포애적으로 바로알기 위한 과정 역시 큰

---

23) 북한 대 미국 경기의 경우, 1986년에는 북한 응원 답변이 21.8%에 불과했지만 이듬해 1987년에는 56%로 껑충 뛰었다. 1988년에는 60%, 1989년에는 71.9%, 1990년에는 85.4%까지 치솟았다. 전체 연령대의 평균수치가 이러했으며, 40~50대에 비해 20~30대의 경우는 더욱 높았다.(설동훈·정태석, 2002, 〈표 1〉)

폭을 그리는 시계추처럼 좌우로 흔들렸던 것이다. 그 결과 당시 북한 바로알기운동이 북한에 대한 이해와 포용을 넘어 북한의 체제와 사상에 대한 탐닉과 동경, 전적인 의존 현상을 불러온 것도 어찌 보면 시대적 한계였는지 모른다.

3) 6월항쟁세대에 내재된 다원적 분단인식

6월항쟁을 주도한 학생운동세대의 분단 및 통일인식은 양극적, 대립적 양상을 띠었다.[24] 자민투(NL) 계열은 조국통일촉진운동을 적극적으로 전개한 반면 민민투(CA, ND) 계열은 오히려 외면 또는 방관하는 입장이었다. 정치노선상의 분열에 따른 이 같은 차이는 이후 같은 6월항쟁세대로서 사회적 역할을 수행하면서도 통일·분단·북한문제를 보는 관점과 태도의 차이를 낳았다. 현재 6월항쟁세대의 경우, 분단극복에 대한 강한 지향성을 띠느냐 그렇지 않느냐하는 태도 역시 거슬러 올라가면 학생시절의 운동이념과 노선의 차이에 근거할 가능성이 매우 높다.

탈냉전 이후 1990년대 북한의 내외적 위기에 주목하면서 강한 반북한적 성향을 띠는 움직임이 일부의 6월항쟁세대 내부에서 나타나기 시작하였다. 이들은 반북한 경향의 지식인들과 결합해 뉴라이트를 자임함으로써 주목을 받았다. 무엇보다 이 같은 분화가 1980년대 학생운동 경험에서 나타난 민민투—자민투의 대립에서 비롯된 것이 아니라 오히려 자민투 경험세력 내부에서 파생되었다는 점이 시사적이다. NL계 학생운동 경험자 내부에서 발생한 북한과 분단극복론을 둘러싼 대립 현상은 1980년대 분단문제 논의의 편향성과 문제점을 반영하는

---

24) NL계 입장에서 정리한 글로는 다음을 참조.(강신철 외, 1998, 제2부) 다른 입장에서 정리한 글로는 다음을 참조.(일송정 편집부, 1998, 제3부)

결과일 수 있기 때문이다.

그동안 우리 사회에 경향적으로 노년층은 보수적 성향, 청장년층은 진보적 성향이라는 이분적인 구도 설정이 팽배하였다. 그러나 6월항쟁세대의 이와 같은 이념적 분화현상은 향후 단순히 세대적 차이에 의한 보수-진보 구분이 마땅치 않다는 점을 말해준다. 세대 차이에 의한 이중성과 동일 세대 내부에서의 분화라는 중층성이 더해졌기 때문이다. 따라서 더 이상 세대간의 대결, 예를 들면 4·19세대와 민청학련세대의 갈등, 민청학련세대와 6월항쟁세대의 충돌 등과 같은 대립구도는 큰 의미를 지니기 어렵게 되었다. 기성세대의 한계와 변신을 질타하며 최신 운동세대의 순수성을 주장하는 악순환과 같은 현상은 퇴조하고 있다. 그런 점에서 1980년대 민주화운동 세대를 단일한 정치적 세대로 보기 어렵다는 분석(박병영, 2007, 96쪽)은 일리가 있다.

6월항쟁세대가 한국사회의 정치사회적 주류로 부상함에 따라 이제는 세대대결 보다는 세대 내부에서의 정치적 분화라는 현상에 좀더 직면하고 있다.(고원, 2005, 223쪽) 세대와 세대의 충돌, (운동권)신세대가 (운동권)구세대를 대체하는 과정이 아닌 세대 내에서의 보수와 진보, 세대 내에서의 대북정책을 둘러싼 갈등 등으로 이원화 또는 다원화 되어 가는 중이다. 탈냉전의 전개, 남북관계의 화해와 대립의 교차, 북핵문제의 확대 재생산, 탈북 현상의 지속 등과 같은 변화 속에서 북한에 대한 인식과 이해가 큰 폭으로 진동하는 상황이다. 뉴라이트의 등장, 구좌파적인 사고의 퇴조와 변형 등은 자연이 우리 사회의 이념적 구도를 확대시켰다. 1980년대 민주화운동 세대가 당시에 드러낸 북한·통일문제 인식과 오늘날 그것과의 낙폭이 매우 커져버린 것이다.

민주화운동 세대로서는 '마지막 세대'[25]인 6월항쟁세대는 1990년대

---

25) 1990년대 한총련 세대의 경우, 대규모 민주화항쟁을 겪지 않았다는 측면(1991년

중반 이후 분단문제 인식에 있어 몇 가지 경향을 띠어왔다. 먼저 1980년대의 인식을 기준으로 한 전통적 인식이 있다. 이들은 북한이 문제가 아니라 미국이 문제이며 북한을 내재적으로 이해하면서(즉 있는 그대로 인정하면서) 통일에 접근해나가자는 입장이다. 또 그와 정반대로 북한의 변화를 위해서 어떤 방식이든 행동에 나서지 않으면 안 된다는 입장이 있다. 대표적인 예가 북한민주화운동이다. 평화군축론자들은 남북관계를 직접적 시야에 넣지 않고 있지만 내재적 접근이 아닌 북한의 변화를 추구하는 입장에 서 있다. 대북인도지원운동은 '선지원협력 후변화 기대'의 입장으로서 북한을 있는 그대로 인정하는 태도에 가깝다. 이러한 입장과는 달리 '남북관계의 발전'이나 '남 혹은 북의 변화' 중 어느 한 측면만을 강조할 것이 아니라 '공존'과 '성찰적 변화'의 동시적 추구가 바람직하다는 견해로 다양해지고 있다.(이승환, 2007, 346~347쪽)

즉 1980년대 6월항쟁세대는 1990년대 이후 현재에 이르는 상황 속에서 1980년대의 전통적인 분단 및 통일문제 인식에서 머물지 않고 다양한 변화를 드러내고 있다. 1980년대 통일문제를 둘러싼 6월항쟁세대의 지성적, 변혁적 사고가 하나의 씨앗이 되어 탈냉전, 민주화시대에 걸맞게 통일문제 인식의 백가쟁명을 이끌어 낸 측면이 있다. 그것은 북한·통일문제에 대한 6월항쟁세대 내 인식의 다원화가 1980년대의 거친 이념논쟁 과정에서 이미 배태되어 있었다는 사실을 말해주는 것이기도 하다.

5월투쟁이 기록할만 하지만 독자적인 민주화운동세대 형성의 계기가 되었다고 보긴 어렵다.(전재호 외, 2004))과 6월항쟁세대의 직간접적인 영향과 교류하에 있었던 점, 그리고 이후 민주화과정을 함께 이루어나갔던 점에서 동일세대의 범주 내에 있는 것으로 볼 수 있다.

5. 맺음말 : 민주화운동 세대의 단절과 탈냉전

한국민주화운동사를 돌아볼 때 민주화운동과 분단극복운동은 불가분의 관계였고, 앞으로도 분단이 해소되지 않는 한 민주주의론은 늘 분단극복론과 짝을 이루어 나갈 수밖에 없다. 그것은 동전의 앞뒤와 같은 공시적(synchronic) 상호 견인관계라고 해야 할 것이다. 다만 지금까지의 검토를 통해 볼 때, 시대적 조건과 상황에 따라 민주와 통일의 초점이 달랐다는 점만은 분명하다. 그러나 일부 선진적인 그룹의 경우, 분단·통일·북한문제에 대한 일관된 인식이 작동하고 있었다. 그 이유는 한국사회변혁운동 선상에서 연계되는 인적, 사상적 계통과 관련이 있다. 4·19의 주역이던 학생들의 통일논의와 통일운동 인자(因子)들이 생명력을 잃지 않고 잠세(潛勢)해 있다가 1970년대에는 민주화운동으로, 1980년대에는 다시 통일운동으로 이어져 표출되고 있음을 발견하게 되는 것이다.(노중선, 1989, 279쪽)

이 같은 현상을 이해하기 위해서는 북한 요인을 고려하지 않을 수 없다. 그럴 때, 남한 내 변혁운동사에서 이른바 '자생성'이 갖는 이중적 의미를 생각하게 된다. 한국사회변혁운동세력은 어떤 의미에서 자생적으로 성장했다고 할 수 있지만 반드시 그렇게만 볼 수 없다는 양면성을 인정할 수밖에 없다. 일부의 경우, 북한과의 연계를 수반한 급진적인 행동도 불사했다. 그렇다고 그들이 민주화운동을 하지 않은 것은 아니다. 그들은 명백히 민주화운동을 한 것이며 그래서 민주화운동세대이다. 여기에 난점이 있다. 민주화운동과 통일운동의 불가분성을 십분 고려하더라도 냉전과 탈냉전을 거치면서 북한에 대한 인식을 둘러싸고 여전히 우리 사회는 민주화운동과 대북 친화성의 관계를 명확히 정리해내지 못하고 있다. 한국사회에서 친북성은 명백히 주홍글씨에 해당하기 때문에 민주화운동세대의 북한과 연계된 통일론에 대해서 객관적이고 냉정한 논의가 허용되기 힘든 처지이기 때문이다. 아직까지 민주화운동세대의 분단극복론은 북한과의 연계성이 배제된 차원에서 논의를 해나가지 않으면 안 되는 조건에 있다. 그것은 불가피한 고의성에 의한 것일지 모른다.

이와 함께 한국민주화운동사에서 통일논의와 통일운동이 고조된 시기가 특히 4·19 직후와 1980년대 말이라고 할 때, 그 이유와 관련해서 통일운동의 돌출을 설명할 필요가 있을 것이다. 4·19는 이승만정권을 무너뜨렸으며 장면정권을 창출하였다. 6월항쟁은 대통령 간선제를 무너뜨리고 직선제를 성취하였다. 전민항쟁으로 1차적인 권력개편을 완수했다는 성취감은 한국사회의 근본문제인 통일문제와 외세문제로 나아갈 내적 기반을 이루었다. 그렇다면 '민주와 통일'은 '민주→통일'이라는 단계적 진전관계라고 할 수 있다. 양자의 관계로만 한정해서 본다면, 한국현대사에서 분단극본 논의는 늘 민주화운동의 발꿈치를 잡고 출현한 측면이 있다. 다만 민주화운동과 새 정치권력의 창출이라는 국면에서 그 같은 관계설정이 가능했다. 한국현대사의 일정한 패턴을 반영해 통일운동세대의 형성과 변화를 고려할 필요가 있는 것이다.

민주화운동세대는 꾸준하면서도 단속적으로 분단문제를 해결하기 위해 분투하였다. 그러나 아직까지 이 문제를 해결하지 못하고 있다. 민주화운동세대가 풀지 못한 문제를 어떤 세대가 해소할 수 있을까. 민주화운동세대들은 냉전기에 자라난 세대라는 한계를 성찰할 필요가 있다. 냉전기 민주화운동세대가 냉전을 극복하기란 결코 쉽지 않았다. 그렇다면 탈냉전 이후 세대가 오히려 분단극복의 열쇠를 쥐게 된 것일까. 그들은 민주화투쟁의 경험이 없는 세대이다.[26] 그러나 장

---

26) 물론 효순, 미선 추모 촛불시위로부터 노무현 탄핵반대 촛불시위, 광우병 관련 미국소 수입반대 촛불시위 등 1990년대 이후 일련의 촛불시위가 민주화운동의

차 통일 코리아를 이끌어갈 세대가 될 가능성이 높다.

현재의 청년층은 한때 'X세대', '신세대'라고 불려졌다. 과거 민주화운동 세대들에 비해 분명 그들은 알 수 없는 신세대들이었으며, 민주화 이행과정에서 이들 신세대가 실제로 존재하며 정치참여율 또한 기성세대에 비해 현저히 낮았다는 것 또한 확인되었다.(김영경, 1999, 132쪽) 그러나 상대적으로 적극적이지 않더라도 당시 그들이 보여준 투표 성향은 야성이 강했으며 기존 정당에 불만이 가득한 진보적 입장을 뚜렷이 드러낸 바 있다.(김행, 1996, 185쪽) 이 세대가 현재 30대가 되었다. 한국사회의 모든 분야에서 '일꾼' 역할을 담당하는 연배이다. 비록 이들이 직접적인 민주화운동의 견인차 역할을 하지는 못했더라도 민주화 이후의 사회적 분위기에서 성장했으며, 두 차례의 남북정상회담을 목격하며 자랐다.

20대로 가면 또 달라진다. 민주화운동 경험이 전혀 없는 이들에게 과거 민주화운동세대별 접근과 같은 방식은 가능하지 않다. 1980년대에 태어난 이들은 기성세대와 달리 북한을 객관적이고 이성적으로 바라보는 세대이다. 그들은 한국전쟁을 체험하지도, 적대적인 반공교육을 받지도 않았을 뿐 아니라 남북경쟁이 이미 남한의 우위로 끝난 상황에서 성장했기 때문에 북한에 대해 적대나 불안보다는 우월의식과 동정심을 함께 갖고 있다.(전재호, 2006, 139쪽) 탈냉전 시기에 자란 20대들의 대북 우월의식과 동정심이 분단극복에 어떤 영향을 끼칠 것인가.

4·19세대는 민청학련세대에게 기성세대였으며, 민청학련세대는 6월항쟁세대에게 역시 낡은 세대가 되고 말았다. 더 이상 재생산이 불가능한 민주화운동 세대는 언젠가 비민주화운동 세대에게 같은 이치

경험이라고 볼 수도 있지만 구조적인 사회민주화 실현과정과 다른 차원의 대중 시위라는 점에서 이렇게 표현한다.

로 규정당할 가능성이 크다. 그것은 역설적으로 이들 비민주화운동세대 또는 탈냉전세대가 과거의 도식을 허물고 분단극복을 실현하며 통일코리아의 운영세대가 될 역사적 근거가 있다는 의미로 해석될 수도 있다. 그러나 민주화운동세대는 냉전세대답게 비민주화운동세대에게 '남남갈등'이라는 떳떳하지 못한 유산을 물려주고 말았다. 좌우 이분구도가 정상적인 것만 같으며 벗어날 기미도 없다.

　냉전 반세기를 지낸 후 이제 탈냉전 20년을 지나는 현실에서 좌우갈등으로 진저리 칠 정도는 아닐 것이다. 분단·통일·북한문제를 둘러싼 대립과 갈등을 '화합'과 '통합' 또는 '소통'이라는 미명하에 억지로 잠재우려는 시도는 오히려 위험하다. 그것은 또 다른 대립과 갈등을 낳을 수밖에 없으며, 민주화운동세대들이 그토록 저주했던 전제적 억압을 떠올리게 할 것이다. 남남갈등이 자연스러운 것이라고 하기는 곤란하지만, 한국현대사로 보면 일종의 통과의례와 같은 과정일 수 있다. 그 점에서 냉전세대로서의 민주화운동세대는 탈냉전·비민주화운동세대와 상호의존하지 않을 수 없는 운명에 놓여있다. 탈냉전 20년을 맞이한 민주화운동세대들의 새로운 분단극복론의 모색은 탈냉전·비민주화운동세대와의 결자해지적인 협력 속에서 가능할 것이다.

▣ 참고문헌

강신철 외, 1988 『80년대 학생운동사－사상이론과 조직노선을 중심으로(80~87)』, 형성사.
고원, 2005 「386세대의 정치의식변화 연구」『동향과 전망』 63호.
기쁨과 희망 사목연구소, 1996 『암흑속의 횃불－7, 80년대 민주화운동의 증언 제1권』, 가톨릭출판사.
김낙중, 1990 「4월혁명과 민족통일운동」『한국사회변혁운동과 4월혁명①』, 한길사.

김동춘, 1997 「1980년대 민주변혁운동의 성장과 그 성격」『6월민주항쟁과 한국사회 10년 I』, 당대.

김보영, 2000 「4월민중항쟁 시기의 남북협상론」『4·19와 남북관계』, 민연.

김선미, 2008 「이종률의 민족운동과 정치사상」 부산대 박사학위논문.

김영경, 1999 「한국의 정치세대에 관한 경험적 연구－'민주화세대'와 '신세대'의 비교를 중심으로」『동향과 전망』 제141호.

김주현, 2006 「1960년대 '한국적인 것'의 담론 지형과 신세대 의식」『상허학보』 16집.

김지형, 2008 『데탕트와 남북관계』, 선인.

김 행, 1996 「여론조사로 본 세대별 정치의식·사회의식」『역사비평』 봄호.

김형욱·박사월, 1985 『김형욱회고록』 제II부, 아침.

김희경, 1994 「민청학련 주역들이 말하는 사건비사」『월간말』 5월호.

노중선, 1989 『4·19와 통일논의』, 사계절 참조.

명지대 한국학연구소 편, 2010 『박정희시대를 회고한다』, 선인.

민주주의사회연구소 편, 2006 『산수 이종률 민족혁명론의 역사적 재조명』, 선인.

박병영, 2007 「1980년대 민주화운동 세대의 정치적 정체성」『현상과 인식』 봄·여름호.

박재홍, 2003 「세대 개념에 관한 연구」『한국사회학』 제37집 3호.

박태순·김동춘, 1991 『1960년대의 사회운동』, 까치.

서중석, 1988 「3선개헌반대, 민청학련투쟁, 반유신투쟁」『역사비평』 여름호.

설동훈·정태석, 2002 「새로운 세대의 등장과 민족정체성의 변화」『사상』 54호.

신동호, 1995 『인물로 보는 오늘의 한국정치와 6·3세대』, 예문.

안병욱, 1997 「6월민주항쟁의 계승과 민족민주운동의 과제」『6월민주항쟁과 한국사회 10년』, 당대.

우상호, 1996 「30대－민주화투쟁과 사회운동의 견인차－」『역사비평』 봄호.

6·3동지회, 2008 『6·3학생운동사』, 역사비평사.

이기훈, 2005 「1970년대 학생 반유신 운동」『유신과 반유신』, 민주화운동기념사업회.

이동진, 2009 「기억의 '인혁당' : 기억 운동과 기억 체제 사이」『사회와 역사』 제83집.

이수병선생기념사업회, 1992 『암장』, 지리산.

이승환, 2007 「6월항쟁 20년, 새로운 통일담론을 위하여」『창비』 가을호 137호.

이종오, 1988 「반제반일민족주의와 6·3운동」『역사비평』 여름호.

이 철, 1991 「'민청학련'사건에서 사형수가 되기까지」『역사비평』 가을호.

이해찬, 1984 「유신체제와 학생운동」『유신체제와 민주화운동』, 삼민사.

일송정 편집부, 1988 『학생운동논쟁사』, 일송정.

전재호, 2006 「세계화·정보화 시대 한국의 정치적 정체성 변화: 반공의식을 중심
      으로」『한국정치학회보』 제40집 제3호.

전재호 외, 2004 『91년 5월투쟁과 한국의 민주주의』, 민주화운동기념사업회.

정계정, 1995 「4월혁명기 학생운동의 배경과 전개」 성균관대 석사논문.

정해구, 1997 「통일·대북의식의 변화와 '레드콤프렉스'」『역사비평』 가을호.

조대협, 2003 「광주항쟁과 80년대의 사회운동문화-이념 및 가치를 중심으로-」
      『민주주의와 인권』 제3권 1호, 전남대 5·18연구소.

조희연, 1990 「50·60·70년대 민족민주운동의 전개과정에 관한 연구」『한국사회
      운동사』, 죽산.

______, 1995 「민청세대·'긴조세대'의 형성과 정치개혁 전망」『역사비평』 가을호
      참조.

주창윤, 2006 「1970년대 청년문화 세대담론의 정치학」『언론과 사회』 가을호 4권
      3호.

천주교 인권위원회 편, 2001 『사법살인 : 1975년 4월의 학살』, 학민사.

최영태, 2006 「극우 반공주의와 5·18광주항쟁」『역사학연구』 제26집.

탁희준·이정재, 1961 「대구사회의 동태」『사상계』 5월호(94호).

한모니까, 2000 「4월민중항쟁 시기 북한의 남한정세 분석과 통일정책의 변화」
      『4·19와 남북관계』, 민연.

허 은, 2009 「1969~1971년 국내외 정세변화와 학생운동세력의 현실인식」『한국
      근현대사연구』 제49집.

홍석률, 2001 『통일문제와 정치·사회적 갈등 : 1953~1961』, 서울대학교 출판부.

______, 2004 「1960년대 한국민족주의의 분화」『1960년대 한국의 근대화와 지식
      인』, 선인.

1960~1970년대 민주화운동세력의 민주주의 담론

이상록

1. 민주주의 : '치안'의 합리화 요구였나, 몫이 없는 자들을 볼 수 있게 하려는 '정치'였나

1980~1990년대 진보적 역사학계에서 한국현대사를 이해하는 기본 패러다임은 '독재 대 민주주의'의 대결과정, 혹은 '분단세력 대 통일세력'의 대결과정이라는 이분법에 근거해 왔다고 생각한다. 이러한 인식은 당대의 현실적 과제와 맞물려 긍정적인 역할을 수행하는데 분명 크게 기여해 왔다. 1987년 6월 항쟁 이후 한국사회에서는 민주주의의 제도화가 가속화 되어 왔고, 사회주의권의 붕괴 이후 냉전질서와 냉전시대의 사유방식은 급속히 해체되어온 반면, 제도화된 민주주의와 함께 안착된 자본주의 체제는 근대의 물신성을 과시하며 사람들로 하여금 자본주의의 외부를 사유할 수 없도록 더욱 촘촘히 포획해 가고 있다. 탈냉전 시대임에도 한반도는 여전히 분단상태에 놓여있다는 사실과 제도적 민주주의가 실현되었음에도 독선적·독단적 지배권력의 횡포 앞에서 '실질적 민주주의'가 작동하지 못하고 있다는 역설적 현실인식은 미약해져가는 '독재 대 민주주의', '분단세력 대 통일세력'의 패러다임에 생명력을 불어넣고 있다. 다른 한편에서는 세계에서 그 유래를 찾기 어려울 만큼 빠른 시일 내에 산업화와 민주화를 동시에

'성공'시킨 '대한민국의 역동성'을 재조명해야 한다는 담론이 광범위하게 유포되면서 민주주의와 자본주의(개발주의) 사이의 공모관계가 강화되고 있기도 하다.

이 글은 1960~1970년대 민주화운동세력의 민주주의 담론이 한국사회에서 어떤 의미를 지니고 있었는가를 거슬러 보려는 것을 목적으로 하고 있다. 이 시기 민주화운동과 민주주의 담론을 한편에서는 유신독재의 종식을 이끌어낸 자랑스러운 투쟁활동이자 긍정적인 저항담론으로 규정하고 있고, 다른 한편에서는 1980년대 민주화운동과의 비교 속에서 반공주의나 자유주의에 갇혀 사회주의적 전망을 획득하지 못하였거나 반미·반제 의식이 불철저했던 것 등을 기준으로 그 한계점을 드러내는데 치중해왔다.[1] 1960~1970년대 민주화운동세력의 민주주의를 긍정적으로 채색하는 평가와 부정적으로 채색하는 평가는 공히 민주주의를 역사의 목적지로 설정함으로써 민주주의 담론의 양가성과 다면성을 성찰하기 곤란하게 만드는 문제점을 보여왔다고 생각한다. 민주주의 담론 연구에서 중요한 점은 '민주주의'라는 동일한 기표 아래에 숨어있는 다양한 기의들을 드러내는 것과 민주주의의 이름으로 화해되는 듯 보이지만, 그 속에 충돌하고 갈등하며 모순되는 요소들을 끄집어내는 일이다.[2]

웬디 브라운은 민주주의가 갖는 개념적 모호성을 파헤치며 민주주

---

[1] 이 주제와 관련해 기존 연구 가운데 주목할 만한 연구로는 김동춘, 강정인, 김보현, 박명림의 연구를 들 수 있다. 이들 연구는 각각 논점의 차이가 있으나, 대체로 1960~1970년대 민주화운동세력의 민주주의 담론이 지닌 한계를 드러내는데 치중하고 있다. 저항진영 담론이 가진 보편주의와 유토피아적 성격(김동춘, 1994)이나 서구중심주의(강정인, 2002), 개발주의와의 공명(김보현, 2005), 반공주의(박명림, 2008) 등에 대한 지적은 매우 의미있는 것이나, 이 연구들에서 민주화운동세력의 민주주의 담론이 지닌 양가성과 그것의 역사적 파장에 대한 분석은 미흡하였다.

[2] 민주주의의 핵심 개념으로 간주되는 '자유'와 '평등'은 어느 한쪽이 극대화되면 다른 한쪽이 성립 불가능해지는 모순적인 관계에 놓여있다.

의라는 용어 자체가 민주주의의 내용을 명확히 담보하고 있지 못하다
는 점을 강조하면서 그것의 특징을 '텅 빈 기표'라는 말로 설명하였다.
그녀는 인민(demos)의 통치(cratie)가 실행되기 위해서는 어떤 권력을
나눠야 하는지, 이 통치가 어떻게 조직되어야 하는지, 어떤 제도나 조
건에 의해 그것이 수립되고 확보되어야 하는지는 명확하지 않다며,
'당신'이 열광하는 민주주의가 얼마나 텅 빈 것인지를 우선 인식할 필
요가 있다고 주장한다.(웬디 브라운, 2010, 85~87쪽) 1960~1970년대 한
국의 민주화운동세력도 민주주의라는 개념을 상호 간에 합의된 것처
럼 사용하고 있었지만, 실상 그들의 민주주의 개념은 그렇게 단일하
지 않았으며 '민주주의들'의 의미는 화자와 상황, 그리고 맥락에 따라
제각각이었다.

　민주주의 정치철학과 관련해 최근 가장 주목받는 연구자 중 한 명
인 자크 랑시에르 역시 '역사적 민주주의'에 대한 근본적인 성찰로부
터 민주주의를 '정치'에 대한 재사유의 문제와 연결시켜 자신만의 독
창적인 이론체계를 세워왔다.[3] 그는 오늘날 민주주의가 자신의 혁명
적 기원에서 빠져나와 공동체와 공동체의 서로 다른 부분들이 갖는
이해관계들의 평형을 맞추는 것에 대한 다수의 합의를 의미하는 것으
로 귀결되었다며, 이 같은 '합리적 민주주의'는 계급착취의 현실을 덮
어버리며 민주주의의 형식과 평등주의의 수사로 위장된 속임수에 불
과하다고 지적한다.(자크 랑시에르, 2008, 13~14쪽) 그는 지식인들이

---

3) 1960년대 과학적 마르크스주의를 추종하던 자크 랑시에르(Jacques Rancière,
　1940~)는 68혁명 이후 과학주의와 단절하고, 마르크스주의적 사유와 대립되는
　정통 노동자들의 자생적 사유를 발견하고자 19세기 노동자들의 문서고를 뒤졌
　다. 이를 통해 그는 사회 질서 속에서 각자에게 분배된 자리와 기능으로부터 벗
　어나는 '탈정체화', 즉 '자리옮김'에 주목했다. 그는 민주주의를 '민주세력'의 권
　력장악이나 대의제를 통한 민주적 의제의 제도화로 달성할 수 없다고 보고, 민
　주주의가 가능할 수 있는 조건으로서의 '공통세계 틀짜기'와 그 방법으로서의
　'자리옮김'을 철학적으로 정립하고자 하였다.(자크 랑시에르, 2008, 37~38 · 47~
　48)

자유민주주의와 자본주의적 시장의 이상(理想)을 노래할 것이 아니라, 공동체 사회에서 마치 유령처럼 계산되지 않고 존재하는 '몫이 없는 자들'을 공동체 사회에서 실재하는 인간으로 셈해야 한다고 주장한다.[4] 이러한 관점에서 그는 민주주의를 특정한 정부형태나 사회생활 방식으로 환원하는 입장에 명확히 반대한다. 랑시에르는 민주주의를 국가형태나 합의형태로 정의하는 민주주의'들'이 민주주의를 위협하는 역설적 상황과 민주주의 개념의 모호성을 인식하면서 이 개념적 모호성을 가로지르기 위해 '정치적인 것'을 다시 사유해야 한다고 말한다.(자크 랑시에르, 2010, 129~134쪽 ; 2008, 15쪽)

그는 『정치적인 것의 가장자리에서』라는 책에서 "정치란 공동체의 삶을 지도하는 기술이다"나 "민주주의란 다수의 사람들이 가진 삶의 방식이다"와 같은 전통적인 정치철학의 명제을 뒤집고자 했다. 그는 정치란 공동체를 지도하는 기술이 아니라, "불일치하는 인간 행동이며 인간 집단의 결집과 명령을 작동시키는 규칙들에 대한 예외"라고 하였고, 민주주의는 통치형태도 사회적 삶의 방식도 아니며 "정치적 주체들이 존재하기 위해 거치는 주체화 양식"이라고 개념화 하였다.(자크 랑시에르, 2010, 129~134쪽 ; 2008, 15쪽) 이러한 그의 반(反)명제는 정치의 사유와 권력의 사유를 분리할 것을 전제하는 것이었다. 그는 방법론적으로 공동체를 경영하는 기술인 '치안(la police)'과 평등 전제를 현실화하는 것인 '정치(du politique)'를 구별함으로써 그것의

---

4) 양창렬은 랑시에르가 말하는 '몫 없는 자들'을 비정규직·철거민·불법체류자·동성애자·장애인 등과 같이 사회적인 '소수자들'과 즉각적으로 동일시하여 이해해서는 안 된다고 주장한다. 랑시에르의 개념은 '통치'를 할 수 있느냐/없느냐의 나눔으로서의 민주주의에 대한 문제제기에서 출발하는 것이기 때문이다. 양창렬은 '몫 없는 자들'을 '소수자'나 '사회에서 배제된 자들'로 보는 것은 그 소수자들로부터 '말'과 '공통적인 것에 참여할 수 있는 역량'을 제거하고 단순히 수혜의 대상으로 만들어버리기 쉽다며 랑시에르의 문제제기가 '몫의 수혜'에 놓여있는 것이 아니라 정치적 주체화의 문제와 맞물려있음을 지적하였다.(양창렬, 2008, 49쪽)

분리를 보여주고자 했다.

필자는 민주주의를 사유하는 랑시에르의 입장에 공감하며 '치안'과 '정치'를 구분하는 그의 방법론에 기대어 1960~1970년대 민주화운동세력의 민주주의 기표 속에 '치안'으로서의 기의와 '정치'로서의 기의가 뒤섞여있었음을 주장하고자 한다.5) 어쩌면 치안으로서의 민주주의 담론과 정치로서의 민주주의 담론을 명백하게 구분하는 것은 애초에 불가능한 일인지도 모른다. 하나의 텍스트 속에 양자가 뒤엉켜 있을 수도 있으며, 특정한 민주주의자의 인식이 치안에서 정치로[탈영토화], 혹은 정치에서 치안으로[재영토화] 전이되거나 혼재해있을 수도 있기 때문이다. 하지만 필자는 1960~1970년대 저항세력의 민주주의 담론에 내장된 양가성, 즉 그것의 한계와 가능성을 동시에 드러내 보이기 위해 의도적으로 '치안'으로서의 민주주의와 '정치'로서의 민주주의를 구분해서 분석해보고자 한다.

---

5) 유럽의 역사적 경험에 기반해 민주주의 문제를 이론화한 랑시에르를 빌어 한국 민주주의의 역사를 설명하는 이유에 대해서 해명할 것을 여러 경로로 요구받았기에 이에 대한 설명을 덧붙이고자 한다. 한마디로 요약하자면 랑시에르가 제기하고 있는 민주주의를 둘러싼 인식틀이 한국에서의 민주주의 문제를 근본적으로 성찰하는데 매우 유용하다는 판단 때문이다. 주지하듯이 현대 한국의 민주주의 역사에 대해 성찰적인 문제제기를 한 선구적 연구자로 주목되는 이는 바로 최장집 교수이다. 그는 이른바 '민주화 이후의 민주주의'에 대해 '보수적 민주주의'로 규정하고, 그 문제를 '대표된 정당체제가 사회를 제대로 대표하지 못하고 있다'는 점에 돌리며 사회를 제대로 대표할 수 있는 정당정치의 실현, 즉 '대의민주주의'의 정상화를 해결책으로 제시하고 있다.(최장집, 2002, 32~36 · 209~221쪽) 필자는 '정당정치가 사회를 온전히 대표할 수 있다'는 최장집 교수의 가정은 대의제 민주주의를 민주주의 그 자체로 쉽게 환원해온 민주주의 인식의 문제점을 답습하는 것인 동시에 대의제 민주주의의 아포리아를 역설적으로 드러내는 것이라고 생각한다. 필자는 현대 한국의 대의제 민주주의가 자본주의 사회의 '몫'을 불평등하게 배분하는 것을 합리화하는 기제로 작용해왔다고 보고, 그런 점에서 대의제 민주주의를 "민주주의의 정반대"로 설정하고 민주주의의 성립 가능성을 보다 근본적으로 모색하는 랑시에르의 문제제기는 한국사회의 현실에서 중요한 울림을 갖는다고 생각한다.

2. '치안(la police)'으로서의 민주주의 담론

랑시에르는 '치안(la police)'을 사회 내에서 출생, 부, 능력 등과 같은 아르케의 원리에 따라 위계적으로 자리, 기능, 몫을 배분하고 그에 따라 정체성을 부여함으로써 공통 공간에 보일 수 있는 것과 없는 것, 들릴 수 있는 것과 없는 것, 말할 수 있는 것과 없는 것을 셈하고 나누는 법을 의미하는 통치 원리로 개념화하고 있다.(자크 랑시에르, 2008, 28쪽) 그는 치안의 본질은 억압이 아니며, 생명체에 대한 통제도 아니라고 보았다. 그는 치안의 본질은 감각적인 것(공통적인 것)에 대한 나눔에 있다고 하였다. 나눔의 의미에는 이중성이 놓여있는데, 그것은 나누는 것과 동시에 배제하는 것이며, 다른 한편으로 참여하게 만드는 것이다.

한국사회에서 민주주의는 식민지 치하의 민족해방운동의 과정에서, 그리고 독재에 맞선 저항운동의 과정에서 강조되어 왔기 때문에 랑시에르가 말한 '치안'의 원리와 무관하다고 생각하기 쉽지만, 저항진영의 민주주의조차 국민국가의 운영원리로서 상정되어 왔다는 점을 감안하면 그것은 '치안'과 밀접한 관계를 지니고 있음을 알 수 있다. 자본주의 경제체제와 결부된 정치운영원리로서의 민주주의는 아르케의 원리에 따른 몫의 분배 방식으로서의 치안 개념과 연관된다. 자본주의적 민주주의 하에서의 자유와 평등은 불편부당하고 공정한 가치로서 표상되지만, 자유는 사적 소유와 이윤 추구의 자유를 함축함으로써 소유의 불평등에 의한 자유의 불균등을 내장하며, 평등은 '기회균등의 원리'를 의미함으로써 출생이나 환경의 차이가 감춰지고 균등하게 보장된 기회 하에서 '능력'에 따라 몫이 나누어지는 것이 정당화된다.

한국 역사상 최초로 민(民)의 힘으로 국가 최고 지도자를 끌어내린 사건인 4·19의 원동력이 되었던 민주주의 담론 역시 3·15부정선거에 의해 훼손된 '치안'의 원리를 복구하라는 학생과 지식인들의 열망을 기본축으로 구성되었다. 3·15부정선거에 대한 반발로서의 4·19는 "민주주의 이념의 최저의 공리인 선거권"을 관료와 경찰이 권력의 의지로 짓밟았다는데 대한 분노의 표출이었다.(서울대학교 학생회, 1960, 29쪽) 학생들이 요구한 '자유'와 '민주주의'는 선거권의 자유와 선거를 통해 다수의 의지를 확인하고 정치권력을 재구성하는 원리로서의 선거민주주의에 다름 아니었으며, 이들은 더 이상 이승만정권이 선거민주주의를 통해 구성될 '치안'의 원리를 합리적으로 운용할 능력을 상실하였다고 판단하였다.(대학교수단4·25시국선언문, 1960, 30~31쪽) 즉, 4·19는 '치안'의 붕괴에 대한 위기의식의 표출인 동시에 '치안'의 재정립을 위한 학생, 지식인 중심의 대중봉기였다.

1950년대『사상계』의 계몽적 역할이 4·19 민주주의 담론의 형성에 영향을 미쳤다는 점은 4·19 민주주의에 내장된 '치안'의 재정립 방향을 가늠할 수 있게 하는 하나의 단초를 제공한다. 장준하는『사상계』 지면을 통해 해방후 한민족의 공동목표는 '민주주의 사회의 실현'에 있음을 끊임없이 주지시키며 민주주의의 이름으로 사리(私利)를 추구하는 특권계급과 공(公)을 내세워 민을 억압하는 관권(官權)을 규탄하였다.(장준하, 1956b, 12쪽 ; 1956d, 16쪽) 장준하는 한민족이 국제사회에서 도태되지 않고 발전·번영하여 후손들 앞에 당대인들이 "못난 조상이 되지 않기 위해서"는 '민주주의 사회'를 반드시 실현시켜야 한다고 주장하였다. 그에게 민주주의의 문제는 민족·국가의 발전과 긴밀히 연관되어 있었다. 그에게 민주주의는 '선진국'이 갖추어야 할 필수적 요건 가운데 하나였다.(장준하, 1959a, 17쪽) 1950년대 '민주주의'에 대한 장준하의 열망의 이면에는 '탈후진' 발전국가 수립에의 욕망이 놓여있었다.

장준하는 민주주의 사회를 권력으로 다스리는 사회가 아니라 법으로 다스리는 사회라고 보았다. 그는 민주주의를 위해서는 대중이 권력을 숭배할 것이 아니라 법치에 기반한 사고방식과 의식으로 훈련되어야 한다고 생각하였다.(장준하, 1959b, 19쪽) 그는 다수의 의지를 전체의 의지로 만드는 민주주의의 마술과 같은 원리를 잘 이해하고 있었으며, 그같은 마법의 핵심이 '주권'임을 자각하고 있었다.(장준하, 1956c, 16쪽 ; 1956a, 13쪽) 그는 지배층으로의 권력집중 현상에 대해서는 혹독하게 비판적이었지만, 다수의 의지를 전체의 의지로 전환하여 법에 의해 '공통의 것'을 배분하는 권력의 합법적 행사 과정은 정당한 것으로 강조하였다. 그는 사회성원들이 이 같은 권력의 합법적 행사 과정을 이해하고 이에 맞게 훈련되는 것이 곧 '민주적 질서'의 확립과정이라고 인식하였다. "능(能)에 따라 재(材)를 택하고 재(才)에 따라 임무에 담당케 하는" 치안의 재구성 과정이 곧 민주질서 수립의 길이라고 그는 생각하였다.(장준하, 1958, 16쪽)

장준하는 "민권(民權)의 확립 없이는 나라의 부강(富强)도 국민의 태안(泰安)도 바랄 수 없고, 민도(民度)의 향상 없이는 특권의 횡포와 막을 길이 없다"고 주장하였다. 민권에 대한 장준하의 강조는 나라의 부강을 가로막는 독재정치를 인민주권의 힘으로 몰아내고 민주주의적 사회질서에 기반해 나라의 부강을 도모하려는 의도를 담고 있다. 더 주의를 요하는 점은 '민도'의 향상에 대한 환기이다. 1950~1960년대 한국의 자유민주주의자들은 한국에서 민주주의가 제대로 실현되지 못하고 있는 주된 원인을 '낮은 민도'에서 찾고 있었다. 다시 말해 이들은 민도가 낮은 인민은 민주주의의 주체가 될 수 없다고 사유하였던 것이다. 낮은 민도를 높은 민도로 끌어올리고자 했던 이 계몽의 기획은, 랑시에르의 어법을 빌자면, 데모스의 텅 빈 부분을 공동체에서 내쫓으려는 '치안'의 배제적 성격과 맞닿아있는 동시에 민도를 중심으로 통치할 수 있는 자와 없는 자를 나누는 치안질서의 셈법과 연관된다.

장준하를 비롯한 『사상계』 지식인들은 4·19에 그야말로 열광하였다. 이는 이승만정권 내내 비합리적으로 작동했던 '몫의 분배' 구조를 해체시키고 '민주주의'에 걸맞게 '치안'을 합리화시킬 수 있는 기회를 잡았다고 보았기 때문이었다. 그런데 4·19라는 저항의 행위는 대중의 열망을 선거민주주의에로 수렴시키지 않고, 대중의 일상과 직결된 기존 질서에 대한 불만표출과 파괴로 이어졌다. 1950년대 내내 억눌려있던 노동자들과 학생들은 4·19 이후에도 쟁의와 분규로 자신들의 욕망을 표출하였다. 진보당사건으로 숨죽이고 있던 혁신계는 4·19 이후 다시 정치공간에서 자신들의 목소리를 내기 시작했다. 이에 자유민주주의자들은 민주주의의 이름으로 혁신계의 중립화 통일론이나 노동자·학생 등의 분규와 투쟁을 위험시하였다.(사상계 편집부, 1960, 29쪽) 장준하는 중립주의의 방식으로 남북이 통일되면 '자유와 민권'이 침해될 것이라며 민주주의를 체제의 논리로 가두었고, 4·26 이후 확산되던 각 사회세력의 불만표출을 국가이익을 외면하고 사회불안을 조성하는 행위라며 비판하였다.(장준하, 1960, 35쪽)

4·19의 주역임을 자부하던 학생·지식인들은 '치안'의 부재 속에서 한편으로는 재식민화라는 예감되는 미래의 노예생활에 대한 공포를 느끼고 다른 한편으로는 당대에 피부로 느낄 수 있는 인민대중의 생활고를 직시하면서 '4월 민주혁명의 완수는 경제부흥과 경제자립에 있다'는 담론을 유포시키고 있었다. 고려대학교 학생들은 4·18 1주년을 맞아 "우리는 이러한 한국민의 제일과제인 자립경제를 촉진함에 있어 재벌중심의 고전적 자본주의보다는 국가적 경제계획을 기간요소로 하는 강력한 경제체제가 한국의 후진성에 비추어 보다 적절하다고 생각"한다며 '탈후진'을 목표로 국가주도의 경제개발론을 지지하였다.(고려대학교 제2차 4·19시국선언문, 1961, 35쪽) 자유민주주의적 성향의 4·19 주체들은 '4월혁명'의 과제를 공명선거에 기반한 대의제 민

주주의의 정상화와 경제부흥을 위한 경제개발계획의 수행에 두고 있었다. 이승만정권에 대해 비판적 입장을 취했던 자유민주주의자들은 4·26으로 이승만정권이 붕괴되자, 민주주의를 '통치'의 관점에 치우쳐 사고하기 시작하였다. 허정 과도정부와 장면 정부에 대한 자유민주주의자들의 기대와 실망은 이러한 '통치'의 관점과 맞물려 있었으며, 경제개발을 통한 '치안'의 재정립을 도모했던 자유민주주의자들은 자신들의 구상을 '혁명공약'으로 내걸고 등장했던 5·16쿠데타세력을 거부할 수 없었다.

5·16 직후 일부 지식인들은 아유브 칸의 '기본적 민주주의'나 수카르노의 '교도적(敎導的) 민주주의'를 긍정하며 5·16쿠데타세력이 지도성과 통제를 가미한 '후진국형 민주주의'를 실천할 것이라고 기대하였다.(신일철, 1961, 277~278쪽) 이들은 제2공화국의 혼란을 부정적인 상황으로 평가하면서 그 원인을 지도의 부재와 자유방임의 한계에서 찾고 있었다. '혼란'을 '질서'로, '방임'을 '통제'로 바꾸겠다는 군부세력의 의지 피력에 대해 이들은 기대를 보이며, '후진국형 민주주의'가 민주주의 성장을 위한 '학교' 구실을 할 것이라고 낙관하였다.

자유민주주의자들은 민주주의를 '합의(合意)에 의한 지배'로 간주하였고, 민주주의를 위해 중요한 것은 위로부터의 전체주의에 맞설 수 있는 아래로부터의 민중 '자치(自治)'를 강조하였다. 많은 이들에 의해 '합의에 의한 지배'는 근대민주주의의 이상처럼 숭배되어 왔으나, 랑시에르는 근대민주주의의 독재적 뿌리를 바로 '합의'에서 찾는다. 랑시에르는 '합의'의 본질은 갈등과 폭력에 반대되는 평화로운 토론이나 이성적인 일치가 아니라고 말한다. 그는 합의의 본질을 감각적인 것과 그것 자체의 틈인 불일치를 제거하는 것이자, 과잉의 주체들을 제거하는 것이며, 인민을 사회체의 부분들의 합계로 환원하는 것이자, 정치 공동체를 이 상이한 부분들의 이해와 열망 관계로 환원하는 것이라고 바라본다. 다시 말해 합의는 '정치'를 '치안'으로 환원하는 고도의 장치인 것이다. '자치' 역시 투명하게 민중의 자율성을 강조하는 개념처럼 보이지만, 실상 자유민주주의자들이 앞세운 '자치'는 개별적 주체의 의지와 욕망 속에 지배의 코드를 심어놓으려는 시도에 다름 아니었다.

> 이러한 개방된 사회에 있어서의 정치양식은 합의에 의한 지배이며 인간은 주체자로서 상호대립하는 개체를 자각한 이상 이미 인간과 인간을 결박하고 있는 기반은 전통일 수가 없으며 그것은 합의에 의한 계약인 것이다. 여기서 피치자(被治者)측의 동면(冬眠)으로부터의 자각을 전제로 하여 새로이 지배관계를 재편성하지 않으면 안 된다. 따라서 한편에 있어 권력, 부, 명예, 지식, 기능 등의 사회가치를 피치자에게도 배분하여야 한다. 그 권력배분기구가 대의제인 것이다. 또 다른 한편에 있어서는 지배관계를 피치자의 심정 속에 내면화하여 복종의 자발성을 불러일으키는 인민주권의 자연법철학과 정치의식이 발전한다.(김운태, 1962, 51쪽)

김운태는 권력, 부, 명예, 지식, 기능 등의 재분배 장치로서의 대의제 민주주의의 특성을 예리하게 지적하였다. 권력 등의 사회적 가치를 독재자나 특권계급이 독점하는 것이 아니라, 피치자 다수와의 합의하에 몫을 나누는 장치가 바로 대의제 민주주의라는 것이다. 이 같은 대의제 민주주의가 작동되기 위해서는 피치자 대중의 민도를 향상시키고, 그들의 내면 속에 복종의 자발성을 불러일으킬 수 있는 '자치'의 원리를 심어놓을 필요가 있었다. 이들은 대의제 민주주의 하에서 몫을 분배받을 수 있는 자들은 통치행위에 참여할 수 있는 '능력'을 갖춘 자들이었고, 그 참여의 전제는 높은 민도와 자치의 체현에 있었다. 다시 말해 민도가 낮은 대중이나 자치능력이 없는 자들은 몫을 받을 수 없는 자들로 배제되어야만 했던 것이다.

자유민주주의자들과 쿠데타세력과의 동거관계는 민정이양을 둘러싼 박정희의 번의과정에서 균열이 발생하기 시작했다. 자유민주주의자들은 박정희의 군정연장 기도에 대해 "민주주의에 대한 반역행위"라며 강도 높게 비난하였고, 그동안 인내해왔던 군정통치에 대해서도 비판의 칼을 들이대기 시작했다.(안병욱, 1963, 151쪽) 그런데 군정에 대한 그들의 비판은 통치의 비합리성과 비효율성에 놓여있었을 뿐, 통치성 그 자체에 대한 것은 아니었다. 탁희준은 "우리에게는 합리적이며 강력한 정책이 필요하고, 기민·효율적인 정부조직이 필요하다"며 이는 어느 누구도 부정할 수 없을 것이라고 단언하였다. 그런데 군정은 '강력한 정치'라는 미명하에 부패와 독단을 사회에 강요하였기 때문에 역설적으로 강력한 정치를 펼 수 없었다는 것이다.(탁희준, 1963, 114쪽) 민정이양 논란 이후 자유민주주의자들은 합리적이고 효율적인 통치를 위해서는 강제성이 수반된 독재적 방식보다는 참여자들의 자발성을 끌어낼 수 있는 민주주의가 더 효과적이라는 입장을 선명히 하였다. 이 무렵 자유민주주의자들은 독재가 경제개발을 위해 더 효율적이고, 민주주의는 혼란만을 야기한다는 세간의 인식을 교정시키고 '민주주의가 독재보다 더 효율적'이라는 사실을 대중들에게 계몽시키는데 노력을 기울였다.(탁희준, 1963, 114쪽 ; 김성식, 1963, 52쪽)

그런데 '민주주의' 담론은 저항진영의 전유물이 아니라는데 난점이 있었다. 주지하듯이 1963년 대선에서 박정희는 '민족적 민주주의'를 자신의 정치구호로 내걸었다. '민족적 민주주의'라는 구호 속에는 '서구식 민주주의'를 그대로 한국의 현실에 적용시키는 것은 곤란하다는 인식과 '민족주의'와 '민주주의'를 지배담론으로 선점하겠다는 의도가 동시에 담겨있었다. 담론적인 차원에서만 보자면, 이 무렵 5·16정권에 비판적인 입장을 취했던 세력들도 '서구식 민주주의'를 그대로 수용하면 된다는 생각보다는 한국의 '후진적' 상황에 맞게 민족주의적 구도 속에서 민주주의를 확장해가야 한다는 생각을 하고 있었다.(김성식, 1963, 54쪽 ; 조동필, 1964, 16쪽 ; 우병규, 1964, 27~28쪽) 장준하는 민족주의를 "우리가 소화해야 할 고귀한 국민적 자세로서 긍정되어야" 한다고 하면서도 박정희의 '민족주의'·'민주주의' 담론은 파시즘과 상통하는 기만적 선전 구호에 불과하다며 반민주(反民主)의 본색을 가리는 '민족적 민주주의'의 가면에 국민이 속아서는 안 된다고 주장하였다.(장준하, 1963, 26쪽) 1963년 대선국면에서 '민족적 민주주의' 논란은 참/거짓의 진실게임 양상으로 전개되었고, 그마저도 박정희의 남로당 경력 폭로라는 색깔론 시비에 가려져 버렸다.

박정희의 '민족적 민주주의'에 대한 본격적인 공세는 한일회담 반대운동의 과정에서 전면화 되었다. 한일회담의 '굴욕성'은 박정희정권의 '민족주의'가 지닌 내포를 의심케 하는 것이었고, 한일회담이 추진되는 과정이 의견수렴이나 국민과의 합의 없이 밀실에서 추진되고 있었다는 점은 박정희정권의 '민주주의'의 한계를 드러내는 것이었다. 저항진영은 이 점을 집중적으로 공략하였다. 더 나아가 그동안 지배─저항 진영이 공히 지향했던 '근대화·개발주의'에 대한 전망에도 균열이 가시화되기 시작했다. 한일회담 반대운동 과정에서 저항진영은 박정희정권의 근대화 전략이 지닌 '예속적·매판적' 성격을 집중적으로 비판하였다. 더 나아가 박정희정권의 근대화 정책이 누구를 위한 것인가에 대한 질문으로 이어졌다. 그것은 농민·노동자·소시민의 희생 위에 '소수의 매판적 악덕재벌'을 살찌우게 하는 것이 박정희식 근대화라는 비판이었다.(한일굴욕회담반대학생총연합회, 1964)

저항진영은 박정희정권의 한일회담 추진이 곧 '민족적 민주주의'의 허구성을 스스로 드러내는 것이라고 비판하면서 '민족적 주체성'이 결여된 박정희식 근대화는 왜곡된 근대화이며, 민족적 주체성에 기반한 근대화가 진정한 근대화라는 주장을 피력하였다. 강원용은 한국사회의 중요한 과제는 '후진성'을 극복하고 근대화를 촉진하는 것인데, 서양의 경우 종교개혁과 르네상스를 통해 근대시민사회 형성의 계기를 마련한 반면 동양의 경우 그에 비견될만한 정신적 기초의 개혁 과정을 겪지 못한 점이 문제라고 보았다.(강원용, 1964, 29~30쪽) 그는 한국사회가 민주주의를 토대로 근대화를 추진하여 '후진성'을 극복하려면, 무엇보다도 먼저 '민족적 주체성' 확립이라는 정신적 바탕의 개혁이 필요하다고 보았다.

한일회담 반대운동의 기본 동력은 피식민의 기억을 떠올리면서 작동된 반일민족주의에 있었다. 해방과 더불어 한국과 일본은 제국주의와 식민지의 관계로부터 벗어나 각각 독립적인 국민국가로 자리잡아 왔음에도 불구하고, 한일회담 추진과정에서 한국 정부가 보여준 '저자세'와 일본 관료들의 고압적 태도는 과거의 제국주의—식민지 관계를 연상하게 하였으며 이는 잠재되어 있던 대중의 반일민족주의 정서를 자극했다. 반일민족주의의 파토스는 분노였다. 1964년 3월 24일 서울대 문리대생들이 '제국주의자 및 민족반역자의 화형집행식'이라 하여 이케다(池田) 일본수상과 이완용의 인형을 불지르는 퍼포먼스는 한일회담 문제를 둘러싼 반일민족주의에 내장된 분노의 감정을 상징적으로 보여준다. 이러한 분노의 이면에는 재식민화에 대한 공포가 작동하고 있었다. 함석헌은 한일회담을 추진하는 세력과의 대결에서 승리하지 못하면 "우리는 또 다시 일본 제국주의 밑에 종살이를 하게 될 것"이라며 재식민화의 공포를 환기시켰다.(함석헌, 1965, 22쪽)

한일회담 반대운동 과정에서 드러났던 반일민족주의는 공동체의 자기존립 근거를 위협하는 외부에 대한 경계와 보호를 지향하며 공동체 내부를 규율하고자 했다는 점에서 '치안'과 관련이 있었다. 한일회담 반대세력이 국민경제 단위의 자립성에 그토록 집착하며, 외자도입으로 인한 일본자본의 침투와 종속에 대해 극도의 공포심을 피력했던 것은 공동체의 통합을 모색하는 일치에의 기획과 연관되었다. 동시에 그것은 한일협정으로 몫이 분배되는 방식 자체에 대한 문제제기라는 점에서 랑시에르가 말한 '정치'이기도 했다. 한일회담은 일제의 지배 아래 식민지인들이 받았던 고통과 전쟁에 동원되었던 자들의 희생을 국가권력이 전유하고 그것을 청구권 금액으로 거래하고자 시도했다는 점에서 대의제의 이름으로 행사되던 구조적 폭력이었다. 한일회담 반대운동은 그러한 폭력에 맞서 몫이 없는 자들을 볼 수 있게 만들고 그들의 입장에서 몫의 배분 방식 자체를 거부하려고 한 투쟁이었다는 점에서 유의미한 정치행위였다. 반일민족주의의 양상으로 전면화되었던 그것은 국가 간의 불평등에 맞선 평등 투쟁이자, 몫을 잃어버린 자들을 위한 공공적 실천이었다.

민족주의에 기반한 한일회담 반대운동의 주류는 "헌정 수호와 자유민주주의의 원칙하에" 자유민주주의 체제의 테두리 내에서 실천을 전개해갔지만(한국학생총연합회, 1964, 59~60쪽), 4·19로 공공영역에 부활한 혁신세력의 일부는 한일회담 국면에서 제기되던 민족주의의 의제를 보다 급진화시켜 세계체제의 불균등 문제와 연결시키고자 하였다. 『청맥』 주간이었던 김질락은 한일회담의 본질이 미국의 대아시아 정책의 재편과 맞물려 있다는 점을 명확히 인식하고 있었다. 그는 "미국이 교착상태에 빠져있는 월남문제를 해결하기 위한 방법으로서 아시아 자유우방 국가의 군대를 대량으로 동원하여 '아시아의 전쟁은 아시아인에게' 맡기고 미국은 최전선에서 물러나는 동시에 아시아에서의 반공체제를 강화하기 위하여 일본에게 그 중추적 역할을 맡기고 한일관계 개선을 추동하는 것"이라고 분석하였다.(김질락, 1965, 15쪽) 그는 국제정치의 양상이 양극정치에서 다극화에로 이행되고 있기 때문에 아시아에서의 사태가 미국의 바람대로만 이루어지지 않을 것이라며, 제3세계 후진제국의 반(反)식민주의운동이 더욱 활발하게 전개될 것이라고 기대하였다. 그는 자유민주주의자들과 달리 '자유'의 가치를 일방적으로 찬미하지 않았다. 오히려 그동안 자유는 "우리를 결박하고 억울한 죽음만을 강요한 사자(死者)들의 기념비에 불과"했으며, "제국주의의 진열장에 나열된 마네킹의 역할밖엔 하지 못했다"고 신랄하게 비판하였다.(김질락, 1964, 33쪽) 혁신세력은 통일의 문제가 자유주의냐, 반공주의냐라는 선택의 문제가 아니라고 보았다. 이들은 냉전 하의 진영론적 입장에서 벗어나 통일문제를 혁명적으로 사고함으로써 냉전체제에 파열구를 만들기를 고대하였다. 조동필은 한국이 빈곤과 '후진성'을 탈피하기 위해서는 "경제개발 5개년 계획에 앞서 민족통일 5개년계획"을 수립해야 한다며 세계체제하의 제3세계 '후진국'으로서의 자기인식을 민족통일문제와 연관지어 사고하였다.(조동필, 1964, 12쪽)

자유민주주의자들이 선거와 대의제를 민주주의의 핵심으로 숭배하고 있던 반면, 혁신계 인사들은 선거를 민주주의의 핵심으로 간주하는 사고 자체에 대해 비판적인 인식을 드러내기도 하였다.

> 우리가 생각하기에는 소위 민주주의의 형식을 갖추는 하나의 '행사'로서 그저 선거를 해온 것 같기만 하다. 선거는 어떠한 사태의 개선이나 발전 계기가 되지 않을 때에는 별로 의미가 없는 줄 안다. 민주주의에 있어서 By the people의 형식이 For the people의 발전된 내용을 가져오지 못할 때에는 하나의 단순한 행사에 불과한 것이 되기 쉽다.(조동필, 1964, 15~16쪽)

반공체제하에서 사회주의적 전망을 가지고 있던 혁신계 인사들이 선거로 부각되는 자유민주주의의 민주주의적 형식에 대해 비판적 태도를 취하고 있던 것은 어떤 면에서 당연한 것이었다. 이들은 한국사회에서 민주주의가 '서구식 민주주의'를 표준으로 하는 '자유민주주의'의 형식으로 논의되는 것 자체에 대해 불만을 지니고 있었다. 하지만 이념으로 생사를 가를 수 있는 엄혹한 반공체제하에서 이들이 '인민에 의한' 민주주의의 방식을 공개적으로 표현하는 것은 사실상 불가능하였고, 이런 상황 속에서 이들은 '통일'을 '혁명적 민주주의'를 향한 방법론으로 절대시하였다.

이런 측면에서 혁신세력의 통일민족주의 담론은 냉전질서하의 자유민주주의 체제 하에서 선거를 통해 인민의 의지를 전유하고 대의제를 통해 공동체의 몫을 불평등하게 배분하는 방식에 대한 근본적 문제제기로서 '정치'의 성격을 지니고 있었다. 그렇지만 이들 혁신세력도 민족주의가 내장하고 있는 통합/배제의 논리에 일정하게 포섭되면서 불일치로서의 '정치'가 아닌 일치로서의 '치안'을 지향하였다.

> 현 정부가 강력한 대외정책을 시도하지 못하고 있는 국가적 허약성의 책임소재는 집권자에게만 있는 것이 아니라, 정부로 하여금 '내 나라'를 강력히 내세울 수 있는 국민의사의 강력한 지지(支持)가 없는 데에도 기인한다. 더욱 중요한 사실은 국민의 의사가, 국민의 질이 얼마나 민족의식에로 투철하게 집약될 수 있는가가 문제이다.(김질락, 1965, 17쪽)

혁신세력의 민족주의는 차이의 공간이나 공백을 허용하지 않았다. 개인의 의사는 국민의 의사로, 국민의 의사는 민족의 의사로 집약되고 일치되어야만 한다고 이들은 생각하였다. 이들이 내 나라 내 조국을 위한 개개인의 헌신이 미덕으로 상정되는 순간, 내 나라 내 조국을 움켜쥐고 있는 권력의 공간과 조국의 이익에서 빗겨나 있는 자들 사이의 틈새를 현시하지 못하거나 무시 혹은 제거하려 하기 쉬웠다. 이는 '인민을 위하여'라는 그들의 선의에도 불구하고, 개인의 의사를 국민의 의사로, 국민의 의사를 민족의 의사로 비약시키려는 담론구조의 특질로 인해 인민 내부의 차이를 지움으로써 실재로서의 '인민'과 표상으로서의 '인민' 사이의 괴리를 드러내고 실재로서의 인민에 대해 억압적 기능을 수행할 수 있도록 만든다.

그런데 한국현대사에서 역설적인 점은 통혁당, 인혁당, 남민전 사건에서 잘 드러나듯이 혁신계 통일운동세력이 한국 자유민주주의의 억압/배제적 성격을 폭로하게 만들고 공동체 내부의 틈새와 균열을 드러내는 존재들로 자리매김 되어왔다는 사실이다. 자유민주주의 체제의 경계를 넘는 통일을 주장했던 이들의 존재 자체가 객관적으로 박정희체제의 존립 근거를 위협할 수 있는 상황은 전혀 아니었다. 이들은 박정희정권이 그 지배를 어지럽히는 자들을 규율하기 위해 선택된 일종의 희생양이었다. 반공규율체제의 억압성은 자유민주주의가 내장하고 있는 다원주의와 관용의 원리를 소멸시키고, 통일세력을 '비국민=빨갱이'로 낙인찍어 공동체로부터 추방시키게끔 하였다.

6·3 이래로 수시로 발동되었던 위수령에서부터 1967년 6·8부정선거, 삼선개헌, 유신헌법, 긴급조치에 이르는 일련의 통치 행태들은 박정희정권의 '합의' 구조가 취약했음을 드러내는 것이었다.[6] 억압의 강도가 증폭될수록 저항 담론도 급진화 되어갔다. 박정희정권이 자신의 통치를 강압적 독재의 방향으로 끌고 갈수록 민주화운동 진영은 지배와 피지배를 독재와 민주주의라는 선악의 이분법으로 인식하였고, 고난과 위기에 처한 민주주의를 어떻게 구할 것인가라는 방향으로 문제의식이 단조로워져갔다. 3선개헌 반대운동의 좌절 직후 학생들은 거리의 민주주의와 의회 민주주의 사이의 불일치를 유발하는 요인으로 '관권과 금권, 대중조작'을 일삼는 집권세력의 부도덕한 지배방식을

---

6) 그러나 이러한 지표들이 곧바로 박정희정권에 대한 대중의 지지가 미약했음을 증명하는 근거는 되지 못한다. 박정희정권은 후기로 갈수록 '합의'에의 방식을 대의제 민주주의를 거치지 않고 국가와 대중이 직면하는 방향으로 전환시켜갔다. 개발독재가 대중의 지지를 이끌어내려는 구조는 매우 위태롭고 불안정한 것이었지만, 박정희정권은 지배의 취약성과 상관없이 개발주의를 대중의 욕망 심층으로 각인시키는 데에는 성공했다는 사실을 직시할 필요가 있다.

거론하며, 이의 제거를 통한 거리 민주주의와 의회 민주주의 사이의 간극 줄이기가 곧 민주주의를 구원하는 길이라고 판단하였다.(서울대 문리과대학, 1969, 8쪽)[7] 민주주의가 구원해야할 시민종교가 된 그 순간부터, 민주화운동세력은 순교를 절규하고 있었다.[8]

> 민주주의는 주어지는 것이 아니라 피를 흘리며 전취하여야 한다는 것. 민주주의는 지식의 산물이 아니라, 투쟁의 결실이라는 것. 그리하여 민주주의가 불과 수백 명의 피로 그렇게 간단히 달성될 수 있는 것이 아니라는 것. 민주주의가 단 한 번의 대중봉기로 획득될 수 있는 그렇게 수월한 것이 아니라는 것. 그것을 이제야 우리는 피부로 통감하게 되었다.(전국 대학생 반독재투쟁 민주동맹 서울대 투쟁위, 1969, 128~129쪽)

민주화운동세력은 지배권력의 '치안' 방식에 동의하지 않으면서 민주주의에 대한 열망을 점점 증폭시켜 갔고, 민주주의는 기동전이 아닌 진지전의 방향으로 추구되어야 한다는 점도 자각해갔다. 하지만 이들은 민주주의의 실현이 어렵다는 사실은 인식하면서도 그것을 일종의 종교적 숭배대상으로 전제하면서 '민주주의를 왜 해야 하는가, 어떤 민주주의를 할 것인가'에 대한 고민은 상대적으로 소홀히 하였다. 민주화운동세력은 개발독재의 퇴행적 통치 양태 그 존재 자체만으로 민주주의를 지극히 당연한 것으로 정당화시키고 있었다. '왜 민주주의를 해야 하는가'라는 질문에 대해 일부 비판적 지식인들은 공포와 억압에 기반한 개발독재의 동원방식이 비효율적이고 대중의 자율성에 기반한 민주주의적 동원방식이 보다 '근대화'를 수행하는데 보

---

7) 김동춘, 1994, 239쪽에서 재인용.

8) "친구여! 동포여! 질식하려는 한국의 민주주의가 그들을 부르는 소리가 들리지 않는가? 오너라, 가자. 민주주의 확립을 위한 순교의 길로!"(서울대 문리대 학생회, 1967, 77쪽)

다 효율적이라는 관점에서 민주주의를 옹호하기도 하였다.(장을병, 1969, 22쪽 ; 박영대, 1969, 16쪽) 독재보다는 민주주의가 "온 국민의 에너지를 총동원"하기에 적합하다는 인식 속에서 저항담론으로서의 민주주의의 이면에 지배의 코드가 숨어있음을 발견할 수 있으며, 지배－저항의 관계가 전복되는 순간 민주주의는 치안의 언어로 작동할 것임을 암시하는 것이다.

1970년대 유신정권이 미니스커트와 장발을 단속하며 생체권력으로서의 신체규율을 작동시켜나가고 있을 때, 청바지·생맥주·통기타를 즐기며 지배 권력의 규율을 조롱하고 탈주하던 자유주의적 청년들에 대해 재야 민주화운동세력이 '민족문화를 도외시하고 외래의 퇴폐문화에 물든 한심한 젊은이들'로 규정하던 시선 속에서도 지배의 코드를 발견할 수 있다.(함석헌 외, 1973, 82쪽) 민주화운동세력은 참정·언론·출판·집회·결사·신체의 자유에 대해서는 매우 예민하게 반응하였지만, 공동체의 일체화를 저해하거나 그러한 일치의 기획으로부터 벗어나 있는 불일치의 자유주의에 대해서는 적대적인 태도를 취하기도 하였다. 이는 "민족의 생명과 존재"가 부재하다면, "개인적인 인간적인 생명과 존재"조차 있을 수 없다는 관점 하에서 모든 개인의 자유를 민족의 자유 아래 예속시키고자 했던 민주화운동세력의 민족주의적 지향과 관련된 것이었다.(장준하, 1972, 55~56쪽)

3. '정치(du politique)'로서의 민주주의 담론

랑시에르는 '정치'를 '치안'과 대립되는 용어로 개념화하고 있다. 그는 '정치'를 몫이 없는 자들의 몫을 더하여 셈하는 것이라고 말한다.(자크 랑시에르, 2008, 247쪽) 그의 정치 개념은 단순히 몫이 없는 자들에게 몫을 더해주는 분배정의의 문제제기가 아니라, 지배하는 일과 지배받는 일에 참여하는/몫을 가짐을 둘러싼 나눔의 방식 그 자체를 문제시하는 것이다. 그것은 아르케의 자질로 지배를 예견하고 정당화하는 것과의 단절을 의미하였다. 그는 정치를 공간의 재편성 작업이자, 비가시적인 것을 가시적인 것으로 바꾸는 것이라고 말한다. 정치는 구조화되어 있는 기존의 공간을 바꾸는 것, 거기에서 할 것이 있고, 볼 것이 있으며, 명명할 것이 있는 것으로 바꾸는 것으로 이루어진다고 그는 보았다. 또한 정치란 보이지 않았던 것을 보게 만드는 것, 그저 소음으로만 들릴 뿐이었던 것을 말로써 듣게 만드는 것, 특수한 쾌락이나 고통의 표현으로 나타났을 뿐인 것을 공통의 선과 악에 대한 감각으로서 나타나게 만드는데 있다고 그는 설명하였다.

랑시에르는 정치의 본질을 합의에 기반한 일치에 있다고 보지 않고, 반대로 불일치에 있다고 보았다. 그는 그것을 감각적인 것과 그 자체 사이의 틈을 현시하는 것이라고 말한다. 그동안 보일 이유가 없던 것을 보게 만드는 것, 바로 그것이 정치적 현시라는 것이다.(자크 랑시에르, 2008, 253쪽) 그에게 민주주의는 특정한 정치체제가 아니라, '정치'를 설립하는 것, 정치적 주체와 그것의 관계 형태를 설립하는 것이었다.

민주화운동세력의 민주주의가 랑시에르가 개념화한 '정치'에 가까워지기 시작한 것은 역설적이게도 박정희정권이 추진했던 경제개발계획에 의해 '조국근대화'의 모순이 현실사회에 투영되기 시작하면서부터였다. 근대화의 결과 공동체의 사회적 재화는 비약적으로 늘어났지만, 경제개발에 동원된 노동자, 농민들의 삶은 생존 그 자체를 위협받는 상황이었고, 근대화의 결과 나타난 사회적 양극화 현상은 '몫을 받지 못한 자'들의 박탈감을 증폭시키고 있었다. 대다수의 민주주의자들은 근대화 자체를 근본적으로 비판하지는 않았다. 그보다는 지배권력의 근대화를 '종속적·매판적·기형적' 근대화로 규정하는 반면, 국민경제의 자립성을 유지하면서 사회경제적 민주화를 수반한 근대화를 '정상적' 근대화로 차별화시키고 있었다. 민주화운동세력의 이 같은 '정상적' 근대화에의 지향은 아르케의 원리를 사회적 능력으로 전환시키는 자본주의적 질서 그 자체에 대한 근본적 비판에 이르지 못하고 있으며 '불일치로서의 인민'을 대의제를 통해 '합의' 가능한 인민 의지로 전환시키려는 기획을 품고 있다는 점에서 '치안'의 성격을 완전히 떨쳐내기 곤란한 것이었다. 하지만 중요한 것은 담론이 내장하고 있는 치안의 성격을 확인하는 것보다 어떤 맥락 속에서 담론이 발현되고 어떤 의미를 획득하느냐를 거슬러보는데 있다. '근대화'와 '민주주의'라는 표상에 기대어 이들은 현실 속에서 몫을 받지 못한 자들의 존재를 가시화시켰고, '총화단결'의 일체화를 강제하는 지배권력의 통치에 틈을 드러내어 지배를 교란시켰으며, 몫이 없는 자들의 목소리를 대변하여 이들의 '몫 없음'을 공동체 내부의 공공적 의제로 이끌어내었다.

> 우리마저 침묵한다면 누가 말하고 행동합니까? 어린 학생들이 무모하게 억압받고 학교에서 추방받는 데도 우리는 내 행복만 구가하면 되는 것입니까? 그 암흑은 바로 내일 우리 전체에게 다가올 어두움입니다.(삼선개헌반대 범국민투쟁위, 1969, 111쪽)

민주화운동세력은 저항운동의 과정 속에서 공동체의 의미를 되새기며 공동체 성원 간의 상호 관계와 유대를 강조하였다. 1970년대 민주화운동에서 종교가 행한 역할은 단순히 외피나 은신처에 머물지 않았다. 종교인들이 고통 받고 박해받는 공동체 성원들에 대한 관심을 보인 것은 그들의 종교적 소명의식과 깊은 관련이 있었다. 고통 받는 이들 앞에서 외면하고 침묵하는 것은 신에 뜻에 반하는 정의롭지 못한 행동이기에 정의의 이름으로 고통 받는 자의 편에 서는 것이 참 생명을 얻는 종교적 실천이라고 종교인들은 역설하였다.

> 우리는 자신의 독단을 먼저 자성하고 어떠한 악의 세력 속에서도 범민주적 공동체를 완성하기 위해 사랑과 용서의 정신을 발판으로 끈질긴 저항운동을 계속함으로써 썩어지는 한 알의 밀알이 되어 하나님의 "인간을 해방하라"는 명령을 따르려 한다.
> 우리는 가난한 자와 약자의 동지가 되려 한다. 침묵과 자포에 빠진 동포·국민을 일깨울 것이다. 그리하여 이 사회에 죄 없이 억눌림 당하는 자와 부당하게 생존권을 희생당하는 자가 없는 사회를 이룩하고 조국의 앞날을 흐리게 하는 모든 비민주적 독재와 부정부패를 근절시키기 위해 끝없는 자유투쟁의 역사에 동참할 것을 약속한다.(사월혁명 10주년 기독학생 선언문, 1970, 151쪽)

범민주적 공동체를 완성하기 위해 저항운동을 통해 '가난한 자와 약자의 동지가 되려 한다'는 신앙인들의 다짐은 근대화의 결과 초래된 공동체의 위기와 비판적 저항세력에 대해 무자비한 강압을 일삼는 지배권력의 횡포를 목도한 데에서 비롯되었다. 이들은 성서를 재해석하며 가난한 자와 약자의 편에 서는 것이 곧 하나님의 가르침임을 역설하였다. 1970년대 초반 함석헌 등의 영향을 받은 안병무가 민중신학을 체계화시킬 수 있던 사회적 맥락도 여기에 있었다. 안병무는 성서에 민중을 표시하는 두 가지 개념, 즉 '라오스'와 '오클로스'가 있다고 하였다. '라오스'는 어떤 집단권 내에서 보호받을 권리를 가진 민중의 칭호인 반면, '오클로스'는 보호권 바깥에 놓인 권외의 '대중'을 의미한다고 한다. 안병무는 초기 성서인 마르코복음에서 예수가 싸고돌았고, 또 예수를 무조건 따르며 그에게 희망을 걸었던 자들을 '라오스'라고 하지 않고 '오클로스'라고 했다는 점을 지적하였다. 오클로스는 초청받지 않은 동네 큰 거리와 골목에서 배회하는 가난한 사람들, 불구자들, 맹인들, 절뚝발이, 실업자, 억눌린 자, 포로된 자, 배고프고 헐벗은 자, 슬퍼 통곡하고 박해받는 자들이었다. 안병무는 이들 오클로스를 위하여 사랑을 실천하는 길이 곧 예수의 정신으로 돌아가는 길이며, 그것이 바로 민중신학이라고 역설하였다. 또한 그는 오클로스를 체념에서 희망으로 옮길 청사진은 그저 잘 사는 사회가 아니라 '더불어 사는 사회'이어야 한다고 주장하였다.(안병무, 1975, 82~84쪽)

비판적 지식인과 학생, 종교인 등 민주화운동가들이 한국사회에서 오클로스를 사회적 실존의 문제로 고민하게 된 가장 중요한 계기는 바로 청년노동자 전태일의 죽음이었다.

> 작년 11월 13일 전태일 군의 죽음이 있기까지 그 누구가 이렇듯 뒤안길의 험한 환경에서 노동하고 있는 이들의 모습에 관심을 가졌던가?(이창규, 1971, 87쪽)

> 1960년대를 통하여 한국경제가 아무리 눈부신 고도성장을 이룩하였다 할지라도 그 그늘에서 일부 국민들이 인간다운 생활을 영위할 수 없으며 생존을 위협받는 상태에 방치되어 있다면 국가는 자기에게 부과된 헌법상의 의무를 충분히 수행하지 못한 결과가 될 것이다.(김낙중, 1971, 96쪽)

1960년대 후반부터 노동자, 농민, 빈민 등의 사회적 약자들이 근대화의 결과 더욱 소외되고 고통 받고 있다는 점이 부각되기 시작했으나, 1960년대까지만 해도 이들의 존재는 박정희식 조국근대화 정책의 파행성과 비정상성을 고발하기 위한 차원에서 거론되는 측면이 강했다. 그런데 전태일의 분신자살은 비판적 지식인들에게 커다란 충격으로 다가갔다. 전태일의 죽음으로 한국사회에 존재하는 오클로스의 비참상이 비로소 가시화되기 시작했으며, 이를 계기로 비판적 지식인들은 공동체에서 몫을 받지 못하는 자들의 입장에서 자본주의와 근대화를 재사유할 수 있게 되었다. 자본주의는 민주주의를 통해 개인의 자유와 소유권을 보장하지만, 그 권리는 사회적 연대의식을 마비시키면서 사리사욕 추구의 아수라장으로 변질시킨다는 성찰적 인식이 힘을 얻게 되었다. 유봉준은 그 같은 아수라장을 초래하는 시장만능주의를 지양할 수단으로 민주주의의 기능을 재설정하였고, 그것은 개인의 경제적 자유추구권보다 인간의 존엄성과 사회적 연대의식을 우위에 둠으로써 실현 가능하다고 판단하였다.(유봉준, 1971, 21쪽)

전태일이 근로기준법에 기대어 법과 현실 사이의 괴리를 폭로했던 것처럼, 민주화세력은 헌법에 기대어 현실에서 국민의 생존권이 침해되는 현실을 고발하였다. 김낙중은 근대 민주사회의 기본원리는 자유와 평등을 내용으로 하는 기본적 인권의 존중에서 출발하였지만, 자유경쟁을 기본동력으로 하여 생산력을 발전시켜온 근대자본주의는 무산자층과 빈곤층의 권리를 사실상 박탈하면서 민주주의의 근간이 되는 자유와 평등을 무력화시키는 역설을 낳아왔다고 지적하였다.(김낙중, 1971, 94~95쪽) 그는 제2차 세계대전 이후 민주주의를 지향하는 많은 국가들이 개인적 자유에 기초한 기본권뿐만 아니라 사회적 생존권에 기초한 기본권을 인정하는 방향으로 헌법을 제정 혹은 개정하였고, 한국의 헌법도 이러한 현대헌법의 조류에 따라 모든 국민의 사회생존권을 국가가 보장하도록 규정하였다고 하였다. 그는 1971년 광주대단지 사건이나 부천 노점상인들의 집단 항의 사건에서 드러났듯이 국가가 헌법에 보장된 국민의 사회생존권 보호에 소홀하다고 지적하며, 국가가 최하층의 가난한 빈민들을 그들의 터전에서 몰아낼 경우 그들의 저항은 헌법에 비추어 볼 때 지극히 정당하다고 옹호하였다.(김낙중, 1971, 98쪽)

1970년대 민주화운동세력은 '자유' 개념을 개인의 경제적 이익추구의 자유로 사용하기 보다는 개인이 공동체 속에서 자아실현을 하고 행복을 느낄 수 있기 위한 행복추구의 자유나 인간으로서의 존엄성이 침해당하지 않을 자유의 의미로 사용하였다. 이런 연장선상에서 이들은 유신헌법이 국민의 일상적인 인간 생존권과 기본권을 정치권력이 유린할 수 있도록 보장하는 반민주 악법이라고 비판하였다.(천주교 정의구현 전국사제단, 1974, 221~222쪽)

> 보라! 우리들 눈을 가려버린 허구의 낮도깨비들을! 와우 아파트 밀려난 판자촌이 설 땅에 수만 평의 골프장이 난립하고 우리들 생존권을 박탈하는 비인간적 근로조건에 반하여 늘어만 가는 도둑촌 건설과 자가용의 홍수를, 가난하고 헐벗은 나라에 기름 한 방울 나지 않는, 이 허리 빠진 조국에 누구를 위한 고속도로이며 누구를 위한 석유남발인가(고려대학교 총학생회, 1971, 161쪽)

1970년대 이후 대학생들도 민중의 생존권이라는 관점에서 경제개발과 근대화를 비판하기 시작했다. 민주화운동세력의 1960년대 후반의 경제개발 정책 비판은 박정희정권의 그것이 정상적 근대화의 범주에서 벗어난 파행성과 예속성에 그 초점이 맞춰져 있었지만, 1970년대 전태일 사후에는 '누구를 위한 근대화, 누구를 위한 경제개발인가'라는 민주화운동세력의 문제의식이 보다 선명해졌다. '누구를 위한 근대화인가'라는 문제제기가 개입되었을 때, 민주화운동가들은 경제개발 과정에서 확산되던 물량주의와 생산력주의에 대해 비판을 가할 수 있게 되었다. 이들은 고층건물이나 고속도로, GNP의 급증보다 더 중요한 것은 하루하루의 양식을 걱정해야하는 빈민들의 생존권과 열악한 노동조건에 대해 인내만을 요구받는 노동자들의 쟁의권, 빨갱이라는 낙인 하에 극형과 중형에 처해지는 민주인사의 기본권을 국가와 사회가 어떻게 보장할 것인가 하는 문제라고 보았다.(천주교 정의구현 전국사제단, 1974, 223쪽 ; 한국기독교장로회총회 교회와 사회위원

회, 1971, 92쪽)

민중신학자 안병무는 '도대체 잘 사는 것이 무엇인가?'라고 질문하며 자본주의적 성장을 통해 물질적 소유가 늘어나는 이 곧 잘 사는 것이라는 개발주의자들의 행복론을 비판하였다. 그는 자본주의가 발전할수록 사람들은 더 많은 자유와 행복을 얻게 될 것이라고 생각하지만, 그것은 자본주의 사회가 조장한 물질적 소유욕에 도취된 자들의 눈먼 행복에 지나지 않으며 이 과정에서 더 큰 자유를 잃게 될 것이라고 지적하였다. 자본주의가 고도화될수록 자본에 의해 조장된 자본주의적 욕망은 그물망처럼 사람을 포위하고, 마침내 사람은 자신이 쉬는 시간에까지 욕망을 철저히 자극 당하게 됨으로써 자유를 상실하게 된다고 그는 말한다. 그는 GNP의 증가라는 국민경제의 생산성 강화 논리 이면에는 국가 간의 관계에서의 남북문제를 은폐시키며, 국가 내의 관계에서 강자의 이익을 옹호하고 약자를 사회적 낙오자로 낙인찍는 기제가 깔려있다고 비판하였다.(안병무, 1971, 29쪽) 안병무는 근대자본주의체제라는 판옵티콘의 효율성 이면에 놓인 억압성을 예리하게 간파하였던 것이다.[9] 그는 경제제일주의나 근대화 지상주의의 이면에 놓인 '서구중심주의'를 극복의 대상으로 상정하기도 하였다. 그는 서구인들의 기준에 의해 '보다 더'라는 욕망을 추구하고 그 기준에 의해 행복을 판단하는 그 잣대 자체를 버릴 것을 주문하며, 그랬을

---

9) '일망(一望) 감시시설'로 번역되는 '판옵티콘(Panopticon)'은 영국의 철학자이자 법학자인 제러미 벤담(Jeremy Bentham)이 고안한 일종의 감옥 건축양식을 말한다. 1명의 교도관이 자신의 존재를 드러내지 않으면서 모든 죄수들을 한 눈에 감시할 수 있는 이 '판옵티콘'의 등장을 미셸 푸코(Michel Foucault)는 근대 권력의 효율성·생산성을 극대화시킬 수 있는 일종의 감시-규율사회의 형성·확산이라는 맥락에서 강조하였다. 그는 판옵티콘의 일망 감시방식은 권력의 불균형을 지탱하고, 강화하고, 다양화시키는 장치를 작동시킨다고 보았다.(미셸 푸코, 1975, 340~347쪽) 필자는 이 글에서 그 개념을 더욱 확장하여 시장경제의 자유원리에 순응하며 경쟁에서 낙오되지 않기 위해 스스로를 규율화하는 주체양성 시스템으로서 갖는 현대자본주의사회의 특징을 판옵티콘에 비유하여 보았다.

때 기존의 악순환의 쇠사슬에서 탈출할 수 있을 것이라고 전망하였다. 그는 노자(老子)의 '爲無爲則無不治'라는 말을 '제일 좋은 정부는 제일 적게 정치하는 것이다'라고 해석하면서 정치나 경제활동의 목적이 인간들을 권력이나 경제에서 해방되게 하는 것이라고 주장하였다. 또한 이러한 해방을 위해서는 민족의 총력을 집중시키는 강력한 정치를 지향할 것이 아니라 '씨을이 씨을되도록 하는 정치'로서의 '爲無爲則無不治'를 실천해야 한다고 역설하였다.(안병무, 1971, 32~33쪽)

1970년대 안병무는 한편으로 민족주의적 지향을 가지고 있었음에도 불구하고, 다른 한편으로 민족주의가 행사하는 '통치성'에 대해 비판적인 문제의식을 드러내고 있었다. 그는 '민족의 운명을 내세우는 정부'로부터 민중이 끊임없이 혹사당하고, 착취당하며, 배반당해왔음을 지적하였다. 그는 역사에서 실재해온 것은 '민중'이며 '민족'은 "대외관계에서 형성되는 상대적 개념"에 지나지 않은데, 이제까지 집권자들이 언제나 내세운 것은 '민족'이었고 "민족을 형성한 민중은 계속 민족을 위한다는 이름 밑에 수탈상태에 방치되어 왔다"고 주장하였다. 특히 그는 '민족의 운명을 내세우는 정부'로서의 박정희정권이 강권으로 민중의 소리를 짓눌러버리고 민중에게 침묵만을 강요한 결과, '민중의 소리를 배제하는 체제', 즉 유신체제를 만들어냈다고 보았다.(안병무, 1975, 78~80쪽) 안병무는 유신체제하에서 한국의 민주화운동 세력이 민중의 소리를 대변하는 입과 같은 역할을 하고 있으며, 한국 그리스도교 교회는 이 같은 '오클로스'로서의 민중의 편의 서서 그들의 체념을 희망으로 바꿀 수 있도록 성찰해야 한다고 주장하였다.(안병무, 1975, 82~83쪽) 1970년대 안병무를 비롯한 민중주의자들은 공동체의 가장자리에서 셈해지지 않는 내몰린 자들을 '민중'으로 호명하며 그들의 몫을 더하여 공동체의 운영원리 자체를 새롭게 편성하려는 '정치'로서의 실천을 끊임없이 모색하고 있었다.

4. 다시 민주주의: 판옵티콘 속의 자유를 넘어 판옵티콘의 틈새 균열로

이상과 같이 필자는 1960~1970년대 민주화운동세력의 민주주의 담론을 자크 랑시에르의 '치안'과 '정치' 개념에 기대어 분석해보았다. 굳이 랑시에르의 개념을 차용한 이유는 그 개념이 갖는 개념적 적실성(的實性) 때문이 아니라, 랑시에르의 문제설정이 그동안 민주주의 문제에 대해 볼 수 없었거나 불명료했던 것을 가시화시키고 분명하게 하는데 일정하게 기여했다고 판단했기 때문이었다. 그동안 한국현대사 연구에서 독재권력에 맞서는 주체들의 '민주주의' 발화는 너무도 쉽게 진보적 의의를 갖는 담론이자 실천으로 간주되어 왔다고 생각한다. 적어도 1987년 6월 항쟁 이전까지 한국사회에서 민주주의가 쟁취해야할 열망의 대상으로 간주되어 왔기 때문에 민주주의는 일종의 담론적 성역과도 같았다. 하지만 1987년 체제 이후 나타난 제도적 민주주의와 사회적 민주화 사이의 간극, 그리고 대의제 민주주의의 배반은 연구자들로 하여금 민주주의 자체에 대한 근원적인 성찰과 탐구로 이어지지 않을 수 없게 하는 조건으로 작용하였다.

민주주의가 다양한 맥락에서 다른 의미를 지녀왔다는 것은 수많은 민주주의 연구자들이 지적하는 바이며, 이 연구에서도 확인이 되었다. 문제는 민주주의가 자본주의 사회에서 착취와 억압, 그리고 배제의 통치원리를 감추는 기능을 수행해왔는지를 드러내고, 이를 넘어선 해방의 언어이자 실천으로 민주주의를 재구성할 것인가를 고민하는데 있다. 1960~1970년대 민주화운동세력의 민주주의 담론은 개발독재의 폭압과 부조리에 맞서는 저항의 무기로 긍정적인 작용을 하였다. 그렇지만 랑시에르의 '치안' 개념에 빗대어 살펴본 것처럼 이들의 민주주의 담론에 내장되어 있는 '합리성'의 논리 이면에는 공동체의 유지·발전을 위한 자본주의적 효율성 성취에의 욕망이 숨어있었다. 다만 민주화운동세력의 민주주의 담론은 약육강식의 19세기적 자본주의 법칙에 근거한 벌거벗은 효율성 숭배가 아니라, 대체로 공동체의 유지·지속을 위해 국가가 사회복지와 사회적 부의 재분배를 수행하는 수정자본주의적 모델에 기반한 것이었다. 19세기적 자본주의 모델에 근거한 것과 수정자본주의 모델에 근거한 것 사이에는 커다란 간극이 놓여있기는 하지만, 자본주의적 '능력'에 기반하여 권력, 재화, 자리 등 사회적 가치를 배분하는 시스템으로서의 판옵티콘을 긍정한다는 점에서 공통적이다. 박정희의 개발독재가 일종의 자유 없는 판옵티콘 체제라고 한다면, 민주화운동세력의 지향했던 민주주의 사회는 자유·자치·자율·참여가 보장되는 판옵티콘 체제라고 할 수 있다. 전자에 비해 후자는 보다 유순하고 합리적이지만, 후자의 유순함과 합리성은 판옵티콘이라는 거대한 체제의 억압성을 감추고 부분적으로 시정하게 만든다는 점에서 더 고도화된 통치, 더욱 촘촘한 지배를 가능하게 하는 측면이 있다.

1960~1970년대 민주화운동세력의 민주주의 담론에서 유의미한 '정치'의 요소는 바로 자본주의적 경제개발 과정에서 억눌리고 소외된 자들을 볼 수 있게 만들고 그들의 편에서 현실의 판옵티콘에 균열을 가하려는 실천으로 이어졌던 점이다. 그러한 실천 속에는 효율성과 생산성을 추구하는 개발주의 그 자체를 근본적으로 회의하고 성찰할 수 있는 가능성과 개발주의의 모순을 끊임없이 미봉(彌縫)하며 판옵티콘을 더 세련되고 쓸모 있게 만드는 방향으로 나아갈 가능성이 공존하고 있었다. 1960~1970년대 민주화운동세력의 민주주의적 실천 속에서 우리가 취하고 계승해야 할 것은 무엇이며, 어느 방향일까. 개발주의의 코드를 내면화하고 판옵티콘 속에서 안도감을 느끼는 자들의 공동체 속에서 무능한 자들의 정치, 불평등한 자들의 평등을 어떻게

추구할 수 있을 것인가.

▣ 참고문헌

강원용, 1964「민족자주의 정신적 기초」『사상계』131호.
고려대학교 제2차 4·18시국선언문, 1961「겨레의 앞장에서 힘차게 싸우자 — 고려
　　　　대학교 제2차 4·18시국선언문」『민족·민주·민중 선언』(김삼웅 편), 한
　　　　국학술정보.
고려대학교 총학생회, 1971「군사교련 수강을 거부한다」『민족·민주·민중 선언』
　　　　(김삼웅 편), 한국학술정보.
김낙중, 1971「빈민극한항쟁의 당위론」『월간 다리』제2권 11호.
김동춘, 1994「1960, 70년대 민주화운동세력의 대항이데올로기」『한국정치의 지
　　　　배이데올로기와 대항이데올로기』(역사문제연구소 편), 역사비평사.
강정인, 2002「민주주의의 한국적 수용: 서구중심주의에 비쳐진 한국의 민주화」
　　　　『민주주의의 한국적 수용』, 책세상.
김보현, 2005「박정희 정권기 저항엘리트들의 이중성과 역설」『사회과학연구』
　　　　13-1, 서강대 사회과학연구소.
김성식, 1963「민족주의와 민주주의」『사상계』제127호.
김운태, 1962「민주주의 의식과 자치정신」『사상계』제103호.
김질락, 1964「조국은 금치산자」『청맥』제1권 4호.
＿＿＿, 1965「우리에게 내 나라를」『청맥』제2권 5호.
대학교수단 4·25시국선언문, 1960「부정불의에 항거하는 민족정기의 표현」『민
　　　　족·민주·민중 선언』(김삼웅 편), 한국학술정보.
미셸 푸코, 1975[2003]『감시와 처벌』, 나남.
박명림, 2008「박정희 시대의 민중운동과 민주주의」『한국과국제정치』제24권 2호.
사상계 편집부, 1960「권두언: 4·26 이후의 사회상을 보고」『사상계』84호.
박영대, 1969.11,「수(數)의 논리와 힘의 윤리」『사상계』199호.
사월혁명 10주년 기독학생 선언문, 1970「인간을 자유케 하는 투쟁에 동참하라」
　　　　『민족·민주·민중 선언』(김삼웅 편), 한국학술정보.
삼선개헌 반대 범국민투쟁위원회, 1969「민족사적 소명을 자각하자 — 전국의 신

앙인들에게－」『민족·민주·민중 선언』(김삼웅 편), 한국학술정보.

서울대 문리과대학, 1969『형성』제3권 2호.

서울대 문리대 학생회, 1967「6·8부정선거를 통탄한다」『민족·민주·민중 선언』(김삼웅 편), 한국학술정보.

서울대학교 학생회, 1960「자유의 종을 난타하는 타수의 일익을－서울대학교 학생회 4월혁명 제1선언문」『민족·민주·민중 선언』(김삼웅 편), 한국학술정보.

신일철, 1961「소리없는 혁명」『사상계』제100호.

안병무, 1971「민족적 저항」『씨올의 소리』4호.

──────, 1975「민족·민중·교회」『기독교사상』통권 203호, 대한기독교서회.

안병욱, 1963「자유와 민주주의의 확립」『사상계』제120호.

양창렬, 2010「옮긴이의 덧말」자크 랑시에르 저,『정치적인 것의 가장자리에서』, 도서출판 길.

우병규, 1964「시련받는 후진민주주의」『청맥』제1권 4호.

유봉준, 1971「사회정의를 살려야 할 긴박성」『창조』통권 제25권 제12호.

웬디 브라운, 2010「오늘날 우리는 모두 민주주의자이다……」『민주주의는 죽었는가?』, 난장.

이창규, 1971「노임(勞賃)과 생존권의 함수」『월간 다리』제2권 11호.

자크 랑시에르, 2008『정치적인 것의 가장자리에서』, 도서출판 길.

──────, 2010「민주주의에 맞서는 민주주의‘들’」『민주주의는 죽었는가?』, 난장.

장을병, 1969「장기집권의 병리학」『사상계』189호.

장준하, 1956a「권두언: 민주주의의 재확인」『사상계』34호.

──────, 1956b「권두언: 민주주의를 기원」『사상계』38호.

──────, 1956c「권두언: 무엇을 위한 테로냐?」『사상계』40호.

──────, 1956d「권두언: 민주명맥은 유지되었는가?－1956년을 보내면서」『사상계』41호.

──────, 1958「권두언: 기준의 전도－1958년을 보내면서」『사상계』65호.

──────, 1959a「권두언: 새해는 ‘민권의 해’로 맞고 싶다」『사상계』66호.

──────, 1959b「권두언: 권력과 정의」『사상계』74호.

──────, 1960「권두언: 1960년을 보내면서」『사상계』89호.

──────, 1963「누가 국민을 기만하고 있는가」『사상계』제127호.

──────, 1972「민족주의자의 길」『씨올의 소리』14호.

전국대학생 반독재투쟁 민주동맹 서울대 투쟁위원회, 1969.9.3「우리의 투쟁은 멈출 수 없다」『민족 · 민주 · 민중 선언』(김삼웅 편), 한국학술정보.

조동필, 1964「냉전의 벽을 뚫어라」『청맥』제1권 3호.

천주교 정의구현 전국사제단, 1974「제1차 시국선언」『민족 · 민주 · 민중 선언』(김삼웅 편), 한국학술정보.

최장집, 2002『민주화 이후의 민주주의』, 후마니타스.

탁희준, 1963「민주정치의 중단은 없다」『사상계』제120호.

한국기독교장로회총회 교회와 사회위원회, 1971「크리스찬 앙가쥬망 선언」『월간 다리』제2권 10호.

한국학생총연합회, 1964「구국비상결의 선언」『민족 · 민주 · 민중 선언』(김삼웅 편), 한국학술정보.

한일굴욕회담반대학생총연합회, 1964「민족적 민주주의 장례식 격문」민주화운동기념사업회 민주화운동 아카이브즈(http://db.kdemocracy.or.kr/) 등록번호: 578373.

함석헌, 1965「한국은 어디로 가는가」『사상계』149호.

함석헌 · 안병무 · 김동길 · 장준하, 1973「좌담: 외래문물의 홍수와 민족문화의 위기」『씨올의 소리』27호.

제2부

민중론과 개혁, 변혁 구상

한국 근현대 민중론*

이세영

1. 머리말

레온 트로츠키(Leon Trotskii)는 『문학과 혁명』(1924년)에서 1916년 무렵 이후로 러시아문학 연구에서 득세했던 '러시아 형식주의'를 "형식주의자들은 빨리 믿는다. 그들은 성 요한의 추종자들이다. 그들은 '태초에 말이 있었다'는 것을 믿는다. 그러나 우리는 태초에 행위가 있었다는 것을 믿는다. 말은 그것의 음성 그림자로서 따라 나왔다"라고 비판하면서 말과 실재(행위)의 관계를 언급했다. 즉 '말과 용어는 행위와 실재의 음성그림자'일 뿐이라는 것이다. 거꾸로 말하면 의사소통의 모든 방법으로서의 단순한 말들을 넘어서 기호들, 상징들, 그리고 구조들까지를 포함하여 지시체계들로서 널리 간주되고 있는 언어는 자기의 지시대상인 실재가 있기 때문에 존재하게 된다는 것이다. 이 때 언어와 담론은 실재를 중개하고 전달하는 수동적 매체 이상의 의미를 갖지 못하는데, 과연 언어와 담론은 자기의 지시대상인 실재를 제대로 중개할 수 있고, 또 반영하고 있는 것일까?

---

* 이 글은 「'민중' 개념의 계보학」(2006, 『우리 안의 보편성: 학문주체화의 새로운 전략』, 한울아카데미, 299~391쪽)의 본문 가운데서 직접 인용문만을 빼고 교정해서 전재한 것이다.

1960년대 초 푸코(Michel P. Foucault)에 의해서 언어와 담론은 특별한 인식론적 지위를 얻게 되었다고 한다. 언어이론과 문학이론은 언어와 담론이 언어 밖의 실재와 컨텍스트와는 관련이 없는 자율적인 의미체계라는 점을 제기하였다. 이후 철학과 문화, 문학이 선도해서 언어와 담론 분석을 연구주제로 부각시키고, 발전시켜 왔다. 1980년대에 이르러서는 유럽과 미국의 역사학자들 가운데 특히 노동－계급사가들과 사회사가들은 언어와 담론 분석에 특별한 관심을 보이기 시작하였다. 그들은 대개가 이전에는 역사적 유물론의 신봉자였는데, 이제는 언어와 담론, 그리고 포스트모더니즘의 신봉자로 변신한 자들이었다. 1989년 이후에 그들은 이미 불신 받은 역사적 유물론의 분석 전제들을 폐기하는 한편, 언어의 비지시성과 결정 능력을 강조하면서 언어와 담론에 특권을 부여하고, 그것을 분석하고 '사물화해서' 실재를 말하려고 하였다. 즉 이제 언어는 더 이상 실재와 행위의 음성그림자가 아니었다. 존재와 실재가 언어를 구성하는 것이 아니라 거꾸로 언어가 존재와 실재를 구성하며, 언어는 그 속에서 사회생활과 현실 역사가 배태되는 근본적인 배경이 되고 있었다. 텍스트 밖에는 아무 것도 존재하지 않는다는 것이었다. 사회사에서 이러한 흐름을 팔머(Bryan D. Palmer) 같은 이는 '언어로의 전환', 혹은 좀 더 논쟁적으로 '담론으로의 추락'이라고 불렀다.(Bryan D. Palmer)

이 글은 '담론으로의 추락'이라는 흐름 속에서 1920년대와 1970~1980년대에 유행했던 민중이라는 용어와 민중 담론을 분석하여 실재의 민중의 실체와 의미를 밝히고자 하는 것은 아니다. 또한 당시의 사회구조와 계급구조, 혹은 사상사와 심성사를 분석하여 민중의 실체를 규명하려는 것도 아니다. 다만 1970~1980년대에 주로는 비판적 지식인들과 학자들의 민중 담론을 통시적으로 제시함으로써 그들이 민중이라는 용어의 지시대상인 실체로서의 민중, 혹은 의식형태로서의 민중, 혹은 이 둘의 통일·결합으로서의 민중을 어떻게 형상화하고 상상하고 있었는지를 보이고자 한다. 즉 민중 개념이 어떻게 구성되었는가를 정리하고자 한다. 그런데 반드시 분석 대상이 되어야 하는 실재의 민중의 말과 언어, 담론과 전기 등은 검토되지 못하고 있다. 이 점은 차후 반드시 보완되어야 할 것이다.

그러나 어떤 경우라도 당시에 이미 어떤 권력의 효과를 내고 있는 민중 담론의 민중은 실재의 민중과 일치하지 않을 것이다. 왜냐하면 민중론자들이 자신들의 상상력과 언어에 의해서 형상화하고 의미 지시하는 민중은 엄격히 말하면 다만 그들의 '사유 속의 민중'일 뿐이지 실재의 민중은 아닐 것이기 때문이다. 그들의 상상력도 문제이지만 보다 근본적인 원인은 실재와 사물은 시간과 언어를 통과하는 순간 이미 그 실재성을 잃어버리기 때문이다.

2. 1920년대 이전의 민중론

우리 근현대사에서 실재의 민중을 지시하는 민중이라는 말과 용어가 크게 유행했던 때는 두 번 있었던 것 같다. 한번은 1920년대이고, 또 한번은 여기서 주로 다루고 있는 1970~1980년대 전후다.

1920년대의 신문과 잡지에는 민중이라는 말이 자주 오르내리고 있다. 이때의 대표적인 민중론자는 신채호였는데, 그는 '조선혁명선언'(신채호, 1923, ; 안병직, 1979, 187~198쪽)에서 일제의 식민통치의 피지배자, 무산대중[1]으로서 피수탈자, 사회적으로 차별받는 자, 노예적

---

1) "우리의 세계 무산대중! 더욱이 우리 동방 각 식민지 무산대중의 피·가죽·뼈·골을 빨고, 짜고, 씹고, 물고, 깨물어 먹어 온 자본주의의 강도제국 짐승무리는 지금 그 창자가 뚫려지려 한다. 배가 터지려 한다. (중략) 아, 세계 무산민중의 생존! 동방 무산민중의 생존! 소수가 다수에게 지는 것이 원칙이라면, 왜 최대

문화사상을 강요받는 자로서의 민중이 직접 주체가 되어 폭력적 혁명의 길로 나아가야만 일제를 파괴하고 신조선을 건설할 수 있다고 선언하고 있다. 즉, 그는 민중을 '일제의 식민지배를 배격하는 민족독립운동의 주체'로서 인식하고 있다.

이만열은 "민족주의사학자들(박은식, 신채호)은 1920년대에, 역사의 주역으로서의 영웅의 존재를 더 이상 거론하지 않고 그 대신 민중을 강조하게 되었다. 3·1운동은 민족지도자가 민중으로 바뀌는 중요한 계기가 되었다. 그해 조직된 상해임시정부의 헌법에 민중이 주인이 되는 국가의 수립을 명시하였다. 이것은 또한 민족주의사학자들이 민중을 역사의 주인공으로 인식하는 것과 시기를 거의 같이하는 것이며, 같은 시기(1920년대)에 신문·잡지에서 민중이 자주 거론되는 것과도 깊은 관련이 있는 것이다"라고 말하고, 이때의 민중은 "소수의 특권층이 아니고 다수의 피지배층이라는 점과, 일제의 식민통치를 배격하는 민족독립운동의 주체로서 새 역사의 발전을 위해 투쟁하는 세력으로 지목되고 있었다"고 말한다. 즉 1920년대의 민중은 '다수의 피지배층이자 독립운동의 주체세력'이었던 것이다.

한편, 이러한 민중은 언제부터 형성되었을까?

정창렬은 18세기 후반기 봉건체제의 동요에 따라 형성되기 시작한 민중은 18세기 후반기에서 1876년까지의 평민의식의 단계, 1876년에서 1910년까지의 '민중의식 1'의 단계를 거쳐 1910년 이후의 단계, 특히 1920년대에 민중의식의 각성과 함께 민중으로서 확립되었으며, 인간 해방, 사회적 해방, 민족 해방의 세 가지 과제는 1945년 해방 이후의 새로운 조건 속에서 일정한 변모를 거쳐 다시금 그 해결을 요구하고 있으며, 그러한 요구에 부응하여 민중과 민중의식의 재확립이 오

다수의 민중이 초소수인 야수와 같은 강도들에게 피를 빨리고 고리를 찢기느냐?" 신채호, 「朝鮮革命宣言」(1923년 1월).

늘날에 와서 다시금 제기되고 있다.(정창렬, 1982)고 하였다.

　해방 이후 민중이라는 말을 처음 쓴 것은 함석헌이었다.(함석헌, 1985) 그는 5·16군부쿠데타 후에 처음으로 그것을 반대하는 발언을 하였는데, "군사독재가 계속되면 앞으로 군사혁명이 반복해 일어날 것이고 주리고 눌린 민중이 격분하여 터지는 날이 오면 인간의 이성이 힘을 잃고 사회는 피와 불과 연기 속에 빠져버리고 말 것"이라고 경고하면서 군인은 정치 일선에서 물러나라고 권고하였다. 이즈음 그는 백성, 민중, 씨알(아래 알)이라는 단어를 혼용하고 있었다. 그러나 1970년대 초부터는 '씨알(아래 알)'이라는 단어만을 사용하였다. 그가 백성, 민중, 인민이라는 말보다 씨알(아래 알)이라는 단어를 사용하게 된 이유는 민중, 인민이라는 말들이 민, 즉 씨알(아래 알)을 "속이려는 의도를 가지고 만들어진 말"이라고 믿기 때문이었다. 그에 의하면, "민이란 그저 사람인데, 봉건시대에는 신민이라 속였고, 민족주의시대에는 국민이라 하면서 속였고, 공산주의는 인민이라면서, 민주주의는 민중이라면서 속인다"는 것이었다. 그리고 이렇게 하는 것은 "정치가와 거기 붙어먹는 학자들의 장난"이고 그는 이게 싫기 때문에 아무 것도 붙일 수 없는 씨알(아래 알)이란 말을 쓴다는 것이었다. 즉, 씨알(아래 알)이란 어떠한 정치적·사회경제적 제도에 의해서도 오염되지 않은 원초적인 의미의 '사람'이자 '민'인 것이다. 따라서 그가 1960년대 초에 백성, 민중, 씨알(아래 알)이라는 말을 같이 썼을 때, 민중은 하나님 앞에서 모두가 평등한 사람, 민의 의미를 가지고 있었던 것이다.

3. 1970년대의 민중론

1970년대에 들어서면서 민중이라는 말은 다시 유행하기 시작하였다. 그러나 그것이 자주 그리고 널리 쓰이게 된 것은 1970년대 말경에 이르러서였다. 그러나 이때에도 민중이라는 말을 쓰는 것을 꺼리거나 기피하는 분위기가 일반적이었다. 유신체제의 반공이데올로기에 세뇌되어 무의식적으로 민중을 '인민대중'의 줄인 말로 생각하고 기피했기 때문이었다. 즉, 백낙청은 1979년 「민중은 누구인가」라는 글에서 "이 말('민중'이라는 말)이 꽤 널리 쓰이게 된 것이 겨우 최근 몇 해 사이의 일이고 아직도 완전한 분위기는 못 되는 것 같다. 민중이라는 말만 해도 수상쩍게 보는 사람들이 많던 풍토"였다고 말하고 있다.(백낙청, 1979)

이러한 분위기 속에서도 맨 먼저 민중을 개념화하려고 시도했던 것은 1976년 11월에 있었던 송건호, 안병직, 한완상 등 세 사람의 좌담 「민중의 개념과 그 실체」였다.(『월간 대화』 1976년 11월호) 이 좌담에서 좌장을 맡았던 환완상은 "이미 오래 전부터 민중이란 무엇인가에 대해 생각하는 사람이 많이 있어 왔지만, 특히 한반도와 같은 특수한 정치상황을 고려해 보면 혹시 북에서 쓰는 인민대중의 준말이 바로 민중이 아니냐는 데서 오해는 더욱 심각해지는 것 같습니다. 그러나 이러한 오해는 민중에 대한 사회과학적인 이해에 의해 불식될 수 있다는 것이 나의 생각입니다."라고 말하면서 민중을 '인민대중'의 준말로 오해하는 것을 피하기 위해서 사회과학적으로 이해하자고 제안하였다.

이에 대해 송건호는 최근에 민중이란 말이 관심의 표면에 떠오르게 된 것은 사회과학 쪽보다 문학 또는 문단 쪽의 환기에 의한 것인데도 사회과학적인 개념이 강하며, 그러나 기실 민중은 동양적인 개념이라는 것에 주목해야 할 필요가 있다고 말하였다. 따라서 동양의 민중은 서양에서 근대 시민사회를 건설한 시민세력(계급)으로까지 발전하지 못한 '시민의식은 가졌지만 그러나 저항적인 존재로 머물렀던 대중'이었으며, 이어서 아시아·아프리카사회가 식민지·반식민지가 되었던 시기에는 '억압과 식민통치를 배격하고 새 역사의 발전을 위해 투쟁하는 강력한 정치적 저항세력'이었고, 독립 후 후진국이 되어서는 '여러 가지 사회적인 전근대적 요소(식민지 잔재)를 배제하고 새로운 것을 지향하는 세력'이었다는 것이다. 그리고 그는 우리나라에서 자유당이 지배했던 시기에 민중은 민권운동의 각도에서 검토해야 한다고 말하고 있다. 그 이후의 민중에 대해서는 언급하지 않고 있다.

또 안병직은 먼저 민중이라는 말을 사회과학적으로 파악하거나 정립하기는 어렵다고 말한다. 그의 민중 개념은 다분히 1920년대에 독립운동에 참여했던 많은 여러 부류의 사람들을 염두에 두고 정의되고 있음을 볼 수 있다. 그에 의하면, 민중은 모든 역사시기에 존재해 왔던 비특권층이자 피지배층으로서 그 구성은 특정 계급이 아닌 여러 계급과 계층을 포괄하고 있는 '복합적인 존재'이지만 그러나 이들이 곧 민중인 것은 아니고 역사의 주체로서 자각하고 강력한 정치 지향성을 가질 때에 민중이 된다는 것이다. 즉 '역사 주체 의식'이나 '정치 지향성' 같은 '의식을 지닌 대중'이 곧 민중이라는 것이다. 이러한 민중은 역사적 시기에 따라 그 구성과 의식이 달라질 것이었다. 그러므로 민중은 사회과학적이라기보다는 역사적으로 파악되어야 하며, 민중은 역사적 개념이라는 것이다.

한완상은 다시 민중은 사회과학적으로 이해해야 한다고 전제하고, 민중을 어느 시대나 어느 나라에서나 존재해 온 '여러 계층을 포괄하고 있는 다수의 피지배자로서 정치적 지향성을 지닌 저항세력'이라고 정의하고 있다. 그렇지만 민중은 또한 '반동적인 대중'으로 전락할 수도 있기 때문에 그들을 '저항하는 세력', 즉 '공중'(public)으로 나아가게 하는데 지식인들의 역할이 요구된다고 주장하고 있다.

결국, 세 사람의 견해를 종합해 보면, 민중은 '정치적 지향성을 갖고 지배세력에 저항하는 여러 계층과 계급으로 구성된 복합적인 존재(대중 혹은 공중)'라고 정의되고 있는 것 같다.

이어서 1978년에 한완상은 이 좌담에서 말한 자신의 민중 개념을 더욱 발전시키고 있다. 그에 의하면, 오늘의 상황에서는 정치적 지배수단의 점유 여부가 지배와 피지배를 조건 짓는 가장 중요한 요인이 되고 있으며, 따라서 현대의 민중은 일차적으로 정치적 힘으로부터 소외된 사람들임을 뜻한다.(한완상, 1978 ; 1980)고 정의하고 있다. 그러나 이러한 민중은 전혀 다른 두 가지 얼굴을 나타낸다고 보고 있다. 하나는 인류 역사가 있어 온 이래 언제나 존재해 온 '자기가 민중이라는 자의식을 갖고 있지 못한 민중', 즉 '즉자적 민중'이고, 또 하나는 '대자적 민중'인데 이 '대자적 민중'은 세 단계를 거쳐서 성장한다고 본다. '자의식의 민중', '비판적 민중', 그리고 가장 성숙한 민중으로서 '신앙적 민중'('목적지향적 민중')이다. 이 '신앙적 민중'은 "민중을 억압하고, 수탈하고, 차별하는 지배집단을 비판하고 나아가 새로운 질서의 형성을 위해 행동하다가 겪게 되는 고난과 죽음을 오히려 종교적 축복으로 믿는 신념의 대자적 민중으로 가장 성숙한 민중"이다. 그리고 '자의식의 민중'이 '신앙적 민중'으로 성장하도록 민중을 도와야 하며, 여기에 '민중사회학'이 요청된다고 역설하고 있다.

이처럼 한완상에 의해서 정의된 민중 개념은 박현채의 정치경제학적 시각에 의해서 좀 더 구체화되고 확장되고 있다.

박현채는 「민중과 경제」(박현채, 1978b)에서, 민중은 정치 · 경제 · 사회적으로 소외된 인간 집단과 그 소외로부터 회복하려는 인간 집단이 결합된 역사적 집단인데, 그 가운데서 어느 것이 지배적으로 되는가는 민중의 계급적 · 계층적 구성과 그들의 의식을 결정하는 사회경제적 조건의 변화에 달려있다고 보고 있다. 특히 민중의식은 결정적으로는 사회경제적 조건의 변화에 따라 향상되어 가겠지만 "민중의 일상적 비일상적 체험이나 원망의 집적이 민중 상호간의 접촉과 내외의 투쟁의 과정에서 민중적인 공유 체험으로서 자각되고 어떤 추상적인 가치 가운데 응축되어 감에 따라 민중의식은 정도의 차는 있으나 보다 높은 차원의 것으로 진보해 간다"고 본다. 즉 민중의식은 직접적으로는 현장에서의 민중생활과 민중운동의 경험과 공유를 통해서 향상되어 간다는 것이다. 그리하여 오늘날의 자본주의사회에서 "민중은 수동적 민중, 피조작적 민중, 그리고 주체적 능동적 민중을 포괄해서 그 비중을 확대해 가면서" 민중의 구성도 "노동자, 농민, 소상공업자, 지식인을 주된 구성원으로 하게 된다"는 것이다. 그리고 이러한 민중이 소외를 회복하려는 '주체적이고 능동적인 민중'이 되기 위해서는 '민족의식 → 계급의식 → 민중의식'에로의 의식의 자기 발전과정이 주어지고, 주된 계급구성으로 되는 노동자 계급의 능동성이 보장되었을 때라고 말한다. 또한 그 대다수가 역사의 주인으로 될 수 없기 때문에 민중의 한 구성원이 된 지식인들은 "민중의 개별적인 체험과 그 위에 서는 소망을 민중적인 공유체험으로 자각시키고 이들의 자각을 어떤 추상적인 가치 가운데 응축시켜 민중의식으로 정립하는 데 중요한 역할을 담당해 왔다"고 보면서 한완상과 마찬가지로 지식인의 역할을 특별히 지적하고 있다.

그러나 해방 후 3·1운동을 계기로 전민족적 구성(민족자산가, 노동자, 농민, 독립소생산자, 민족지식인 등)으로 되었던 민중은 새로운 분화를 가져오고, 그러한 민중에게 보다 나은 내일을 위한 주체적 능동적 성격의 발현을 위한 길이 주어지지 않고 있다고 보고 있다. 그것은 이제 민중의 주된 구성원이 된 노동자, 농민이 정치적 결사로의 길이 봉쇄되어 있고, 경제적으로 열악한 상태에 있을 뿐만 아니라 민중적 체험을 민중의식으로 구체화시켜야 할 지식인의 민중운동에의 참여가 광범위하게 이루어지고 있지 않기 때문이며, 구조적으로는 국민경제의 성장 유형이 광범한 민중소외와 사회적 불균형을 계속 확대 심화시키기 때문이라는 것이다.

결국 사회경제적 조건의 변화에 따라 민중의 계급적 구성과 그들의 민중의식은 달라지는데, 오늘날의 자본주의사회에서는 민중은 민중의 주된 계급구성원인 노동자계급과 그의 능동성이 담보될 때 '주체적이고 능동적인 민중'이 될 수 있다는 것이다. 특히 민중이 민중의식을 갖는데 지식인의 적극적 역할이 요구된다고 말한다. 그런데 당시 1970년대의 우리 사회는 이러한 민중의 주체적 능동적 성격의 발현의 길이 봉쇄되고 있다는 것이다. 그것은 구조적으로 국민경제의 성장 유형(독점자본주의 발전) 때문이며, 그리고 민중의 주된 구성원인 노동자, 농민의 정치 활동이 금지되고, 지식인의 민중운동에의 참여가 부진하기 때문이라는 것이다.

한편, 백낙청은 『월간 대화』(1976.11)에서의 한완상, 송건호, 안병직 등 세 사람의 좌담이 "민중의 내포 자체를 좀 더 우리 시대의 실재하는 민중의 현실에 맞도록 세밀하게 규정하려는 노력"이었다고 평가하고, 또 박현채가 『민중과 경제』(1979)에서, 강만길이 『분단시대의 역사인식』 등에서 우리 역사 속에서 민중과 민중의 역할을 점검한 노력들은 이후 본격적인 토론을 위한 좋은 출발이 되었다고 말한다. 그러면서 그는 '민중'이라는 낱말이 가리키는 수많은 사람들이 실제로 누구며 어떻게 살고, 그들이 더 인간답게 사는 길은 무엇인가에 대해 좀 더 스스럼없는 연구와 토론을 가져야 할 때가 되었다고 지적하고 있다.(백낙청, 1979)

『신동아』 1980년 7월호는 1970년대의 민중론을 검토한 특집이었는데, 여기서 유재천, 안병영, 한상범 등은 1970년대의 민중 개념이 당시의 '실재의 민중, 현실의 민중에 맞는 개념'이었는지에 대해 문제를 제기하였다.

　우선 유재천은 「70년대의 민중에 대한 시각」(유재천, 1980)이라는 글에서 민중은 '권력엘리트로부터 소외된 일반 백성, 즉 서민', 다시 말하면 '지배계층을 제외한 피지배층 일반'이라는 것이 공통된 관점이었다고 파악하고, 이러한 민중은 사실상 국민(혹은 신하), 인민(people), 시민, 대중, 공중 등과 크게 차이가 없다는 것이다. 그런데도 불구하고 민중을 '자각한 민의 무리'로 본 것은 "민중을 역사의 주인공으로 파악하고 민중을 역사의 전면에 내세우려고, 그리고 자의식을 갖지 못한 민중을 잠에서 깨우려고 의도적으로 노력했던 1970년대의 지적 풍토" 때문이라는 것이다. 따라서 1970년대의 민중 개념은 "떠받들어진 것"으로 어쩌면 "지식인의 관념 - 올바른 삶을 지향하고자 하는 지식인의 자기반성의 그림자"로 보인다고 하였다. 따라서 이러한 민중의 개념은 대단히 목적 지향적인 개념이기 때문에 과학적이지 않다고 말한다. 말하자면 이러한 민중 개념은 실재의 민중과 거리가 있는 것으로 '어쩌면 비판적 지식인의 관념'일 뿐이라는 것이다.

　이어서 안병영은 「역사의 주체로서의 민중」(안병영, 1980)이라는 글에서 비판적 지식인들의 민중 개념의 문제점을 지적하였다. 그는 우선 개념 일반이 가지고 있는 문제점을 지적하였다. 즉, 학계에서의 학문적이고 이론적인 개념 사이에도 의미 내용이 서로 다를 뿐만 아니라 그것들과 또 일상 세계 속에서의 개념 사이에는 그 개념의 지시 대상이나 의미에 있어서 차이가 있다고 지적한다. 그리고 그는 근래의 민중 개념이 '분석적 개념'이라기보다는 사회의식이 강한 비판적 지식인들의 '상징적 표상'으로서 '이념적 · 실천적 개념'에 가깝다고 말하고 있다.

　또한 민중이라는 개념은 "무엇보다 전체 사회의 지배질서를 거시적 · 구조적 · 역사적으로 파악하고, 정치 · 경제 · 사회 · 문화적 제가치의 배분에 있어 보다 우위에 있는 (내지 독점적 지위에 있는) 집단과 그렇지 못한 열세한 집단으로 양분할 때, 후자를 지칭하는 의미로 이해되는데, 민중 개념을 즐겨 사용해 온 비판적 지식인들은 주로 정치적 지배관계에 초점을 맞추고 민중의 자의식의 성장을 매우 중시하고 있다"는 것이다. 또한 비판적 지식인들은 "민중이 스스로의 사회적 지위를 지배관계의 구조적 맥락에서 인식할 수 있는 의식수준의 개발을 강조하고 또 이 방향으로 민중을 깨우쳐 주는 것을 그들의 사회적 사명으로 생각하고 있다"는 것이다. 그렇기 때문에 그들의 민중 개념에는 '인민주의의 이념적 속성'이 함축되었다고 보고 있다. 그것은 그들이 지배집단과 피지배집단의 관계를 기능주의 관점보다는 갈등론의 시각에서 이해하고 있기 때문이라고 지적하고 있다. 그러한 비판적 지식인들의 '민중관'은 몇 가지 문제점과 함께 또한 장점도 안고 있다고 말한다. 즉, 비판적 지식인들의 민중 개념은 주로 지배구조 양분론과 계급관계 갈등론, 행동주체론을 무시한 사회구조론, 그리고 사회변혁론에 근거하고 있다는 것, 또한 그것은 그들의 체제변혁적 민중의식화를 담고 있기 때문에 '인민주의의 이념적 속성'과 '정치적 구호의 함의'를 띠고 있다는 것이다. 그러나 다른 한편으로 그들의 민중 개념은 현대 정부가 발전 위기의 관리 차원에서 반드시 고려해야 할 정책적 대상의 의미를 갖고 있다는 점, 마르크시즘적 사회해석에 의한 계급관계보다는 복합적인 사회관계를 표상하는 개념이라는 점에서 의미가 있다고 말하고 있다.

　한상범 또한 「민중론의 전개 방향」(한상범, 1980)에서 우선 민중이라는 말이 어떻게 쓰이고 있는가를 검토하고 있다. 민중이라는 말은 분단 상황에서 생겨난 특수한 용어로서, 이에 대한 반응은 두 가지라고 말한다. 하나는 민중이라는 말을 쓰기를 꺼려하거나 인민이라는 말 대신에 민중이라는 말을 쓰는 경우이며, 또 하나는 비판적 지식인들의 입장으로서 '역사를 이끌어 온 이름 없는 대다수의 사회 밑바닥에 깔린 사람들'의 의미로 민중이라는 말을 쓰는 경우가 있다는 것이다. 그리고 후자가 바로 민중론의 구상이라고 말한다. 그리고 이러한 민중론에서 시민은 민중보다는 '한정된 범주의 사람'을 가리키며, 민중은 대중사회론의 대중과는 구별된다는 것이다. 따라서 민중은 대중(mass)과 구별되는 인민(people)에 속하면서 "스스로의 의지를 지닌 자각된 주체로서 자기를 주장하고 그것이 사회발전에 건전한 힘이 될 때에" 그 의미를 갖는 것이라고 보고 있다. 말하자면 민중은 '능동적 주체적 인민'이라는 것이다.

이처럼 세 사람은 1970년대의 비판적 지식인들의 민중론에서의 민중 개념은 '분석적 개념'이라기보다는 '이념적·실천적 개념'에 가깝다고 지적하고 있다. 그리하여 그것은 비판적 지식인들에 의해 '떠받들어진 것' 혹은 그들의 '상징적 표상'으로서 '인민주의의 이념적 속성'과 '정치적 구호의 함의'를 띠고 있으며, 구체적으로는 '지배계층을 제외한 피지배층 일반', 혹은 '역사를 이끌어 온 이름 없는 대다수의 사회 밑바닥에 깔린 사람들', 혹은 '능동적 주체적 인민'을 가리키고 있다는 것이다.

1970년대의 민중 개념이 '실재의 민중', '현실의 민중'에 맞는, 혹은 거기에 다가가는 개념이 되기 위해서는 1980년대의 민중과 민중운동을 기다려야 했다.

4. 1980년대의 민중론

1979년 8월의 YH사건, 11월의 부마항쟁, 그리고 1980년의 광주민중항쟁을 거치면서 민중은 '역사의 주인'이자 우리 사회를 개혁할 수 있는 변혁주체세력으로 인식되기 시작하였다. 1980년대 벽두의 이러한 민중운동은 1970년대의 민중론에 일종의 사상적 충격으로 작용하였다. 그리하여 1970년대의 민중론은 1980년대 초반의 종속이론에 입각한 주변부자본주의론의 변혁론과 변혁주체론으로 연결되어 전개되었다. 1980년대 중반에 이르러서 민중론은 사회성격론－변혁론－민중론의 연관 속에서 변혁주체로서의 민중에 관한 문제로 본격적으로 제기되기 시작하였다. 그러나 1985년 2·12총선 이후 중간 제 계층의 민주화운동에의 적극적인 참여를 계기로 민주화운동의 주체 설정에서 민중과 중간 제 계층의 관련성이 주목되는 한편, 중간층의 계급적 지위와 정치적 성향에 대한 관심이 고조되자 학계 일각에서는 민중문제의 위상과 민중의 내부구성 문제를 둘러싸고 '중산층적 민중론'이 제기되기도 하였다. 그러나 이때에 사회구성체 논쟁과 함께 활발해지기 시작한 사회계급 연구는 '변혁적 민중론'과 '민중학'의 정립에 새로운 전기를 마련해 주었다.

1) 민중문학

1970년대 말까지 민중문학이 아직 정립되지 않았음은 염무웅의 『민중시대의 문학』(염무웅, 1979)에서 확인할 수 있다. 염무웅은 우선 민중이라는 말이 명확한 사회학적 내지 비평적 내용을 갖춘 개념으로 쓰이지 못하고 있는 점을 일단 시인하였다. 그러면서도 민중은 민중으로 자각하는 사람의 주체적 성장에 따라서 결정될 수 있다고 보고, 민중이 다방면에서 문제되는 현상 자체가 "민중적 각성과 성장의 표현이고, 민중시대의 한 징표"라고 말한다. 그리고 이러한 민중시대의 문학은 민중문학이어야 하는 바, 민중문학은 "민중시대의 역사적 현실화에 참여한 모든 계층의 생활을 예술적으로 포용한 문학일 것이다"고 말한다. 그러나 "민중이나 민중문학은 아직도 그 모습이 뚜렷이 드러나지 않았기에 분명한 실체로 그려낼 수 없다"고 말하고 있다.

이러한 민중문학이 그 모습을 드러내는 것은 1980년대에 이르러서였다. 권영민은 한국현대문학사를 시기 구분하면서, 1980년대에 이르러 1970년대 후반 이후 민족문학론은 민중론('문학적 이념으로서의 민중의식과 그 실천주체로서의 민중의 존재를 문제 삼는 데서 출발하여, 민족문학의 수용기반으로서의 민중과 그 문학적 양식개념으로서의 민중적 양식 창조에 이르기까지의 폭 넓은 논의')에 의해 주도된 민중문학에 대한 논의로 그 방향이 분명하게 전환되어 가고 있으며, 그리고 거기서 우선 민중의 개념화가 문제로 제기되고 있다고 정리하고 있다. 그에 의하면, 민중문학론은 문학의 주체와 이념을 민중 속에서 확인하고자 하는 것인데, 이때에 우선 문제가 되는 것은 민중의 개념화라는 것이다.(권영민, 1993, 225~229쪽)

1980년대에 이르러 문학계에서 민중의 개념화 문제를 처음으로 제기한 것은 김주연의 「민중과 대중」(김주연, 1980)이었던 것 같다. 그는 '민중'이라는 말과 '대중'이라는 말이 단순한 표현상의 차원을 넘어 문학이론 형성에 깊이 개입하고 있다고 판단하고, 문학계에서 이제 본격적으로 민중 문제를 다룰 수밖에 없을 것이라고 말하고 있다. 그리고 그는 민중을 대중과 비교하면서 지식인의 자기반성에 따른 지식인의 '올바른 삶을 지향하고자 하는 관념' 혹은 '그 어떤 깨어 있는 정신'(가치)이 투사된 대중의 일부(실체)라고 정의한다. 역사적·사회적 실체로서 대중의 일부를 민중이라고 부를 수 있는 것은 지식인이든 대중이든 "현실순응을 거부하고 인간된 삶을 지향하는 태도"를 지니기 때문이라는 것이다. 대중이 객관적 실체라면 민중은 실체가 아닌 방법이나 정신이기 때문에 선택적이라는 것이다. 따라서 대중이든 지식인이든 선택하는 그러한 가치(관념 혹은 정신)를 민중으로 볼 것을 제안한다. 민중 개념이 그 구성상 두 가지 요소, 즉 실체와 가치로 성립된다고 본다면, 김주연은 민중을 가치 개념으로 보고 있는 것이다.

한편, 가치(정신, 의식, 사상과 이념 등 의식의 제 형태) 개념으로서의 민중을 더욱 추상화하고 보편화시킨 것은 김지하였다. 그는 우선 '민중'이란 그 말이 지시하는 대상으로서의 실체가 확고하게 잡히기 힘든 그런 개념들—'민중'·'주체'·'공동체' 등— 중의 하나이며, 그것은 그러한 개념들 역시 끊임없이 살아 움직이는 생명체이기 때문이라고 말한다.

그는 현 시대를 인류역사·지구역사 전체의 변혁기로 규정하고, 그 앞과 뒤를 '선천시대'와 '후천시대'로 구분한다. 그리고 우리가 후천 개벽시대로 들어간다면 후천 개벽시대는 진정 탁월한 의미에서의 민중시대, 민중이 진짜 현실적으로 주인이 되는 시대여야 하며, 이때 민중 자신이 주인공인 바로 그 민중의 의미를 근본적으로 따져봐야 할 때가 왔다고 말한다. 그때의 민중은 생명의 담지자이며, 그 안에서 생명이 서식할 수 있는, 살아 움직이는, 생동하는, 끝없이 변화하며, 그리고 반복 확장하는 장소이다. 따라서 이러한 민중은 자기 안의 생명의 본성에 가장 알맞게 생활하고 생존하고 창조하고 노동하는, 희망하고 꿈꾸고 욕구하고, 그것(생명)을 성취시키기 위해 애를 쓰는 가장 생명체다운 집단이다. 그리하여 민중이 주인이 되는 운동은 생명이 민중의 주인공이라는 인식과 그 인식의 창조적·협동적 실천 확장과 그 인식과 실천을 저해하는 쇠뇌와 억압에 대해서 생명의 본성에 알맞게 집단적으로 저항하는 운동이며, 그 결과 민중 속에서 생명이 생명의 실상에 가장 알맞은 모습으로 현실적으로 가시적으로 성취되고 드러나게 되면 '개벽'의 시대로 들어간다는 것이다. 한마디로 민중은 생명의 담지자로서 생명이 요구하는 바에 따라 움직이는 생명체라는 것이다. 따라서 선천시대와 지금의 변혁기에서 민중은 "'권력', '지배자', '착취자', '억압자' 또는 '지식인'·'지도자'·'선각자'·'예언자'·'선비'·'부자'·'지주'·'귀족'이라고 부르는 역사적 개념들—이러한 것들이 역사 안에서, 사회 안에서 절대다수의 사람들에 대해서 노는 역할이 자연 그 상태로서의 사람들에게, 있는 그대로의 일상적인 생 그 자체가 요구하는 바대로 살 수 없도록 강제하고, 억압하고, 장애하고, 가로막고, 빼앗고, 겁탈하고, 약탈하고, 짓누르고, 죽이고, 슬픔을 안겨다 주고, 하는 이런 현실적인 체험 속에서 그에 대응해서 상대적으로 도드라지게 된다"는 것이다. 지금은 민중이 생명이 요구하는 바에 따라 개벽의 시대로 들어가기 위하여 운동하는 시대라고 말한다.(김지하, 1984)

한편, 민중의 개념화 문제를 넘어서 민중과 문학의 관계, 즉 민중문학의 개념화 문제를 제기한 것은 김병걸이었다. 그는 '민중은 1970년대 말 좌파 이데올로기에 신들려 있는 일부 지식층과 문인들이 만들어 낸 허상에 불과하다'는 모 철학교수의 글을 보고, '민중은 정말 허상인가'를 반문하면서 민중과 문학의 관계를 설명하고 있다.(김병걸, 1983)

그는 1970년대에 양심적인 사학자들과 종교인, 문인들이 "역사에서 민중들이 보여주었던 민족적 투쟁의 역량과 공적에도 불구하고 제 값을 받지 못한 것을 제자리에 환원시키는데 힘을 다했다"고 평가하면서, "문학의 경우, 한 시대의 가장 넓은 의미에서의 삶을 형상화하고 그 삶에 가치와 빛을 부여하는 것이 다른 무엇보다 더 중요한 문학적 소명이라고 할 때, 민중의 문제가 으뜸가는 주제일 수밖에 없었다"고 강조하고 있다.

그는 우리 문학이 조선시대부터 민중을 지향하거나 민중의식을 수용하여 형상화했다고 보고 있다. 그 대표적인 문학작품으로 『홍길동전』과 『춘향전』, 박지원의 소설 등을 들고 있다. 그러나 개화기의 창가와 신소설 등은 조선 후기의 민중지향적인 문학과 비교해 볼 때 오히려 퇴보했다고 평가한다. 이어서 1920년대에 민중문학에서 가장 뛰어난 작가로 최서해를 들고 그의 소설은 '신경향문학의 한 시대를 대표한 것'으로 높이 평가한다. 최서해의 작품은 "변방으로 밀려나고 사회에서 소외된 민중의 삶을 적나라하게 반항적으로 표출해 냄으로써 행동적 리얼리즘이라 할 수 있는 특수한 양상을 보인다"는 것이다. 오랫동안 끊어졌던 민중문학은 1960년대 후반에서부터 서서히 움트기 시작하여 1970년대 초반에는 한국 현대문학의 현장에서 큰 문학적 조류를 형성하게 되었다고 본다. 그리고 "하지만 오늘날의 민족적 위기에서 민중적인 문학이 수행해야 할 구실은 기존의 민중의식을 수동적으로 반영하고 전파하는 것만은 아니다. 반영작업은 동시에 민족생존권의 수호와 반봉건적 시민혁명의 완수라는 객관적으로 민중에게 주어진 사명을 민중의 각성된 인식과 실천으로 이끌어가는 예술작품 특유의 능동성을 발휘해야 한다"고 강조하고 있다.

그는 1960년대의 시에 있어서 민중의식을 수용한 시인으로 김수영, 신동엽, 이성부, 조태일 등을 들고, "민중에 대한 튼튼한 사랑을 노래한 조태일 등의 신작로를 통과해서 마침내 민중과 명실공히 일체감을 이루는 김지하의 꺾이지 않는 행동적 광장에 와 닿는다"고 정리한다. 또 소설에서 제일 먼저 거론되는 작가는 김정한이라고 하면서, "김정한은 시종일관하다시피 서민층, 특히 낙동강 유역의 볼품없는 촌민들의 애사를 소설로 구성하면서 작렬하는 행동미학을 제시한다. 그것과 병행하여 그의 소설은 정치적·경제적 문맥을 잡아서 그 비위 상황에 꿋꿋이 뻗선다. 그러나 어쨌건 김정한만큼 농촌문학을 새마을운동의 농민문학과는 다른 차원에서 건전한 비판력을 토대로 활기 있고 헌걸차게 구성한 작가는 거의 없다 해도 지나친 말이 아닐 것이다"라고 평가한다. 그리고 이어서 1970년대의 민중문학 작가들로서 이호철, 최일남, 박경리, 천승세, 송기숙, 윤정규, 박태순, 신상웅, 오찬식, 조정래, 이문구, 황석영, 한승원, 윤흥길, 김춘복, 백우암, 방영웅, 조세희, 송

기원, 현기영 등을, 그리고 시에서 1960년대의 현실 참여적인 시인 김수영과 신동엽의 시 정신을 이어받은 김규동, 고은, 신경림, 문익환, 문병란, 이성부, 조태일, 김지하, 김준태, 최민, 양성우 등을 거명한다. 그러나 민중문학은 1980년대에 들어와서 또다시 가시밭길을 걷게 되었는데, 그것은 상당수 문인들이 반민중적인 체제를 받아들이거나 그것에 순응했기 때문이라는 것이다.

그리고 그는 민중은 역사적·사회적 실체로서 절대다수의 서민층, 촌민, 농민 등이며, 민중문학은 '민중의 삶을 형상화하는 것', '민중을 지향하거나 민중의식을 수용하여 형상화하는 것'이라고 정의하고 있다. 그리고 이러한 민중문학의 역할은 '민중을 원래의 인간됨과 그 권리에 환원시키는 것'이자 나아가서는 역사적·객관적으로 "민중에게 주어진 사명을 민중의 각성된 인식과 실천으로 이끌어가는 것"이어야 한다고 말한다. 그런데 이러한 민중문학이 1970년대까지 좋은 성과를 보여 왔지만 1980년대에 들어와서는 상당수 작가들이 반민중적 체제에 순응함으로써 또다시 '가시밭 길'을 걷게 되었다고 평가하고 있다.

이러한 민중문학의 개념과 특히 민중문학의 주체에 대해서 문제를 제기한 것은 이재현의 「민중문학운동의 과제」(이재현, 1984)였다. 그는 1970년대의 문학운동을 "적어도 이 시점에서 문학운동의 주체는 불행히도 민중이 아니며, 잠정적 주체인 문학인은 민중문학의 이념을 효과적으로 실현시키고 있지는 않다"고 말하고, 지금도 계속 민중 주체의 민중문학 혹은 문학의 민주화가 문학운동의 이념으로 상정되고 있지만, 현재 그 주체는 민중이 아닌 지식인으로서의 문학인들인 바, 이 지식인 주체의 민중문학운동이 정확한 방향성을 확보하지 못하고 있기 때문에 이념 실현의 방법론에 있어서나 실천의 성과에 있어서 매우 미흡하다고 평가한다.

그러나 1980년대의 문학운동에 있어서 최대의 성과는 "민중이 단지

문학 작품 속의 주인공이나 화자로서 등장하는 존재로서 그치는 것이 아니라 스스로를 대상화하는 주체, 문학적 자생 능력을 갖춘 어엿하고 당당한 주동적 집단이라는 인식"이 나타남으로써 기존 문학 개념을 수정하게 했다는 것이다. 따라서 민중이 문학의 창조자이며 동시에 향수자라는 인식이 문학전문집단이 생산해내는 창작물(기록문학을 포함한) 속에서 민중이 수동적 대상으로만 다루어짐으로써 해서 낳아지는 폐단—생활민중은 문학 생산물의 수동적 독자일 뿐이거나 실제로 그 독자층에 포섭이 되지 않은—을 극복할 수 있는 방법론의 모색으로 이어지고 있다는 것이다.

문학운동에 있어서 민중 노선의 문제는 크게 보아 전문성과 현장성의 문제로 귀결되는데, 지식인으로서의 문학인들에게는 현장성이 부족한 반면 민중들에게는 전문성이 문제가 되고 있다고 한다. 그렇다면 문학인들은 어떻게 현장성을 확보할 수 있는가?

그는 생활 민중의 일상적 감성적 체험을 단순한 작품의 소재로 파악하는 것은 안 되며, 그런 태도는 여전히 오도된 전문성에의 집착일 뿐이라고 지적한다. 생활민중의 일상적 감성적 체험의 문제는 소재 차원의 문제가 아니라 현장성과 관련된 문제인데, 이 현장성은 단순한 형식적 장소적 의미를 지니는 것이 아니라 민중 주체의 문학적 자생 능력과 깊이 관련되어 있기 때문에 '민중언어에 의한 민중사실의 표현'으로 요약되는 이 자생 능력을 얻기 위해서는 민중을 섬기고, '민중사실'에 접근하고, '민중의 언어'를 살려야 한다고 말한다.

그렇다면, 민중 자신이 작품 생산의 주체가 되고 있는 '민중문학'–'노동자문학'·'농민문학'은 가능한가? 즉 문학함에 있어서 전문성이 확보되고 있는가? 그러나 그는 박노해의 시집 『노동의 새벽』이 바로 '민중문학'의 가능성을 입증하고 있다고 말한다. 즉, 그는 이전의 문학인(지식인) 주체의 민중문학운동이 그 방향을 잃고 있는 상황에서 1980

년대에 들어와 민중 자신이 작품 생산의 주체가 되고 있는 '민중문학' —'노동자문학'·'농민문학'—의 가능성이 열리고 있다고 말하고 있다. 그리고 기존의 문학인 중심의 민중문학운동은 생활민중의 '현장성'('민중을 섬기고, 민중사실에 접근하고, 민중의 언어를 살리는 것')을 확보하여 '민중언어에 의해 민중사실을 표현'하는 진정한 민중문학으로 나아가야 할 것이라고 지적하고 있다.

이제 '민중문학'이 무엇인가가 문제가 되고 있다. 즉 민중문학의 주체와 문학하는 것('문학적 형상화')이 문제로 제기되고 있는 것이다.

이즈음에 채광석은 「민족문학과 민중문학」(채광석, 1984)에서 "문학의 보편적이고 궁극적인 지향점이 진정 인간다운 삶의 실현에 있는 것이라면 민족문학은 마땅히 민족 구성원들의 인간다운 삶의 실현을 지향해야 하며, 이것은 그들의 삶을 비인간적인 것으로 얽어매고 있는 현실적 조건들을 밝히 드러내고 그 극복을 겨냥하는 데서 가능해지기 때문이다"라고 말하면서 '민족문학'을 정의하고, 이러한 '민족문학'은 민중에 기초한 '민중문학'에 의해 구체화되는 것이라고 말한다. 그렇다면 그가 말하는 '민중문학'은 무엇이며, 어떻게 가능한가? 그는 박현채의 '민중문학' 정의(박현채, 1983a, 99~103쪽)를 차용하는데, 그 것은 (1) 생활하는 민중의 쪽에 서서 민중을 대상으로 하여, (2) 역사적 진실을 주어진 사회적 상황에서 발현되는 삶의 고뇌와 인간적 요구의 감성적이고 일상적인 표현을 통해 드러내고, (3) 나아가 민중적 요구의 실현을 위한 길을 제시함으로써 민중의 사회적 실천에의 요구에 답하는 문학으로 규정되고 있다. 그리고 그것은 결국 리얼리즘에 의해 구체화되는 것이라고 말한다.

이어서 채광석은 민중문학의 리얼리즘과 그것에 의한 대표적인 민중문학의 예로, 1960년대 신동엽의 시, 1970년대 황석영의 『객지』, 이문구의 『우리 동네』 및 김지하의 시 등을 들고 있다. 이러한 작가들과 그 작품들은 생활민중의 삶의 고뇌와 인간적 요구의 실현인 인간적 해방과 반제·반매판의 시대적·사회적 과제의 실현인 사회적 해방의 길을 제시한, 말하자면 박현채의 '민중문학'의 '빼어난 성취'로 평가되고 있다. 그렇다면 '민중문학' 여부는 작품생산의 주체가 누구든 간에 그가 얼마나 민중의 구체적 현장성과 실천적 운동성의 통합을 확보하는가에 달려 있는 셈이다.

이어 1970년대 후반에 접어들면서 전문 작가들의 그러한 통합성 실현의 정도가 질적으로 별다른 진전을 보여주지 못한 반면 현장 근로자들의 체험수기·일기 등이 점차 대두하여 보다 성공적으로 민중문학의 성과를 이뤄냈다고 평가하고 있다. 그리고 이 시기에 민중문학의 정통에 가장 접근한 노동소설로 유동우의 체험수기『어느 돌멩이의 외침』을 들고 있다. 사업장 단위의 노동운동사 성격을 아우르고 있는 이러한 체험수기류는 1980년대 들어서도 계속 출현하고 있고, 이 흐름의 연장선상에서 시, 마당굿 대본, 수필, 소설 등의 형태로 확산되고 있는 바 그 수준에 있어서도 가히 민중문학의 백미를 이루고 있는 것으로「손무덤」(박노해 시집,『노동의 새벽』, 85~88쪽), 김용택,「마당은 비뚤어졌어도 장구는 바로 치자」(17인 신작시집,『마침내 시인이여』) 등을 들고 있다.

그리하여 1980년대에 이르러 민중('근로자들')이 작품생산의 주체가 되고, 이 민중에 의해서 '구체적 현장성과 실천적 운동성의 통합'이 일어남으로써 비로소 진정한 민중문학이 자리 잡게 되었다는 것이다. 그렇다면 지금까지 생활민중의 현장성을 결여할 수밖에 없었던 문학인·작가들은 어떻게 해야 그 '통합'을 확보할 수 있는가? 그는 "민중운동의 실천적 틀 위에서 작업의 협업화를 이룩하고 이를 기초로 지식인 문학인들은 새로운 진보적 세력과의 연대를 추구하고 기층민중은 그러한 세력으로서의 자기동일성을 추구하는 가운데서 그것은 보다 효과적으로 달성될 수 있다"고 말한다. 즉 지식인·문학인은 우선 진보적 세력('민중세력')과 연대하고, 작품의 생산에 있어서 민중과 '협업'함으로써 민중문학의 정통에 다가갈 수 있다는 것이다.

한참 시간이 지난 1990년에 김재홍은 「한국문학 속의 민중의식 연구―민중시를 중심으로」(김재홍, 1990)에서 민중문학은 '민중의식을 담은 문학'이라도 정의하고, 1920년대부터 1980년대까지 민중시를 중심으로 민중문학사를 정리하였다.

우선 그는 진정한 민중시의 모델은 '민중의식을 그 내용으로 하고 민족(민중)형식과 그 미학원리에 의해 형상화된 것'이라고 정의하고, 민중시를 포함하여 민중문학 작품을 5가지로 분류한다. (1) 농민과 농촌문제를 다루는 작품군, (2) 도시빈민과 노동자 및 산업화의 진행으로 인한 소외현상을 다루는 작품군, (3) 반봉건적 의식과 민주화를 지향하는 내용을 담은 작품군, (4) 반외세와 민족 자주의식을 담은 작품군, (5) 분단의 아픔과 통일에의 염원을 내용으로 하는 작품군 등이다. 이러한 민중문학 작품들과 민중문학론은 언제부터 출현하는가?

그에 의하면, 민중이라는 말이 각종 사회운동 혹은 예술의 가치 지향적 개념으로 수용되기 시작한 것은 3·1운동을 전후한 시기이며, 이러한 분위기를 바탕으로 신흥문학으로서의 신경향파문학과 프로문학이 어느 정도 대중의 지지를 획득할 수 있었으며, 따라서 한국문학에서 민중문학론의 본격적인 전개는 계급주의 문학이 대두되기 시작한 1920년대 초반이라고 할 수 있다고 말한다. 대표적으로 김팔봉의 "생활은 예술이요, 예술은 생활이어야만 할 것이다"라는 주장에서 당시 민중문학론의 성격을 엿볼 수 있다는 것이다. 즉, 이러한 팔봉의 언급 속에서 프로문학의 초기에 나타나는 '생활에 대한 관심'과 민중의식의 고조, 그리고 종래의 문학에 대한 강도 높은 비판의 자세를 살필 수 있다는 것이다. 그리고 팔봉의 민중문학론에 박영희, 임정제 등이 동조하면서 문단의 커다란 세력권을 형성하게 되었다고 한다.

김팔봉의 민중문학론 이후 문단에 빈곤 계층을 다룬 작품이 무수히 쏟아져 나오게 되었는데, 소설로는 김기진의 '붉은 쥐'(『개벽』 1924. 11), 조명희의 '땅속으로'(『개벽』 1925.3), 이익상의 '광란'(『개벽』 1925. 6), 이기영의 '가난한 사람들'(『개벽』 1925.5), 주요섭의 '살인'(『개별』 1925.6), 최학송의 '기아와 살인'(『개벽』 1925.6) 등을, 그리고 시로는 이상화의 시작들, '빼앗긴 들에도 봄은 오는가', '緋哭', '통곡', '거러지' 등을 들고 있다. 특히 이상화의 후기작에는 걸인, 노동자, 행상인 등 빈궁한 소외계층에 대한 옹호의 시선이 두드러지게 나타나고 있다고 말한다. 이상화의 시에 등장하는 하층 소외계층의 빈궁한 삶과 울분은 항일민족의식 내지는 민중적 휴머니즘 정신의 한 표출이라고 여겨지는 것이다. 이상화는 '비를 다고'(조선지광, 1928)와 같은 시편에서 수탈과 한발에서 시달리는 농촌의 피폐상을 형상화하였다. 이 시는 민중의 입장에 서서, 민중의 고통과 슬픔을 민중의 언어로 형상화한 민중시의 전범이 된다. 이상화의 시는 소외계층으로서의 농민, 노동자 등 빈궁계층의 고통스런 삶을 폭넓게 다루고 있음을 알 수 있다. 그러면서도 그러한 소재들을 관념적으로 이해하는 오류를 범하지 않았으며, 위선적 포즈나 연민 혹은 단순한 동정심에 근거한 지식인의 센티멘탈리즘과도 일정한 거리를 유지하고 있다. 오히려 농민과 노동자의 궁핍하고 고통스런 삶을 있는 그대로 제시하고, 그들과 하나가 되어 그들의 분노와 울분을 가장 온전하게 형상화하였다는 데서 이상화 시의 본령을 찾을 수 있다는 것이다.

그런데 그는 1920년대의 문학에 있어서 '민중'이라는 가치가 오로지 신경향파와 프로문학 측의 전유물만은 아니었으며, 이와 대척적인 위치에 있던 민족문학 진영 역시 '민중'을 지고의 가치로 여기고 그것을 작품화하려고 노력했다고 말한다. 대표적으로 주요한의 시집 『아름다운 새벽』(주요한, 1924, 발문)은 민족문학 진영이 이해하고 있는 민중문학관과 그 작품이라고 할 수 있다고 평가한다.

또한 1920년대의 민중문학을 고찰할 때, 민족주의, 계급주의로 대표되는 양대 흐름과 무관한 몇몇의 민중시인 가운데 석송 김형원과 소월 김정식이 그에 해당한다고 보고 있다. 탁월한 현실인식과 역사 감각, 즉 민중의식 선위에도 불구하고 민중적 현실을 도외시하였다는 경향파 시인들의 과오, 민족주의 시인들의 몰역사성과 관념주의, 그리고 석송의 비현실적 민중의식 따위를 소월은 일거에 극복하였다는 것이다. 지금까지의 소월 시에 나타난 주된 정서인 애상과 한이 개인적인 상실에만 연유하는 것으로 흔히 오독되어 왔으나, 그의 전 작품을 면밀하게 검토할 때 그것은 오히려 민족공동체의 아픔, 즉 식민지적 상황에서 기인된 것으로 여겨진다는 것이다.(유종호, 1982) 그리고 여기에 만해(김재홍, 1985)와 심훈(『그날이 오면』)의 민중시도 덧붙이고 있다.

해방 직후의 문단은 우익의 '중앙문화협회'(1945.9.18, '조선문필가협회'로 개칭 1946.3: 김광섭, 이하윤, 김진섭 등), 좌익의 '조선프로레타리아예술연맹'(1945.9.30: 윤기정, 홍구, 박세영 등), 중도좌익의 '조선문화건설중앙협의회'(1945.9: 임화, 김기림, 정지용, 이태준, 이병기)로 나누어 3파전의 양상을 띠게 된다. 그러나 '문건' 측과 '예맹'이 통합하여 '조선문학가동맹'을 결성하고(1945.12), 이듬해에는 '문맹' 주최로 '전국문학자 대회'를 개최함으로써 문단을 장악할 듯한 기세를 떨치게 된다. 이러한 '문맹'에 대응하기 위하여 '문협' 측에서는 서정주, 김동리, 조지훈 등을 주축으로 한 '청년문학가협회'(1946.4)를 결성하고, 1947년에 이르러서는 이 두 단체가 통합하여 '전국문화단체연합회'(문총)를 결성하게 된다. 그리하여 문단은 1920년대에 프로문학과 국민문학이 대결한 양상과 흡사하게 '문맹'과 '문총'의 양대 진영으로 갈라지게 된다. 백범 암살을 기점으로 '문맹' 측 인사들이 대거 월북함으로써 문단도 분단 상태로 들어갔다. 그리고 1950년대는 문학의 빈곤시대였다.

4·19 이후 두드러지게 나타난 시단의 경향은 시와 현실과의 상관관계에 대한 급격한 관심의 대두였다. 시는 현실의 모순과 부조리를 비판하고 고발하는 사회적 기능을 회복하여야 하며, 시인은 사회의 선도적인 비판적 지성이 되어야 한다는 주장이 크게 설득력을 갖게 된 것이다. 1960년대의 시단에서 가장 주목받아야 할 시인으로는 김수영('풀'), 신동엽('껍데기는 가라'), 이성부('벼'), 조태일 등을 들고 있다.

1970년대에 들어와 문인들은 사회 전반의 갈등과 소외를 날카롭게 의식하면서 민중에 대한 애정과 신뢰를 부여하려는 시대적 소명의식을 전례 없이 강하게 표출하게 된다. 이와 함께 1970년대에 새롭게 대두된 '민족문학론'은 1960년대의 '참여문학론'을 뛰어 넘으면서 우리 문학이 지녀야 할 이념적 지표를 제시하였다.

1970년대에 제기된 '민족문학'은 1920년대의 국민문학 혹은 민족주의문학과는 엄연히 구분되는 것이며 해방 직후 좌·우익이 공히 주장했던 표리부동한 민족문학과도 구별된다는 것이다. 실상 해방 직후의 민족문학이란 그 외피만 민족문학이었을 뿐, 내용상으로는 한편은 계급문학이었고 다른 한편은 순수문학이었을 따름이었다는 것이다.

1970년대 초반에 민족문학을 옹호하고 나선 김용직은 새로운 민족문학은 민족의 독자성을 보장하는데 기여함과 동시에 예술의 자율성도 함께 고려되어야 할 것이라는 견해를 내놓았다.(김용직, 1971) 또한 염무웅은 '근대적 의미의 민족개념이 민주 및 민중 개념과 결합한다'(염무웅, 1972)고 주장함으로써 추상적으로 전개돼 오던 민족문학론에 구체성을 부여하게 된다.

이러한 민족문학론은 김병걸, 임헌영, 천이두, 백낙청 등과 같은 여러 논자들에 의해 더욱 구체화되어 1980년대의 민중문학론의 모태가 된다. 백낙청은 1970년대의 민족문학론이 국수주의적 문학론과 혼돈될 소지를 배제하면서 진정한 민족문학의 개념을 제시하였던 바, 그에 따르자면 '진정한 민족문학이란 오늘날 우리 민족이 처한 극단적 위기를 올바로 의식하는 문학인 동시에 모든 일급 문학에서 요구되는 보편성과 세계성을 지닌 문학'(백낙청, 1974)이라는 것이다

이러한 비평계의 움직임과 궤를 같이하여 창작활동에서도 강력한 민족의식의 고취와 민중적 각성을 보여주는 시인들이 등장한다. 김지하, 신경림('농무', 1971), 조태일, 이성부 등이 그들이었다.

한편, 그는 이 땅의 민중시는 '1980년대 중반 이후 하나의 전환점에 접어들고 있다'고 판단한다. 이는 1980년대 초의 요란스러움에서 벗어나 이제 내적 성숙의 바탕을 마련하고 있다는 것이다. 도시빈민들과 농민의 척박한 삶을 노래하면서도 그것이 전투적인 구호와 적개심만을 드러내는 차원을 넘어서서 보다 큰 의미에서 자유와 평등, 평화의 사상을 담기 시작했다는 것이다. 사실 민중시는 무엇보다도 도식적인 소재와 제제, 그리고 동어반복에 떨어진 분노와 저항의 목소리를 지양하면서 진정한 인간에의 길을 향한 자기반성과 자기극복의 몸짓을 보여주어야 한다는 것이다.

이상에서 김재홍은 민중시의 전형을 이상화의 시에서 보고 있는데, 그것은 "농민과 노동자의 궁핍하고 고통스런 삶을 있는 그대로 제시하고, 그들과 하나가 되어 그들의 분노와 울분을 가장 온전하게 형상화"하였다는 것이다.

2) 민중사학

'민중사학'에서 민중과 그의 역할은 무엇인가? 이만열은 「한국사에 있어서의 민중」에서 한국사에서 민중의 역할을 시대별로 추적하고 있

다.(이만열, 1981b)

그는 민중이란 말을 한국사에서 보이는 민·농민·인민과 노비·노복·천민 등의 피지배 계층을 망라하는 어휘로 일단 풀이하고, 한국사 서술에 있어서 소외당한 민중들의 의식 변천과 지배층의 존립의 전제 조건으로서의 이러한 민중의 역할을 고찰하고 있다. 따라서 시대마다 민중의식과 민중의 구성과 그 역할은 달리 나타나고 있다.

부족사회 시대에서는 민이 지배층의 생산을 담당한 존재들로서 나타나고, 고대사에 있어서는 농민·천민 등의 민중이 대외항쟁의 선봉적인 역할을 했다고 보기 어렵지만 그러나 고려 후기 몽고의 침략으로부터는 그들이 대외 저항의 주체세력으로 등장하였다는 것이다. 19세기에 일어난 소위 '민란'으로 지칭되는 각종 농민운동에서 민중은 스스로가 봉건사회의 모순을 극복하려는 움직임을 보였으며, 동학농민운동 거쳐 의식화된 민중들은 의병운동에 가담하여 국가수호에 앞장서기도 하고, 자강·계몽운동에 참여하여 근대화운동을 전개하였으며, 일제강점하에서는 해외의 무장독립운동과 국내에서의 소작쟁의·노동쟁의 등을 주도하면서 반봉건근대화운동과 반침략민족독립운동을 전개하는 주체가 되었다는 것이다.

그리고 민중이 역사의 전면에 나서서 민족적 지도력을 발휘하게 된 것은 3·1운동이 분수령이 되었는데, 3·1운동은 민족지도자가 민중으로 바뀌는 중요한 계기였다는 것이다. 이때부터 민중은 한국사에서 새로운 주목을 받기 시작하였는데, 이것은 "유교적인 역사관이 지배자의 영웅적인 행동을 중심으로 역사를 보았던 그러한 관점을 탈피하고, 역사의 주인공이라 할 인간 전체의 생생한 삶—사회구성과 발전, 경제생활 등—을 중심으로 한국사를 살피게 되었던" 근대역사학과 같이 하였다고 본다. 또 3·1운동을 계기로 그해 조직된 상해임시정부의 헌법에 '민중이 주인'이 되는 국가의 수립을 명시하였는데, 이에 민족주의사학자들(박은식, 신채호)은 1920년대에, "역사의 주역으로서의 영웅의 존재를 더 이상 거론하지 않고, 그 대신 민중을 강조하기 시작하였다"는 것이다.

따라서 민중은 '지배층의 존재의 전제 조건으로서 민·농민·인민과 노비·노복·천민 등의 피지배계층'을 가리키는데, 시대마다 그 구성의 내포와 외연이 달라지며, 그리고 그들이 시대마다 주어지는 역사적 과제를 해결하는 주역이 되었다고 보고 있다. 특히 3·1운동 이후에 민중은 역사의 주체로서 민중으로 확립되었고, 1920년대에 박은식과 신채호에 의해서 이 민중이 비로소 역사의 주역(주체)으로 인식되는 '민중적 민족사관'이 수립되었다는 것이다. 이제 '역사의 주역을 영웅'으로 인식하는 '유교적 역사관'이 극복된 것이다.

다시 그는 「민중의식 사관화의 시론」에서 민중이란 말이 보편화되지 않았던, 혹은 민중이란 말을 그 시대의 어떤 계층을 지칭하는 용어로서 보편적으로 사용하기 곤란한 시대의 역사관에서 그러한 시대에 보편적으로 사용되었던 용어인 '민', '인민'이 '민중' 대신 어떻게 인식되어졌는가를 살피고, 나아가 '민중의식의 사관화'를 제창하였다.(이만열, 1981a)

그에 의하면, 19세기의 '민란'은 스스로를 사회발전의 주체로서 의식한 농민·민들이 사회발전의 주체임을 자임하고 실천한 것으로서, 그것은 곧 농민·민들이 역사발전의 주체로 상승하는 과정, 즉 '민중화'과정이었다. 그리하여 '민란'의 정점인 동학농민운동에서 민중은 완성되었다는 것이다. 따라서 민중은 역사의 주체로서 의식하고 자임하는 농민·민이며, 동학농민운동을 통해서 역사의 주체임을 공고히 하게 된 것이었다.

그러나 이러한 민중과 민중의식이 민족사의 주체로 발견되고 인식된 것은 1920년대의 박은식과 신채호에 의해서였다. 즉, 1920년대의 박은식과 신채호에 의해서 비로소 민중과 민중의식을 민족사의 주체로 인식하는 '민중적 민족사관'이 수립되었다는 것이다. 그리고 1980년대에 이르러 '민중적 민족사관'은 다시 주류의 역사관으로 자리 잡아야 할 필요가 있는데, 그것은 민중이 또다시 현대사회의 주인공이 되었고, 그러한 민중의 가치를 인정하고 그 성장을 부추김으로써 다수 민중의 의사를 무시하는 어떠한 소수 집단과 세력도 역사의 주체로 행세할 수 없게 하는 실천적 의의를 가지기 때문이라는 것이다.

그런데, 이만열에 의하면, "'민란'은 '민'이 의식화된 후에 나타난 일종의 사회운동이었고, 역사적으로는 '민'이 역사주체로 상승하는 일종의 '민중화' 과정"이었다고 하는데, 여기서 '민'은 어떻게 의식화되었는가, 농민·민은 자신들이 사회발전의 주체라는 의식을 이미 어떻게 갖게 되었는가라는 문제가 제기된다. '민'은 즉자적으로 '민의식' 혹은 '민중의식'을 갖는 것일까? "'민란'은 '이미 의식화된 '민''이 일으킨 것이라기보다는 '민'이 '민란'을 함께 겪으면서 동학농민운동 단계에 이르러서는 그러한 '의식'을 공유하게 됨으로써 민중으로 성장했다고 보아야 하지 않을까?

한편, 정창렬은 「백성의식·평민의식·민중의식」에서 한국 역사에서 민중과 민중의식이 어떻게 형성, 발전하였는가를 추적하고 있다(정창렬, 1982)

그는 민중이라는 말이 널리 쓰이고 있던 1970년대에 "정치·경제·사회적인 모순에 의한 억압과 수탈을 받으면서 그러한 억압과 수탈을 해체시키기 위하여 싸우는 주체로서의 인간집단"이라는 민중 개념이 확립되었다고 보고, 이러한 민중의 역사적 연원을 추적하고 있다. 즉, 민중은 18세기 후반기 봉건체제의 동요에 따라 형성되기 시작하였고, 1876년까지의 '평민의식'의 단계, 1910년 이후의 단계, 특히 1920년대 후반기에 세 가지 과제 즉, 인간 해방, 사회적 해방, 민족 해방을 위한 의식(체계)으로서의 '민중의식'이 확립됨에 따라 민중으로 확립되었다는 것이다. 그런데 1945년 해방 이후 그 세 가지 과제는 다시금 역사적 과제로 제기되었고, 또 그것의 해결을 요구함에 따라 1920년대와 달라진 새로운 사회구조에 기초하여 민중과 민중의식은 재확립되어야 하는 바, 따라서 1970년대의 민중은 "억압과 수탈을 해체시키기 위하여 싸우는 주체로서의 인간집단"이라는 민중 개념이 재확립되었다고 본다.

민중 개념의 성립 문제를 볼 때, 이만열과는 달리 정창렬은 사회경제적 조건의 변화에 따라 변동하는 실체로서의 민중이 시대적·사회적 과제를 해결하고자 하는 생각·의식으로서의 '민중의식'을 가질 때 비로소 민중 개념이 확립되는 것으로 보고 있다. 그렇지만 실체로서의 민중은 어떻게 '민중의식'을 갖게 되는가라는 문제는 여전히 남는다.

이만열이 '민중의식의 사관화'를 주장한 바, 1980년대 중반에 이르러 이른바 '민중사학'이 등장하였다. 1920년대의 박은식·신채호의 '민중적 민족사관'이 부활했다고 할 수 있다.

민중사학은 1980년에 대학에서 해직된 소수의 진보적인 교수들과 소장연구자들[1984년 망원한국사연구실, 1987년 한국근대사연구회, 이 두 단체를 통합한 1988년 한국역사연구회, 1988년 구로역사연구소(1993년 역사학연구소로 개명), 1984년 역사문제연구소]에 의해서 주도되었다.

신진연구단체들의 창립 목표와 취지에서 확인되는 바, 이러한 연구단체들은 기성의 역사학을 비판하고 민중사학의 수립을 표방하였다. 그들은 기존 역사학의 이론과 연구방법론, 그 전제와 계급적 성격을 비판함으로써 기존의 역사학을 현 지배질서의 형성을 역사적으로 정당화하고, 문화적·이데올로기적 차원에서 주어진 지배질서의 유지와 재생산에 복무하는 '보수적 사학'이라고 규정하였다. 대신 그들은 자신들의 역사학이 사회의 민주적 변혁과 분단의 자주적 극복에 기여하는데 그 의의가 있음을 분명히 하고, 그러기 위해서 한국사를 다시 과학적으로 연구하고 체계화하고자 한다.

민중사학은 전체사회의 구조와 발전, 그리고 그 모순구조를 파악하고, 그 모순의 해결 주체로서 민중을 설정하며, 구체적으로는 민중을 '생산대중'으로 간주한다. 생산적 노동에 종사하면서 사회변혁운동의 주체가 되는 '생산대중'은 사회의 체제와 그 발전단계에 따라 그 범주적 구성과 사회적 의식, 그리고 정치적 지향을 달리하는 것으로 보고 있다. 원시공동체사회에서는 성원 전체가 생산대중이었고, 전근대사회에서는 노예, 농민, 수공업자 등이 생산대중이었다. 전근대사회에서 생산대중은 의식화된 주체로서 등장하지는 못하지만 그러나 노동자를 중심으로 하여 농민, 노동자, 빈민 등으로 구성되는 근대사회 이후의 생산대중은 자신을 역사의 주체로서 의식하고 행동한다고 본다.

그런가 하면 민중사학은 민중을 특정한 역사적 시기와 조건에 한정하여 파악하기도 한다. 즉, 민중을 세계자본주의 체제의 후진 지역인 식민지 및 신식민지사회에서 형성된 것으로 파악하는 것이다. 그리고 이러한 민중의 형성에서 계급적 요인보다는 민족적 요인을 강조하고, 근대민족의 형성과 함께 민족주의·민족운동의 전개 속에서 민중이 형성되었다는 것이다. 그리하여 민중은 '민족해방운동의 주체세력'으로서 노동자·농민층을 중심으로 지식인·학생·청년·소시민·민족자본가 등으로 구성된다고 본다.

결국 민중사학은 역사의 모든 시기에 걸쳐서 기본적으로 '생산대중'이면서 계급모순과 민족모순을 해결하고 해결해야 하는 사회변혁세력을 민중으로 파악하고 있다. 따라서 민중의 범주적 구성과 민중의식은 주요 모순이 무엇인가, 그리고 그 모순의 구체적 내용이 무엇인가에 따라 달라진다고 보고 있다.

민중사학의 이러한 민중 개념은 민중사학을 더욱 발전시킨 '과학적·실천적 역사학'에서 실재성과 구체성을 얻는다. '과학적·실천적 역사학'은 우선 한국사를 '사회구성체론'에 의하여 사회의 모순과 사회변혁세력이 배태되는 사회구조에 대한 공시적·통시적 분석을 통해 '넓은 의미의 사회사', 혹은 전체사를 제시하고자 한다. 그것은 사회의 경제적·정치적·사상적 및 이데올로기적, 문화적 영역 등 모든 영역과 이에 참여하는 모든 개인과 집단들이 어떻게 구조화되는가, 그리고 구조화과정에서 배태되는 모순의 내용과 동시에 그 모순의 해결 주체를 파악하고, 또한 그 '구조의 운동'을 설명하고자 하는 것이다. 특히 실재행위의 주체이자 사회변혁세력으로서의 민중의 형성과 발전에 주목하고 있다. 민중은 어느 특정 계급·계층만을 가리키는 것이 아니라 여러 계급·계층이 연합된 운동체이며, 그것은 경제적 구조의 조건 변화와 변혁과 반(反)변혁의 정세변화에 따라 그 범주적 구성을 달리한다고 본다. 말하자면 '과학적 실천적 역사학'은 전체 사회의 구조와 발전 그리고 그 모순구조를 파악하고, 그 모순의 해결 주체, 즉 변혁 주체로서 민중을 설정하며, 그 민중이 계급적·민족적 해방을 달성해 가는 과정으로 역사를 이해하고자 하는 것이다.(이세영, 1988)

한편, 정창렬은 「한국에서 민중사학의 성립·전개과정」(정창렬, 1989)에서 위의 민중사학이 어떻게 성립, 전개되었는가를 정리하였다.

그에 의하면, 민중이라는 말이 1893년 전라도 고부지방의 사발통문, 1894년 3월 20일 농민군의 격문, 1894년 11월의 동학농민군의 호소, 또 1895년 2, 3월의 전봉준 공초에서부터 쓰였고, 이때의 민중 또는 '衆民'은 '썩어빠진 세상의 바로잡음'과 관련되었으며, 이를 바탕으로 '민족적 과제 해결의 담당주체로서의 민중'이라는 '민중적 관점에서의 현실인식'이 성립되었다는 것이다. 이러한 '민중적 관점에서의 현실인식'은 이후 의병투쟁, 영학당투쟁, 만민공동회투쟁, 활빈당투쟁, 의병전쟁,

3·1운동, 무장독립투쟁, 농민운동, 노동운동 등에서도 계승, 발전되면서 나타났으며, 이러한 민중운동의 발전을 배경으로 1920년대의 신채호에 의해서 처음으로 '민중적 관점에서의 한국사 인식'이 나타남으로써 '민중적 민족사관'이 수립되었다는 것이다. 1920년대 이후에는 한국에서 자본주의적 계급관계가 점차 확대되면서 사회적 인간집단의 형성에 계급적 유대관계가 큰 역할을 하게 됨으로써, 민중의 형성에도 계급적 요인이 본격적으로 작용하게 되었다. 이러한 사정이 반영되어 한국에 대한 민중적 관점에서의 인식도 더욱 심화되었던 바, 백남운의 유물사관 한국사학이 그 표현이었다. 그러나 신채호와 백남운에 의하여 개척된 '민족적·민중적 관점에서의 한국사 인식'은 일제 식민지 지배하에서 확대, 보편화되지 못하였다는 것이다.

해방과 전쟁 후에도 식민지체제는 그 내용과 형식을 달리하면서 여전히 계속되었다. 따라서 식민지주의적 한국사관·한국사학도 해체되지 않고 지속되면서 그 질적 내용을 약간 달리하게 되었다. 그 달라진 질적 내용이란 '근대화론'의 확장·보편화였다고 본다. 한편, 근대화론에 기초한 민족의식 결여의 실증사학이 해방 후의 한국사학계를 지배하고 있었다. 1960년 4·19혁명과 식민지 피압박민족들의 민족해방운동의 영향으로 신채호와 백남운을 재발견하고 그들의 역사학을 계승, 발전시키려는 노력이 1960년대 1970년대의 한국사학에서 전개되었던 바, 한국사의 주체적 발전과 내재적 발전이 추적되었다.('내재적 발전에 기초한 민족주의사학') 그러나 이 속에서 민중은 혹 언급되더라도 사회운동의 주체로서 인식되지는 않았다는 것이다.

그러다가 1970년대 후반 이후의 민중운동의 비약적인 발전(1979년 부마항쟁, 80년 광주민중항쟁)과 '변혁적 민중론'을 배경으로 '민중사학'이 성립되었다고 말한다. 즉, 1970, 1980년대에 '노동자, 농민, 학생, 청년' 등의 민중이 '인간 해방, 계급 해방, 민족 해방'을 쟁취하기 위한 변혁세력으로서 확고하게 자리 잡게 되었으며, 이에 따라 1970년대 후반 이후 이러한 민중을 민족민주주의혁명의 주체세력으로 파악하려는 '민중사학'이 성립되었다는 것이다.

3) 민중신학

1975년에 '민중신학'을 제창한 서남동은 「민중(씨알(아래 알))은 누구인가?」(서남동, 1983)에서 민중은 첫째로 원초적인 사람 혹은 인간으로서보다는 사회적 관계를 맺고 있는 인간 집단으로 파악되어야 하고, 둘째로 주체(주인)의식을 갖고 있다는 점에서 봉건시대의 백성과 대조되며, 셋째 제3세계에서 반봉건적·반외세(제국주의)적인 저항세력이었다는 점에서 서양 근대사회의 시민과 다르고, 넷째 시민혁명 이후 자본주의사회에서 사회사상적으로는 해방되었지만 경제적으로 착취당하고 있는 노동자라고 말하고 있다. 그리고 우리나라에서 이러한 민중은 홍경래 난에서 등장하여 3·1운동과 4·19를 거쳐서 1970년대에 이르러 하나의 사회세력, 즉 민중을 이루었다고 말한다.

한편, 그는 '민중신학'에서 보면 민중은 예수에 의해서 초대받아서 구원되고 해방되어야 할 '오클로스'인데, 그것은 "사회의 모순된 구조나 혹은 우리가 항거할 수 없는 자연적인 재해라 할까 그런 것 때문에 소외가 되고 억압이 되고 신체불구 때문에 밀리고 그늘에 살게 되고 또 그러한 결말에서 그만 감옥으로 밀려가서 인간 울타리 밖에 살게 되고 하는 그런 집단까지를 다 포함"하고 있다고 말한다. 그리하여 역사적·사회적 실체로서 민중은 착취당하는 생산자(노예, 농노, 농민, 노동자 등)뿐만 아니라 "병자, 신체불구자, 가난한 자, 여인들, 세리(죄인이 아닌데 죄인이라고 딱지가 붙은)와 죄인들"이라는 것이다. 그리고 이들이 바로 새 역사의 주인(메시아)이 된다고 성경은 약속하고 있다고 말한다.

과연 민중은 메시아인가? 김용복은 「메시아와 민중-정치적 메시아니즘에 대항한 메시아적 정치」(김용복, 1981)에서 민중의 실재와 정체는 철학적이거나 과학적인 정의로 파악될 수 있는 것이 아니라고 말한다. 즉, 그는 민중은 '역동적이고 변화하고 복합적인 살아있는 실체 nature'이기 때문에 쉽게 설명되거나 정의될 수 있는 개념이나 대상이 아니라고 전제하고, 그들의 실체와 정체는 자신의 존재를 창조하고 역사 속에서 새로운 움직임과 드라마를 만들어내기 때문에 사회경제적인 분석뿐만 아니라 그들이 스스로 펼치고 있는 드라마와 이야기, 즉 그들의 傳記(민중의 언어와 문화)를 분석해야만 파악될 수 있다고 말한다. 민중의 정체와 실체를 파악하기 위해서는 그들의 언어와 담론 등도 분석되어야 한다는 지적은 민중의 개념화에 있어서 반드시 고려해야 할 점이라고 할 수 있을 것이다. 그래야만 정치적 메시아니즘을 넘어설 수 있을 것이었다.

4) 민족(민중)경제학

박현채는 이미 1978년에 「민중과 경제」(박현채, 1978a ; 1978b)라는 글을 통해서 민중의 개념과 성격에 대한 논의에 개입한 바가 있다. 거기서는 그는 민중의 계급적·계층적 구성과 그들의 의식은 사회경제적 조건의 변화에 달려있으며, 특히 민중의식은 결정적으로는 사회경제적 조건의 변화에 따라 향상되어 가겠지만 "민중의 일상적 비일상적 체험이나 원망의 집적이 민중 상호간의 접촉과 내외의 투쟁의 과정에서 민중적인 공유 체험으로서 자각되고 어떤 추상적인 가치 가운데 응축되어 감에 따라 민중의식은 정도의 차는 있으나 보다 높은 차원의 것으로 진보해 간다"고 본다. 그리고 민중은 지식인의 의식화를 통해서 민중의식을 자각하게 된다고 본다. 그러면 사회경제적 조건(사회구성체)의 변화에 따라 민중의 계급적·계층적 구성은 어떻게 변화하는가? 또 추상적인 가치로 응축되어 가는 민중의식은 무엇일까? 결국 민중은 역사적으로 파악되어야 할 것을 요구하고 있는 것이다.

그리하여 박현채는 「민중과 역사」(박현채, 1984 ; 유재천, 1984)에서 민중을 사회적, 역사적 실체로서 파악하고 있다. 우선 그는 "민중은 역사적 존재이다. 따라서 민중은 모든 역사를 통해서 같은 것으로 존재하지는 않는다. 민중은 또한 한 사회 안에서 인간 사이의 사회적 관계 속에서 주어지는 실체이다. 따라서 모든 사회과학적 실체 또는 대상이 그러하듯 민중은 역사 속에서 보다 구체적으로 파악되어야 한다"고 말한다. 그리고 민중을 역사적으로 인식하고 개념화하는데 필요한 전제를 제시하는데, ① 민중은 여러 경제제도로 이루어지는 사회구성체의 성격과 변화에 의해 규정되며, ② 민중은 계급적 이해보다 낮은 차원의 공동의 이해로 결합하게 하는 가변적 주요모순에 의해 규정되고, ③ 주체적이고 능동적 민중은 계급·민족·시민 등 여러 개념을 포용하는 상위개념이며 따라서 민중의식은 계급의식·민족의식·시민의식·인류의식 등을 매개로 하여 그 위에 서는 통일된 의식이다. 그리고 ④ 민중은 계급·계층적 복합성을 가지기 때문에 보는 사람으로 하여금 그 일면성을 강조하여 다르게 표현하게 한다는 것이다.

이어서 그는 이러한 전제 위에서 다른 사람들의 민중 개념을 수렴하여 민중의 개념 또는 실체를 규정하는데, 즉 민중은 역사적 지향에서 진보적·변혁적인 능동적 주체가 되며, 생산력적 측면에서 직접생산자이고, 생산관계 면에서 피억압자이자 경제잉여의 분배에서 소외된 계급 또는 계층 또는 사람들이라는 것이다.

그러면 역사적으로 민중(기본 구성과 외연)은 어떻게 나타났는가? 고대 노예제사회에서는 노예와 중산시민·자유하층민으로서의 빈민이었다. 중세봉건사회에서는 농노·예농과 장인·도제·일용 인부·영락한 匠頭·일부 자유민으로 이루어졌다. 그리고 근대자본주의사회에서는 노동자 계급과 근로자 범주의 농민, 소상공업자, 도시 빈민, 일부 지식인으로 된다. 특히 근대자본주의 사회가 독점자본주의 단계에 이르면 민중의 주된 구성은 노동자와 농민, 수공업자, 도시빈민, 지식인, 광범한 중소상인 등으로 일부 독점적 대기업을 제외한 나머지 대다수의 계급 또는 계층으로 이루어진다는 것이다.

그에 의하면, 이러한 민중의 성향은 상호 모순되는 두 측면, 즉 이중성을 지니고 있다. 소외된 상태에서 현실을 그대로 받아들이고자 하는 성향과 소외로부터 해방되고자 하는 성향이 그것이다. 그런데 민중은 "일상적 체험이나 원망의 집적이 민중 상호 간의 접촉과 안팎의 투쟁 과정에서 민중적인 공유 체험으로 자각되고 어떤 추상적인 가치 가운데 농축되어 감에 따라 민중의식은 보다 진보적이 된다"고 말한다. 이처럼 민중이 역사 속에서 능동적·주체적인 힘으로 자기 모습을 나타내는 것은 그들의 체험·원망·인식·행동에서 출발하여 그 가운데 원리와 이데올로기를 만들어내고 그것을 능동적으로 가공해가는 과정이라는 것이다.

한편, 그는 해방 이후 우리나라의 민중 구성은 "노동자, 근로농민, 독립소생산자, 중소 상공인, 민족지식인 그리고 도시 빈민으로 구성되었다"고 말한다. 그리고 (4·19 이후) "오늘의 민중은 복지 국가적 환상과 국가 개입으로 인한 민중적 욕망의 주체적 해방이 아니라 수동적 수용, 즉 현실 수용적인 수익 태도가 지배적인 것으로 되고 있다고 할 수 있다"고 말함으로써 능동적·주체적 민중의 출현을 비관적으로 전망하는 한편, 민중 문제 인식의 실천성을 요구하면서 민중의 주체적 해방을 위한 길을 제시한다. 그것은 (1) 변화하는 민중 구성 속에서 주체적 성격이 강한 계급 계층을 기축으로 한 개별적 생활 체험의 공유를 위한 사회적 실천을 갖고, (2) 이것을 오늘의 역사에서 민족적 과제인 자주·자립·민주주의·통일이라는 요구와 결합시키며, (3) 광범한 민중의 생활상의 요구, 사회적 진보(경제 잉여의 직접적 생산자에의 보다 많은 귀속)에의 길에서 민중적 욕망(보다 높은 성장 결과에의 참여, 민주주의의 실현, 평화, 생활환경의 보존 등)의 주체적 해방이 시도되어야 한다는 것이다.

이어서 박현채는 「민중의 계급적 성격 규명」(박현채, 1985)에서 지금까지의 자신의 민중론을 발전시키는 한편, 민중의 계급적 성격을 규명하고, 당시 민중운동의 문제점과 노동자계급 주도의 민중운동의 필요성을 제기한다. 그는 민중의 실체는 역사적으로 달라질 수밖에 없는 바, 우리의 근대자본주의사회에 있어 민중구성은 "노동자계급을 기본 구성으로 하면서 소생산자로서의 농민, 소상공업자와 도시빈민, 그리고 일부 진보적 지식인의 주요구성"으로 되며, 이 가운데서 큰 비중을 차지하는 '노동자·농민·도시빈민'은 자본주의 경제제도의 재생산과정의 산물이라고 말하고 있다. 그리고 이 주된 민중구성은 서로 관련된 순환계열상의 다른 범주가 되면서 하나가 된다고 말한다.

그리고 주된 민중구성원의 개별적인 자본과의 대립관계는 바로 민중구성원에게 경제적 이해의 일치를 가져다주는 주요 기반이 되며, 이와 같은 경제적 이해의 일치는 그들이 생성과정에서 상호 관련된 순환계열상의 다른 범주라는 데서 밑받침된다고 본다. 그러나 민중의 주된 구성인 노동자·농민·도시빈민은 원초적인 경제적인 이해나 생활의식에서 대립·모순되고 있기 때문에 현실적으로 하나로 되지 않는다. 따라서 민중이 현실적으로 하나가 되기 위해서는 내재적으로 안고 있는 경제적 이해와 생활의식에서의 대립·모순을 지양하여 그보다 높은 차원의 인식, 즉 체제인식·정치인식으로 제고되어야 한다는 것이다.

그렇다면 원초적인 경제적 인식은 어떻게 체제인식·정치인식으로 제고될 수 있는가? 그것은 자본주의 아래 민중의 기본 구성원인 노동자계급이 주도하여 노동자적 이해 위에 선 모순의 통일, 즉 체제인식·정치의식을 갖도록 해야 한다는 것이다. 그러나 그동안의 민중운동은 노동계급에 의해 주도되지도 않았고, 그들의 의식은 정치의식으로까지 제고되지 않았다. 노동자운동은 취업노동자의 기성 권익을 위한 것 이상이 아니었고, 농민, 도시빈민, 심지어는 종소기업 근로자에조차 관심을 갖지 않았다. 농민운동 또한 운동 자체가 거의 보잘 것 없는데다가 노동운동과의 연계, 도시빈민문제에 대해 관심조차 갖지 않았다. 도시빈민의 문제는 그 심각성에도 불구하고 시민운동의 일환으로 제기되지 않고 있다. 여기에 민중과 민중운동이 이야기되면서도 그것이 민중의 실체에 대한 정확한 인식 위에 서는 것이 아니므로 관념적인 것으로 되고 진전이 없다는 것이다. 따라서 "민중은 하나로 존재하는 실체가 아니라 부단한 인식차원의 제고가 민중구성의 보다 기본으로 되는 노동계급의 주도에 의해 주어질 때만이 하나로 되는 사회적 실체라고 말해진다"는 것이다.

박현채는 일찍이 1970년대 중반에 '민족경제론'을 제기한 바 있다. 그것은 일제의 식민지시기와 해방 후의 '신식민지 시기'의 '식민지 종속형' 한국자본주의 지배 아래서 한국 민족주의의 역사적 과제, 즉 어떻게 민족적 생존권을 확보하고 발전시킬 것인가의 문제에 답한 것이었다. 이 민족경제론에서 민중은 민족경제의 주체가 된다. 왜냐하면 민중은 우리 사회의 주요 모순에 대응하는 개념이고, 그들은 민족경제에 자기 재생산의 기반을 갖고 있기 때문에 민족적일 수밖에 없기 때문이다. 그런 의미에서 민중적인 것은 민족적일 수밖에 없다고 말한다. 그렇다면 그의 민족경제론에서 민중은 무엇인가?

그는 「민족경제론적 관점에서 본 민중론」(박현채, 1989)에서 '민족경제론'의 관점에서 1984년까지의 자신의 민중론을 재정리하면서 오늘날의 민중을 정의하고 있는데, 즉 민중은 사회의 주요 모순에 대응하는 개념이고, 민족경제에 자기 재생산의 기반을 갖기 때문에 민족적이며, 그들은 역사에서 다중이고 본질적으로 민주주의적이기 때문에 오늘날 민족의 자주독립, 통일, 민주주의의 주체가 된다는 것이다.

그리고 개념으로서 민중은 그 "기본속성에서 직접적 생산자로서의 민중, 생산의 결과에서 소외된 자로서의 민중"으로, 그리고 그 "부차적 속성에서 주요모순에 대응하는 것으로서의 민중"으로 파악되고 있다. 그것은 "민중의 존재양식이 역사에서 변화하면서 존재하는 사회적 실체임을 말해주는 동시에 민중을 여러 계급 계층의 결합으로 이해하도록 해 준다"고 말한다. 즉, 민중은 기본적으로(기본 모순에 대응해서) 계급적 관점에서 정의되어야 하고, 부차적으로는 주요 모순에 대응해서 여러 계급과 계층의 결합으로 이해되어야 한다는 것이다. 그리하여 민중은 고대 노예제사회에서는 노예와 중산시민 · 자유하층민으로서의 빈민이었으며, 중세봉건사회에서는 농노 · 예농과 장인 · 도제 · 일용 인부 · 영락한 匠頭 · 일부 자유민으로 이루어졌으며, 근대자본주의사회에서는 노동자 계급과 근로자 범주의 농민, 소상공업자, 도시빈민, 일부 지식인으로 이루어진다는 것이다. 그리고 해방 후의 신식민지적 상황에서 민중은 "노동자와 근로농민, 도시빈민, 독립소생산자, 중소 상공인, 민족지식인 등으로 구성된다"고 말한다.

결론으로, 박현채는 현대는 민중의 시대이며, 따라서 "민중적인 것은 민족적인 것일 수밖에 없다"고 말한다. 현대 한국사회는 국가독점자본주의 단계의 자본주의사회이며, 따라서 현대사회의 주요 모순은 독점자본과 민중간의 모순이며, 이 주요 모순에 대응하여 민중 구성은 노동자계급을 중심으로 민족자산가로서의 중소기업가, 독립소생산자로서의 농민, 수공업자, 도시빈민, 광범한 중소상인, 그리고 지식인 등이 결합되는 것으로 된다. 그리고 대중민주주의의 구체화, 국민교육의 보급, 그리고 사회보장제도 등은 민중을 역사의 주체로 등장시키는 조건들이라고 말한다. 다시 말하면, 국가독점자본주의 단계에 와 있는 한국자본주의의 구체성[종속성(외부규정성), 자본논리의 일방적 관철(복지정책의 결여), 경제외적이고 매판적인 정부개입(정권과 자본 간의 전도된 관계), 그리고 불안정성(개방형) 등에 의해서 규정됨], 국가권력의 성격(자본, 전제적인 경찰국가적 요소, 그리고 반공이데올로기에 의해 주어짐), 그리고 그것 위에 기초하는 모순관계 등이 "한국사회에서 민중을 일부 매판적 거대독점자본과 매판적 국가권력에의 종사자를 제외한 전 민족적 구성원으로 되게 한다"고 말한다. 그러나 이것은 논리적인 것일 뿐이며 반드시 현실적인 것은 아니며, 그것은 민중의 민중의식에 의한 자기 각성 그리고 사회적 실천에 의해서만 사회적 실체로 될 것이라고 말한다. 즉, 오늘날 한국사회의 사회구성체의 성격과 변화에 기초하여 구성되는 역사적 · 사회적 실체로서의 민중은 민중적 실천과 체험의 공유 속에서 계급 · 계급 별 경제적 이해나 생활상의 일상적 요구를 지양하면서 국가와 독점자본에 대한 적대적 의식, 즉 자주 · 민주 · 통일 의식을 가져야만 진정한 민중이 될 수 있으며, 오늘의 상황에서는 그렇게 될 수밖에 없다는 것이다.

5) 민중사회학

이미 1970년대 말에 '민중사회학'이라는 용어를 쓰면서 한국사회학은 '민중사회학'으로 거듭나야 한다고 주장했던 한완상은 『민중사회학』(한완상, 1984)에서 다시 '민중사회학'의 수립을 촉구하고 있다. 그에 의하면, 민중사회학은 민중과 지배세력 간의 거리를 줄일 목적을 가지고 그 거리를 면밀히 분석하는 것이다. 즉, 민중사회학은 경제적 체제와 분배체제의 모순, 정치적 양극화 또는 정치적 힘의 불균형 문제, 지배구조가 그 기득권을 유지하고 강화하기 위해 만들어내는 허위의식, 그리고 분단이 민중문제와 지배세력의 문제와 어떻게 연관되어 서로 강화되고 있는지를 비판적이고 종합적으로 밝히는 것이라고 말한다. 그리고 한국 사회학은 이제는 "'민중사회학'의 시각을 가져야 하며, '민중사회학'의 규범적 요청에 귀를 기울일 때가 왔다"고 역설하고 있다. 한국 사회학은 그동안 지배세력의 '어용사회학'이었음을 반성하고, 미국과 일본의 식민지사회학의 성격을 탈피하며, 반민중적 한국 현실에 대해 민중주의에 입각한 연구방법을 선택함으로써 '민중사회학'으로 탈바꿈해야 한다는 것이다.

한완상은 일찍이 '소외론'에 입각하여 민중을 개념화하였었다. 민중은 '생산수단에서 소외되었기에 수탈당하게 되고, 통치수단에서 소외되었기에 억압당하게 되고, 위광(prestige) 수단에서 소외되었기에 차별당하는 피지배자'다. 이러한 민중을 '즉자적 민중'과 '민중을 억압하고, 수탈하고, 차별하는 지배집단을 비판하고 나아가 새로운 질서의 형성을 위해 행동'하는 '대자적 민중'으로 구분하고, 민중사회학은 이 '즉자적 민중'이 '대자적 민중'으로 나아가도록 도와야 한다고 말한다.

이즈음 한국자본주의의 구조와 성격, 변혁주체와 변혁노선 등의 문제를 둘러싸고 이른바 '사회구성체논쟁'이 일어나고 있었다. 이 논쟁은 민중을 변혁주체로 설정하는 '변혁적 민중론'으로 연결되어 민중의 계급적 구성을 규명하려는 사회계급 연구를 촉발시켰다.

이때에 처음으로 민중에 대한 계급적 규명을 시도한 것은 공제욱의 「현대한국 계급연구의 현황과 쟁점」(공제욱, 1985)이었다.

공제욱은 우선 "'계층' 개념은 일반적으로 사람들이 수입, 위세, 생활유형 등의 측면에서 서로 상하로 층화되어 있는 상태를 기술하는 범주이다. 따라서 계층은 유사한 지위를 점유하는 것으로 간주되는

층인데 그것은 연구자의 이론적 또는 실천적 목적에 따라 임의적으로 구분될 수 있는 성격을 갖는다. 반면에 '계급' 개념은 오직 계급 이론의 맥락 속에서만 의미를 갖고 있는 분석적 범주이다. 계급은 사회성원 간에 현실적으로 형성되어 있는 관계에 기초한 범주, 즉 역사적으로 형성되었고 또한 구조변동에 영향을 미치는 실재적 집단에 도달하기 위한 범주"라고 전제하고, "한 사회의 계급구성을 파악하려는 시도는 그 시기의 사회 제세력 간의 역관계, 전체 계급구조상에서의 각 세력의 지위 및 나아가서는 정치적·이데올로기적 지향을 이해하기 위한 것이라 할 수 있다. 이를 위해서는 그 사회구성체의 기본 골격을 파악하는 것이 중요하고, 그 역사적 전개과정을 이해하는 것이 필요하다"라고 말하고 있다.

따라서 한국사회의 계급구조에 대한 분석은 한국사회에서의 자본주의의 발전의 역사적 제 조건 및 그 진행과정의 특성들에 대한 고찰 위에서만 제대로 이루어질 수 있는데, 이 점과 관련해 볼 때 지금까지의 민중론은 현재의 계급분석 수준보다 앞서 나아간 측면들이 있다고 본다. 그리고 기존의 여러 계급모델에 대한 검토를 바탕으로 하여 '민중' 개념과 계급모델과의 관련을 아래와 같은 도식으로 제시한다.

민중 개념과 관련시켜 본 계급모델

지배 관계	부문간의 구분		
	기업(조직)부문	비공식부문	농업부문
지배 계층	자본가 계급	-	-
중산층	샐러리맨층	상층쁘띠부르조아지	-
민 중	공식부문노동자층	하층쁘띠부르조아지 (반프롤레타리아트)	농촌쁘띠부르조아지 (자영농)
		비공식부문노동자층	농업노동자

여기서 광의의 '민중' 개념은 중산층을 포함하지만, 민중의 주요 구성부분은 역시 노동자, 농민, 그리고 도시빈민이다. 도시빈민은 하층 쁘띠부르조아지와 주변적 노동자층을 합친 것과 거의 일치한다. 그리고 노동자는 공식부문 노동자를 주축으로 한다. 계급구성의 변화 추세와 관련하여 민중의 내부구성의 변화를 살펴보면, 노동자층은 절대적 규모에서도 상대적 비중에서도 증대해 온 반면, 농민은 절대적 규모에서도 상대적 비중에서도 감소하였다. 그리고 도시빈민은 절대적 규모에서는 팽창하였으나 비농업부문 종사자 중의 상대적 비중은 감소하고 있다.

그리고 민중의 주된 구성인 노동자, 농민, 그리고 빈민 사이의 역학관계에 대해서는 박현채의 설명을 인용하고 있다.

> 노동자계급은 자본주의화가 진전됨에 따라 보다 다수의 기본계급을 이루면서 민중구성의 가장 기본적이고 가장 진보적인 계층으로 된다. 도시빈민은 그 원천을 주로 농민의 탈농민화와 노동자층에서 경기순환과 노동능력의 상실로 탈락한 계층에서 갖는다. 도시빈민은 자본주의 그 자체의 논리에 따라 끊임없이 재생산되는바, 이는 자본주의의 산업예비군 유지의 필요, 자본주의의 순환적 과정에서의 실업의 필연성, 그리고 산업재해의 발생논리 등에서 주어진다. 또한 농민과 수공업과 같은 독립소생산자의 광범한 분해와 분화에 의해 생겨나는 것으로, 이는 자본에 의한 이들 분야에 대한 장악과 경쟁의 격화에 따른 것이다.(박현채, 1983a, 106~107쪽)

이처럼 계급분석 수준에서 보면 민중의 주된 구성은 노동자, 농민, 그리고 도시빈민이며, 민중론에서의 광의의 민중 개념은 여기에 중산층을 포함시키고 있다.

일찍이 '민중사회학'을 제창했던 한완상은 「민중사회학의 몇 가지 문제점들」(한완상·백욱인, 1986)에서 민중사회학의 정립을 추구하는

데 있어서 민중에 대한 사회과학적 개념 규정의 문제가 매우 중요한 의미를 갖고 있다는 전제하에 그동안의 논의를 정리했는데, 그것을 다시 정리하면 다음과 같다.

1. '실체론적 접근': 민중을 역사적 실체로 파악하면서 민중 자체의 독자적 영역을 추구하려는 경향. 민중의 외연을 추상적으로 확대하려는 경향.
   1) 민중을 사회적·역사적 실체로 파악하는 경향
   2) 민중을 우주형이상학적 실체로 파악하는 경향(김지하)

2. '계급론적 접근': 한국사회구조의 성격규명을 기축으로 하면서 민중론의 문제를 계급구조의 문제와 긴밀하게 관련된 계급형성의 수준에서 다룸. 민중의 외연을 좁혀나가면서 민중의 내포, 즉 민중의 내부구성 문제를 집중적으로 연구하는 경향.
   1) 계급구성과 계급구조 연구
   2) 계급형성 연구

3. '운동론적 접근': 계급동맹의 맥락에서 계급구조 문제를 중시. 민중운동의 진행과정에서 운동상의 전략·전술적 규정을 행하는 가운데 민중을 하나의 실천개념으로 파악.

여기서 1은 대체로 1970년대의 민중론, 그리고 2와 3은 1980년대 중반 이후의 민중론으로 볼 수 있겠다. 그러나 실체론적 접근, 계급론적 접근 모두가 운동론적 접근과 연관될 수밖에 없을 뿐만 아니라 실제의 진행과정도 이러한 접근법들이 혼재된 채로 행해지고 있다고 본다.

결국 그에 의하면, 한국사회과학계는 1970년대 말부터 수입된 제3세계 사회이론과 서구 비판이론, 그리고 안으로부터의 민중운동과 민중론을 바탕으로 민족적 반성과 정치적 반성을 압축적으로 수행해 왔으며, 그 결과 늦게나마 '민중사회학'을 정립할 수 있게 되었다는 것이다.

그런데 한상진은 이처럼 '계급론적 접근'에 의하여 민중을 노동자,

도시빈민, 농민 등의 기층민중 중심으로 개념화하고, 민중과 지배계급간의 대결구조를 부각시키는 한편, 기층민중을 체제변혁의 기본세력으로 간주하는 '변혁적 민중론'과 그것의 이론화인 '민중사회학'의 대두에 대해 '민중주의'라고 단정하고 나섰다.

한상진은 「민중과 사회과학」(한상진, 1984)에서 1980년대에 이르러 분과학문별로 이른바 '민중학'이 수립되는 경향을 '지성계 일부에서의 심상치 않은 변화들'인데, 그것은 '인식론적으로 본다면 민중을 역사 형성의 주체로 확고히 설정하려는 태도', 즉 '민중주의'라고 지적하였다. 그러나 사회과학 방법론에서 이러한 인식론적 경향보다 더욱 중요한 점은 '민중이 상황을 인식하고 행동하는 방식이 바로 현실을 구성하고 있다'는 점을 인식하는 것이며, 따라서 민중을 단순히 계몽과 분석의 대상으로 보는 추상적인 '민중주의의 사고 단계'를 극복하고 민중의 생활 세계에 관한 자료들, 즉 말·수기·수신·자서전·호소문·가계부·사진 등의 자료들에 새롭게 접근하여 "민중의 구체적 삶이 과연 어떻게 이루어지고 있으며, 그 안에 민중이 어떻게 사고하고 행동하는가를 생동하는 현실로 보여 주어야 한다"고 강조한다.

그리고 그는 여기서 민중이라는 용어와 개념의 경험적 준거가 상당히 유동적이고 복합적이라는 점을 지적하면서, 민중을 일상적 수준에서 새로이 정의하고 있다. 즉, 민중은 '정치적으로 소외된 일상적인 삶을 영위하는 계층'이며, '역사적 경험에 근거하여 '민중의식'을 공유한 참여 지향적인 집합체'이고, '계급 이전에 혹은 계급의 경계를 넘어선 다양한 사회집단들의 연합'이다. 다시 말하면, 민중은 '역사적 경험의 공유 속에서 정치 지향적인 민중의식을 가진 다양한 사회집단들의 연합'이라는 것이다.

한상진은 이러한 자신의 민중 개념을 '중민 개념'으로 발전시켰다. 이러한 '중민론'의 배경에는 1985년 2·12총선 이후 중간 제 계층의 민주화운동에의 적극적인 참여를 계기로 민주화운동의 주체 설정문제에서 민중과 중간 제 계층의 관련성이 주목되는 한편, 중간 제 계층의 계급적 지위와 정치적 성향에 대한 관심이 고조되고, 이에 따라 학계에서는 민중의 위상과 민중의 내부 구성문제에 대한 논의가 있었기 때문인 것으로 보인다.

그는 「민중사회학'의 이론구조와 쟁점: 방법론적 논의」(한상진, 1986)에서 계급론적 접근에 의하여 "노동자, 도시빈민, 농민을 기층민중으로 묶어 이들의 역할에 주목하는 민중사회학의 '경제결정론적 시각'이 완전히 잘못된 것은 아니지만 민중 개념의 실천적 함의를 포괄적으로 살려내지 못하고 있다"고 지적하였다. 그리고 이러한 한계를 벗어나는 하나의 길은 "민중을 경제적 박탈의 범주로 고정시키는 것이 아니라 사회과학의 상식을 존중하여 다양한 세력의 연합으로 민중을 상정하는 것"이라고 말한다. 즉, '사회에 작동하는 모순과 긴장의 축에 따라 다양한 집단들이 변화를 갈망하게 되는데, 비록 사회경제적으로는 이질적이라 하더라도 이들이 공통의 목표를 향해 연합하여 변혁을 추구해 갈 때 민중이 형성된다'는 것이다. 따라서 민중 안에 기층민중이 있다고 한다면 중민('깨어 있는 중산층')도 있을 수 있다는 것이다. 중민은 민중의 밖에 있거나 변두리에 있는 실체가 아니라 반대로 민중의 중심을 가리키는 개념이다. '다양한 사회집단의 연합', "'다양한 민중집단' 가운데 사회의 중심부문에 위치한 변혁지향적 세력, 양극으로 분해되기 보다는 기본적으로 중심을 키워나가는 데 나름대로 역할을 할 수 있는 잠재력을 갖고 있는 민중, 이것을 개념화한 것이 '중민'이고, '중민노선'은 이런 '중민'의 역할에 의해 양극화를 막으면서 중심을 더욱 키워가려는 민주화운동, 변혁운동의 실천노선을 가리키는 개념"이라고 말한다.

그러자 조희연과 백욱인은 이러한 한상진의 '중민론'은 결국 '중산층'을 민중 개념에 포함시키는 '중산층적 민중론'[2]이라고 비판하면서 '민중사회학의 발전적 심화론', '과학적 민중론의 정립'을 주장하고 나섰다.

백욱인은 「과학적 민중론의 정립을 위하여」(백욱인, 1988)에서 민중 개념이 과학성·역사성·실천성을 확보하기 위한 방법론을 제안한다.

그는 1970년대의 지식인 중심의 '관념적 민중론'에서는 "민중을 미분화된 관념적 실체로서 상정하였기 때문에 민중을 구성하는 제 계급 계층의 생활상의 요구가 구체적으로 파악되지 않은 채 다분히 관념적인 용어로 민중의 소외와 피억압상태가 추상적 수준에서 서술되었다. 이와 같은 관념적 민중론은 구체적인 사회모순에 대한 정치경제학적 분석과 민중운동의 역사적 전통의 계승이라는 역사적 관점을 결여하였기 때문에 1980년대 사회상황과 사회운동의 발전을 따라가지 못하고 침체의 늪에 빠지게 되었다"고 평가한다. 그러나 이 '관념적 민중론'은 1980년 광주민중항쟁을 경험하면서 "1980년대 초반의 종속이론에 입각한 주변부자본주의론의 변혁론과 변혁주체론('이러한 변혁주체 인식방법은 이념적 지향에서의 포퓰리즘, 방법론에서의 이분법적 오류, 인식론에서의 비변증법적 한계, 사회구성체론에서의 비정치경

---

2) "'중산층적 민중론'은 중산층이란 이데올로기화된 개념을 사용하면서 중산층을 변혁주체로까지 확대평가하여 현 국면에서의 '중산층'이 차지하는 정치적 의미를 왜곡시키고 있다. 이러한 '중산층적 민중론'이 갖는 몇 가지 문제점으로는 첫째, 특정 이데올로기를 반영하는 정치주의적 편향, 둘째 변혁내용에서 드러나는 개량주의적 편향, 셋째 변혁 주체 설정에서 드러나는 절충주의적 편향 등을 들 수 있다. '중산층적 민중론'에서는 민주화의 과제를 제기하고 있지만, 기존체제를 관료적 권위주의로 규정하기 때문에 지배체제의 성격과 민주화의 내용을 올바로 파악해내지 못한다. 이는 변혁주체 설정에서 중산층을 민주화운동의 주체로 설정하는 데로 이어지는데, 이로 인해 변혁의 내용과 폭을 정치적 개량화에 국한시키는 결과를 가져오게 된다. 또한 제 계급이 근거하고 있는 물적 토대와 의식을 분리함으로써 의식의 자율성을 확대해석할 뿐만 아니라 민중의식의 형성과 조직의 활성화를 배제시키게 된다. 중산층적 민중론자는 '중민'(中民), '중민의식' 등이 신조어를 창조해내어 계급의식과 민중의식의 발전을 왜곡시키고 있다."(조희연, 1987b, 508~521쪽 ; 백욱인, 1988, 120~121쪽)

제학적 오류 등으로 인하여 비판받게 되었다')으로 연결되었고, 1980년대 중반에 이르러 그동안의 사회운동의 발전과 사회구조의 급격한 변화에 따라 민중의 계급적 분화가 현저해지고 운동의 분화—특히 노동운동의 활성화—가 급진함에 따라 '사회성격론–변혁론–민중론'의 연관성 속에서 기층 민중을 중심으로 한 '변혁적 민중론'으로 발전하였다"고 말한다. 특히 1980년대 중반의 '사회구성체논쟁'은 이 '변혁적 민중론'의 과학적 정립에 많은 시사점을 주었다고 평가한다.

그러나 1985년 2·12총선 이후 중간 제 계층의 민주화운동에의 적극적 참여를 계기로 민주화운동의 주체설정문제에서 민중과 중간 제 계층의 관련성이 주목되는 한편, 중간 제 계층의 계급적 위치와 정치적 성향에 대한 관심이 고조되자 학계 일각에서는 민중문제의 위상과 민중의 내부구성문제를 둘러싸고 '중산층적 민중론'이 제기되었다는 것이다. 따라서 1980년대 중반 이후에는 따라서 '변혁적 민중론'과 '중산층적 민중론'이 병존하게 되었는데, 이것들은 어떻게 '과학적 민중론'으로 정립될 수 있는가? 그는 한마디로 민중이 사회과학적으로 개념화되어야 하는데, 이는 (1) 정치경제학적 접근에 의한 과학성의 확보, (2) 역사적 접근에 의한 역사성의 확보, (3) 운동적 접근에 의한 실천성의 확보라는 과제를 풀어야 된다고 본다. 그리고 민중 개념의 과학성을 확보하기 위해서는 첫째, 정치경제학적 방법이 필요하고, 둘째, 민중운동사적 접근이 필요하며, 그리고 민중 개념의 실천성을 확보하기 위해서는 사회성격론–변혁론–구체적인 사회운동의 통일적 관련성 속에서 검토되어야 하며, 이처럼 객관적 과학성, 역사적 계승성, 운동적 실천성을 계승하는 '변혁적 민중론'은 민중적 당파성에 입각하는 것이어야 한다고 강조한다. 말하자면, '민중적 당파성'에 입각하여, 한국자본주의의 재생산구조 및 축적양식에 대한 분석(과학성)과 민중운동사적 접근(역사성), 그리고 사회성격론–변혁론–사회운동의 통일적 관련 속에서의 검토(실천성) 등의 방법을 통하여 민중을 파악해야하고, 그럴 때 민중 개념은 과학화될 수 있다는 것이다.

한편, 민중의식은 계급의식, 민족의식을 포괄하는 것으로서 기본적으로 모순인식에 근거한 변혁지향적 주체의식이며, 그것의 내용은 전선의 변화, 변혁대상의 변화, 해당 단계 민중운동의 성격변화에 따라 달라진다고 본다. 그리고 이러한 민중의식의 형성과정은 "민중이 그들의 체험, 원망, 의식, 행동에서 출발하여 그 가운데 원리와 이데올로기를 만들어 내고, 그것으로 역사를 능동적으로 가공해서 가는 과정"(박현채, 1984)이라고 한다. 이러한 민중의식을 분석하는 데 있어서는 이데올로기 분석의 원칙이 관철되어야 하는데, "첫째, 의식의 물적 토대와 생활조건을 민중적 당파성의 관점에서 드러낼 수 있어야 한다. 둘째, 민중의식의 문제는 기본적으로 지배이데올로기와의 관련성 속에서 검토되어야 한다. 셋째, 지배의식과의 관련성 속에서 형성되는 제반 이데올로기의 현 상태가 갖는 본질을 드러낼 수 있어야 한다"는 것이다.

'변혁적 민중론'의 입장에 서 있는 것으로 보이는 김진균은 「민중사회학의 이론화 전략」(김진균, 1989)에서 1980년대의 민중론을 종합, 정리하면서 '민중사회학'이 하나의 대안적인 이론적 전망(시각)으로 성립될 수 있는가를 검토한다.

그는 '민중사회학'이 성립되는 배경의 하나는 민중에 대한 역사적 인식('민중'론)의 발전인데, 그것은 크게 3단계로 진행되어왔다고 본다. 먼저 1920년대에 민중은 민족해방(혁명)의 주체로 인식되었고, 1970년 전후와 1980년에는 '사월혁명'을 재평가하는 가운데 민족모순이 계급모순으로 전환되는데 주목하여 '사월혁명'의 주체를 민중으로 파악하면서 그 계급적 구성을 분석, 일반화하고자 하였고, 1980년대의 민중론은 (신)식민지 자본주의사회의 민족해방과 계급해방의 변혁주체로서 민중을 설정하고 그 계급적 구성의 내포와 외연을 파악하고 있다는 것이다.

이어서 그는 1970년대 후반에 제기된 '민중사회학' 내지 '분단사회학'을 비판하고(임영일, 1988), '민중사회학'의 이론화 전략을 제안하다. '민중사회학'의 이론화 전략과 사회재구성 전략은 당시의 한국사회를 신식민지 국가독점자본주의사회라는 인식에 기초해서 민중을 노동자계급의 인식론적·실천적 우위성이 담보된 계급연대 및 계급동맹의 맥락에서 파악하고, 변혁주체로서의 민중의 변혁역량을 파악하고 측정하며, 민중의 반독점운동의 맥락 속에서 민주화문제와 남북통일문제를 당면의 문제로 제기하는 것이었다. 결국, '민중사회학'의 이론화 전략에서 민중은 민족모순·계급모순에 대응하여 조직되는 계급연대·계급동맹으로서 파악되고, 그것은 기본적으로 노동자·농민·도시빈민으로 구성된다고 본다.

한편, 이미 '변혁적 민중론'을 비판하면서 '중산층적 민중론'을 제기했던 한상진은 「중심화 변혁모델의 사회적 기반－'中民' 개념을 중심으로」(한상진, 1990)에서 '中民' 개념과 '중민노선'을 제시한다.

그는 1970년대 후반의 민중 개념은 별다른 사회분석 없이 포괄적 저항의 의미를 담은 정치적 상징으로 쓰였다고 말한다. 그런데 민중의 상징을 둘러싼 정치적·이데올로기적 공방에 주눅이 든 상태에서 '사회주의혁명의 방향으로 질주한 일부 급진세력에 의해 민중의 상징이 독점되고 변형·왜곡되는 한편, 이른바 '좌경용공'에 대한 불안과 공포를 불러일으킴으로써 민중의 상징을 불순한 것, 좌경적인 것, 폭력적인 것'으로 단죄하는 정부의 억압 속에서 민중 개념은 사회학적 분석 개념으로 정립되지 못했다는 것이다. 그러나 1980년대 중반 이후에 민중 개념의 '과학화'가 시도되면서 관심은 산업성장이 수반한 부정적·파괴적 효과로 모아지게 되었고, 그에 따라 민중은 '섬세하게 다듬어진 계급이론적 접근'보다는 '경제결정론적 계급이론'에 의해 '경제적 박탈의 범주'('무산계급')로 개념화됨으로써 '기층민중'(노동자·농민·도시빈민) 중심의 민중 개념으로 나타나게 되었다고 지적한다. 그리고 이처럼 민중 개념이 계급화 됨에 따라 이론과 실천에서 많은 혼란과 부담이 생겼다는 것이다. 특히 기층민중 노선은 자본주의적 발전의 부정적·파괴적 결과에 초점을 맞추면서 실천상에서 '양극적인 투쟁모델'을 지향하는 바, 이것이 우리의 현실에 과연 어느 정도 타당한가의 의문이 제기된다는 것이다. 따라서 이제 '기층민중' 중심의 이론적·실천적 전략은 수정되어야 할 필요가 있는데, 그것은 곧 '민중 개념이 갖는 원래의 복합성과 역동성을 복원시키는 것'으로서 '기층민중의 일면성을 보여주는 중민개념 및 중민노선을 도입하는 것'이라고 주장한다.

그에 따르면, '중민' 개념은 빠른 경제성장과 사회변동 과정에서 국가권력에 의해서 자행되었던 제반 억압과 체제모순에 도전하는 근대적 성격의 새로운 세력들이 사회중심부문에서 크게 성장했다는 점에 주목했다는 점, 그리고 '중민노선'은 그러한 세력들이 중심이 되어 기층민중과 더불어 중심을 키워가는 방향의 이론과 실천을 추구하는 것이라고 말한다.

이어서 그는 '중민' 개념이 태동하는 두 가지의 역사적 배경을 들고 있는데, 하나는 정치적·경제적·사회적 민중배제를 본질적 특성으로 하는 관료적 권위주의이며, 또 하나는 산업의 급속한 성장과 사회변동의 가속화이다. 특히 민중의 대두가 자본주의체제의 경제적 실패 때문인가 아니면 성공 때문인가의 쟁점을 제기하고 있지만, '중민'을 포함하는 민중의 대두는 산업성장의 불가피한 결과라고 말한다. 기층민중이 '경제적 박탈'의 범주로 개념화된다면 '중민'은 '경제성장의 결실'의 범주로 개념화되는 셈이다.

그는 '중민'을 개념화하기 위해서 우선 중간계급과 구별되는 '중산층'을 개념화한다. 직업, 소득, 교육을 객관적 기준으로 삼고, 생활수준이 중간에 속한다는 귀속의식을 주관적 기준으로 삼아 1981년과 1986년 경제기획원이 실시한 바 있는 사회통계조사자료를 분석하였다. 그 결과, 도시가구 중 중산층의 비율은 1980년 현재 27.2%였으나 1985년에는 35.0%로 증가하였다. 중산층의 계급별 구성을 보면, 1985년의 경우, 신중간계급(전문기술자, 행정관리자, 사무종사자)의 70.8%, 구중간계급(판매자영업자, 서비스자영업자, 생산자영업자)의 41.2%, 노동자계급(판매노동자, 서비스노동자, 산업노동자)의 19.9%를 차지한다. 따라서 "중산층은 어느 단일 계급의 성격을 독점적으로 대변한다기보다는 계급의 경계를 넘어서는 개념이며 산업화가 진전함에 따라 일정한 조건을 갖춘 집단이 커지면서 등장하는 사회적 범주라고 할 수 있다"는 것이다.

문제는 이러한 중산층이 민주화와 사회변혁의 과정에서 어떤 역할을 수행하고 있으며, 또 수행할 수 있는가에 있는데, 중산층 안에는 기득권의 유지에 관심이 있는 집단, 즉 사회변혁보다는 어느 정도의 정치적 자유화에 만족하여 안정을 선호하는 집단, 그런 의미에서 권력연합에 흡수되는 집단이 있는가 하면, 반면에 젊고 학력이 높으며 민중적인 자기정체성을 지닌 중산층, 즉 민족모순과 계급모순을 인식하면서 사회주의혁명과 같은 전면적인 체제 부정에는 동의하지 않지만 그럼에도 변혁을 요구하고 또 요구하는 운동에 공감을 갖는 중산층이 많이 있다는 것이다. 이처럼 중산층을 두 개의 집단유형으로 나누고, 후자 즉, "깨어 있는 중산층, 사회변혁의 주체로 이해된 중산층, 민중의 일부로 보는 중산층"을 '中民'으로 개념화할 것을 제안하고 있다. 이 '중민' 개념을 민중론의 '민중' 개념과 관련시켜서 보자면, 민중 가운데는 '기층민중'(노동자, 농민, 도시빈민)으로 변혁을 요구하는 세력과 '중민'으로 변혁을 요구하는 세력이 있게 되는 셈이다. 그런데 두 세력 사이에는 상당한 성격의 차이가 있고, 사회가 양극화의 추세를 보이면 '중민'은 보수화되는 경향을 보일 것이지만, 그러나 장기적으로 양극화를 막을 수 있는 '중민노선'이 정착된다면 '중민'은 계속해서 변혁을 요구하고 이끌어가는 역할을 수행할 수 있을 것이라고 전망한다.

그는 사회변혁의 중심세력으로서의 '중민'은 전문기술직을 핵으로 하는 신중산층, 근대적 성격의 조직화된 노동자계급, 그리고 학생청년세대로 이루어진다고 결론짓는다. 그리고 이러한 중민의 구성에서 특히 주목해야 할 집단은 신중산층이라고 말한다. 이들 중민은 어느 집단보다 근대적 비판정신을 공유한 세력으로서 관료적 권위주의체제의 모순에 강한 저항의 체질을 가지고 있고, 자본주의의 모순에 대해서 비판적 성향을 갖고 있으며, 그리고 분단문제, 민족문제에 관해서도 정권안보적인 상징조작과 이데올로기적 억압의 효과를 꿰뚫어 보는 능력을 가지고 있기 때문이다. 결국, '변혁적 민중론'은 '기층민중'을 중심으로, 그리고 이 '중산층적 민중론'은 '중민' 특히 신중산층을 중심으로 민중을 개념화하고 있다고 볼 수 있다.

1970년대 이래 전개되어 온 '민중론'과 '민중학'의 이론적 전제는 굳이 말하자면 '구조주의'라고 할 수 있을 것이다. 유럽의 사상·학계에서는 1960년 이후 이미 '후기구조주의'가 유행하고 있었고, 우리에게는 1980년대 후반에 유럽의 '후기구조주의'가 들어와 유행하기 시작했다고 보고 있다. 그러나 '후기구조주의'는 아직도 학계 전반에 침투하지 못하고 있었다. 이럴 즈음에 김성기는 「후기구조주의 시각에서 본 민중―주체형성논의를 중심으로」(김성기, 1987)에서, 당시 학계 일각에서 새롭게 유행하기 시작하는 '후기구조주의' 시각, 특히 주체 혹은 행위자(agency)의 범주를 문제 삼는 경향 속에서 '역사의 주체는 민중이다'라는 명제에 대해 이의를 제기하고 있다.

그는 "'민중'이라는 말의 역사적 선례나 어원은 신채호의 사상에까지 혹은 훨씬 그 이전에까지도 소급될 수 있겠지만 1970년대에 이르러서 비로소 우리의 일상생활 및 문화계에서 의미 있게 자각, 의식되었다"고 말하고 있다. 즉 '1970년대에 이르러서야 '민중'이란 말의 그 실체적 내용이 가시화되었다'는 것이다.

그런데도 그동안 '민중'이라는 말이 이론적인 용어나 진술로서 정착되지 못한 데는 지배문화 영역에서 터부시되고 또 학계에서도 '당위적' 이상의 '이론적 용어'로서 사용되지 못했기 때문이라고 본다. 따라서 '이론적·분석적 개념'으로 정립되지 못한 민중 개념을 둘러싼 논의 쟁점은 크게 보아 두 가지로 모아지고 있다고 본다. 하나는 민중을 역사 주체 내지 사회적 실천주체로 규정하는 것이고, 또 하나는 민중을 계급연합의 맥락에서 보고자 하는 것이다. 그런데 전자는 미리 배후에 진화나 필연의 논리를 전제하는 목적론적 설명이나 당위론적 정당화에 빠지기 쉽고, 후자 또한 민중 범주 자체의 실체와 특성을 간과하고 있다고 지적한다. 특히 후자는 생산관계 상의 객관적 위치나 경제적 이해관계의 공유가 계급연합으로서의 민중을 형성시킨다는 것이지만, 그러나 경제적 이해관계의 일치·공유라는 것이 여러 계급적 연합세력을 민중이라는 하나의 동질개념으로 묶는 자동적인 기준으로 될 수는 없다는 것이다.(한상진, 1986) 왜냐하면 어떤 삶의 객관적 조건, 특히 경제적 이해관계라는 것이 곧 일상적 행동이나 의식, 넓게 보아 삶의 주체적·주관적 조건에로 이어진다고 하는 것이 그리 흔한 경우는 아니기 때문이다. 말하자면 '경제결정론적 계급이론'에 의해 민중을 개념화하는 것의 문제점을 지적하고 있다.

따라서 그는 민중 개념의 올바른 정립을 위해서는 어떤 형이상학적·분석초월적·환원주의적인 전제나 가정도 버릴 것을 주문하고 있다. 그리고 보다 근본적으로는 '주체나 혹은 행위자(agency)의 범주'

자체를 문제 삼고자 한다. 후기구조주의에서는 주체나 행위자의 범주
자체를 부정하고 있기 때문이다.

5. 맺음말

　이상에서 '비판적 지식인·학자'들의 1920년대와 1970~1980년대의
'민중론'을 소개하였다. 1970년대까지는 그들이 '민중'이라는 말의 지
시대상인 '실재의 민중'을 어떻게 그리고 무엇으로 상상하고 있는가,
즉 그들의 민중 개념을 통시적으로 소개했고, 1980년대에는 그들이 터
잡고 있는 각각의 학문분야에서의 그들의 민중 개념과 그 추이를 소
개하였다.
　1920년대와 1970~1980년대에 민중이라는 말과 용어가 널리 사용되
고, 비판적 지식인들 사이에서 '민중론'이 일어났던 이유는 무엇이었
을까? '말과 용어는 행위와 실재의 음성그림자'라고 했다. 전근대시기
에서 1862년 임술민란·1894년 농민전쟁 때에, 그리고 근현대사에서
1919년 3·1운동 때와 1979년 11월 부마항쟁·1980년 5월 광주민중항
쟁·1987년 6~9월 민주화운동 때만큼 계급과 계층을 초월하여 사회구
성원의 대다수가 봉기했던 적은 없었다. 그들은 말 그대로 민중(民衆)
이었다. 그들은 당대에서 제기되었던 역사적·사회적 과제를 해결하
고 새로운 사회를 건설하고자 구호를 외치면서 직접 실천으로 나아갔
다. 그들은 임술민란·농민전쟁 때에는 반(反)봉건·반외세(제국주의
국가들)운동을 전개하였고, 3·1운동 때에는 반(反)일제 민족해방을
요구, 실천하였으며, 1970년대 말부터 1980년대 말까지는 반(反)독재
·반(反)자본 민주화운동을 치열하게 전개하였고, 1987년 6월에는 '민
주혁명'을 이룩하기도 했다.

이러한 민중과 민중운동은 대개는 현실·현장과 일정하게 거리를 두고 있던 지식인들에게 그 역할과 관련하여 자기반성과 각성을 촉구하였고, 그리하여 일부의 자기반성한 '비판적 지식인'들 사이에서는 민중과 민중운동을 개념·이론화하는 '민중론'이 일어나게 되었다. 그러나 1980년대 중반까지도 '민중론'은 보수학계와 독재체제·반공이데올로기로부터 자유롭지 못했다. 보수학계는 '사회주의혁명의 방향으로 질주한 일부 급진세력에 의해 민중의 상징이 독점되고, 변형·왜곡되고 있다'고 비판하였으며, 독재정권은 이른바 '좌경용공'에 대한 불안과 공포를 불러일으킴으로써 민중의 상징을 불순한 것, 좌경적인 것, 폭력적인 것'으로 단죄하고자 하였다. 이러한 환경과 분위기 속에서 민중 개념은 이론적·분석적 개념으로 정립되지 못했다. 그러다가 80년대 중반부터 민중 개념의 '과학화'가 이루어짐으로써 비로소 이론적·과학적인 민중 개념이 정립되기에 이르렀는데, 그 실질적인 배경은 다름 아닌 민중운동의 비약적인 발전이었다. 즉, 1970년대의 지식인들의 '관념적 민중론'은 민중운동의 양적·질적 발전을 배경으로 '실재성'과 '구체성'을 획득하여 1980년대 중반 이후에는 '변혁적 민중론'으로 발전해갔던 것이다.

1980년대 중반 이후의 '과학적 민중론'('변혁적 민중론')에서 말하는 민중 개념 정립의 기본 전제는 다음과 같이 정리된다.

첫째, 민중은 사회구성체의 변화, 즉 역사 속에서 파악되어야 한다는 것이다.(민중 개념의 '역사성') 민중은 역사적 존재이고 사회적 실체이다. 민중은 특정한 역사적 시점과 장소에서 자기를 구체화한다. 민중 구성은 역사에서 인간 간의 사회적 관계를 보다 근원적으로 규정하는 사회구성체가 달라짐에 따라 그 내포나 외연을 달리할 수밖에 없다. 한 사회 안에서 인간 간의 사회적 관계는 기본적으로는 한 사회의 사회구성체의 성격(예를 들면, 노예제인가, 농노제인가, 자본주의

인가 등)에 의해 규정되면서 부차적으로는 그 사회구성체의 토대를 이루고 있는 여러 경제제도에 의해서 규정된다. 이 경우 민중은 원초적으로 '생산자 대중'으로 파악된다.

둘째, 민중은 역사 속에서 변화하는 주요모순에 상응하여 인식되어야 한다.(민중 개념의 '과학성') 이것은 한 사회에, 여러 경제제도의 관계에서 주어지는 인간 간의 사회적 관계를 기초로 서로 다른 이해를 갖는 사람들을 공동의 이해 속에 결합시키는 사회적 관계 · 모순이 있다는 것을 전제로 한다. 서로 다른 계급 · 계층적 이해를 갖는 사람들을 공동의 이해 속에 결합시키는 것이 바로 주요모순이다. 이 주요모순이 바로 민중을 계급 · 계층의 연합으로 파악하게 한다. 그리고 이와 같은 주요모순은 계급관계에서 주어지는 기본모순과는 달리 가변적이다. 한 사회의 주요모순은 그 사회가 처해 있는 상황에 따라 달라진다. 이를테면 1980년대의 한국자본주의의 사회구성체적 성격을 '신식민지 국가독점자본주의'라고 볼 경우, 민중은 계급적 모순관계 속에서 노동자계급을 그 기본구성으로 하면서도 민족모순과 결합된 주요모순에 상응해서는 일부 독점적 · 매판적 대기업을 제외한 나머지 대다수의 계급 또는 계층을 민중적 범주로 편입시킴으로써 민족자산가로서의 중소기업가 · 광범한 중소상인 · 독립소생산자로서의 농민 · 수공업자 · 도시빈민, 그리고 지식인과 학생청년세대 등을 그 외연으로 하여 구성되는 것이다.

셋째, 민중은 피지배자로서 국가권력과의 모순관계 속에서 파악되어야 한다.(민중 개념의 '실천성') 이것은 민중을 특히 1970년대 이래 반독재민주화운동과 자주 · 통일 국가 건설의 변혁적 주체로 설정한다는 것을 의미한다. 이 경우 민중은 '민중민주주의'와 '민중적 민족주의'를 그 이념과 노선으로 취하여 '민중의 지배'를 실현하고자 한다. 정치적으로 '민중민주주의'의 실현은 광범한 민중의 정치 참여를 가능하게 할뿐만 아니라 그것을 위한 정당, 그리고 노동자·농민조직을 갖게 한다.

넷째, 민중의식은 '주체의 형성'이라는 관점에서 파악되어야 한다는 것이다.('주체'의 형성) 민중의식은 기본적으로는 사회경제적 조건의 변화에 따라 향상되어 가겠지만 민중의 일상적·비일상적 체험이나 원망이 민중 상호간의 접촉과 내외의 투쟁 과정에서 민중적인 공유 체험으로서 자각되는 한편, 계급·계층별 경제적 이해나 생활상의 요구를 지양한 어떤 추상적인 가치, 즉 국가와 독점자본에 대한 적대적 의식, 자주·민주·통일 의식으로 응축되어 감에 따라 민중의식은 정도의 차는 있으나 보다 높은 차원의 것으로 진보해 간다. 이때에 민중 개념은 계급·시민·민족 등 여러 개념을 포용하고 그것의 통일위에 주어지는 상위 개념이며, 민중의식 역시 계급의식·시민의식·민족의식 등을 매개로 하여 그 위에 서는 의식으로 주어진다. 따라서 민중의식은 복합적이면서도 그것의 통일위에 주어지는 상위개념이다.

1920년대와 1970~1980년대에 '살아 움직이고 있던' 민중은 역사에 그 흔적만 남겨 놓았다. 그들의 생생한 말을 들을 수도 없고, 그들의 생생한 행위도 볼 수 없다. 개인적·집단적 차원에서, 관념적·변혁적 차원에서, 또 통시적·공시적 차원에서 기억되고 말해질 뿐이다. 그들을 기록한 텍스트만 남아있을 뿐이다. 이제 남은 일은 비판적 지식인들이 민중을 이해하고 파악했던 방법, 민중을 개념 짓는 방법, 혹은 지표를 통하여 '실재의 민중', 즉 특정한 시점과 장소에서 자기를 구체화했던 역사적·사회적 실체로서의 민중을 상상해보는 일이다. 그리고 비판적 지식인들의 '사유 속의 민중' 혹은 '개념으로서의 민중'과 그것이 지시하고 있는 '실재의 민중'과의 相同性 여부에 따라 이론적·분석적 개념으로서의 민중 개념의 유효성은 판별될 것이다. 그리고 지금이라도 그때의 '실재의 민중'을 구술사나 일상생활사로 끌어들여야 할 필요가 있다.

▣ 참고문헌

강만길 외, 1983 『4월 혁명론』, 한길사.
강신철 외, 1988 『80년대 학생운동사』, 형성사.
공제욱, 1985 「현대 한국 계급연구의 현황과 쟁점」 『한국사회의 계급연구』, 한울.
구중서, 1979 『민족문학의 길』, 새밭.
권영민, 1993 『한국현대문학사』, 민음사.
김동춘, 1990 「사회구조와 학생운동: 60·70·80년대 비교분석」 『사상과 정책』 봄
　　　　호, 경향신문사.
______, 1999 「한국 사회운동 100년: 정치개혁에서 '사회만들기'」 『경제와 사회』
　　　　제44호(겨울호)
김병걸, 1983 「민중과 문학」 『예수·여성·민중』, 한신대학교출판부.
김성기, 1987 「후기구조주의의 시각에서 본 민중」 『한국사회학연구』 9, 한울.
김용기·박승옥 엮음, 1989 『한국노동운동논쟁사: 80년대를 중심으로』, 현장문학사.
김용복, 1981 「메시아와 민중: 정치적 메시아니즘에 대항한 메시아적 정치」 『한
　　　　국 민중과 기독교』, 형성사.
김용직, 1971 「민족문학론」 『현대문학』 6월호.
김재홍, 1985 「만해의 문학과 사상」 『문학사상』 10월호.
______, 1990 「한국문학 속의 민중의식 연구: 민중시를 중심으로」 『한국 민중론
　　　　연구』, 한국정문화연구소.
김주연, 1980 「민중과 대중」 『대중문학과 민중문학』, 민음사.
김지하, 1984 「생명의 담지자인 민중」 『밥』, 분도출판사.
김진균, 1988 「민족운동과 분단극복의 문제」 『사회과학과 민족현실』, 한길사.
______, 1988 『사회과학과 민족현실』, 한길사.
______, 1989 「민중사회학의 이론화 전략」 『한국 민중론의 현 단계』, 돌베개.
박현채, 1978a 「민중과 경제」 『민족경제론』, 한길사.
______, 1978b 「민중과 경제」 『민중과 경제』, 정우사.
______, 1983a 「문학과 경제」 『실천문학』 제4권, 실천문학사.

————, 1983b 「4월 혁명과 민족사의 방향」『4월 혁명론』, 한길사.

————, 1984 「민중과 역사」『한국자본주의와 민족운동』, 한길사.

————, 1985 「민중의 계급적 성격 규명」『한국사회의 계급연구』 1권, 한울.

————, 1985 「민중과 문학」『한국문학』 2월호.

————, 1989 「민족경제론의 관점에서 본 민중론」『한국민중론의 현 단계』, 돌베개.

박형준, 1993 「시민사회론의 복원과 비판적 재구성」『마르크스주의의 위기와 포스트마르크스주의』 2권(이병천·박형준 엮음), 의암.

백낙청, 1974 「민족문학의 개념 정립을 위해」『월간중앙』 7월호.

————, 1979 『인간해방의 논리를 찾아서』, 시인사.

백욱인, 1988 「과학적 민중론의 정립을 위하여」『역사비평』 여름호.

브라이언 팔머, 이세영 옮김, 『역사적 유물론을 위한 변명: 담론으로의 추락』, 한신대학교출판부.

서남동, 1983 『민중신학의 탐구』, 한길사.

실천문학사, 1985 『민중교육』.

안병영, 1980 「역사의 주체로서의 민중」『신동아』 7월호.

안병직 엮음, 1979 『申菜浩』, 한길사.

염무웅, 1972 「민족문학의 어둠 속의 행진」『월간중앙』 3월호.

————, 1979 『민중시대의 문학』, 창작과 비평사.

유재천, 1980 「70년대의 민중에 대한 시각」『신동아』 7월호.

————, 1984 『민중』, 문학과 지성사.

유종호 1982, 「임과 집과 길」『동시대의 시와 진심』.

이만열, 1981a 「민중의식 사관화의 시론」『인간과 세계에 대한 철학적 이해』, 삼중당.

————, 1981b 「한국사에 있어서의 민중」『한국근대역사학의 이해』, 문학과 지성사.

————, 1988 「한국사 연구대사의 변화」『한국 근대학문의 성찰』, 중앙대학교 중앙문화연구원.

이병천, 1991 「맑스 역사관의 재검토」『사회경제평론』 제4호, 한울.

————, 1992 「포스트 맑스주의와 한국사회」『월간 사회평론』 8월호.

————, 1993 「세계사적 근대와 한국의 근대」『세계의 문학』 가을호.

이세영, 1988 「현대 한국사학의 동향과 과제」『80년대 인문사회과학의 현 단계와 전망』, 역사비평사.

이인영, 1997 「학생운동: 선도투쟁에서 대중성 강화로」『역사비평』 37호, 역사비
　　　평사.
이재현, 1983a 「문학운동을 위하여」『문학과 예술의 실천논리』, 실천문학사.
______, 1983b 「문학의 노동화와 노동의 문학화」『실천문학』 4권, 실천문학사.
______, 1984 「민중문학운동의 과제」『오늘의 책』 No.4 겨울호.
일송정 편집부, 1988 『정치노선』, 일송정.
임영일, 1988 「사회학 연구의 동향과 과제」『80년대 인문사회과학의 현 단계와
　　　전망』, 역사비평사.
전영태, 1985 「민중문학에 대한 몇 가지 의문」『한국문학』 2월호.
정창렬, 1982 「백성의식·평민의식·민중의식」『이돈명 선생 회갑기념 논문집』.
______, 1989 「한국에서 민중사학의 성립·전개과정」『한국 민중론의 현 단계』,
　　　돌베개.
조동일, 1985 「민중·민중의식·민중예술」『한국설화와 민중의식』, 정음사.
조희연, 1987a 「한국사회의 민중과 변혁 주체론」『한국현대사를 어떻게 볼 것인
　　　가(1945~1960)』(김대환 외 엮음), 열음사.
______, 1987b 「민중사회학의 발전적 심화론」『신동아』 4월호.
______, 1989 「현 단계 사회구성체 논쟁」『한국사회구성체논쟁』 1권(박현채·조
　　　희연 엮음), 한울.
______, 1989 「현 단계 사회구성체 논쟁」『한국사회구성체논쟁』 2권(박현채·조
　　　희연 엮음), 한울.
______, 2001 「5·18과 80년대 사회운동」『5·18민중항쟁사』(광주광역시 5·18사
　　　료편찬위원회 엮음), 고령.
주요한, 1924 『아름다운 새벽』, 조선문단사.
채광석, 1984 「민족문학과 민중문학」『문학의 시대』 2권, 풀빛.
______, 1985 「민중문학의 당위성」『한국문학』 2월호.
최경환, 1983 「운동권의 비합법·반합법 투쟁양상 분석」『공안연구』 24집, 공안연
　　　구소.
학술단체협의회, 1989 『80년대 한국사회와 지배구조』, 풀빛.
______, 1990 『사회주의개혁과 한반도』, 한울.
______, 1993 『한국민주주의의 현재적 과제』, 창작과 비평사.
______, 1997 『6월 민중항쟁과 한국사회 10년』 1~2, 당대.
______, 2000 『전환시대의 한국사회』, 세명서관.

한국기독교교회협의회 신학연구위원회 엮음, 1982『민중과 한국신학』, 한국신학
　　　연구소.
한국기독교교회협의회 엮음, 1985『한국역사 속의 기독교』.
한국신학연구소 엮음, 1984『한국민중론』, 한국신학연구소.
한상범, 1980「민중론의 전개방향」『신동아』7월호.
한상진, 1984「민중과 사회과학(원제: 「사회과학 방법론에 도전한다」)」『정경문화』
　　　11월호.
――――, 1986「'민중사회학'의 이론구조와 쟁점: 방법론적 논의」『사회과학과 사
　　　회정책』8권 1호(서울대 사회과학연구소 엮음)
――――, 1990「중심화 변혁모델의 사회적 기반: '中民'개념을 중심으로」고려대학
　　　교 평화연구소 평화강좌.
한신대학교 제3세계문화연구소 엮음, 1989『한국민중론의 현 단계』, 돌베개.
한완상, 1978「민중의 사회학적 개념」『문학과 지성』9권 3호 가을호.
――――, 1980「민중사회학 서설」『민중과 사회』, 종로서적.
――――, 1984『민중사회학』, 종로서적.
――――, 1989『민중과 지식인』, 정우사.
한완상·백욱인, 1986「민중사회과학의 몇 가지 문제점들」『우리 시대 민족운동
　　　의 과제』(장을병 외 엮음), 한길사.
한흥수·김도종, 1993「한국학생운동의 평가와 전망」『사회과학논집』24집, 연세
　　　대학교 사회과학연구소.
함석헌, 1985『함석헌 전집 14: 생각하는 백성이라야 산다』, 한길사.
홍윤기, 1984「현실학의 예고: 철학의 재생을 넘어서」『한국문학의 현 단계』3권,
　　　창작과비평사.
Palmer, Bryan D, *Descent into Discourse: The Reification of Language and The
　　　Writing of Social History*(이세영 옮김, 2004『역사적 유물론을 위한 변명』,
　　　한신대학교 출판부).

'새로운 민중사'의 모색과 구술사 방법론의 활용

이용기

1. 왜 다시/새로운 민중사인가?

가히 '혁명의 시대'라 불릴 만한 1980년대에 진보세력은 '민족·민주·민중'이라는 세 가지 키워드를 가지고 총체적인 사회변혁을 꿈꾸었다. 그 중에서도 '민중'은 가장 뒤늦게 발화되었지만, 오히려 그러하기에 그 시대의 진보를 상징하는 아이콘이었다. 광주항쟁 이후 진보세력은 '민중'을 재발견함으로써 그전까지 지배와 저항의 담론투쟁의 결절점이었던 '민족·민주'를 재해석하여 급진적인 저항이데올로기를 형성했다. 그러나 1990년대 중반 이후 '1980년대 진보 패러다임'이 퇴조하면서 '1980년대'의 세례를 가장 집약적으로 받은 '민중' 담론이 먼저 퇴조하였고, 결과적으로 민족·민주라는 가치도 저항이데올로기로서의 날카로움이 무뎌져 갔다.(최장집, 2009, 152·240~243쪽)

이와 동일한 맥락에서 1980~1990년대 진보적 역사학계의 가장 큰 성과이자 깃발이었던 '민중사학'이 퇴조하고 '민중' 역시 어느 순간부터인가 연구자의 시야에서 사라졌다. '민중이 사라진 시대'의 역사학에서는 한편에서 생활사, 문화사, 일상사, 구술사 등 새로운 역사연구의 이론과 방법이 모색되었고, 또 한편으로는 역사학의 '과학적·실천적' 의미를 궁구하기보다는 실증주의와 민족주의가 강화되는 양상도 나타났다. 결국 '민중사학'이 제기했던 역사학의 실천성 또는 저항이 데올로기로서의 역사학이라는 기치는 크게 퇴색하였다. 그리고 진보 자체에 대한 회의가 광범하게 퍼졌다.

그러나 우리가 현실에 안주하지 않고 현실의 모순을 깨쳐나가고자 한다면, 퇴색하고 있는 역사학의 실천성과 '진보'의 가치를 재성찰해야 한다. 이러할 때, 어느덧 진부한 전설이 되어버린 '민중'을 다시 불러내어 그 한계를 냉철하게 심문하고 다시금 적실성 있는 무기로 벼릴 가능성을 탐색할 필요가 있다. 그 이유는 '민중사학'이야말로 역사학의 실천성을 최상급으로 제기했던 우리의 지적 자산이기 때문이며, 또한 새로운 진보와 그 주체를 고민하기 위해서는 과거에 변혁주체로 상정되었던 '민중' 개념을 탈구축해야 하기 때문이다. 그래서인지 최근에는 한동안 잊혀지다시피 했던 '민중사'를 비판적으로 재구성하려는 시도가 생겨나고 있다.[1] 이는 신자유주의의 강화에 따라 현실의 모순과 사회적 갈등이 심화되는 상황에 직면하여 '민주화 이후의 민주주의'에 대한 진지한 성찰이 이루어지는 것과 짝을 이룬다.(최장집, 2005 ; 조정환 외, 2007 ; 학술단체협의회, 2008)

그렇지만 민중(사)에 대한 관심의 고조가 과거로의 회귀가 되어서는 곤란하다. 지금 우리는 '민중'을 재발견하고 '민중사'를 정초했던 1980년대와는 전혀 다른 시대적 조건에 처해있다. 또한 새롭게 발현 ·

---

1) 1980년대에 민중사학을 앞장서 개척했던 구로역사연구소의 후신인 역사학연구소는 2008년 11월에 '위기에 선 역사학, 민중사의 새로운 출발'이라는 주제 하에 연구소 창립 20주년 기념심포지엄을 열었고, 그 이듬해인 2009년 12월에는 역사문제연구소 민중사반이 '경계에 선 민중, 새로운 민중사를 향하여'라는 주제로 심포지엄을 열었다. 두 심포지엄에서는 과거 민중사학의 의의와 한계를 검토하면서 새로운 민중사의 방향을 논의하였는데, 전자의 경우 변혁주체 민중론을 극복할 새로운 민중 개념에 대한 이론적 모색이 돋보였으며, 후자의 경우 민중사학의 패러다임을 넘어서는 경험적 연구를 발표함으로써 새로운 민중사의 모색을 한 단계 진전시켰다. 이 두 심포지엄의 성과는 두 단체의 학술지인『역사연구』18호(2009) 특집과『역사문제연구』23호(2010) 특집으로 외화되었다.

전개되는 사회적 모순을 자각하면서 세상을 바라보는 우리의 시각도 많은 변화를 겪었다. 민중사학은 ‘혁명의 시대’의 산물로써 커다란 학문적·실천적 의미를 가짐에도 불구하고 분명 특정한 시대의 산물이다. 따라서 ‘민중’에 대한 탐구는 변화된 현실에 발맞추어 환골탈태하지 않는다면, 현실에 대한 설명력도 가질 수 없고 실천적 함의 또한 빛바랠 수밖에 없다. 따라서 다시금 주목되는 민중사는 과거의 영광스런 재림이 아니라, 과거의 한계를 냉철하게 직시하고 그것을 넘어서는 새로운 사유와 방법을 통해서 재정향되어야 한다. 우리는 과거 민중사학의 패러다임에서 벗어나 변화된 현실과 인식을 반영하여 민중사의 해체·재구성을 추구하며, 이를 ‘새로운 민중사’라고 부르고자 한다.

이 글은 ‘새로운 민중사’의 기본적인 문제의식과 그 가능성을 검토함으로써 ‘1980년대 진보패러다임’의 한계를 극복하고 변화된 현실에 조응하는 실천적·진보적 역사학을 재정립하는 데 작은 초석을 놓으려는 의도에서 작성되었다. 이를 위해 먼저 민중사학의 의의와 한계를 비판적으로 검토하고, 민중사학의 패러다임과 구별되는 ‘새로운 민중사’의 방향을 모색했던 논의를 정리한 다음에, ‘새로운 민중사’의 유력한 방법론의 하나로써 구술사의 가능성과 의의를 탐구할 것이다.

2. 민중사학을 넘어선 ‘새로운 민중사’의 모색

1) 민중사학의 의의와 한계[2)]

‘민중’은 식민지시기부터 때로는 저항담론으로 또 때로는 지배담론으로 존재했지만, 1970년대 들어와서 국가주도의 돌진적 산업화의 부

작용이 가시화되고 박정희 독재체제에 대한 대중적 저항이 움트기 시작하면서 비판적 지식인들에 의해 저항주체로서 재발견되었다. 1970년대의 민중론은 민중신학과 민중문학에서 발화되어 비판적 지성계를 망라하면서 '민중적 민족주의'로 수렴되었다.(허수, 2010 ; 차상철, 2007 ; 강정구, 2007 ; 2009) 1980년대에는 광주항쟁의 경험과 맑스주의의 수용에 자극받은 소장학자들을 중심으로 '과학적·변혁적 민중론'이 제창되었고(백욱인, 1988), 한국사 분야에서는 '민중사학'의 등장으로 그 결실을 맺었다.

민중사학은 그동안 지배의 대상으로 여겨지던 민중을 역사의 주체로 인식함으로써 국가 중심 또는 지배층 중심의 역사학을 극복하고 민중 중심의 '아래로부터의 역사'를 지향했다. 또한 역사를 민중의 자기해방 과정으로 인식함으로써 역사의 진보에 대한 강한 신념을 나타냈고, 역사학의 존재 이유와 역사가의 임무를 민중해방에의 기여로 설정함으로써 학문의 실천성을 역설하였다. 이처럼 역사학에서 패러다임의 일대 전환을 가져온 민중사학은 총체적 사회변혁의 에너지가 충만하던 1980년대의 시대정신에 부응했기에 짧은 시간 내에 커다란 학문적·사회적 반향을 일으킬 수 있었다.[3]

민중사학은 1980년대 민중운동의 고양과 보조를 같이 했기 때문에 무엇보다도 민중운동사 연구에 집중하여 괄목할 만한 성과를 거두었다. 또한 그동안 금기시되다시피 했던 한국 근현대사 영역을 적극적으로 개척하였고, 이 과정에서 한국사회의 지배이데올로기의 한 축이

---

2) 이 절은 역사문제연구소 민중사반의 특집 총론으로 집필한 필자의 기발표 논문 중 일부(이용기, 2010, 8~13쪽)를 축약·보완하여 정리했다.

3) 민중사학의 사회적 반향은 1987년에 발생한 이른바 '한국민중사 사건'이 웅변적으로 보여준다. 한국민중사연구회에서 발간한 『한국민중사』(풀빛, 1986)는 '민중시대 선언'으로 평가받았지만(이병천, 1988), 출판사 대표가 국가보안법 위반으로 구속되고 강만길·정창렬·김진균 등 당시 진보학술계의 대표적 학자들이 피고측 증인으로 나서 변론을 펼치는 등 사회적으로 큰 파장을 일으켰다.

었던 반공이데올로기에 강력하게 도전했다.(김득중, 2006) 민중사학은 현실에서 전개되던 민중운동에 대한 이론적·경험적 자원을 제공하고 사회변혁의 필요성과 방향을 제시함으로써 1980년대의 저항운동에 실천적인 기여를 했다. 그러나 1990년대를 경과하면서 현실사회주의의 붕괴로 인한 사상의 혼란, 형식적 민주주의의 진전과 시민/민중의 분리에 따른 전선의 와해, 그리고 민중운동의 퇴조와 저항세력의 체제내화로 인한 운동의 침체를 겪으면서 '1980년대 진보 패러다임'이 한계에 봉착하자, 그에 기반하고 있던 민중사학 역시 급속하게 퇴색했다. '혁명의 시대'라 불리는 1980년대의 시대적 산물이었던 민중사학은 자신을 낳아준 '1980년대적 진보'와 운명을 같이 했던 것이다.[4]

민중사학에 대한 비판적 검토는 이미 1990년대 초부터 진보역사학계의 안에서도 제기되었지만(강만길 외, 1989 ; 김성보, 1991), 그럼에도 내부적으로 혁신되지 못하고 쇠락의 길을 걸었다. 이는 민중사학의 인식론적 기반인 '1980년대 진보패러다임'과 '과학적·변혁적 민중론'을 근본적으로 환골탈태하지 못하고 이를 고수·보완하려는 보수성을 보였기 때문일 것이다.[5] '새로운 민중사'의 입장에서는 다음과 같은 점을 민중사학의 근본적인 한계로 인식하고 이를 비판적으로 극복하고자 한다.

---

4) 최근에는 민중사학을 '1980년대'라는 특정한 정세의 산물로 보고 그 형성과 소멸의 과정을 비판적으로 검토한 주목할 만한 연구가 제출되었다.(배성준, 2010)

5) 진보역사학계의 한계에 대한 자성은 이미 1990년대 말부터 명시적으로 표출되고 있었다. 박찬승은 진보적 역사학계가 "출범 당시의 추진력으로 10년을 관성처럼 달려왔"지만 "그 추진력은 이제 바닥이 나고 있다"고 진단하면서, 새로운 에너지를 공급받지 않고 "옛 것만을 고집하는 순간, 그 역사학은 보수사학으로 떨어져버릴 것"이라고 지적했다.(박찬승, 1998, 43쪽) 이러한 성찰이 그 뒤에 진보역사학계 내부에서 얼마나 전면적으로 검토되고 수용되었는지에 대해서는 다소 회의적이다. 최근에도 '변혁주체 민중론'을 변화된 조건에 맞게 유연하고 풍부하게 재정립하려는 노력이 기울여졌지만(지수걸, 2010), 이에 걸맞은 연구가 실물로써 제출되지는 못하고 있다.

첫째, 민중사학의 인식론적 기반인 '과학적·변혁적 민중론'은 민중을 단일한 변혁주체로 설정하는 규범적·고정적 인식의 한계를 갖는다. 즉, 민중은 모순을 집중적으로 체현하고 있기 때문에 적절한 계기가 주어진다면 필연적으로 투쟁·저항에 뛰어들 존재(변혁주체)로 파악되며, 모순의 과학적 분석을 통해서 추출할 수 있는 사회학적 범주로서 노동계급의 헤게모니 아래 결집된 계급연합(통일전선)으로 실체화된다.[6]

둘째, '과학적·변혁적 민중론'은 지도 중심의 변혁운동론에 입각했기 때문에 실제로는 '아래로부터의 역사'라는 최초의 지향에서 멀어져 민중을 대상화시킨다. 과거 민중사학에서 민중은 변혁운동을 수행하는 당위적 주체이면서도, 역으로 엘리트에 의해 지도되어야만 하는 수동적 존재로 인식되었다. 그리하여 민중사학은 민중을 역사의 주체라고 선언하였지만, 실제로는 역사 서술에서 민중을 대상화하고 소외시키는 결과를 낳았다.[7]

셋째, 민중사학의 핵심 영역인 민중운동사는 지배와 저항의 이분법에 기초했을 뿐만 아니라 심지어 이를 선악 구도로 단순화시키는 한계가 있다. 이 때문에 지배와 저항의 복잡한 맞물림이나 그 사이에 넓

---

6) 민중의 범위와 내적 구성을 어떻게 설정할 것인가에 대해 다양한 의견이 제시되었지만, 민중을 민족모순과 계급모순의 변증법을 통해 주조되는 통일적·본질적 실체이며, 궁극적으로 자기해방을 향해 전진하는 목적론적 주체로 인식한다는 점에서는 공통점을 갖고 있다. 1980년대 민중 논의에서 가장 유연하고 풍부한 함의를 담고 있는 것으로 판단되는 정창렬 역시 민족·계급의 변증법에 갇혀 있고 민중의 '통일성'에 집착하는 한계가 보인다.(정창렬, 1989)

7) 조지 이거스는 동구 사회주의권의 노동(운동)사가 살아 숨쉬는 노동대중을 강조하는 맑스주의의 기본정신을 화석화시키고, "조직된 노동운동"을 중심으로 "특정한 혁명적 상황에서 프롤레타리아트가 수행한 역할을 다루는 정치사"로 왜소화되었으며, 결국 "공산당의 관점"에서 씌여진 "위로부터의 엘리트의 역사"로 전락하였다고 비판했다.(조지 이거스, 1999, 121·132쪽) 과거 한국의 민중(운동)사가 '아래로부터'라는 표방과 달리 실제로는 '위로부터'의 관점으로 귀결되었던 것과 관련해 시사하는 바가 크다.

게 퍼져있는 ‘회색지대’를 적극적으로 사유하지 않으며, 투쟁하지 않는 민중의 삶이나 투쟁의 순간이 아닌 민중의 일상은 시야에서 배제된다. 그리하여 민중운동사는 민중의 실제적인 삶에서 멀어져 민중의 투쟁을 신화화시키는 편향을 드러냈다.[8]

넷째, 민중사학은 민중의 역사를 ‘민족의 형성·발전’으로 수렴하는 근대주의 패러다임의 한계에서 자유롭지 못했다. 민중사학은 국민국가 단위의 권력 장악을 통한 ‘민중권력’ 수립이나 민족통일을 통한 근대 민족의 완성을 민중의 자기해방의 전망으로 설정한다. 또한 근대로의 발전을 필연적·불가역적인 과정으로 보고, 근대를 향한 내재적 발전의 주체로서 민중을 상정한다. 따라서 민중은 국민국가의 완성·발전이라는 국가프로젝트로 전유됨으로써 미래의 국민·민족으로 상상되며, 민중사는 지배층의 민족서사에 대항하는 또 하나의 민족서사 혹은 ‘또 다른 수단에 의한 국사’로 환원된다.(윤해동, 2004, 262~263쪽 ; 장훈교, 2009, 50~55쪽 ; 조경달, 2009, 21쪽)

결국 민중사학은 ‘과학적·변혁적 민중론’이 갖는 규범성·도식성과 근대주의 패러다임에 갇혀 민중의 실제적인 삶과 행위를 정면으로 응시하지 못했고, 어떤 면에서는 변혁을 지향하는 지식인이 염원하는 민중상을 그려냈다고 할 수 있다.

2) 새로운 민중사의 모색

민중사학의 한계를 인식하면서 새로운 돌파구를 모색하려는 시도는 2000년을 전후해서 본격화되었다. 이 당시는 한국사 분야에서도

---

8) 이세영은 1980년대 민중사학이 갖는 문제점의 하나로 ‘급진적 포퓰리즘적 접근 방식’을 지적했는데(이세영, 1997), 이는 민중사학이 민중의 투쟁만을 강조하는 일면성을 비판한 것으로 보인다.

포스트모더니즘이 영향을 미치기 시작하고, 이에 짝하여 민족주의 비판이 본격화되던 시점이었다.[9] 이러한 가운데 근대비판적 입장에서 기존 한국사의 민족주의적 경향을 극복하려는 일부 연구자들이 민중사학의 한계를 지적하면서 대안적인 문제의식을 거칠게나마 제시했다.

윤해동은 한국사의 근대 패러다임을 극복하는 방법으로 '사회사'를 재정향하려는 글에서 1970~1980년대 민중론을 비판적으로 검토하고 '민중'에 대한 새로운 인식의 입각점을 제시했다.(윤해동, 1999) 그는 '민중'이 주체 형성의 계기로 만들어진 개념이기 때문에 하나의 실체라기보다는 다양한 문맥에서 읽힐 수밖에 없는 '일종의 이데올로기 공간'이라며, "민중은 그 내부구성이 변화하고 그 주체가 명확하지 않다는 점에서 허구적 공간이지만 매우 현실적인 자체 동력을 가진 점에서 물질적인 힘이 있는 개념"이라 하여 민중 개념의 양면성을 지적했다. 그리고 전근대의 공동체 원리를 대체하는 새로운 인간관계의 틀로서 '민중'을 상정하고 '민중사회'의 실천논리를 통해 근대를 극복할 것을 제안했다.[10]

배성준은 민중사학의 전화를 모색하는 시론적인 글에서 민중사학의 공백이자 핵심적 한계 지점으로 '주체 형성'의 문제를 제기하였다.(배성준, 1999) 그는 기존 민중사학에서 주체의 문제가 계급분석으로

---

9) 1998년에 서구의 새로운 역사연구 동향을 요령 있게 정리한 단행본이 발간되면서 한국사 분야에도 서구의 포스트모던한 역사연구 경향이 본격적으로 소개되었으며(안병직 외, 1998), 2001년에는 전국역사학대회 주제가 '포스트모더니즘과 역사학'으로 잡혔다. 그리고 1999년 하반기에 '한국 민족주의, 저항이데올로기인가, 지배이데올로기인가'라는 주제로 열린 역사문제연구소 정기심포지엄은 한국사 분야에서 민족주의에 대한 비판적 논의가 본격화되는 신호탄이었다.

10) 윤해동은 '국가와 사회의 분리'라는 서구근대적 의미의 '시민사회론'을 지양하는 논리적 틀을 마련하기 위해 '민중사회'라는 개념을 제안하였는데, 그가 말하는 '민중사회'는 "브로델적 의미에서 '국면'이라는 중기지속적인 시공간이 포괄하는 영역과 가장 크게 중첩되는 부분"으로써 한국이 근대와 길항하며 근대를 경험했던 매개영역으로 상정된다.(윤해동, 1999, 387쪽)

대체된 결과 대중이 어떻게 운동의 주체로 형성되었는가의 문제가 인식의 공백으로 남았음을 지적하며, 주체 형성 문제에 대한 인식의 부재는 민중사학의 인식론이자 방법론이었던 역사유물론의 경제결정론적 인식의 한계라고 파악한다. 그는 주체 형성 문제에 접근하기 위한 시도로써 톰슨과 구하가 지배계급과는 독립적인 '자율적 주체'를 구성하고자 '문화'라는 매개를 중시했던 것을 높이 평가하면서도(E. P. 톰슨, 2000 ; 라니지트 구하, 2008), "문화라는 모호한 개념보다는 이데올로기라는 개념을 도입하여 주체 형성을 사고"할 것과 주체 형성을 '자율적 주체'의 구성이 아니라 특정한 정세에 규정된 '주체 효과'의 소멸과 지속이라는 차원에서 고려할 것을 제안했다.

이들 연구가 민중에 대한 실체론적 인식을 비판하고 구성주의적 입장에서 주체(형성) 문제를 환기시킴으로써 규범화·단순화된 민중사학을 극복할 맹아적인 문제의식을 제출했다면, 2000년대 들어서면서 '새로운 역사학'11)을 수용한 소장 연구자들을 중심으로 민중사학을 넘어서 '새로운 민중사'를 추구하려는 본격적인 모색이 이루어지기 시작했다.

이용기는 1980년대 진보역사학이 생명력을 잃어가고 있다는 진단 아래 '아래로부터의 역사'라는 관점에서 새로운 돌파구를 모색하면서 민중사학 패러다임을 전면적으로 비판하고 '민중'에 대한 새로운 인식을 제기했다.(이용기, 2000 ; 2007) 그는 '민중사학'에 내재된 '과학적·변혁적 민중론'의 규범적·고정적·이분법적 인식을 극복하기 위해 다음과 같은 세 가지 측면에 주목하여 민중을 재인식하고자 한다. 첫

---

11) 필자는 이른바 포스트모더니즘을 계기적으로 포함하면서도 그것으로 환원되지 않는 20세기 후반의 다양한 역사연구 경향을 포괄하여 '새로운 역사학'으로 통칭한다. 이는 조지 이거스가 언급한 근대 역사학의 세 번째 국면에 해당하는 근대 비판적 역사서술의 경향으로, 미시사·일상사·신문화사 등 다양한 흐름을 이루고 있다.(조지 이거스, 1999)

째, 평범한 민중의 일상적 삶에 주목하면서도, 바로 그곳으로부터 어떻게 인간의 능동성과 저항이 형성되는가를 밝힌다. 둘째, 민중을 고정적·통일적인 실체가 아니라 구체적인 국면 속에서 다양한 인간 집단들에 의해 형성·재편되는 유동적이고 계기적인 존재로 파악한다. 셋째, 민중을 지배에 일방적으로 규정되지 않는 능동적·주체적 존재이면서도 끊임없이 지배에 의해 포섭되고 제약받는 존재로 이해한다. 결국 이용기는 '아래로부터의 역사'라는 관점에서 민중의 일상성과 민중 구성의 다양성, 그리고 지배와 저항의 복합성을 중시하여 '민중사학을 넘어선 민중사'를 추구하고자 한 것이다. 이는 독일 일상사와 서발턴 연구의 문제의식을 수용하여 '일상의 정치(성)'와 '민중의 자율성(자율과 종속)'에 주목함으로써 근대주의 패러다임을 넘어서는 새로운 진보적·실천적 역사학을 모색하려는 시도이다.[12]

허영란은 민중사학의 한계에 대한 인식을 공유하면서도 '변혁주체 민중론'이 실제 민중을 타자화시킴을 비판하면서 탈식민주의적 관점에서 민중의 다성성(多聲性)을 추구하는 특징을 보인다.(허영란, 2005 ; 2008) 1980년대에 역사의 주체로 상정되었던 민중은 변혁운동을 실천해가는 단일주체였지만, 이제 민중은 이질적인 정체성과 경험을 갖는 다성적(多聲的) 존재이자 구조적 한계 속에서도 나름의 미시적 맥락에 따라 선택하고 행위하는 '일상의 주체'로서 재인식되어야 한다는 것이다. 그리고 '민중운동사 이후의 민중사'는 본질적으로 '다성적 주체'인 민중의 경험·생활·행위·문화 등을 모두 포괄하는 새로운 민중사가 되어야 한다고 역설했다. 이는 운동론적 당위에 입각한 지식인의 관념의 산물로써가 아니라 실제 민중의 다양한 삶과 행위의

---

12) 이용기는 최근의 논문에서 이전에 비해 서발턴 연구의 시각을 강화하고 근대주의적 '발전'론을 강하게 비판함으로써 '민중사학을 넘어선 민중사'를 보다 더 탈근대적 맥락에 위치 지웠다.(이용기, 2010)

재현을 통해 민중사를 서술하려는 입장으로, 근대적 인식론의 획일화 코드에 대한 저항성을 담고 있다.[13]

위의 두 연구가 '민중사학을 넘어선 민중사' 또는 '민중운동사 이후의 민중사'라는 문제제기를 통해 과거 민중사학 패러다임을 극복하는 '새로운 민중사'의 방향을 모색했다면, 최근에 장훈교는 '변혁주체 민중론'을 극복하고 '제3세대 민중사'의 민중 개념을 이론적으로 정립하고자 했다.(장훈교, 2009)[14] 그는 기본적으로 민중을 정치적 피지배 관계에서 도출되는 개념으로 전제하고, 최근 주목받는 급진민주주의 성향의 서구 이론을 적극 수용하여 '탈국가적' 민중 개념을 가다듬었다.(샹탈 무페, 2007 ; 자크 랑시에르, 2008 ; 조르조 아감벤, 2008) 이에 따르면, 민중이란 국가 안으로 포섭되는 개념이 아니라 국가의 경계를 의문스럽게 만드는 개념이고, 국가의 내부로 완전히 포섭될 수 없는 배제된 자들의 집단과 무리들을 일컫는 말이 된다. 따라서 민중사는 국가의 '구성적 외부'에 해당하는 민중을 국민으로 호명했던 국가 프로젝트에서 사실상 배제당하고 추방당했던 '국가-없는-자들'의 존재로부터 출발해야 하며, 국가로 환원되지 않는 다양한 이질적인 존재들의 흐름을 포착할 때 비로소 국가중심적 역사프로젝트에 대한 저항의 무기로 작동할 수 있다. 장훈교의 새로운 민중 개념화는 다소 관념적인 이론편향을 보이지만, '새로운 민중사'의 모색에서 명확하게 제기하지 못했던 '(탈)국가'의 문제를 선명하게 제기함으로써 민중 개념의 탈근대적 재구성에 중요한 기여를 했다.[15]

---

13) 김득중은 민중사학의 비판적 계승의 입장에 서면서도 비정규직 노동자, 여성, 이주노동자, 성적 소수자, 혼혈인 등 '소수자' 문제를 제기하여 근대주체=민중의 획일성을 극복하려는 시각을 보인다.(김득중, 2006, 64쪽)

14) 장훈교는 민중사의 흐름을 신식민지 사회로서 한국사회의 특수성을 강조한 1970년대의 제1세대 민중사, 계급론의 토대 위에서 민중사를 재구축한 1980년대의 제2세대 민중사, 그리고 앞 세대와는 패러다임 차원에서 단절되는 2000년대의 제3세대 민중사로 정리하였다.

이상에서 검토했듯이, '새로운 민중사'는 1980~1990년대 진보역사학을 상징했던 민중사학의 한계에 대한 자각에서 형성되었으며, 역사학의 실천성과 '아래로부터 역사'라는 민중사학의 최초의 지향을 계승하면서도 변화된 조건과 인식론에 입각하여 민중사를 해체·재구성하고자 했다. 또한 '새로운 민중사'를 모색하는 논의가 심화되는 과정에서 민중사학에 대한 비판은 더욱 근본적인 차원으로 확장되었고, 근대주의 패러다임을 극복하려는 탈근대적 지향을 강화해 왔다.16) 결국 '새로운 민중사'는 크게 보아 민족·국가 단위의 발전·변혁의 주체로서 민중을 규범화·실체화하던 과거의 민중사학을 극복하고자 '아래로부터의 역사'라는 관점에서 ① 민중의 일상성에 대한 주목, ② 민중의 유동성과 다성성의 인식, ③ 자율과 종속의 복합성에 대한 고려, ④ 근대주의 패러다임의 극복 등을 공유하는 하나의 흐름이라 하겠다.(이용기, 2010, 16쪽)

'새로운 민중사'는 아직까지 과거의 민중사학에 대한 비판을 통해 자기 정립을 하고 있는 하나의 경향으로 존재할 뿐이며, 독자적인 이론과 방법, 범위와 주제 등을 확정하지 못하고 새로운 문제의식에 부합하는 경험적인 연구도 부족한 상황이다.17) 그러나 명시적으로 '민중사'를 표방하지는 않아도 '변혁주체 민중론'의 패러다임과 구별되는

---

15) 조정환은 근대주체인 민중의 한계를 넘어서는 주체성의 재구성을 위해 탈근대적·탈주권적 주체인 '다중'(multitude)의 출현에 주목한다.(조정환, 2003 ; 조정환, 2007)

16) 허수는 식민지 인식을 둘러싼 '수탈론 대 식민지근대화론'의 이분법적 대립을 지양하는 새로운 인식틀을 모색하면서, '근대비판'의 관점에서 식민지 경험을 독해할 필요성을 역설하고 그것의 한 방법으로 '민중사'에 주목했다.(허수, 2006)

17) '새로운 민중사'의 대표적인 성과로는 19세기 민중운동사 분야에서 조경달과 배항섭의 연구를 들 수 있다.(조경달, 2008 ; 2009 ; 배항섭, 2008 ; 배항섭, 2010) 이들은 근대이행기에 민중은 '근대지향'이 아니라 '반근대' 혹은 '근대와 반근대의 너머'를 향한 지향성을 가졌다고 해석하며, 민중운동사는 운동 그 자체가 아니라 민중의 일상을 역으로 투시하는 방법으로 이해되어야 한다고 했다.

입장에서 넓은 의미의 '민중'의 역사를 새롭게 접근하려는 연구는 최근 10여 년 사이에 적지 않게 축적되어 왔다. 이러한 연구는 여러 시기·영역에 걸쳐있지만, 식민지기의 일상에 관한 연구, 한국전쟁기의 민중 경험에 관한 연구, 산업화시기의 노동(운동)사, 소수자·주변인으로서의 여성사·지방사 등에서 두드러진 성과를 내고 있다. 이들은 공통적으로 '아래로부터의 역사'라는 관점에서 민중의 구체적인 경험에 천착하는데, 그것을 가능케 할 방법으로써 구술사 방법론을 적극적으로 활용하는 특징을 보인다.

3. '새로운 민중사'의 방법으로서의 구술사

1) 구술사의 필요성과 의의

최근 구술사 방법론이 각광을 받는 이유는 무엇보다도 전통적으로 사료라고 간주되어 온 문헌자료의 양적·질적 한계에서 비롯된다. 문헌자료의 양적 한계는 부언할 필요가 없지만, 질적 한계는 '당파성'과 관련된다. 문헌자료는 기본적으로 국가, 지배자, 승리자, 엘리트가 작성한 텍스트이기 때문에 민중에 관한 내용이 거의 부재하며, 설령 그에 관한 기록이 나온다 해도 지배나 계몽의 관점에서 민중을 대상화시켜 파악·서술한다. 그래서 대개 문헌자료는 민중의 실제 염원과 경험을 보여주지 못하고 지배자 혹은 엘리트에 의해 전유된 민중상을 담고 있다. 그렇다면 '기록을 남기지 않은 사람들', 즉 민중의 삶을 어떻게 읽어낼 수 있는가? 구술사의 필요성은 이러한 단순한 질문에 대한 응답에서 출발한다. 다시 말해서, 구술사는 문헌자료의 양적 한계를 보완하고, 문헌고증 중심의 역사학에서 배제되거나 대상화되어 왔던 민중의 경험을 드러내는 하나의 유력한 방법이다. 그러나 구술사는 단순히 기존 역사학에서 읽어내지 못한 '잔여적 부분'을 드러내는 것만이 아니라, 그동안 침묵되었던 민중의 기억을 불러내어 국가·민족이나 지배자·엘리트에 의해 구성된 공식기억에 균열을 내는 대항적 역사서술이다.(이용기, 2009a, 306~307쪽)

물론 구술사가 반드시 민중을 대상으로 하는 것은 아니고 엘리트 구술 역시 필요하겠지만, 역시 구술사의 본령은 거대서사로서의 역사(History)나 엘리트 중심의 역사에서 배제된 하층민, 사회적 약자, 소수자 등 민중의 경험을 역사화시키는 것이다. 한국의 구술사도 초기에는 사회적으로 중요한 인물이나 저항운동에 뛰어들었던 활동가에 초점을 맞추었지만, 최근에는 평범한 민중의 일상적 삶을 중시하고 다양한 사회적 약자·소수자 또는 하위주체로 범위를 확장하고 있다.(이용기, 2009a, 293~306쪽 ; 허영란, 2004, 17~33쪽 ; 김귀옥, 2006) 이런 점에서 구술사는 '새로운 민중사'와 조우하게 된다.

사실 구술사에 대해서는 '구술의 주관성'이라는 문제를 비롯하여 많은 이론적 논점이 제기되기 때문에 '객관성'을 추구하는 전통적인 역사학에서는 구술사를 역사연구 방법론으로 인정하지 않으려는 경향이 강했다. 그러나 최근에는 민중의 실제적인 삶을 보여주는 문헌자료가 극히 부족한 상황에서 구술사의 필요성에 대한 공감이 확산되고, 구술사를 둘러싼 많은 논점들이 검토되면서 역사서술 방법론으로서의 가능성이 인정되고, 나아가 구술사가 갖는 독특한 강점에 주목하게 되었다.(윤택림·함한희, 2006 ; 윤택림 편역, 2010 ; 이용기, 2009a ; 2009b) 그래서 '아래로부터의 역사'라는 관점에서 이루어지는 많은 연구에서는 구술사 방법론이 적극적으로 활용되기에 이른 것이다. 이제 구술사 방법을 활용한 연구가 이룩한 주목할 만한 성과를 검토함으로써 구술사가 '새로운 민중사'의 방법론으로써 어떠한 가능성과 강점을 갖는지 살펴보겠다.

2) 구술사와 '새로운 민중사'

무엇보다도 구술사는 문헌자료에서 배제되거나 지배이데올로기에 의해 억압된 민중의 기억을 드러내는 데에 크게 기여했다. 한국에서 구술사가 가장 일찍 활성화되었던 부분도 바로 일본군 위안부, 제주 4·3항쟁, 광주 5·18항쟁, 한국전쟁 등 침묵이 강요되었던 영역이었다. 일본군 위안부 문제는 김학순 씨의 '커밍아웃'으로 세상에 널리 알려지게 되었고, 이를 입증할 문헌자료가 거의 존재하지 않는 상황에서 전적으로 당사자들의 증언을 통해 식민지 민중의 고통을 상징하는 사건으로 역사화 되었다. 또한 분단·전쟁·독재 등으로 얼룩진 한국 현대사의 비극으로 인해 금압되었던 기억이 발화되면서 그동안 간과되어온 국가폭력과 인권의 문제가 사회적·학문적 이슈로 등장하고, 그러한 기억을 억압하던 지배이데올로기에 커다란 균열을 냈다.[18] 이처럼 구술사는 지배권력에 의해 배제되거나 억압되었던 민중의 기억을 불러냄으로써 인식의 공백지대로 남았던 한국근현대사의 비극적 사건을 역사의 무대에 올렸고, 침묵을 강요하고 기억을 독점하려는 국가의 공식기억에 저항할 수 있었다.

그런데 구술사 연구는 민중의 구체적인 경험과 기억을 통해 지배적인 공식기억에 저항하는 것에 그치지 않고, 대항적 역사서술의 도그마에도 도전하고 그 한계를 넘어서고자 한다. 따라서 구술사는 저항이데올로기로 기능했던 민중사학과 '변혁주체 민중론'의 한계를 비판

---

18) 김귀옥은 월남민 마을에 들어가 그들의 월남동기, 정착과정, 정체성 등을 참여관찰과 구술사 방법으로 심층적으로 탐구하여 그동안 반공의 보루처럼 여겨졌던 월남민들에 대한 새로운 해석을 제시함으로써 '아래로부터의 반공이데올로기 허물기' 작업을 수행했다.(김귀옥, 1999)

적으로 극복하려는 '새로운 민중사'와 관련된다.(윤택림, 2003, 86~109쪽) 이하에서는 구술사 방법이 적극적으로 활용되고 있는 군위안부, 한국전쟁, 노동(운동)사 등의 구체적인 연구를 검토하여 구술사 방법론을 통해 저항적 역사서술의 도식성과 일면성을 극복하는 새로운 관점과 해석을 제시할 가능성을 검토하겠다.

첫 번째로 주목할 부분은 구술사가 가장 일찍부터 적극적으로 활용되었던 군위안부 연구에서의 인식의 변화이다. 1990년대부터 이루어진 군위안부 구술은 초기에는 일제 식민지배의 폭력성을 고발하는 차원에서 경험 당사자들을 식민지배의 피해자 위치에 놓고 그들의 피해경험에 대한 사실적 확인에 주력하였다. 그러나 위안부 구술작업이 진행될수록 이들의 고통은 단지 식민지배에 대한 비판이라는 차원의 민족주의 코드로만 설명되지 않으며, 한국사회의 가부장제 이데올로기와 남성중심적 민족주의로 인해 이들은 해방 후에도 군위안부 경험 못지않은 고통 속에 살아왔음이 드러났다. 즉, 가부장제에서 비롯되는 순결 이데올로기를 내면화한 군위안부 경험자들은 스스로를 '몸 버린 년'이라고 여겨, 고통스런 경험을 숨기거나 정상적인 가정생활을 포기한 채 사회에서 버림받은 존재로 평생을 살아왔다. 또한 남성중심적 민족주의가 지배적인 한국사회는 '민족의 딸'을 '일본 남성'에게 빼앗겼다는 수치심 때문에 이 문제에 관해 반세기 동안 침묵의 카르텔을 형성하고서 그 누구도 이들의 고통에 귀 기울이지 않았다.(양현아, 2001a)

그래서 2000년대 이후 군위안부 구술은 군위안부 그 자체의 사건사적 경험에 한정되지 않고 생애사 구술로 확장되어 군위안부 경험이 이후의 삶에 어떤 흔적을 남겼는지까지를 시야에 넣게 되었고, 이 문제를 다루는 관점도 민족주의에서 벗어나 여성주의와 인권의 관점으로 전환되었다.(한국정신대문제대책협의회 2000년 일본군 성노예 전범 여성국제법정 한국위원회 증언팀, 2001, 16~17쪽) 나아가 남성중심적 민족주의로 인해 군위안부 경험자를 '할머니'로 호명하면서 탈성적 (desexualized) 존재로 가두고 식민지배의 희생양으로만 바라보는 것을 비판하면서, 비록 커다란 상처를 받은 피해자이지만 동시에 주어진 한계 속에서나마 자신의 운명을 스스로 개척해 나가는 자율적 행위자이기도 함을 밝히기도 했다.(양현아, 2001b)

둘째, 한국전쟁기 민중의 경험에 관한 구술사 연구에서는 지배적 공식기억과 그에 대한 대항적 역사서술 양측의 도그마를 넘어서는 해석을 제시하고 있는 점이 주목된다. 그동안 한국전쟁에 관한 연구는 주로 (국제)정치사나 전쟁사 차원에서 이루어졌으나 한국전쟁 발발 50주년에 즈음하여 '민중에게 한국전쟁은 무엇이었나'(김동춘, 2000)라는 문제제기가 이루어지면서 민중의 전쟁 경험에 천착하는 연구가 활성화되었고, 여기에서 구술사가 핵심적인 방법론으로 활용되었다. 이런 가운데 반공주의적 역사서술은 물론이고 대항적 역사서술에서 제시되었던 변혁주체론과 '피해대중론'이라는 상반되는 두 입장을 넘어서는 새로운 해석이 시도되었다.

주로 마을 단위의 전쟁 경험에 초점을 맞춘 구술사 연구를 통해 밝혀진 바에 따르면,[19] 한국전쟁은 민족과 계급의 분할선을 타고서만 전개된 것이 아니라 지연과 혈연 등으로 복잡하게 얽힌 일상적 관계망을 타고 전개되었다. 또한 민중은 극단적인 국가폭력에 의한 희생자이면서도, 국가라는 외부적 힘에 일방적으로 규정당하는 것이 아니라 마을 주민들의 '대동공동체적 지향'이나 혈연적 결속에 입각한 '일가주의' 등을 통해 위기의 순간을 타개해 나갔다.(이용기, 2001 ; 윤형

---

19) 마을 단위의 현지조사를 통해 민중의 전쟁 경험에 접근한 연구는 상당 정도 축적되었으며, 최근에는 이에 대한 연구사 정리와 일련의 사례 연구에 입각해 종합적 분석틀을 제시한 연구 성과가 나왔다.(박찬승, 2009 ; 2010)

석, 2002) 이러한 연구는 민중이 변혁주체나 피해대중의 어느 일방으로만 해석될 수 없고, 전쟁이라는 극단적인 상황에서도 제한된 범위에서나마 나름의 논리를 가지고 주체적으로 행위했던 자율적 주체였음을 밝힌 것이다. 그리고 이를 통해 지배적인 공식기억과 대항기억 모두에서 나타나는 도그마를 해체시키는 효과를 거두었다.[20]

셋째, 최근에는 과거 민중사학에서 중요시했던 노동계급에 관한 연구도 '아래로부터의 노동(운동)사'라는 관점에서 구술사 방법을 적극 활용하면서 과거와는 다른 접근방법과 해석을 시도하고 있다. 성공회대학교 노동사연구소는 '1960~1970년대 한국 산업노동자의 형성과 생활세계 연구'라는 주제의 공동연구를 통해 노동자의 생활세계를 중심으로 한 노동사를 개척했다.(이종구 외, 2004a ; 2004b ; 2005 ; 2006a ; 2006b) 이 연구는 일상사 · 미시사의 문제의식을 수용하고 구술사 방법론을 적극 활용함으로써 노동자들이 도시 생활과 작업장 규율에 적응하는 과정, 작업장에서 이루어지는 노동과정과 작업장에서 형성되는 사회관계와 문화, 작업장 밖에서 이루어지는 소비과정과 여가 및 문화 등을 폭넓게 분석하였다. 이는 제도사 · 경제사 · 운동사에 한정되었던 노동계급에 대한 연구의 영역을 대폭 확장하고, 노동자들의 구체적인 경험과 문화를 통해 과거 민중사학의 인식의 공백으로 지적되었던 '주체 형성'의 문제에 한걸음 다가섰다는 점에서 진전된 면을 보인다.

또한 노동운동사 분야에서도 운동에 참여했던 일반 노동자들의 경

---

20) 마을 단위의 현지조사와 구술사 방법을 통해 새마을운동을 다룬 최근의 연구에서도 한국전쟁기 민중의 경험에 관한 연구와 유사한 방법론과 해석이 나타난다.(김영미, 2009) 새마을운동을 정치적 · 정책적 관점이 아니라 농민들의 경험에 입각해서 본다면, 그것은 단지 박정희의 영도력에 의한 농촌근대화의 성취이거나 반대로 국가의 강압에 의한 허울뿐인 관제동원운동도 아니라, 이전부터 형성되어 있던 민중의 '더 나은 삶'을 향한 열망과 국가주의적 동원정책이 맞물리면서 전개된 것이다.

험과 기억을 통해 공식적인 문헌이나 노동운동 지도세력이 남긴 기록과는 다른 운동의 양상을 그려내는 연구가 이루어지고 있다. 이러한 연구는 문헌자료만으로는 포착할 수 없는 운동의 내면을 풍부하게 드러낼 뿐만 아니라, 운동 내부에 존재했던 차이·균열·긴장을 밝혀냄으로써 도식화·신화화된 기존의 민중운동사 서술에 문제를 제기한다. 유경순은 한국전쟁 이후 최초의 노동자 정치투쟁으로 기록되는 구로동맹파업에 참여했던 노동자들의 구술을 통해 운동의 양상을 세밀하게 그려냈고, 나아가 파업투쟁 과정에서 '학출'과 '노출' 사이의 갈등, 활동가 내부의 갈등이 있었음을 날카롭게 드러냈다.(유경순, 2007) 김원은 1970년대 '여공'에 대한 당대의 문헌자료와 그들이 남긴 기록, 그리고 당사자들의 구술 등을 종합적으로 분석하여 여공들의 문화와 욕망을 드러내고 노동운동에 대한 지배적인 해석과 다른 여공들의 기억을 들춰냈다. 이를 통해 민주와 어용의 이분법에 입각한 민주노조 운동에 대한 해석과 남성노동자 중심의 노동운동사 해석에 정면으로 도전하여 신화화된 노동운동사를 해체하고자 했다.(김원, 2005)

이와 같이 구술사 방법을 활용한 민중사는 과거 민중사학과는 다른 해석의 지평을 열어줄 뿐만 아니라, '변혁주체 민중론'에서 간과하거나 무시했던 이주노동자, 화교, 혼혈인, 장애인, 동성애자, 성매매여성, 원폭피해자, 한센병환자 등 다양한 사회적 약자와 소수자로도 관심을 확대하고, 그동안 사적인 영역으로 간주되어 관심에서 배제했던 가족이나 섹슈얼리티 등 미시적 생활세계에까지 시야를 확장하고 있다. 이는 단순하게 과거에 다루어지지 않던 주제와 영역으로 연구를 확장하는 것에 그치지 않고, 변혁중심적 민중사에 내제된 중심통합적 관점을 극복하고 '주체'에 대한 시야의 확장과 관점의 전환을 제기하는 의미를 갖는다.

또한 구술사는 과거에 대한 사실적 설명에 머무는 것이 아니라, 민중의 목소리를 생생하게 드러냄으로써 독자들로 하여금 타인의 경험에 대한 공감과 자기성찰을 할 수 있게 하는 강점을 갖는다. 구술사에는 구체적인 인간의 생생한 경험과 온몸으로 육박하는 표현의 방식(구술성)이 담겨 있다. 그렇기 때문에 독자는 구술사를 통해 타인의 구체적인 고통과 희망, 좌절과 도전, 상처와 자존심 등에 정서적으로 공감함으로써 그에 대한 깊은 이해를 갖게 되고, 나아가 타인의 삶을 통해 자신의 삶을 성찰할 수 있게 된다.[21] 또한 구술자는 억압되거나 스스로 감추었던 고통스런 기억을 발화하는 과정에서, 그리고 독자들로부터 공감을 얻는 과정에서 자신의 트라우마에 대한 위로·치유·해원(解冤)을 경험하기도 한다.(김원, 2009, 152~155쪽 ; 유철인, 1996, 412~415쪽 ; 김성례, 2002, 49~50쪽)[22] 이와 같은 공감과 치유의 역사학은 '새로운 민중사'가 학술적 담론의 차원에서만 맴돌지 않고 '역사의 대중화'를 넘어 '대중의 역사화'로 나아가는 데서 중요한 의미를 갖는다.[23]

---

21) 구술자의 삶에 대한 독자와의 교감을 구술작업의 중요한 목표로 설정한 대표적인 예로는 한국정신대문제대책협의회 2000년 일본군 성노예 전범 여성국제법정 한국위원회 증언팀, 2001, 앞의 책을 들 수 있다. 이들에 따르면, "증언을 '듣는' 행위는 증인의 체험과 기억을 이론적으로 개념화하는 것과는 별개의 것이기도 하다. 그것은 말을 듣고, 기억하는 것이자, 말하는 이를 느끼며, 그 울림에 공명하는 것"이기에, 독자들에게 "증언자의 말을 속으로 따라 하듯이 읽되, 그 이야기를 마음속에 품은 채 읽어나가기를" 권한다.

22) 감정이입적 공감하기와 역사쓰기를 통한 트라우마의 치유 등에 대해서는 도미니크 라카프라의 논의를 참조.(도미니크 라카프라, 2008)

23) '역사의 대중화'와 '대중의 역사화'는 모두 역사와 대중의 소통을 추구하지만, 그 기획의 관점과 함의에는 적지 않은 차이가 있다. '역사의 대중화'는 전문가들에 의해 생산된 역사지식을 대중의 눈높이에 맞게 풀어내는 것으로, 진리의 독점자인 지식인과 계몽의 대상인 대중 사이에는 권력관계가 존재한다. 반면에 '대중의 역사화'는 지식인이 대중의 삶을 역사의 무대로 올리고 거기에 역사적 의미를 부여하는 '대중의 삶의 역사화'이며, 대중 스스로가 역사서술에 나타나는 타인의 삶을 이해·공감하고 이를 통해 자신의 삶의 의미를 성찰하는 '대중 자신의 삶의 역사화'이고, 나아가 대중이 역사가와 함께 또는 자기 힘으로 자신의 삶

이상에서 살펴본 바와 같이 구술사는 단지 문헌자료의 공백을 메우는 것에 그치지 않고 변혁주체 민중론에 입각한 민중사학을 넘어서 역사(학)에 대한 새로운 관점과 해석을 제기한다. 즉, 거대서사와 엘리트 중심의 역사에서 배제되었던 하위주체의 경험을 역사화 시키며, 민중의 구체적인 경험을 통해 지배이데올로기에 저항하고 저항이데올로기의 단순화·획일화에 도전하고, 저항적 지식생산을 넘어 공감과 치유의 역사학으로 기능할 수 있다. 바로 이러한 점에서 구술사는 '새로운 민중사'의 유력한 방법론이 될 수 있는 것이다.

4. 진보적·실천적 역사학을 다시 생각하며

이제 글을 매듭짓는 마당에 맨 처음에 제기했던 진보적 역사학과 역사학의 실천성을 다시 생각해보자. 진보란 무엇인가? 사실 진보 개념은 미래의 목적을 향해 시간의 축에 따라 단선적인 궤도를 그리며 끝도 없이 달려간다는 인식론에 입각한 지극히 근대적인 에피스테메의 산물이다.(이진경, 2010, 108쪽) 이러한 근대적 진보 개념은 미래의 유토피아에 저당잡힌 채 무한경쟁을 전개함으로써 발생하는 인간 삶의 피폐화, 과학기술의 발전과 물질적 진보가 초래한 환경파괴와 인류절멸의 위기, 서구근대의 추종으로 인한 자기 소외와 정체성의 붕괴 등으로 인해 '해방의 기획'으로서의 의미를 상실하는 상황에 이르렀다. 그럼에도 이미 하나의 신화이자 세속종교가 되어버린 '진보'는

의 역사적 의미를 해석하고 그것을 역사로 써내려가는 '대중의 자기역사쓰기'를 의미한다. '대중의 역사화'와 그것의 실천으로써 서구에서 전개되었던 '역사작업장(history-workshop)' 운동에 대해서는 임지현의 논의(임지현, 2001)를, 그리고 노동자 자기역사쓰기의 의미와 방법에 대해서는 정경원과 유경순의 경험에 입각한 정리(정경원, 2005 ; 유경순, 2008)를 참조.

초월적인 위상을 갖고서 대중적 강박증으로 작동하고 있다. 따라서 우리에게 필요한 것은 더 많은 진보가 아니라 진보 관념에 대한 근본적인 성찰이라는 진단도 나오고 있다.(윤해동, 2010, 33쪽)[24]

근대적 진보패러다임에 대한 발본적인 성찰은 유보할 수 없는 절박한 과제임에 틀림없다. 그러나 현실의 모순과 억압을 깨뜨려 나가려는 저항정신을 포기하지 않는다면, 진보 개념 자체를 폐기하기보다는 근대적 진보를 넘어서는 '진보의 진보'를 또다시 성찰할 필요가 있지 않을까?[25] '새로운 민중사'는 근대적 진보를 넘어서는 새로운 진보를 추구하는 흐름 속에 위치하며, 역사학의 실천성에 대한 성찰과 지향 역시 이러한 맥락에서 추구한다.

과거 민중사학은 현실의 변혁운동에 복무하는 역사학을 추구하였으며, 그 변혁운동에 이론적·도덕적 정당성을 부여하고 구체적인 전략·전술에 대한 참조가 되는 역사적 지식·해석을 생산하고자 했다. 그렇기 때문에 역사발전의 합법칙성과 지배/저항의 이분법이 두드러졌고, 올바른 전략·전술의 역사적 전범이 되는 '옳은 노선' 찾기와 민중의 영웅적 투쟁상의 서술에 치중했다. 그러나 '새로운 민중사'는 과

---

24) 윤해동은 역사철학적 차원에서의 '진보'와 정치경제적 입장에서의 '진보주의'를 구분하고, 정치경제적 입장에서의 '진보주의'가 진정으로 진보일 수 있기 위해서는 역사철학적 '진보'에 대한 자기성찰이 필요하다고 역설한다.

25) 윤해동은 진보 관념을 진보시켜야 한다는 구갑우의 '진보의 진보'라는 발상(구갑우, 2007)이 근대적 진보 개념으로부터 벗어나 탈근대적 비전을 진보 개념에 포괄시켜야 한다는 문제의식을 담고 있다고 평가하면서도, 그것의 개념적 함의와 가능성에는 회의적인 눈길을 보낸다.(윤해동, 2010, 33쪽) 반면에 이진경은 적분적·거시적·연속적·동질적·초월적 성격을 갖는 근대적 진보 개념에서 벗어난 탈근대적 진보 개념을 모색하며, 이를 '항상 지배적인 척도와 대결하며 새로운 것을 창안하려는 성분'에서 구한다. 요컨대 진보의 이념을 갖는다는 것은 활동과 사유의 벡터가 언제나 지배적인 것, 주류적인 것, 정상적이라고 간주되는 것, 근대적인 삶의 방식 등의 외부를 향해 있음을 뜻한다. 따라서 그에게 진보의 이념은 주어진 세계에 쉽게 동화되지 못하는 아웃사이더들, 지배적인 가치를 쉽게 받아들이지 못하는 소수자들, 그 세계에서 추방되거나 배제된 타자들을 향하는 것이다.(이진경, 2010, 121~131쪽)

거와 같이 민중해방의 거대서사나 근대 기획으로서의 변혁을 지향하는 이론적 실천을 추구하지는 않는다. 지식인의 머릿속에서 디자인된 마스터플랜으로서의 민중해방이나 민족·국민(국가)의 완성과 발전을 전망하는 사회변혁은 항상 지식인이 판단하는 '대의'나 '본질적 가치'—혁명 또는 민족/국가—를 특권화시킴으로써 민중의 다성성을 억압하고 민중을 동원대상으로 타자화시켰으며, 결국에는 민중을 배제시켜왔다. 그래서 "민중을 위한 나라에는 민중이 없다."(장훈교, 2009, 54쪽)

'새로운 민중사'는 다양한 주체들의 일상적 삶에서 형성되는 능동성과 저항성에 주목하는 바, 이는 민중의 삶이 아무리 사소하고 하잘것없어 보여도 역사와 현실을 구성하고 끌어가는 가장 원초적인 토대는 바로 이들 평범한 민중들의 일상적 삶이기 때문이다. 일상에서의 실천성을 적극적으로 사고하기 위해서는 '실천'을 변혁적·의식적 투쟁에 한정하지 않고, 일상의 층위에서 형성되는 지배에 대한 거부, 무시, 사보타지, 비틀기, 전유, 탈주, 지배와의 차이와 균열, 그리고 저항으로만 해석될 수 없는 인간의 능동적 행위 등 다양한 수준으로 확장시켜 이해할 필요가 있다. '정치적인 것'은 국가권력을 둘러싼 갈등이나 지배체제에 대한 전면적 투쟁만이 아니며, 매일매일 반복되는 일상적 삶에서 이루어지는 저항·갈등·균열에서 더 근원적으로 형성된다. 그렇기 때문에 '일상적인 것이 정치적이다'는 말도 성립된다. 민중의 일상적 삶에서 벌어지는 다양한 양상의 실천과 행위에 주목할 때, 우리는 민중의 영웅담이 아니라 삶에 뿌리박은 진보를 추구하는 학문적 실천을 전개할 수 있을 것이다.[26]

---

26) 역사학의 이론적 실천은 과거에 관한 해석을 둘러싼 기억투쟁으로써 전사회적인 이데올로기 투쟁의 일익을 담당한다. 거대실천의 특권화를 거부하고 '생활 속의 진보'와 '일상의 정치'에서 출발하는 '새로운 민중사'의 이론적 실천은 지배이데올로기는 물론 그에 대항했던 구좌파적 이데올로기와도 구분되는 신좌파적

■ 참고문헌

강만길 외, 1989 「권두좌담 − 80년대 민중사학론, 무엇이 문제인가」 『역사비평』 9.

강정구, 2007 「진보적 민족문학론에서 민중 개념의 형성 과정 연구」 『비교문화연구』 11.

──────, 2009 「진보적 민족문학론의 민중 개념 형성론 보론」 『세계문학비교연구』 27.

구갑우, 2007 「탈근대시대 한반도 평화」 『비판적 평화연구와 한반도』, 후마니타스.

김귀옥, 1999 『월남민의 생활경험과 정체성 − 밑으로부터의 월남민 연구』, 서울대학교출판부.

──────, 2006 「한국 구술사 연구 현황, 쟁점과 과제」 『사회와 역사』 71.

김동춘, 2000 『전쟁과 사회 − 우리에게 한국전쟁은 무엇이었나』, 돌베개.

김득중, 2006 「1980년대 민중의 발견과 민중사학의 성과와 한계」 『내일을 여는 역사』 24.

김성례, 2002 「여성주의 구술사의 방법론적 성찰」 『한국문화인류학』 35-2.

김성보, 1991 「'민중사학' 아직도 유효한가」 『역사비평』 16.

김영미, 2009 『그들의 새마을운동』, 푸른역사.

김 원, 2005 『여공 1970, 그녀들의 反역사』, 이매진.

──────, 2009 「서발턴은 왜 침묵하는가? − 구술, 기억 그리고 재현을 중심으로」 『사회과학연구』 17-1.

박찬승, 1998 「역사의 '진보'와 '진보'의 역사학」 『한국 인문사회과학의 현재와 미래』 (학술단체협의회 편), 푸른숲.

──────, 2009 「한국전쟁과 마을 − 기존 연구의 정리와 향후 연구의 과제」 『지방사와 지방문화』 12-1.

──────, 2010 『마을로 간 한국전쟁』, 돌베개.

배성준, 1999 「민중사학의 전화를 위한 하나의 모색 − 주체 형성 문제를 중심으로」 『역사학연구소회보 − 함께 보는 우리역사』 49.

상상력에 입각한 이데올로기 투쟁의 일환으로 배치될 수 있다. 다만 일상적 주체(행위)가 운동적 주체(행위)로 전환될 가능성을 항상 열어두어야 하고, 그 전환의 매개와 과정에 대한 세심한 연구가 필요함은 물론이다.

______, 2010「1980~90년대 민중사학의 형성과 소멸」『역사문제연구』23.

배항섭, 2008「조선후기 민중운동 연구의 몇 가지 문제」『역사문제연구』19.

______, 2010「'근대이행기'의 민중의식 - '근대'와 '반근대'의 너머」『역사문제연구』23.

백욱인, 1988「과학적 민중론의 정립을 위하여」『역사비평』3.

안병직 외, 1998『오늘의 역사학』, 한겨레출판사.

양현아, 2001a「한국인 '군위안부'를 기억하는 것」『위험한 여성』(일레인 김·최정무 공편, 박은미 역), 삼인.

______, 2001b「증언과 역사쓰기 - 한국인 '군위안부'의 주체성 재현」『사회와 역사』60.

유경순, 2007『아름다운 연대』, 메이데이.

______, 2008「구로동맹파업과 노동자 자기역사쓰기」『역사연구』18.

유철인, 1996「어쩔 수 없이 미군과 결혼하게 되었다 - 생애 이야기의 주제와 서술전략」『한국문화인류학』29-2.

윤택림, 2003『인류학자의 과거 여행 - 한 빨갱이 마을의 역사를 찾아서』, 역사비평사.

윤택림 편역, 2010『구술사, 기억으로 쓰는 역사』, 푸른역사.

윤택림·함한희, 2006『새로운 역사쓰기를 위한 구술사 연구방법론』, 아르케.

윤해동, 1999「한국 역사에서 사회사란 무엇인가」『사회사로 보는 우리 역사의 7가지 풍경』(역사문제연구소 편), 역사비평사.

______, 2004「식민지 근대와 대중사회의 등장」『국사의 신화를 넘어서』(임지현·이성시 편), 휴머니스트.

______, 2010「'진보라는 욕'에 대하여」『근대역사학의 황혼』, 책과함께.

윤형숙, 2002「한국전쟁과 지역민의 대응 - 전남의 한 동족 마을의 사례를 중심으로」『한국문화인류학』35-2.

이병천, 1988「한국근현대사연구의 몇 가지 문제 - 민중시대 선언하는 '한국민중사'」『실천문학』9.

이세영, 1997「현대 한국사학의 동향과 과제」『한국사 연구와 과학성』, 청년사.

이용기, 2000「미군정기의 새로운 이해와 '사회사'적 접근의 모색」『역사와 현실』35.

______, 2001「마을에서의 한국전쟁 경험과 그 기억 - 경기도 이천의 한 '모스크바' 마을 사례를 중심으로」『역사문제연구』6.

______, 2007 「민중사학을 넘어선 민중사를 생각한다」 『내일을 여는 역사』 30.

______, 2009a 「역사학, 구술사를 만나다 – 역사학자의 관점에서 본 구술사의 현황과 과제」 『역사와 현실』 71.

______, 2009b 「구술자료를 통한 역사의 서술」 『구술자료 만들기 – 수집, 정리, 활용』(국사편찬위원회 편).

______, 2010 「'새로운 민중사'의 지향과 현주소」 『역사문제연구』 23.

이종구 외, 2004a 『1960~1970년대 한국의 산업화와 노동자 정체성』, 한울.

______, 2004b 『1960~70년대 노동자의 생활세계와 정체성』, 한울.

______, 2005 『1960~70년대 노동자의 작업장 경험과 생활세계』, 한울.

______, 2006a 『1960~70년대 한국 노동자의 계급문화와 정체성』, 한울.

______, 2006b 『1960~70년대 노동자의 작업장 문화와 정체성』, 한울.

이진경, 2010 「'진보' 개념의 미래」 『역사의 공간』, 휴머니스트.

임지현, 2001 「역사의 대중화, 대중의 역사화」 『이념의 속살』, 삼인.

장훈교, 2009 「공간적 은유의 전환 – '구성적 외부'에서 바라본 민중과 민중사에 대한 연구노트」 『역사연구』 18.

정경원, 2005 「노동자 자기 역사 쓰기 – 백서작업을 중심으로」 『노동자, 자기 역사를 말하다』(역사학연구소 편), 서해문집.

정창렬, 1989 「한국사(학)에서의 민중 인식」 『한국민족민중운동연구』(백낙청 · 정창렬 편), 두레.

조정환, 2003 「민중, 시민 그리고 다중 – 탈근대적 주체성의 계보」 『시민과 세계』 4.

______, 2007 「1987년 이후 계급 재구성과 문학의 진화」 『민중이 사라진 시대의 문학』(조정환 외), 갈무리.

조정환 외, 2007 『민중이 사라진 시대의 문학』, 갈무리.

지수걸, 2010 「'변혁주체 민중론', 어떻게 계승 발전시켜야 할 것인가?」(역사문제연구소 2010년 제1회 토론마당 발표문).

차상철, 2007 「1970년대 '민중' 개념의 재등장 – 사회과학계와 민중문학, 민중신학에서의 논의」 『경제와 사회』 74.

최장집, 2005 『민주화 이후의 민주주의』, 후마니타스.

______, 2009 『민중에서 시민으로』, 돌베개.

학술단체협의회, 2008 「21세기의 '진보'와 진보학술운동의 과제」(학술단체협의회 창립20주년기념 연합심포지엄 발표자료집).

한국정신대문제대책협의회 2000년 일본군 성노예 전범 여성국제법정 한국위원회 증언팀, 2001 『기억으로 다시 쓰는 역사-강제로 끌려간 조선인 군위안부들 4』, 풀빛.

허 수, 2006 「새로운 식민지 연구의 현주소-'식민지 근대'와 '민중사'를 중심으로」『역사문제연구』 16.

______, 2010 「식민지기 '집합적 주체'에 관한 개념사적 접근-『동아일보』 기사제목 분석을 중심으로」『역사문제연구』 23.

허영란, 2004 「구술과 문헌의 경계를 넘어서」『현황과 방법. 구술·구술자료·구술사』(국사편찬위원회 편).

______, 2005 「민중운동사 이후의 민중사-민중사 연구의 현재와 새로운 모색」『역사문제연구』 15.

______, 2008 「일제시기 생활사를 보는 관점과 민중」『역사문제연구』 20.

E. P. 톰슨, 2000 『영국 노동계급의 형성』(나종일 외 역), 창작과비평사.

도미니크 라카프라, 2008 『치유의 역사학으로』(육영수 편), 푸른역사.

라니지트 구하, 2008 『서발턴과 봉기』(김택현 역), 박종철출판사.

샹탈 무페, 2007 『정치적인 것의 귀환』(이보경 역), 후마니타스.

자크 랑시에르, 2008 『정치적인 것의 가장자리에서』(양창렬 역), 길.

조경달, 2008 『이단의 민중반란』(박맹수 역), 역사비평사.

______, 2009 『민중과 유토피아』(허영란 역), 역사비평사.

조르조 아감벤, 2008 『호모 사케르』(박진우 역), 새물결.

조지 이거스, 1999 『20세기 사학사』(임상우·김기봉 역), 푸른역사.

진보적 대안과 제도권정치의 만남:
대중경제론을 중심으로*

류동민

1. 머리말

이 글에서는 1971년 대통령선거국면에서 제출된 야당후보 김대중의 대중경제론을 중심으로 민족경제론적 사고의 현실적 전개과정을 검토하고자 한다.

먼저 민족경제론은 가장 넓은 의미로는 경제적 민족주의 전체를 아우르는 개념으로 사용되기도 한다. 예를 들어 다음과 같은 주장이 대표적이다.

> 민족경제론이라는 용어는 결국 모든 자주적 독립국가들이 세계경제 속에서 자국의 경제발전을 도모하기 위해 추진해온 독자적이고 다양한 경제정책과 경제이론들을 전부 아우르는 포괄적인 개념이 되는 셈이다. ……시장과 무역자유화를 통해서 민족경제가 받는 피해가 이득보다 크다면 보호무역주의 경제이론이, 반대로 민족경제의 활로가 무역자유화에 있다고 판단될 경우에는 자유무역론이 민족경제론이 될 것이다.(박영호, 1995, 67쪽)

---

* 이 논문은 『기억과 전망』 17호(2007년 12월)에 실린 필자의 글 「민족경제론이 대중경제론에 미친 영향」을 수정한 것이다.

그런데 이러한 주장에 따르면, 국민경제 단위로 사고하는 모든 경제이론은 민족경제론일 수밖에 없고, 그렇게 되면 통상 말하는 민족경제론보다 너무 넓은 외연을 갖게 된다. 나아가 원래의 의도와는 달리 민족주의가 2차적 이데올로기라는 측면을 강조함으로써 스스로 민족경제론의 존립근거를 부정하여 버리는 결과를 낳을 수도 있다.

한편 가장 좁은 의미의 민족경제론은 1978년에 발간된 『민족경제론』으로 상징되는 박현채(朴玄埰, 1934~1995)의 경제이론을 가리키는 말이다. 그렇지만 이때 민족경제론이란 박현채뿐만 아니라 당시 공통적인 지향을 갖고 있던 일군의 이론가 및 실천가들 사이에 암묵적으로 합의되고 있던 패러다임이라고도 말할 수 있을 것이다. 이 글에서는 민족경제론을 양극단의 중간 정도의 범위에 해당하는 개념으로 생각한다. 실제로 조석곤·정건화(조석곤·정건화, 2005)는 비공식적 조직으로 정부에 대한 정책자문역할을 수행하였던 국민경제연구회의 보고서를 분석함으로써, 1960년대 중후반 경제정책의 방향을 둘러싸고 수출을 어떻게 볼 것인가에 따라 "민족경제론"과 "수출입국론"이 대립하고 있었음을 논증하였다.

한편 필자의 선행연구(류동민, 2002)에 따르면, 박현채 민족경제론의 기본요소들은 1960년대 진보적 민족주의 운동의 내부에서 이미 형성되었던 것으로 이해되어야 한다. 즉, 민족경제론은 특정 개인에 의해서 만들어진 이론이라기보다는 그 자체가 사회적 산물이라는 것, 그리고 한국사회를 지배했던 민족주의 흐름의 가장 급진적인 부분에서 지닌 문제의식이 그대로 계승되어 나타났다는 사실, 그러므로 민족경제론은 처음부터 근본적인 사회변혁을 염두에 두고 구상된 이론이라는 것이다. 아울러 정치상황을 감안할 때, 특히 1980년대 중반 이전에 씌어진 박현채의 글은 징후적으로 독해될 필요가 있다는 점도 지적되어야 한다.

이 글에서 주목하는 1970년대 민주화운동의 경제적 대안으로서의 민족경제론이라는 개념도 이러한 맥락에서 이해할 수 있다. 우리가 1970년대를 의식적으로 강조하는 것은, 1980년대가 되면 "광주"를 거치면서 이른바 사회구성체논쟁이 시작되고 더 이상 민족경제론이 민주화운동의 경제적 대안이었다고 평가하기에는 어려울 정도로 근본적 변혁의 관점이 전면적으로 제기되면서 노선 간의 차이 또한 분명해지기 때문이다.

박현채가 한국전쟁 당시 소년파르티잔 출신으로서 제1차 인민혁명당 사건의 관련자로 투옥되었을 만큼 반체제적 인물이었을 뿐만 아니라, 끊임없이 이론과 실천의 결합을 도모한 인물이었다는 점, 그 실천 속에는 현실 속에서 자신의 이상을 굴절된 형태로나마 실현시키려는 노력까지 포함된다는 점은 여러 갈래의 증언을 통해 잘 알려져 있다. 예를 들어 그는 적어도 제1차 인혁당사건이 일어나는 1964년 이전까지는 국민경제연구회 연구원으로서 보고서 작성 등에 간여하였다.(조석곤 외, 2005) 그가 상당히 오랜 기간 동안 김대중의 비판적 지지자였음도 널리 알려져 있다. 박현채가 김대중과 정치적으로 결별한 것은 1992년 이른바 뉴디제이플랜에 따라 김대중의 측근에 그로서는 함께 일하기 어려운 우경화된 인물들이 들어오면서부터였다고 한다.(정태인의 증언) 지인들의 증언에 따르면 적어도 1970년대 이후 박현채는 광주항쟁 당시를 제외하면 항상 조심스럽고도 실사구시적인 태도를 취했다.(김기선, 2006)

1971년 대통령선거 당시 김대중 후보가 넓은 의미에서 민주화운동 세력 전체의 지지를 받고 있었다는 점 등을 감안할 때, 근본적 변혁을 주장한 민족경제론이 현실 정치와 결합하면서 어떤 식으로 변형되어 나타났는가를 검토하는 것은 매우 중요한 의미를 갖는다.[1] 즉, 1971년

---

1) 최근 일부 언론에서 마치 새로운 사실이라도 밝혀진 듯 크게 보도한 적도 있지

대통령선거는 적어도 1987년 6월항쟁으로 형식적 민주주의를 얻어내기 전까지 한국의 민주화운동과정에서 진보적 대안과 제도권 정치세력이 구체적인 경제정책프로그램을 통해 결합한 거의 유일무이한 사례라는 점에 주목할 수 있을 것이다.

2. 대중경제론의 이론적 지향과 민족경제론

『김대중씨의 대중경제 100문 100답』(이하 대중경제론)은 "대중에 의한 대중을 위한 대중의 경체제제"인 대중경제체제를 지향함을 선언하면서 머리말을 시작하고 있다. 대중이나 대중경제, 대중사회 등의 개념이 엄밀한 사회과학적 개념이라 보기는 어려운 것이 사실이지만, 이 책 자체가 선거국면에서 제출된 공약집 성격의 문헌으로서 후보자의 이름을 연상시키는 홍보적 성격(임동규, 2006)까지 담고 있었다는 점에서 이해할 수 있는 표현이다.[2] 실제로 박현채는 1984년에 쓴 글

만(「DJ 대중경제론은 박현채 교수가 대필」(『조선일보』 2006년 11월 27일)), 대중경제론(대중경제연구소, 1971)이 박현채의 작품이라는 점은 오래 전부터 잘 알려져 있었다. 임동규(임동규, 2006)에 따르면, 온양여관에 모여 대중경제론의 저술에 참가한 사람은 박현채 외에도 김경광, 정윤형, 정홍대, 임동규 등이었다고한다. 한편 김병태(김병태, 2006)에 따르면, 김대중의 비서였던 김경광의 청탁을통해 자신을 포함한 5~6인의 중견학자가 참여한 것으로 알고 있을 뿐, 나머지필자의 구체적인 신원에 대해서는 알지 못한다고 한다. 그러나 김병태 자신도지적하듯이 적어도 머리말과 제1장 「대중경제의 이론」은 박현채가 쓴 것이 확연해보일 정도로 특유의 문체가 잘 나타나 있다. 결국 여러 사람들의 공동저작을 최종 마무리하는 과정에서 박현채의 스타일이나 주장이 강하게 추가된 것으로 생각된다. 아울러 비슷한 시기에 씌어진 박현채의 다른 글들과 고려대학교교수 조용범의 이름으로 발표된『후진국경제론』의 내용도 함께 고려될 필요가있다. 『후진국경제론』은 박현채가 대필한 것이라는 증언이 나와 있는데(김기선, 2006 ; 임동규, 2006), 그 본문의 대부분은 정치경제학원론 교과서에 해당되는 내용이기 때문에 집필자가 누구이냐는 사실 큰 의미가 없다. 그러나 보론인『민족경제론연구서설 I, II』는 박현채의 독특한 문체나 입장이 잘 드러나 있다.

에서 "대중"은 민중 개념이 정세적 맥락에서 표현되는 한 형태임을 다음과 같이 지적하고 있다.

> 민중은 그것을 보는 위치에 따라 그 표현이 달라질 수밖에 없도록 되어 있다. 즉, 민중이 갖는 계급·계층적인 복합성이 보는 사람으로 하여금 민중이 지니는 일면적인 성격을 강조함으로써 다른 것으로 표현케 한다는 것이다. 대중, 평민, 서민, 억압받고 있는 계급, 소외된 사람들, 하층계급, 빈곤에 허덕이고 있는 사람들과 같은 것은 민중구성의 변화와 함께 주어지는 다른 표현이다.(『박현채전집』 제4권, 1984, 101쪽)[3]

대중경제론은 100문 100답이라는 제목대로 100개의 소주제에 대한 해설형식으로 되어 있으며, 이를 다시 9개의 장으로 편성하고 있다. 그 중에서 제2장부터 제9장까지는 외자도입정책, 무역정책, 금융정책, 노동정책 등의 부문별 현황에 대한 평가와 비판, 정책대안의 형식을 취하고 있다. 총론에 해당하는 제1장 「대중경제의 이론」은 다음과 같은 구성으로 되어 있다.

> Ⅰ. 대중경제의 이론적 근거
> 　1. 대중경제의 이론적 근거는 무엇인가?
> 　2. 대중사회의 일반적 특징
> 　3. 대중경제론은 대중사회적 상황을 어떤 입장에서 보는가?
> 　4. 대중사회적 상황에 관한 이론과 한국적 대중경제론의 입장

---

2) 김일영(김일영, 2006)에 따르면, 대중경제라는 용어 자체는 김대중이 처음 제기한 것은 아니고 1966년 초 민중당의 노선으로까지 거슬러 올라간다. 물론 본 연구에서 다루는 대중경제론은 박현채의 영향력이 명확하게 감지되는 1970년 전후의 대중경제론이다. 김일영(김일영, 2006)의 지적처럼, 김대중의 경희대학교 석사학위논문이나 『신동아』 1969년 11월호에 김대중의 이름으로 실린 「대중경제론을 주창한다」 등도 이에 포함될 수 있을 것이다.

3) 이 글에서 박현채의 저작을 인용할 때에는 2006년에 간행된 『박현채전집』을 기준으로 표시한다. 단, 연도는 해당 글이 최초로 발표된 해를 나타낸다.

Ⅱ. 대중사회의 한국적 구체성
   5. 한국에서 대중사회적 상황의 존재여부와 그 현상적 유사성은 무엇인가?
   6. 정치적 측면에서 한국적 특수성
   7. 사회적 측면에서 한국적 특수성
   8. 경제적 측면에서 한국적 특수성
Ⅲ. 한국적 대중사회에 있어서 새로운 중간층의 상황
   9. 새로운 중간층이란
   10. 우리나라에서 새로운 중간층의 형성여부와 그 상태는 어떤가?
Ⅳ. 대중경제건설의 기본방향
   11. 대중민주주의 실현의 담당주체와 주요한 전제
   12. 대중민주주의 실현의 기본방향
   13. 대중경제체제의 실현에 있어서 각 계층의 담당역할
Ⅴ. 대중경제건설의 구체적인 정책방안
   14. 대중경제가 추구하는 자립경제의 내용
   15. 대중경제체제하에서의 경제제도
   16. 대중경제체제하의 산업 및 유통조직의 재편성방향
   17. 대중경제체제하의 소득·분배정책

여기에서 "대중사회" 또는 "대중사회적 상황"이라는 용어는 이미 당시의 한국사회에 현실로서 존재하는 상황을 나타내는 개념으로 사용되고 있으며, 그로부터 출발하여 건설하여야할 당위적인 개념으로서 "대중경제"라는 용어가 사용되고 있다. 따라서 이 절에서는 현실로 존재하는 대중사회에 대한 성격규정(발전단계), 그 대안적 체제인 대중경제의 주도세력 및 발전방향이라는 세 가지 관점에서 논의를 정리하고자 한다.

1) 사회성격규정: 발전단계

먼저 대중사회 또는 대중사회적 상황에 대한 개념규정을 살펴보도록 하자.

> ……대중사회는 시민사회의 발전과정에서 종래 시민사회에서 소외되었던 일반대중이 형식상으로는 정치·경제·사회의 각 측면에서 참여의 권리를 가지고 있으면서도 실질적으로는 소외된 사회적 조건하에서 그들 대중이 체념과 불만을 느끼지 않을 수 없다는 이율배반 속에서 이루어지는 것이다.(24)

이와 더불어 시민사회와 대중사회를 대치시키고 전자의 주체는 시민 또는 공중이고 후자의 주체는 대중이며, 전자는 자유주의에 기초한 자유방임국가이고 후자는 민주주의에 기초한 복지국가라는 도식(27)이 제시되고 있으나, 이는 전혀 엄밀성을 갖춘 구분으로는 생각되지 않는다. 그렇지만, 한 가지 주목할 만한 것은 대중사회를 명시적으로 독점자본주의라는 자본주의 발전단계와 연결 짓고 있다는 점이다.

> 경제적 측면에서 대중사회는 산업자본주의 단계를 넘어선 독점자본주의 단계의 소산이다. 독점단계는 꽉 짜여진 자본관계에 의해 일반대중에게는 주관적으로 자산가계급에로의 상승이 절망적인 것으로 의식되고, 객관적으로는 사회적 생산의 결과에 대한 참여의 배제가 일반화된다.(26)

즉, 대중사회라는 대중정치적 버전의 용어는 좀더 엄밀한 사회과학적 개념으로는 독점자본주의를 의미하는 것임을 알 수 있다. 더욱이, 당시 한국사회는 단순한 독점자본주의가 아니라 "전근대성 매판성을 그 속성으로 하는 관료독점자본주의"(36)로 파악된다. 즉, "한국자본주의 자체가 관료주도하에 발전하여 자체의 자본축적―생산기반 조성에 의해 기초가 마련되지 못한 조건 밑에서 독점이 형성"(36)되었다는 측면이 한국적 특수성으로 지적되고 있다. 그런데, 이른바 후기 박현채의 글에서 한국자본주의의 단계구분에 따르면, 1960~1972년은 "외국자본의 광범한 진출과 국가독점자본주의의 일반화"로 특징지워진다.

> 우리 역사에서 최초의 민주적 민중적 변혁으로 되는 4·19와 이것에 대한 부정으로 되는 5·16을 단시일안에 겪은 후에 주어지는 이 시기는 한국자본주의에서 중요한 역사적 시기로 된다. 이 시기에서 4·19에서 제시된 민족주의는 그것이 지니는 민중적 성격을 사상한 채 민족주의를 근거로 국가독점자본주의에로의 이행을 정당화시키면서도 그것을 허구화시키고 한국자본주의의 매판적인 종속성을 보다 직접적인 것으로 하게 하기 때문이다.(『박현채전집』 제3권, 1985, 1050쪽)

사실 이 문제는 박현채의 민족경제론이 지닌 정합성의 문제점으로 지적되는 대표적인 사례이다. 특히, 그 다음 단계, 즉 1973년 이후는 "민간부문에 있어서 독점의 완성과 산업구조의 재개편"이라는 키워드로 묘사되고 있는데, 이는 국가독점자본주의의 일반화 이후에 비로소 민간부문의 독점이 완성된다는 모순적인 논리로 보이기 때문이다.(이병천, 2001, 49쪽) 논란의 여지가 있지만 1980년대 이전에 쓴 글에서 국가자본주의는 국가독점자본주의를 의미하는 것이라는 박현채 자신의 회고를 호의적으로 받아들인다면, 여기에서 말하는 관료독점자본주의는 국가독점자본주의를 의미하는 것으로 해석하여야 한다. 즉, 국가독점자본주의라는 단계규정에도 불구하고 "국민경제의 파행성 및 국민경제의 이중구조"(39)가 확대된 상태라는 의미에서 관료독점자본주의라는 규정을 갖는 것으로 생각할 수 있다.[4] 1980년대 중반에 씌

---

4) 이것은 1970년대 초반 정세에 대한 박현채 자신의 판단과도 밀접한 관련이 있을 것으로 추측된다. 즉, 박현채는 한국사회의 발전단계에 대해 인혁당사건 관련자 등의 지인들과는 다소 다른 판단을 하고 있었던 것으로 보인다. 즉, 박현채는 조

어진 박현채의 다음과 같은 서술은 이러한 맥락에서 이해될 수 있다.

> ……경제개발계획에서 지적되어야 할 것은 한국자본주의에 있어서 국가독점자본주의적인 성장정책의 일반화가 자본의 이니셔티브보다는 정치권력의 선도에 의해 주어졌다는 것이다. 이것은 국가독점자본주의단계에서 독점자본과 정치권력간의 유착관계를 상호 전도된 것으로 만든다… 초기 단계에서 주어진 전도된 관계는 한국자본주의 그리고 우리나라 자본의 관료자본적 성격과 함께 우리나라의 국가독점자본주의에 약간의 특징을 부여하는 것으로 된다.(『박현채전집』 제3권, 1985, 1052쪽)

한편, 이는 경제성장을 주도하고 있는 것은 "국민경제에 깊이 뿌리박지 못한 공업"(39)이며, 대중은 이러한 성장의 과실로부터 소외될 수밖에 없는 상황을 묘사하고 있는 셈이다. 정윤형(정윤형, 1995)이 지적한 것처럼, 민족경제와 자립적 국민경제가 엄밀하게 구분되고 있지 못하던 초기 박현채의 관점을 고려하면, 관료독점자본주의는 경제구조 속에서 매판부문과 민족부문을 구분하고 후자를 민족경제로 개념화하는 특유의 사고방식과 밀접한 관련을 갖는 초기적 형태라 할 수 있다.[5] 실제로 대중경제론에서는 민족경제라는 용어는 중요한 개념으로 등장하지 않고 있으며, 다음의 인용문에서와 같이 국민경제와 거의 유사한 개념으로 사용되고 있다.

직을 만드는 것보다는 객관적 조건과 변혁주체의 능력을 먼저 파악해야 한다는 입장을 취했다.(류동민, 2002, 223쪽) 아울러 임동규(임동규, 2001)의 다음과 같은 회고도 참조하라. "……박선생(박현채－인용자)과 함께 이론적 작업에 몰두한 탓으로 제2차 인혁당사건의 바람이 불 때, 우리들은 조용히 지낼 수 있었다."

5) 다음과 같은 박현채의 서술을 참조하라.
　"……식민지 종속국에 있어서 자본제화는 국민경제로 포괄될 수 있는 정치적 영역에서 종주국 자본이 지배하는 경제적 영역과 피압박민중의 자기생존을 위한 영역 즉 민족경제의 분리과정, 그리고 외국자본에 의한 민족경제의 잠식과정으로 된다는 것이다"(『박현채전집』 제5권, 1976, 1074쪽)

> 따라서 대중경제체제는……더 나아가서는 **민족경제의 자립**을 위한 경제건설의 주체적 담당자는 자본이어야 하고 그 가운데서도 민족자본이어야 한다는 입장에 서고 그와 같은 역할을 민족자본가 집단에 기대할 것이다.(53: 강조는 인용자)

> 이것은 한마디로 말해서 대외의존도가 높은 국민경제의 파행성을 극복하는 것으로서 **자립적 국민경제** 구조의 실현이다.(56: 강조는 인용자)

그런데, 박현채 자신은 지역적 개념과 구분되는 민족경제 개념의 성립은 "1970년대 이전에 이미 발상으로는 주어졌"(정민, 1987, 385쪽)다고 주장한 바 있다. 뿐만 아니라, 1960년대 4·19 공간의 통일문제를 둘러싼 진보세력의 논의에서 국민경제와 민족경제의 괴리에 대한 인식은 다양한 형태로 지적된 바 있다.(류동민, 2002, 226~230쪽) 다만 그 경우 민족경제와 국민경제의 괴리를 가져오는 것은 기본적으로 남북분단으로 말미암은 것이었고, 통일은 민족경제와 국민경제를 일치시킨다는 의미에서 경제적 당위성으로 제기되고 있었다.[6] 대중경제론 자체는 통일문제에 대해서는 거의 언급하고 있지 않기 때문에, 이러한 맥락에서의 국민경제와 민족경제의 괴리에 관해서는 다루고 있지 않은 것으로 생각된다.

---

6) 예를 들어 박현채와 밀접한 교류를 하고 있었고 제2차 인혁당사건에서 처형당하는 도예종은 1961년 1월 24일자 『영남일보』에 실린 칼럼에서 다음과 같이 주장한다.

"……산업에서 상호밀접한 관련관계 및 [그]에 의존관계에 있는 남북한이 분립한다는 것은 생산체계의 분열보다도 오히려 그 파괴를 뜻하며……하나의 국민경제를 생각할 필요조차 없다……남한 경제재건의 목표와 성격은 식민경제적 생산체계를 국민경제적 생산체계에로 재전환시키는 것인데 남북한의 분립은 이에 결정적 타격을 준다."

한편, 타끼자와 히데끼(滝沢, 1985, 139~141쪽)의 1970년대 논의들의 용어사용분석에 따르면, "자립적 국민경제"는 "민족경제"와 더불어 성장찬미론자들은 사용하지 않고 민족경제론자들만이 사용하는 용어였다.

결론적으로 대중사회는 관료적·매판적 성격을 갖는 국가독점자본주의라는 1980년대 이후 박현채의 규정이 대중을 상대로 하는 정치문건의 수준에서 완화하여 표현된 것으로 이해되어야 할 것이다.

2) 대안적 체제의 주도세력

대중경제론에서는 대중사회의 발전방향에 관해 "상이한 이해집단 간의 이해를 조화시키는 대중민주주의"라는 "낙관적 방향"과 "대중의 무관심과 위기적 양상 및 국가기구의 확대와 더불어 파시즘이나 사회주의에로의 전환가능성을 의미"하는 "부정적 귀결"의 두 가지가 있다고 지적한 다음, 그 중 낙관적 이해에 입각하고 있다는 점을 명시한다.[7](28) 또한 당위적 목표로서의 대중경제 또는 대중민주주의의 실현을 위한 정치적 기반은 대중사회의 발전과정에서 형성되는 "계급의식이 없고 안정을 바라는 중간층"(25)으로 설정되고 있다.

> 대중사회적 상황을 낙관적으로 이해한다는 것은……새로운 중간층의 사회적인 안정세력으로서의 가능성을 높이 평가한다는 것을 의미한다.(28)

여기에서 새로운 중간층은 밀즈(C. W. Mills) 등을 인용하면서 부연 설명되는 데서도 알 수 있는 것처럼, "new middle class"에 해당되는 개념이다.

그런데, 대중사회를 낙관적으로 이해한다는 주장에도 불구하고, 다음의 서술에서처럼 당시 한국의 상황에서는 그 담당주체가 되어야할 새로운 중간층은 이루어져 있지 않은 것으로 파악된다.

---

7) 대중경제론의 지향이 사회주의가 아니라는 점은 여러 곳에서 반복적으로 강조되고 있다.

> 우리나라의 대중사회적 상황이 서구적인 이념형과 다른 점은……안정
> 의 지주인 새로운 중간층의 광범한 형성이 이루어지지 못하고, 구제도의
> 유제인 구 중간층이 분해되지 않은 채 광범하게 사회의 기층부에 잔존하
> 고 있다는 데에 있다.(32-3)

따라서 새로운 중간층은 적극적으로 육성되어야할 대상이 될 수밖
에 없다. 그런데, 또 다른 곳에서의 논의에 따르면, 대안적 체제의 주
도세력은 다음과 같이 설정된다.

> 한국적 대중민주주의의 담당자 또는 그 근거는 국민경제의 대외의존성
> 및 파행성에 존립의 근거를 갖는 소수특권적 제세력을 제외한 그리고 이
> 를 반대하는 민족주체성을 가진 국민일반으로 구성된다.(47)

이는 좀 더 구체적으로는 민족지식인, 민족자본가집단, 근로자집단,
농민 및 구중간층(51-5) 등으로 세분된다. 그런데, 앞의 새로운 중간층
에 대한 논의를 결합시켜보면, 결국 민족지식인과 민족자본가집단이
대중민주주의의 주도권을 갖는 세력이라 할 수 있을 것이다. 즉, "민
족지식인은 대중경제의 실현을 위한 노력에서 반특권의 공동목표를
가지고 소외를 극복하려는 민족연합세력의 지도적 세력"이 되어야 하
며(51), 민족자본은 "외자와 매판자본을 한편으로 하고 다른 한편을
민족자본으로 하는 현재의 역전된 힘의 균형관계를 바꾸기 위해" 국
가에 의해 "보강·창설·육성"되어야 하는 존재인 것이다.(53) 결국 대
중경제 또는 대중민주주의의 실현을 위해 국가가 주도하여야할 구체
적인 과제는 민족자본의 육성으로 귀착된다. 이는 좀 더 정제된 민족
경제론 특유의 개념으로 설명하자면, 민족경제의 확대를 통해 민족경
제와 국민경제의 괴리를 극복하자는 주장인 셈이다. 대중경제에 대립
되는 개념으로 사용되는 "특권경제"[8]는 매판부문에 대응되는 개념이라

할 수 있다.

한편, 이러한 주장은 『후진국경제론』(조용범, 1973)에서 주장하는 "랑게의 민족혁명형" 발전과 궤를 같이 하는 것이다.[9] 물론 이른바 전기 박현채와 후기 박현채의 단절이 존재하는가라는 맥락에서는 민족혁명이 어디까지나 "그 경제제도적 성격에 있어서 과도기적인 것으로 될 수밖에 없다"(조용범, 1973, 163쪽)라는 서술에 주목하여야 한다. 아울러 혁신계 내부의 통일논의를 묶기 위한 최소한의 합의라는 성격(류동민, 2002, 234쪽)도 고려되어야 한다. 그렇지만, 여기에서는 현실적으로 미약하게 존재하는 민족자본을 적극적으로 육성하여야 한다는 점, 그 과정에서 예를 들면 소유관계의 변혁까지도 고려되고 있다는 점(滝沢, 1985, 149~151쪽)이 강조된다는 의미에서 "혁명"에 준하는 변화를 전제로 하고 있다고도 볼 수 있다. 그러므로 민족자본 자체가 미약하므로 외자도입 등을 통한 경제성장이 불가피하다는 논리에 맞서서, 현실 그 자체를 변화시키자는 논의가 되는 셈이다. 이것은 민족경제론의 실행가능성(feasibility)이라는 문제와 밀접하게 관련되어 있는 문제이다.

그 결과 한국적 대중민주주의는 새로운 중간층뿐만 아니라, "중소기업 및 대기업을 망라한 민족자산가 Group, 독립소생산자, 농민근로자 및 중소상인의 연대"(47)를 통해, 각 집단의 "이해의 실현과정에서의 평등을 보장함으로써 소외를 극복하는 것"(48-9)이어야 하는 것이다. 그런데 이를 위해서는 정치적인 조치가 뒤따라야 한다. 예를 들

---

8) "소수의 특정인에게 내자 및 외자의 특혜를 제공하여 경제를 건설하느냐 그렇지 않으면 대중의 자본에 의존하느냐에 특권경제 대중경제의 구별점이 있다."(머리말)

9) 민족혁명형 발전을 위한 구체적인 정책으로는 외국독점의 구축(驅逐), 사적 자본주의적 축적의 제한, 국가자본주의적 영역의 확대, 농업의 협동조합화, 공사합작기업, 집단적인 조합적 소유 등이 거론되고 있다.(조용범, 1973, 163쪽)

어, "대부분의 민족지식인은 국가기구 및 국가관련기구에 취업"하고 있기 때문에 "관료기구에 매몰된 채 정치참여에서 배제"(48)당하고 있는데, 이를 폐기함으로써 적극적인 정치참여를 유도해야 한다. 또한 "근로자 계층은 노동조합을 농민은 농민조합을 각각 제약 없이 조직할 수 있도록"(48) 허용함으로써 각 이해집단의 힘의 균형을 통한 평등을 보장하여야 한다는 것이다.[10] 이로부터 우리는 시대적 제약 때문에 충분히 발현되지 못하였지만, 민족경제론의 중요한 요소로서의 "참여"에 대한 강조(이덕재, 2006)를 확인할 수 있다.

3) 대안적 체제의 방향

경제체제라는 측면에 볼 때 대중경제론이 지향하는 대중경제는 "국가에 의한 경제개입과 경제의 계획적 운용을 내용으로 하는 이른바 한국적형의 혼합경제체제"(58)로 규정된다. 즉, "자본과 경영의 분리를 지향하면서 주식의 전국민적 분산소유를 추구하는 노동자와 일반시민이 소유와 경영과 분배에도 참여하는 참여의 경제제도이며, 그것은 학문적으로는 수정자본주의의 한 경제형태"(滝沢, 1985, 137~138쪽에서 재인용)인 것이다.

한편, 실현되어야 할 목표로서의 대중경제는 "국민경제의 파행성을 극복하는 것으로서의 자립적 국민경제구조의 실현"(56)으로 설정된다.

자립경제의 내용은 일정한 지역적 분업의 토대 위에서 지역적 시장권을 형성케 하고 지역적 시장권에 입지하는 중소기업과의 유기적 관련 하

---

10) 이러한 주장은 박현채가 아니라 유종근에 의해 다듬어졌다는 1980년대판 대중경제론에서도 그대로 계승된다. 즉, "성장이라는 목표는 경제의 제반 부문간의 그리고 지역간의 균형된 발전을 통해 달성해야 한다. 그러기 위해서는 기업가, 노동자, 농민, 소비자 등의 모든 집단이 민주정부하에서 경제적 의사결정과정의 여러 국면에 충분히 참여할 수 있도록 보장되어야 한다."(김대중, 1986, 185쪽)

에 생산재생산부문을 선도로 하는 국민적 산업에 의한 상대적 자급자족
체계를 실현하는 것이어야 한다. 이것은 국민경제를 통일된 자율적 재생
산권으로 통합한다는 것을 의미한다.(57)

결국 대중경제는 전형적인 민족경제론적 전망의 실현을 목표로 삼
고 있는 것이다. 따라서 주력산업이 무엇이 되어야할 것인가에 관한
쟁점에서도 당연히 생산재 부문의 발전을 통한 자립경제의 실현이라
는 입장을 취하게 된다.[11]

> 공업의 재편성방향은 생산재 생산공업을 선도부문으로 하여 그 밑에
> 대기업과 중소기업이 상호 분업관계에 의해 협동적으로 Pyramid형을 이
> 루도록 하는 데서 구해질 것이다.……민족경제의 자립화가 내포적 공업
> 화에 의한 상대적 자급자족체계의 실현으로 개념지워질 때 생산재 생산
> 공업으로서의 중화학공업 건설은 오늘의 경제성과 상관없이 자립을 위한
> 일차적 전제로 된다.(59)

이러한 재편성을 위한 수단으로는 "한정된 관건산업(關鍵産業, Key
Indudstry)에 있어서 국영기업의 창설과 경영이라는 국가자본주의적
확대"(58)라는 국가의 적극적 역할이 제시된다. 이때 "국영기업은 공사
합자의 형태로 중소민족자본의 참여를 보장"(58)하는 것이어야 한다.
그런데, 이러한 주장은 『후진국경제론』에서 말하는 "국가자본주의"
와 "계획화"에 의한 민족혁명형 발전의 추구와 다르지 않다. 즉, "주요
기간산업에 있어서 국가자본의 확대 그리고 경제계획에의 전민족적

---

11) 적어도 1960년대 초반의 경우 진보적 세력 내부에서도 생산재 생산부문의 우선
　　적 발전이 통일된 견해는 아니었다.(류동민, 2002, 230쪽) 그러나 군사정권에 의
　　해 경제개발계획이 시작되고 실행되는 1960년대 중반 무렵이면 한정된 자본을
　　경공업에 투자할 것인가 중공업에 투자할 것인가를 둘러싸고 민족경제론자와
　　수출입국론자 사이의 의견분화가 뚜렷하게 형성된다고 한다.(조석곤 외, 2005,
　　123쪽)

참여, 그 가운데서도 특히 직접적 생산자인 근로자의 참여를 보장하는 것"(조용범, 1973, 166쪽)이어야 한다는 것이다. 여기에서도 "참여"의 문제가 강조되고 있음에 주목할 필요가 있다. 이는 제1차 및 제2차 경제개발계획에 대한 다음과 같은 평가에서도 잘 나타난다.

> ……계획은 국가의 정책적 유도에 의한 것으로 시종했고 국가기능을 통한 자본축적은 있었으나 이는 국가자본의 창설로 구체화되는 것이 아니라 왜곡된 기업윤리와 더불어 소수의 특권적 기업인의 원시적 축적을 결과하는데 지나지 않았다. 이로부터 계획은 자립을 위한 민족의지의 구체화가 아니라 민중의 참여 없는 자본만의 이윤추구의 과정으로 되었다. (조용범, 1973, 256~237쪽)

잘 알려진 바와 같이 군사정권의 경제개발계획은 "지도받는 자본주의체제"를 선언하고 있었기 때문에, 국가자본주의적 국면의 형성(양우진 1994)이라는 관점에서만 보면 민족경제론의 인식과 크게 다르지 않은 것이 사실이다. 그렇지만, 민족경제론에서는 소수의 재벌중심의 경제성장이 아닌 참여의 문제가 강조되고, 이는 국가자본(국영기업)의 창설이라는 구체적인 대안으로 제시되고 있는 것이다.

한편 "참여를 통한 소외의 극복"이라는 문제의식은 자유로운 노동조합활동을 전제로 하되, "사전적으로 자본에 대한 약간의 제약과 근로자의 기업경영에의 참여"(62)라는 제도를 통해 구현된다. 근로자의 경영참여 또한 국가기관인 "노자공동위원회"를 두고, 모든 기업이 이 위원회에 영업보고서를 제출할 뿐만 아니라 위원회의 권고가 기업에 대해 상당한 규제력을 갖도록 할 것을 주장한다.(62-3) 이러한 주장은 박현채 자신이 "그 뒤에 쓰는 모든 글의 싹이 다 들어있다"(정민, 1987, 415쪽)라고 표현한 논문 「계층조화의 조건」(박현채, 1969)에도 이미 나타나 있다.

경제에 대한 국가계획과 국영기업을 수단으로 한 국가의 적극적 경제
개입은 민족자본과의 연합에 의해 국내의 매판적 제 노력에 대항하는 유
효한 수단으로 될 것이며 전국민의 희생과 창의를 동원하는 것으로 될 것
이다. 그러나 이것만으로 계층조화의 모든 조건이 주어진 것은 아니다
.……우리는 국가의 국가자본에 의한 경제개입과 계층간 분배의 조정만
이 아니라 국가의 중립성 보장과 사회적 생산에의 참여만큼 사회계층 간
의 합리적인 경제잉여의 배분을 보장하기 위해 정치적 민주주의의 실현
이 전제되어야 한다고 생각하는 것이다.(『박현채 전집』 제6권, 1969,
764~765쪽)

물론 적어도 1960년대 말~1970년대 초반의 상황에서 정치적 민주주
의의 문제는 군사정권에 대한 대립물로서만으로도 충분한 의의를 갖
는 것이었다.[12] 그렇지만, 앞서 지적한 바와 같이, 국가사회주의적 전
망의 비극적 결과는 차치하더라도 정치적 민주주의의 확립이 국가자
본의 확대와 구체적으로 어떻게 양립될 수 있는가는 매우 중요한 문
제일 수밖에 없다.

3. 대중경제론의 구체적 정책대안

대중경제론에서는 이론적 논의 뒤에 외자도입·무역정책·재정금
융정책·공업정책·농업정책·노동정책·소득분배정책·조세정책 등

---

12) 김보현(김보현, 2006)은 민족경제론/대중경제론은 자본가 계급의 한 분파인 민
족자본을 중심주체로 상정하는, 그리고 자본관계 안에서 그들을 육성하는 경제
개발구상이었다는 점에서 생산력주의라는 당시 권력블록의 패러다임을 공유하
고 있었다고 주장한다. 특히, 민족경제론/대중경제론이 강조하는 정치적 민주주
의를 단지 절차윤리의 부재라는 현실에 대한 지적일 따름인 소극적 의미만을 갖
는 것으로 해석한다.(322) 그러나 이러한 해석은 사후적 관점에서 당대의 현실
을 회고적으로 해석하였다는 혐의로부터 자유롭지 못하다.

총8개 분야에 걸쳐 현상을 비판적으로 분석하고, 그에 대한 구체적인 정책대안을 제시하고 있다. 아래에서는 이를 수입대체적 내포적 공업화 및 중소기업문제, 소득분배 및 노동문제, 농업문제의 네 가지 범주로 묶어서 살펴보고자 한다.

1) 수입대체적 내포적 공업화 및 중소기업문제

대중경제론은 기본적으로 "민족경제의 자립, 자주를 위한 자립적 국민경제=내포적 공업화에 의한 자율적 재생산구조의 실현"(109)을 지향하므로, 당연히 수입대체적 내포적 공업화의 입장에서 수출증대적 외향적 공업화라는 현실을 비판한다. 수출주도형 정책에 대한 비판의 논점은 첫째, 중소기업 및 국내적 분업관련에 기초를 둔 내포적 공업화, 둘째, 국제수지의 악화와 그로 인한 외채누적의 악순환이라는 두 가지로 요약할 수 있다.[13]

물론 이 두 가지 논점은 서로 밀접하게 연결되어 있다. 먼저 민족경제론적 관점에서 보면 이러한 외향적 공업화는 외국자본 및 외자관련 기업, 그리고 "이미 매판화한 대기업"의 발전과 그에 따라 "민족경제의 주체적 담당자로서 장기적 안목에서 특별히 육성되었어야만"(89) 하는 중소기업의 몰락을 가져왔다. 이는 결국 국내적 분업연관에 기초한 산업구조의 고도화 달성이라는 방향으로부터 멀어짐으로써 수출의 양적 신장에도 불구하고 수출지역이나 품목별 구성 등에 있어서 취약성을 가져오는 원인으로 작용하였다는 것이다.[14]

---

13) 이는 이미 1960년대 중후반 경제개발계획의 방향을 둘러싸고 제출된 민족경제론적 입장의 반영이었다.(조석곤 외, 2005, 124쪽)

14) 한국의 수출주도형 공업화가 재벌 중심의 특정 품목에 집중되고 자본재의 높은 수입의존도로 말미암아 수출증대가 오히려 수입증대를 불러오는 구조를 가지고 있으며, 그 결과 경상수지적자의 누적을 통해 1980년대의 외채위기, 나아가 IMF

한편, 수입격증과 그에 따른 국제수지 악화, 외채누적과 관련하여, "국내소비수요의 급증현상과 그 성격상의 왜곡화"(128), 예를 들면 "각종 고급소비재수요의 조장"(129)이 매우 중요한 요인으로 지적되고 있는 점도 주목할 만하다. 이것은 이른바 후기 박현채의 민족경제론에서 논란의 여지가 많은 민족적 생활양식론과도 밀접한 관련이 있다. (양우진, 1994 ; 이병천, 2001 ; 박순성 · 김균, 2001) 경제성장 결과에 대한 "민중적 참여의 봉쇄"는 이미 1950년대의 원조경제에서부터 이루어진 것이었으며, 이는 생활양식의 양극화를 통해 현재화한 것으로 파악된다.

> 경제성장이 그 기초로 되는 미국원조의 성격과 결합하여 한 쪽에서 고도로 서구화된 생활양식을 구체화하고 다른 한 쪽에서는 원조물자의 유통과정이나 일부 매판적 공업에서 불완전 저소득 취업에 만족해야 하는 저임금 근로자, 3차산업 취업자 및 피구호민과 미국 잉여농산물 때문에 빈곤에 허덕이는 농민이라는 민중의 오랜 정체된 생활양식을 공존시켰음에도 불구하고 이것이 바로 사회변혁에로의 요구로 구체화되지는 않았다는 것이다.(『박현채 전집』제5권, 1978, 460쪽)

그렇다면, 이러한 문제에 대한 구체적인 정책대안은 무엇일까?

먼저 무역정책은 내포적 공업화를 "보완하는 수단"(131)이 되어야함을 주장한다. 대중경제론의 특징적 대안은 오히려 외자도입정책과 관련하여 잘 나타나고 있다. 즉, "가능한 모든 차관은……국가기관의 매개로 국가관리하에 도입되도록 조치"(110-1)하는 것이 핵심이다. 즉,

---

위기로까지 이어지는 원인으로 작용하였다는 점은 주지의 사실이다. 세계화의 영향이 강력하게 작용하였다는 점에서 다소 맥락은 다르지만, 최근 소수 수출부문의 호조에도 불구하고 고용창출효과가 떨어지는 등의 이른바 양극화문제의 원인(遠因)이라고도 할 수 있을 것이다. 따라서 수출의존적 경제개발계획의 성공이라는 사후적인 평가와 무관하게, 이러한 민족경제론의 문제제기는 여전히 현재적인 의미를 지니고 있다.

국가기관이 차관을 민족적 중소기업의 육성을 위해 배정하거나, 업종
별 지주제한을 설정함으로써 주요 업종에 대해서는 외국자본의 지배
를 막는다거나, 사치성 내구소비재의 생산을 배제하는 등, 강한 영향
력을 발휘해야 한다는 것이다.

　이러한 기조는 "대중경제체제하에서의 공업화정책방향"에서도 그
대로 관철된다. 다음의 인용문에서 보듯이, 민족자본은 국가의 의지
와 힘에 의해 적극적으로 육성되어야 하는 것으로 이해되고 있다.

　……민족자본의 자본부족에 대한 국가투자와 합작, 기존 중소기업의
　기술적 계열화에 의한 대규모 이익의 실현, 경제적 채산에 맞지 않는 업
　종에서 국가기업의 과도기적 창설과 이의 관련 민간기업에의 불하, 재정
　금융상의 국가지원 등에 의해 이루어지도록 할 것이다.(189)

　결론적으로, 국가의 강력한 경제개입 또는 관리라는 측면이 강조되
고 있는 것이다. 사실 1960~1970년대의 시점에서 자립경제나 국가주
도적 경제발전에 대한 인식은 많은 논자들이 공유하고 있는 것이었고,
국가사회주의와 비자본주의적 발전의 길, 심지어는 파시즘적 요소들
에 대한 인식마저 혼재되어 있는 경우도 많았던 것이 사실이다.[15] 타
끼자와 히데끼(滝沢, 1985, 129쪽)는 1960년대 후반 이래, 특히 '1970년
대에 자립경제론자 내부에서 진정한 민족경제론자와의 분기가 생겨
나기 시작했다고 지적한다. 그런데, 대중경제론의 시점에서 이는 '민

---

15) 대표적인 경우가 내포적 공업화를 통한 자립경제를 강력하게 제기하면서, 5·16
　이후 경제개발계획의 작성에 간여하게 되는 박희범이다. 1980년대 초반 박현채
　는 필자와의 면담에서 박희범의 내포적 공업화론을 파시스트적 관점이라 평가
　하고 진정한 변혁적 전망과는 구별되어야 한다고 말한 바 있다. 그런데, 박희범
　의 내포적 공업화론에 포함된 이른바 산업개발공사 구상은 자립적 산업구조개
　편을 뒷받침할 자본－투자동원기구라는 점에서, 그리고 특혜융자제도와 족벌기
　업의 비민주적 성격에 대한 강한 비판을 담고 있다는 점에서 대중경제론과 그리
　멀리 떨어져 있지 않다. 이에 대해서는 (이병천, 1999) 참조하라.

주회복'이 말하자면 정치적 측면에서 주요모순으로 등장하였다는 점과 밀접한 관련이 있는 것으로 생각된다. 그렇다면 대중경제론에 내재한 국가주도성에 대한 인식 그 자체는 박정희 식의 조국근대화담론과 어떤 점에서 구별될 수 있는가가 중요한 문제로 제기되는 것이다.[16] 이 차이가 구명되지 않는 한, 민족경제론은 결국 박정희식 담론과 동일한 인식기반을 공유하고 있었다는 비판(양우진, 1994)으로부터 자유로울 수 없다.

2) 소득분배 및 노동문제

대중경제론은 경제성장과정에서 발생한 소득분배의 악화, 지역 간·산업 간 격차 확대 등의 사회적 불균형 확대의 원인을 경제제도적 측면과 한국적 구체성이라는 두 가지 측면에서 분석하고 있다.

경제제도적 측면에 관한 분석의 경우, 마르크스 정치경제학원론에 입각하여 자본주의 경제체제에서 근로자는 "그들 노동의 가치생산물 그대로를 임금으로 받는 것이 아니고 보다 적게 받을 수밖에 없다"(280-1)는 점을 지적하고 있다. 다음의 인용문에서 알 수 있듯이, 대중참여와 그 짝을 이루는 개념인 대중소외의 내용 또한 기본적으로 이러한 잉여가치생산 및 착취의 논리에서 찾고 있음도 주목할 만하다.

자본주의적 국민경제의 논리=재생산의 논리는 자기욕구의 충족이 아니라 타인을 위한 상품생산이며, 이윤율 생산의 동기로 하는데서 대중소

---

16) 예를 들면 김수행(김수행, 2004, 36쪽)은 민족경제론의 핵심을 자립경제로부터의 이탈에 따른 파국론적 전망으로 요약한 뒤, 다음과 같은 냉정한 평가를 내린다. "……무엇이 '진정한 자립경제'인가에 대한 명확한 개념도 제시하지 못했고, 어떤 경로를 통해 파국이 불가피한가에 대한 분석도 없었지만, 당시의 독재정권을 '비판'할 수 있다는 유용성은 지니고 있었기 때문에, 진보진영에 의해 수용되고 있었던 것이다."

외의 논리를 지니지 않을 수 없게 된다.(280)

자본주의적 경쟁의 무정부성과 그것이 결과하는 평균이윤율의 법칙 및 이윤율저하의 법칙은 개별 기업가로 하여금 만약 이에 대처하지 않으면 몰락하지 않을 수 없게 된다는 강박으로부터 끊임없는 축적·사회적 생산에 대한 보다 많은 취득을 강요하는 것이다. 여기에 국민경제의 재생산 논리상의 대중소외의 기초가 제시된다.(281-2)

대중소외를 이렇게 파악하면 논리적으로 그 극복 또한 자본주의 경제체제의 지양으로부터 찾아질 수밖에 없다. 그러나 대중경제론은 이에 대해 더 이상 언급하지 않고, 예의 한국적 구체성에 대해 지적한다.

곧 국민경제의 계층간·지역간·산업간 불균형 심화의 기초는 국민경제의 자체논리에서 오는 것이 가장 기본적인 요인이라 하더라도 당면한 우리 문제에서 구체성을 갖는 것은 우리나라 국민경제의 식민지 이식형적 특수성이 결과한 국민경제의 이중구조 및 파행성과 일정한 자급자족 체계 위에 입각하지 않는 무역의존이다. 그리고 이것은……구체적으로는 외국자본 및 매판자본의 국민경제에 있어서의 큰 비중이라고 이야기할 수 있다.(284-5)

물론 이는 전형적인 민족경제론의 논리이기 때문에 그 해결책도 민족자본의 육성을 통해 매판경제와 민족경제 간의 길항관계에서 세력의 역전을 통해 민족경제와 국민경제의 괴리를 해소하는 것이 될 수밖에 없다. 그런데, 대중경제론에서는 이 문제가 대중참여의 문제와 연결되어 설명된다. 즉, 1929년의 세계대공황 이후 선진국에서 이루어진 수정자본주의적 국가정책이 후진국 공업화과정에서는 그대로 적용될 수 없는데, 그 중요한 이유는 "대중의 참여가 거부된 데서 생긴 노동의욕의 결여와 노동창의의 부족"(287)이라는 것이다. 따라서 자본주의 생산양식의 일반성으로부터 생겨나는 대중소외의 문제뿐만 아니라,

매판적 세력의 청산을 통한 대중참여의 보장, 그를 위한 정치적 민주
주의의 확립이 필요하게 된다.

> ……대중경제체제하 소득정책의 기본방향은 자본주의적 국민경제의
> 기본논리를 인정하면서 이것을 국가매개로 경제적 이해를 달리하는 집단
> 간의 힘의 균형관계에 의해서 조정하도록 한다는 입장에서 제시될 것이
> 다. 이것은 상이한 이해집단 간의 자기집단의 이익실현을 위한 요구가 집
> 단적 요구로 제시될 수 있도록 광범한 정치적 자유가 보장될 수 있어야
> 한다는 것을 전제로 하는 바, 이는 대중민주주의 및 대중경제가 갖는 다
> 원적 사회계층 간의 세력균형론적 입장에서 연유한다.(289)

이를 위한 구체적인 정책수단으로는 앞서 지적되었던 국가자본주
의 영역의 확대를 통해 "사회적 생산의 결과가 국민에게 환원되게" 하
는 것과 더불어, "사회보장기금을 설치"하는 등의 복지국가적인 정책
이 제시되고 있다.(290) 좀 더 구체적인 수준에서는 예컨대 부유세의
실시를 통한 사회보장기금의 조성이라든가 노동조합의 경영참여, 생
산자 및 소비자회의, 노사협의회 등의 각종 협의기구를 국가매개를
통해 창설하는 것 등이 제시된다.

노동문제에 대한 정책대안 역시 이와 같은 "세력균형론적 입장"(262)
에 기초하고 있는 바, 구체적으로는 국영기업 종사원 및 국가공무원
의 노조활동과 정치참여의 보장, 노동쟁의권의 보장, 근로기준법 고
수, 외국인 투자기업의 노동조합 및 노동쟁의에 관한 특례법 폐기 및
노동조합 내 민주주의 확보 등의 정책이 제시되고 있다.(263-8) 물론 어
용노조의 존재라는 시대적 상황을 반영한 것이지만, 노조 내 민주주의
의 실현을 위해서는 "과도기적으로 노동운동의 다원화가 불가피"(267)
하다는 주장도 하고 있다.

이상의 주장은 당시의 기준에서 볼 때 상당한 진보적 의의를 갖는

주장이라 할 수 있는데, 단지 수출주도냐 수입대체냐 하는 경제개발 전략의 차이만으로 민족경제론과 조국근대화론을 비교하는 것만으로는 설명될 수없는 시장경제와 민주주의의 문제가 정면으로 제기되고 있음을 알 수 있다.

3) 농업문제

대중경제체제에서 농민은 구 중간층과 함께 협동적 결합을 통한 새 중간층으로의 전환을 국가가 유도하는 것으로 상정되고 있다.(54-5) 즉, 기본적인 발전방향은 협동조합적 결합을 통해 협업농이나 기업농 등으로 전환하는 것이다. 이와 같은 협동조합적 결합에 관한 주장은 농업은 물론 구 중간층과 관련하여 공업부문으로까지 확장될 소지가 있고 사실상 사적 소유에 대한 강한 부정과도 연결될 수 있는 측면이 있지만(조석곤 외, 2005, 140쪽), 대중경제론 내부에서는 더 이상 자세하게 설명되고 있지 않다.

아울러 국내분업관련의 확보라는 측면에서 농촌공업의 발전도 빼놓을 수 없는 측면인데, 이때 농촌공업의 발전은 다음과 같이 규정된다.

> 대중경제체제하에서의 농촌공업은……첫째로 종사자가 특수한 기술직을 제외하고는 모두 농민이어야 하고 둘째는 원료가 가급적 그 지역의 농산물이어야 하고 셋째는 경영주체가 농민이어야 한다는 것이다.……이것은 농민의 경영참여가 있어야 한다는 것이다. 대중경제체제하의 정부는 이와 같은 기준에서 농촌공업을 유도하고 육성할 것이며 이것을 위하여 최대한의 재정금융지원을 할 것이다.(227-8)

위의 인용문에서 주장하는 농촌공업의 발전은 예의 피라미드형 산업연관 속에서 철저하게 자급자족형 구조를 지향하는 내용으로 되어 있다.

4. 맺음말

이상에서 대중경제론의 내용을 중심으로 민주화운동의 경제적 대안이라는 관점에서 민족경제론의 논리를 살펴보았다. 이로부터 선거국면에서 제출된 대중적 문건이 갖는 한계를 사상하면, 대중경제론의 여러 주장이나 현상분석이 기본적으로는 박현채의 민족경제론적 인식에 기초하고 있음을 확인할 수 있다. 이 글의 직접적 연구대상은 아니지만, 이른바 전기 박현채와 후기 박현채의 연속과 단절이라는 논점에 입각해보더라도, 대중경제론 단계에서의 민족경제론이 1980년대 이후 일반화를 시도하였던 민족경제론과 크게 모순되지 않는 것으로 해석할 수도 있을 것이라 생각된다. 이는 박현채의 연구패러다임이 맑스주의에 입각한 근본적 변혁(계급모순), 분단된 신식민지체제하에서의 민족모순에 대한 철저한 자각, 계급모순과 민족모순의 동시적 해결(또는 전자를 해결하기 위한 전제조건으로서의 후자의 해결)을 위한 정치적 민주주의의 확립이라는 삼자 간의 관계를 "민족경제"라는 개념틀을 통해 종합하고자 한 시도였다는 점(류동민, 2002)을 다시 한 번 확인해주는 것이다.

사실 민족경제론과 수출입국론을 구체적인 정책수단의 관점에서만 비교하게 되면, 민주적 참여의 문제는 간과되기 쉽다. 특히 민족경제론이 기반을 두었던 국가에 의한 동원, 심지어는 국가사회주의적 전망과 민주적 참여의 문제를 어떻게 조화시킬 것인가는 매우 어려운 문제이기도 하다, 그러나, 오늘날의 관점에서 민주적 참여의 문제는 매우 중요하다. 예를 들어, 재벌개혁과 관련된 국적자본 옹호론적 입장(장하준·정승일, 2005)은 민주적 참여의 문제, 예컨대 재벌기업의 지배구조문제를 해결하지 않는 한 결과론적으로 재벌옹호론으로 귀결될 뿐 민족경제론적 관점과는 무관하게 될 가능성이 크다.

　대중경제론 단계에서 강조되고 있는 민주적 참여의 문제는 한국의 경제성장과정에서 끊임없이 문제가 되어왔던 시장경제와 민주주의, 또는 사회정의의 양립이라는 문제를 제기하는 것으로 해석될 수 있다. 예를 들어, 민족주의와 생산력주의 담론이라는 키워드로 민족경제론을 지배권력의 경제개발론과 동일시하는 논의(김보현, 2006)에서 민주주의의 문제는 부차적인 것으로 치부되어 버린다. 그러나, 양우진(양우진, 1994)이 탁월하게 분석한 것처럼 자립적 국민경제를 지향하는 민족경제론, 좀 더 일반적으로 민족주의 경제학이 국가자본주의 국면의 하나의 구성요소에 지나지 않는다는 점을 받아들이더라도, 민주적 참여의 문제는 한국경제의 성장과 더불어 자연스럽게 해결되는 문제는 아니었음에 주목해야 한다.

　민족경제론과 경제개발론을 두 개의 대립되는 패러다임 개념으로 이해할 때, 우리는 양자택일적 선택을 강요당할 수밖에 없다. 이러한 의미에서 토마스 쿤(T. Kuhn)의 패러다임 개념 자체가 하나의 이론체계에 의한 다른 이론체계의 완전한 대체를 상정하는 냉전적 사고의 산물이라는 지적은 흥미롭다.(Garnett, 2006) 김일영(김일영, 2006)이 대중경제론의 성립사에 관해 정교한 분석을 제시하면서도, 김대중의 경제관, 나아가 한국경제의 전개과정을 대중경제론이 조국근대화론으로 '투항'해가는 과정, 또는 김대중이 박정희와 화해하는 과정(231)으로 묘사하게 되는 것도 일정 부분 이러한 사고와 관련이 있음을 부인하기 어렵다.

　최근의 한국경제성장과정에 관한 연구들은 수출지향적 공업화와 수입대체적 공업화의 복선적 발전과정이라는 측면을 밝혀내고 있다.(이병천, 1999) 결국 이러한 관점에서도 민주주의라는 민족경제론의 구성요소를 강조하는 것은 매우 중요하다. 이것은 신자유주의적 세계화라는 변화한 시대적 조건에 맞추어 민족경제라는 개념을 발전적으로 재구성해야할 필요성이라는 현실적인 문제와도 관련이 있다. 예를 들어 '네이션'을 단순히 상부구조나 이데올로기로서가 아니라 일정한 경제원리에 기초한 초월론적 가상으로 파악하는 가라타니 고진(柄谷, 2005)의 관점은 매우 시사적이다. 즉, 민족경제를 자민족이 주체가 되는 실체(민족자본)라는 좁은 의미로서가 아니라 생태공동체나 국민경제 내부의 지역경제, 또는 전통적 국민경제의 영역을 넘어서는 문제로 파악할 수 있도록 해주기 때문이다.(류동민, 2005)

다만 이 글에서의 확인이 즉각적으로 민족경제론을 민주적 대안으로서 성공적인 체계를 갖춘 것으로 평가할 수 있도록 해주지는 않는다. 이론적 측면에서 민주적 참여에 대한 문제제기가 민족경제론의 다른 구성요소들과 유기적으로 결합될 수 있었는가, 현실적 측면에서 실행가능성을 갖는 것인가에 대한 평가는 사후적으로 본 수출주도공업화의 성공이라는 사실만으로 결론내릴 수 있는 문제는 아니기 때문이다. 민족경제론의 시대적 한계를 넘어서서 그 고유한 가치를 살리면서도 실행가능한 대안을 만들어내는 것은 지금부터 해야 할 일일 것이다.

▥ 참고문헌

柄谷行人, 송태욱 옮김, 2005 『트랜스크리틱―칸트와 마르크스 넘어서기』, 한길사.
滝沢秀樹, 1985 『현대 한국민족주의론』(김용관 역), 미래사.
고 박현채 10주기 추모집·전집 발간위원회 편, 2006 『박현채 전집』, 해밀.
김기선, 2006 「한국 민중운동사의 거대한 뿌리 '박현채' 2」 『희망세상』 3월호, 민주화운동기념사업회.
김대중, 1969 「대중경제론을 주창한다」 『신동아』 11월호, 연세대학교 김대중도서관 홈페이지(http://www.kdjlibrary.org/)

______, 1986 『대중경제론』, 청사.

김병태, 2006 「『대중경제론』에 얽힌 사연」 『아! 박현채』(고 박현채 10주기 추모집 · 전집 발간위원회 편), 해밀.

김보현, 2006 『박정희 정권기 경제개발: 민족주의와 발전』, 갈무리.

김수행, 2004 『한국에서 마르크스주의 경제학의 도입과 전개과정』, 서울대학교 출판부.

김일영, 2006 「조국근대화론 대 대중경제론: 1971년 대선에서 박정희와 김대중의 대결」 『박정희시대와 한국현대사』, 선인.

김일영 · 박지향 · 이영훈 엮음, 2006 『해방 전후사의 재인식』, 책세상.

대중경제연구소, 1971 『김대중씨의 대중경제 100문 100답』, 범우사.

류동민, 2002 「민족경제론의 형성과정에 관한 연구」 『경제와 사회』 제56호, 한울.

______, 2005 「마르크스 정치경제학의 재구성」 『마르크스주의 연구』 제2권 제1호 (경상대학교 사회과학연구원), 한울.

박순성 · 김균, 2001 「정치경제학자 박현채와 민족경제론 — 한국경제학사의 관점에서」 『동향과 전망』 48호, 박영률출판사.

박영호, 1995 「역사적 맥락에서 본 민족경제론」 『민족경제론과 한국경제』(박현채 선생 회갑기념논문집 간행위원회 편), 창작과 비평사.

양우진, 1994 「현대 한국자본주의 발전과정연구: 국가자본주의 국면의 형성과 해체의 관점에서」 서울대학교 경제학박사학위논문.

이덕재, 2006 「민족경제론의 경계에 대한 탐색」 2006년 경제학공동학술대회(한국사회경제학회) 발표논문.

이병천, 1999, 「박정희 정권과 발전국가 모형의 형성」 『경제발전연구』 제5권 제2호(한국경제발전학회 편).

______, 2001 「다시 민족경제론을 생각한다 — 국민경제와 민주주의의 정치경제학」 『동향과 전망』 48호. 박영률출판사.

임동규, 2001 「4월 혁명에서 남민전, 민주노동당까지 민족해방의 한 길」 『이론과 실천』 창간준비 제1호.

______, 2006 「아! 박현채」 『아! 박현채』(고 박현채 10주기 추모집 · 전집 발간위원회 편), 해밀.

장하준 · 정승일, 2005 『쾌도난마 한국경제』, 부키.

정건화, 2005 「2000년대 한국경제의 쟁점과 민족경제론」 고 박현채선생 10주기 추모학술대회.

정 민, 1987「대담: 민족경제론－민족민주운동의 경제적 기초를 해명한다」『현
    단계』제1집, 한울.
정윤형, 1995「민족경제론의 역사적 전개」박현채선생 회갑기념논문집『민족경
    제론과 한국경제』, 창작과 비평사.
조석곤·정건화, 2005「1960년대 중후반 '국민경제연구회'보고서를 통해 본 정책
    담론 분화과정」『1950~1960년대 한국형 발전모델의 원형과 그 변용과정』
    (공제욱·조석곤 공편), 한울.
조용범, 1973『후진국경제론』, 박영사.
Garnett, R, 2006 "Paradigms and Pluralism in Heterodox Economics." *Review of
    Political Economy* vol.18. no.4.

1980년대 사회변혁적 사회구성체론과 민주노조운동*

투쟁노선과 조직노선을 중심으로

김영수

1. 머리말

1980년대는 사회구성체 논쟁 혹은 사회성격 논쟁이 만개하면서, 레닌의 언명처럼, '사회주의자들은 맑스주의 이론을 모든 방향에서 계승·발전시켜야 하는 과학의 기초'로 체화하려고 투쟁했던 시대였다. 사회의 변혁적 전략들은 1980년대 초반 이후 사회운동의 대중적 발전 과정에서 실천적인 쟁점으로 구체화되고 동시에 체계적인 인식으로 발전하게 되었다. 그러나 소련 등 구사회주의 체제가 붕괴하고, 북한 경제가 퇴락하는 1990년대에 들어서서, 사회운동진영의 사회구성체 논쟁이 거의 사라짐과 동시에 사회체제의 혁명적 대안이 부재한 것처럼 간주되었다. 1980년대 사회구성체 논쟁을 기억하는 것조차 마치 고대사 박물관의 화석화된 유물로 치부되었다. 사회라는 말 대신에 좌파이론에서 자주 사용해 온 사회구성체(social formation)라는 말은 사

* 이 논문은 2007년도 한국연구재단의 중점연구과제에 대한 지원사업(KRF2007-411-j04602)의 도움으로 완성되었다. 그리고 한국역사연구회와 민주화운동기념사업회가 공동으로 주최(2010년 7월 9일)한 4월혁명 50주년 기념학술회의에서 이 논문을 심층적으로 토론해 주신 임대식 선생님과 글의 완성도를 높이는데 도움을 주신 『역사와 현실』(제77호, 2010.9.30)의 논문 심사자들에게도 진심으로 감사드린다.

회적 관계의 총체를 의미하는데도 불구하고, 어느 순간부터 사회구성체론은 사회운동의 과학적 무기로 존재한 것이 아니라 거추장스러운 액세서리 정도로 주변화되었다.

그런데 2009년 한국 사회의 체제논쟁이 학계를 중심으로 새롭게 제기되었다. 이것은 1990년대 초반부터 한국 사회구성체 논쟁이 사라지기 시작한 이후 실로 20여 년 만에 한 사회의 경제구조와 정치구조, 계급관계, 이데올로기 및 이들 상호간의 관계와 대립, 투쟁 등의 문제를 포괄하는 체제논쟁이었다. 물론 한국 사회체제에 대한 규정은 각자의 기준에 따라 분단체제, 87년 체제, 97년 체제, 08년 체제 등 매우 다양한 형태[1]로 나타나고 있다. 실천전략과 관련하여서도 각자의 정치적 입장과 강조점의 차이에 따라 반MB 연합에서 반신자유주의 연합에 이르기까지 다양한 편차를 보이고 있다. 그러나 체제논쟁은 그 자체가 한편으로는 계급을 둘러싼 사회적 관계를 보다 과학적으로 진단·정립하려는 과정이었고, 다른 한편으로는 1980년대처럼 이론과 실천 간의 유기적 관계를 복원시키려는 과정으로 평가될 수 있다.

이 글도 1980년대 사회변혁적인 이론과 실천적 노선 간의 유기적 관계를 민주노조운동의 현장에 투영되었던 정파적 경향성과 노동현장

---

1) 2009년 체제논쟁의 과정에 직접 개입하진 않았지만, 김종엽은 87년 체제에서 '체제'를 단순히 정부 형태 혹은 정부 성격을 나타내는 수준의 레짐(regime)으로 파악한다. 손호철은 사회체제(social system)로서의 한국체제란 한국의 '다양한 모든 사회적 관계들의 총체', 즉 '사회구성체'를 의미하나 이를 단순화시키면 (정치)경제체제와 정치체제로 구성된다고 주장한다. 조희연은 87년 체제, 97년 체제, 08년 체제는 모두 일차적으로 정치 레짐으로서의 성격을 갖는 것으로 파악하고, 그 이유는 1987년 6월 민주항쟁, 김대중 정부의 수립, 이명박 정부의 수립이라고 하는 '정치적 사건'들을 계기로 하는 각종의 변화들의 상관관계를 정치체제의 수준에서 해명해야 한다고 본다. 하지만 이러한 분석방식은 결국 주요한 '정치적 사건'을 중심으로 단순히 시기를 구분하는 것과 별다른 차이점을 보이지 못 하고 있다. 또한 정치적 성격이 강한 시기는 정치 체제로, 경제적 성격이 강한 시기는 경제 체제로 구분한다면, "정치 체제를 경제적 심급의 운동과의 연관 속에서 파악해야 한다."는 자신의 주장과도 모순되는 결과를 낳게 된다.(김종엽·손호철·조희연·서영표, 2009)

에서 경험했던 노동자들의 목소리를 복원하는 과정이다. 특히 역사적 사실에 대해 가치개입적인 분석과 평가보다 가치중립적인 입장에서 1980년대의 사회변혁적인 사회구성체론과 노조운동의 노선, 특히 투쟁노선과 조직노선을 복원하려는 것이다. 즉 1980년대 지식인이나 이론가 중심의 사회구성체론이 어떻게 노동현장의 실천적 무기로 전화되었고, 노조운동 내부에 존재했던 각종의 실천적 노선, 특히 투쟁노선과 조직노선을 당시의 사회구성체론과 유기적으로 조응시키려한다.

2. 노동자 계급의 변혁적 실천이론으로서의 1980년대 사회구성체론

1980년대 사회운동은 1980년 광주민중항쟁을 계기로 변혁론적 인식의 전환점을 만들었다. 광주민중항쟁이 제반 사회운동세력들에게 심각한 자기반성의 계기를 제공하였듯이, 노조운동 내에서도 1970년대 민주노조 활동 및 노조운동 일반에 대한 심각한 자기반성의 물결이 일어나게 되었다. 1970년대 노조운동에 대한 반성은 민주노조의 조직형태 및 활동에 대한 것뿐만 아니라 계급적 이념과 과학적 이론에 입각한 정치적 지도의 부재, 민주노조의 본질적 성격에 대한 것에 이르기까지 광범위한 것이었다.

1980년대는 사회구성체론에 직접적으로 투영되어 있었던 사회변혁의 전략과 전술 등이 당시의 자본주의적인 경제적 구조를 근본적으로 변혁하고자 하는 계급해방운동, 혹은 군부지배체제를 근본적으로 개편하여 민중이 주인 되는 민중적인 정부를 수립하고자 하는 민중민주주의 변혁운동, 나아가 대외적인 예속성과 분단상태를 극복하고 자주민주통일을 성취하고자 하는 각종의 운동으로 현실화되었던 시대였다.

1980년대 사회구성체론은 변혁적 실천의 이론적 무기를 구축하기 위한 '사회성격을 둘러싼 논쟁, 전위당의 적실성을 둘러싼 논쟁, 노동조합운동의 노선을 둘러싼 논쟁, 대중적인 정치조직의 성격을 둘러싼 논쟁'으로 가시화되었다. 노조운동도 1983년을 전후로 이념논쟁을 전개하였다. 노조운동은 이 과정에서 이론적으로 사회구성체론에 의존하지 않을 수 없었다. 노조운동의 이념논쟁은 1970년대 및 1980년 초반의 노조운동에 대한 평가, 즉 "노동자 계급은 연대투쟁의 축적과정에서 의식의 성장과 투쟁의 선도성을 확인하였지만, 이론적으로 무장된 지도부의 부재 및 과학적 운동론의 부재로 말미암아 조합주의적 경제투쟁에 머물렀고 계급투쟁의 전략적·전술적 목표지점을 구축하지 못했다."(김용기·박승옥, 1989, 85~102쪽)라는 일반적인 평가를 배경으로 하고 있었다.

1980년대 사회구성체 논쟁은 한국 자본주의의 성격을 둘러싸고 2단계에 걸쳐서 진행되었다. 제1단계는 '국가독점자본주의로 규정할 것인가 혹은 주변부 자본주의로 규정할 것인가'의 논쟁이었고, 제2단계는 '신식민지국가독점자본주의, 식민지반봉건주의(이후 식민지반자본주의), 신식민지예속국가독점자본주의'인가의 논쟁이었다. 이러한 논쟁은 주로 지식인을 중심으로 전개되다가, 점차 학생운동 출신의 활동가들을 중심으로 '사회성격을 둘러싼 논쟁, 전위당의 적실성을 둘러싼 논쟁, 노동조합운동의 노선을 둘러싼 논쟁, 대중적인 정치조직의 성격을 둘러싼 논쟁'(조희연·박현채, 1989 ; 양재원, 1989 ; 편집부 엮음, 1988a·b)으로 확대되었다. 노조운동의 투쟁노선과 조직노선도 이 과정에서 실천적인 전략으로 투영되었다.

1980년대 사회변혁론은 이처럼 한국 자본주의의 성격을 어떻게 규정하느냐에 따라 투쟁의 전략적 목표, 혁명역량의 배치, 핵심적인 선전선동의 전략, 그리고 남북통일전략 등에서 많은 차이를 보였다. 이러한 현상은 1980년대 한국 사회구성체 논쟁의 결과라고 할 수 있다. 노동자 계급이 어떻게 추상적인 이념속의 주도계급에서 현실운동속의 주도계급으로 실체화될 것인가 하는 문제, 특히 민족문제와 계급문제를 해결하기 위한 투쟁과제들을 실천적으로 제기하였던 것이다. 1980년대 사회구성체론은 노동자 계급을 중심으로 하는 사회변혁의 이론적 무기를 구축하는 과정이었고, 노조운동 내에 정파적 분화의 토대를 형성하는 것이었다.

사회구성체 논쟁은 애초부터 정치적이고 변혁적인 것으로서, 한국 사회변혁의 필연성과 가능성, 나아가 그 전략·전술의 근거를 찾는 작업이었다. 이러한 논쟁은 1945년 이후의, 특히 1950년대 초의 비극적인 전쟁 이후의 한국 현대사 속에 잠재되어 있었던 것으로서, 그것을 현재화시킨 것은 1960년대 이래의 한국 자본주의의 비약적인 발전과 그에 따른 계급투쟁의 발전이었다. 그것은 특히 1970년대에 반유신(＝반파쇼) 민주화운동과 민주노조운동 등으로 전개되고 1980년의 소의 '서울의 봄'과 광주민중항쟁의 전개와 좌절을 겪으면서, 그리고 그 경험을 비판적으로 평가·수용하고 새로운 전략·전술을 모색하면서 1980년대에 비약적으로 성장·발전한 청년·학생·노동자·민중운동의 내부에서부터 시작되었고, 그러한 운동의 성장에 의해 뒷받침되어서만 가능한 것이었다.(채만수, 2003)

그래서 변혁적 활동가들은 노동현장에서 민주노조운동이 활성화되자 실천투쟁의 계급적 주체를 형성하고, 그러한 주체들을 사회변혁운동의 주력군으로 내세우려 하였다. 특히 1987년 노동자 대투쟁은 주체형성투쟁의 가능성을 확인하는 계기로 작용하였다.

1987년 노동자대투쟁에서 특기할 현상은 그동안 중산층 내지 화이트칼라층 그리고 사회안정세력 내지 개량적 변화의 주도세력이라고 불리던 화이트칼라층이 구조적으로 파생되어 취업구조에서 일정한 비율을 유지시키면서 대투쟁에 참여하였을 뿐만 아니라 노동조합을 결성해 감으로써 민주노조운동의 일정한 세력으로 성장해 간 것이다. 대중투쟁을 전개했던 노동자들은 1990년대에 지배블록의 여러 가지 탄압에 맞서서 전국적인 차원의 민주노동조합을 결성하여 계급으로서 정착시켜 나아갔으며 사회변혁의 중심적 위치에 있음을 자각하기도 하고 기대받기도 하였다.(김진균, 1999, 25쪽)

그러나 사회구성체론이 변혁적 실천이론으로서의 역할보다 비당파적 정파주의 운동에 기여하여, 자본주의 체제의 모순을 해결하기 위한 투쟁은 사라지고 '권력 추수주의 운동'만 남게 하였다는 평가도 존재한다.

1980년대 말 이후의 운동권의 격심한 분열, 분파주의, 청산주의는 단순히 어떤 사상이론의 '의도하지 않은 결과'로 치부될 수 없는 내적 맥락을 가진다. 그것은 무엇보다도 학생운동의 급진주의 내에 삼투되어 있던 스탈린주의적 편향들이 전혀 걸러지지 않은 채, 학출들에 의해 노동현장으로 이전·확장되었고, 경쟁적으로 현장에 투입되었던 제 정파 간의 노선투쟁과 아울러 생산현장에서의 정권과 자본의 억압과 전제에 의해 이 편향이 확대 재생산된 데에 기인한다. 현장 실천에서 나타나는 '권력기회주의' 또는 '목적기회주의'는 그 자체로 스탈린주의의 실천적 전화형태라는 것이다. 이론은 단순히 상황에 따라 변하는 '실천'이라는 목적을 위한 도구로 이해되고, 이로써 이론과 행동의 전략, 전술 간의 매개는 단락된다. 마르크스의 이론이 교조가 아니라, 행동의 지침이라는 관점이 'ML주의'의 정통주의에서도 김일성주의의 '혁명전통론'에서도 전혀 내면화되지 못한 채, 문서상의 진리로 남았다는 것이, 1980년대 사상의 비극일 뿐이다.(이해영, 1999, 62~73쪽)

이처럼 1980년대 사회구성체론에 대한 다양한 평가에도 불구하고, 1980년대 사회구성체론은 현재 전개되고 있는 실천적 변혁운동의 주체를 형성하고 과학적 변혁이론을 발전시키는 동력이었다. 사회구성체론에서 제기되었던 변혁론의 제 쟁점과 기본내용은 이미 광주민중항쟁 및 1980년대 초반에 제기되었다고 할 수 있으나, 1980년대 초반 이후 현재까지 사회운동의 대중적 발전과정, 특히 노조운동에서 실천적인 쟁점으로 구체화되고 동시에 체계적인 인식으로 발전하게 되었다.

3. 1980년대 사회구성체론과 민주노조운동 간의 유기적 운동

1970년대 후반부터, 학생운동 출신의 활동가들이 개별적인 차원에서 노동현장 투신운동을 전개하였지만, 1980년대 중반에는 학생운동 내부의 정파운동조직을 중심으로 한 노동현장투신운동이 전개되었다. 정파운동을 중심으로 한 조직적인 현장투신운동은 단위 사업장 및 지역단위의 노동자들을 대상으로 전개되었다. 이 운동은 노동자들 간의 혹은 노동조합간의 혹은 청년-학생층 중심의 변혁운동과 노동조합운동의 의식적·조직적 상호연대의 토대로 작용하였으며, 선진적인 노동조합 활동가들에게 계급의식의 필요성을 각인시켰다. 즉 노동조합의 활동가들은 노동자 의식으로 무장함과 동시에 권리를 쟁취하는 투쟁의 주체로 변화되었다.

노동자들이 아주 쉽게 참여할 수 있는 모임은 야학과 공개적인 교육프로그램이었다. 야학은 1970년대 초반 검정고시야학에서 전개되기 시작하였다. 검정고시야학은 중학교나 고등학교에 입학하지 못한 노동자들에게는 새로운 배움의 터였고, 대학교에 다니는 형과 누나를 만나서 많은 것들을 새롭게 경험하는 터였다. 노동야학은 1970년대 후반에 급속하게 확대되었다. 노조운동과 관련된 학습 자체는 지극히 초보적인 수준이었지만, 대학생과 노동자가 정기적으로 만나, 서로에게 배우고 사회의 모순에 대해 고민한다는 점에서 이들의 의식발전에 크게 기여하였다. 학출 활동가들은 노동현장에 참여하는 방식의 일환으로 '노동야학'을 하면서, 노동자들에게 학교를 졸업하는 것보다 더 중요한 인간적인 삶의 가치를 가르쳤다. 그리고 1970년대 대학교수 및 대학원생들을 중심으로 하는 지식인 사회의 개별적 활동가들도 노동교육의 주체로 나섰다. 노동자 교육과정은 "노동문제에 관한 의식화, 노동조합운동의 육성·강화, 민주적 노조운동의 정당성"(크리스챤아카데미, 1985, 130쪽) 등을 추구하는 것으로 배치하였다. 1980년대에 구로공단의 중소기업에서 다녔던 한 노동자는 다음과 같이 증언하고 있다.

> 노동에 대한 가치에 대해서 알고 싶었고 세상사는 것이 어떻게 살아야 올바르게 사는 건지 느끼게 됐어요. 사회의 모순에 대해서 많이 느끼게 되면서 거기서 근로기준법이라는 것에 대해서 교육을 받고, 책갈피가 가죽 껍질로 되가지고 아주 조그마한 책자였거든요.(황용재, 2007년 6월, 서울에서 인터뷰)

1980년대 중반에도 마찬가지였다. 노동자들은 노동현장의 다양한 문제들을 제대로 알고자 방문했던 기관에서 노동자로서의 의식과 인간적인 삶의 가치를 습득하였다. 아래의 구술 내용으로 확인할 수 있지만, 지역의 종교기관에서도 비슷한 교육운동이 전개되었다. 전 광주지역노동조합협의회 의장을 역임했던 박종현은 다음과 같이 증언하고 있다.

> 1986년 광주에서 회사를 다니던 중, 궁금한 사항들이 꽤 많이 있었다. 어느 날 전봇대에 YMCA건물에서 노동법과 관련된 강의가 개최된다는 것으로 보았다. 나는 그 잘 YMCA를 찾아갔다. 아마도 가톨릭 노동청년회였

던 것 같다. 그런데 노동법은 가르쳐 주지 않아서 정말 이상했다. 맨날 노래나 노동자 의식과 관련된 것만 가르쳐 주었다. 당시에 지역에는 민중학교와 같은 것이 존재하였고, 기노련과 같은 단체가 주요한 역할을 하였다.(박종현, 2010년 4월, 광주에서 인터뷰)

노동자들은 노동야학 및 노동교육에 참여하면서 학교에 입학하는 것 이상의 가치가 노동현장에 존재한다는 것을 인식하였다. 하지만 노동자들 스스로 지식인들의 또 다른 모습, 특히 존재기반의 차이에서 발생하는 간극을 제대로 체화하지 못하거나, 자그마한 사실 하나를 과도하게 당위적인 것으로 간주하거나 신념화하는 모습도 체득하게 되었다. 노동자들은 이처럼 교육과 학습을 매개로 노조운동의 대상에서 주체로 변화되었는데, 그 중심에 학출 활동가들이 존재했었다.

1980년대 상반기 수도권의 공단지역으로 들어간 학생운동 출신의 활동가들은 약 3~4천여 명에 달하였고, 이들은 현장 노동자들을 의식화하는 투쟁을 전개하였다. 학출 활동가들은 1970년대 노조운동에 대한 반성, 즉 민주노조의 조직형태 및 활동에 대한 것뿐만 아니라 계급적 이념과 과학적 이론에 입각한 정치적 지도의 부재, 민주노조의 본질적 성격에 대한 것에 이르기까지 광범위하게 고민했던 학생운동의 결과였다. 역사적으로 학생운동 출신과 일부 선진노동자들은 노동조합운동의 다양한 소그룹들을 만드는 주체들이었다. 그런데 학출 활동가들은 소그룹들을 조직하고 운영하는 과정에서 학생운동의 '학맥, 인맥, 정파맥'의 도움을 받지 않을 수 없었다.

피고인들은 수명씩 서로 학교 선후배간이거나 친구 사이로 일찍이 나름대로 우리 현실에 대한 인식을 가진 나머지 개별적으로 인천공단 지역에 학력을 낮추어 취업하였거나, 취업하려고 다니면서 아는 사람끼리 서로 만나 사귀고, 대화하고, 취업정보를 교환하며 입수한 유인물을 나누어 보았고, 인천사태 등에 있어서는 개별적으로 참여하였던 그런 정도였다. 요컨대 현장에 취업한 학생출신 노동자들 사회라면 어디서나 볼 수 있는 수준의 만남들이었다.(민주사회를 위한 변호사 모임, 1991, 223쪽)

서클운동은 우리나라의 특수한 조건하에서, 지연·학연·인맥을 중심으로 결합한 상태에서 초기 노동자 계급운동의 발전에 긍정적으로 기여하였다. 그러나 노동자 계급운동의 '종파성, 활동의 수공업성, 전망의 협애성'은 서클주의의 현상으로서, 조직이기주의와 주관주의적 조직관의 반영에 의한 조직형식주의, 종파주의, 기회주의의 근원으로 작용하였다. 1980년대에 노동현장에 참여했던 한 활동가였고, 1990년대에는 노동문제를 전문적으로 연구했던 연구소에서 활동했던 연구자는 서클운동의 폐해에 대해 다음과 같이 증언하고 있다.

구로 지역의 전자회사에 위장 취업했었는데, 정치노선이 다른 활동가들이 동일한 단위 사업장에서 활동하였다. 우리는 서로 모르는 채 생활해야만 했고, 오히려 단위 사업장의 노동조합운동과 관련된 경쟁적 관계를 유지해야만 하곤 했다. 경쟁적 관계가 심할 경우에, 노동조합운동의 분열이 강화되는 경우도 발생했다.(김혜란, 2005년 10월, 서울에서 인터뷰)

당시 노동현장으로 침투하려 했던 활동가들은 '노동자들을 지도의 대상으로 설정하여 자파세력을 확장시켜야 한다는 경향성'을 지니고 있었는데, 이는 위장취업의 방식으로 현장에 들어가는 것 자체가 상당히 조직적이었기 때문이다.

4. 1980년대 사회구성체론과 민주노조운동의 투쟁노선

1980년대 중반, 노조운동은 노동자 계급의 계급적 각성 및 정치투쟁으로의 고양을 지향하면서 사회구성체론과 투쟁노선을 유기적으로 결합시키고자 하였다. 노조운동은 구로동맹 파업투쟁 이후, 민주노조운동의 활성화와 함께 투쟁노선을 정립해야 할 필요성을 절박하게 제기하였다. 노동자 계급 중심의 변혁에 대한 원칙적인 강조를 넘어서서 사회변혁투쟁의 대상, 동력, 방법, 경로 등이 무엇인가 하는 문제가 대두되었고, 이를 둘러싼 논쟁이 확산되었다. 서울노동운동연합 및 노동현장 참여운동의 주체들은 논쟁의 과정에서 출신 대학별 인맥과 정파조직을 중심으로 주요한 역할을 담당하였다. 노조운동의 활동가들은 논쟁을 전개하는 과정에서 조직원들의 이론적 역량 및 정파조직의 이념적 통일성을 강화시켰고, 민주노조운동에 대한 정치적·이론적 헤게모니를 장악하기 위한 투쟁을 전개하였다.

아래의 〈표 1〉은 노조운동 내부에서 '사회성격 및 정세인식, 노동자투쟁을 둘러싼 주체역량의 평가, 노조운동의 전략·전술적 과제' 등을 둘러싸고 전개되었던 논쟁을 유형화한 것이다.

〈표 1〉 노조운동 투쟁노선의 유형

유형 \ 내용	대상				노동조합운동과의 연대관계
	사회성격	정세인식	계급주체역량	전략적 과제	
전위적 선도투쟁론	신식민지국가독점자본주의	공세기	선진적 주체의 발전	민중민주공화국	당위적 정치지도관계
대중적 투쟁역량강화론	식민지반봉건주의(식반자)	준비기	대중적 기반의 취약	민주연합정권	추수적 현장지도관계
단계적 전위역량조직론	신식민지예속국독자	대치기	선진적 주체의 미약	반제민중정권	단계적 투쟁조직관계

위의 〈표 1〉에서 알 수 있듯이, 이 시기의 투쟁노선은 노조운동의 주·객관적 조건 및 전략적 투쟁과제에 대한 인식의 차별성에 따라 '전위적 선도투쟁론, 대중적 투쟁역량 강화론, 단계석 전위역량 조직론'으로, 또한 민주노조운동과의 연대관계는 이념논쟁의 이론적 내용을 토대로 하여 '당위적 정치지도관계, 추수적 현장지도관계, 단계적 투쟁조직관계'로 구분할 수 있다. 위의 〈표 1〉은 역사적으로 존재했던 다양한 투쟁노선을 세 가지로 유형화하였는데, 이는 사회구성체에 대한 인식의 차이를 일반화하는 과정이자, 노조운동의 투쟁노선과 정파운동세력의 사회변혁적 전략을 유기적으로 연계시키려는 과정이다.

1) 전위적 선도투쟁론과 민주노조운동

전위적 선도투쟁론은 대표적으로 제헌의회(CA)세력의 「제헌의회 소집론」, 서노련의 「노동조합운동의 정치투쟁 본령론」, 그리고 인민노련의 「정치적 대중조직론」으로 집약할 수 있다. 이러한 이론은 한국의 사회적 관계를 신식민지 국가독점자본주의로 규정하고, '파쇼대 민중' 간의 대립을 주요모순으로 설정하였다. 그리고 이들은 선진적인 활동가들을 중심으로 그러한 주요모순을 극복해 나가기 위한 정치투쟁조직을 주체적으로 건설하려 하였다.

CA세력들은 「혁명운동의 기수를 제헌의회 소집으로(86.6~7)」라는 팜플릿을 통해 당면 정세를 '혁명적 공세기'로 규정한 상태에서 노조운동과 통일전선운동을 올바르게 지도할 수 있는 직업적 혁명가 중심의 전국적인 전위조직의 건설을 주장하였다. 이들은 구로동맹파업투쟁 이후 대거 배출된 선진적인 노동자들과 결합하여 혁명적 투쟁을 전개하고자 하였던 것이다. 즉 이들은 "임시혁명정부의 수립과 민중민주공화국"(제헌의회그룹, 1986 ; 김용기 외, 1989, 257~269쪽)을 위해

혁명적 투쟁을 전개할 수 있는 선진적 주체들을 전국적인 혁명적 전위조직으로 조직하고, 이 조직을 중심으로 민주노조운동에 대한 지도력을 발휘하고자 하였다. 그런데 당시 민주노조운동의 주체들은 선도적인 정치투쟁노선을 노동대중과 유리된 것으로써 민주노조운동의 최소한의 성과조차 무너뜨린다고 인식하기도 하였고, 민주노조운동을 혁명적 정치운동의 주체로 대상화하는 노선이자 노동자 대중의 현실과 유리된 것으로 간주하기도 하였다.

그래서 인천지역민주노동자연합은 CA세력의 한계를 극복하는 차원에서 '대중정치조직론'과 '정치적 대중조직론'을 제시하였다. 이 이론은 당시의 정세를 '정치적 공세기'로 설정하고, 독자적인 대중적 정치투쟁을 강조하였다. 이 노선은 "CA그룹의 혁명적 관념주의와 민족해방민중민주주의(이하 NL)그룹의 대중적 추수주의"(서울노동운동연합, 1985 ; 김용기 외, 1989, 305~314쪽)를 동시에 비판하였다. "노동자 대중들의 현실적 문제와 직결되는 광범위한 대중적 정치투쟁과 노동자 대중들을 반정부 투쟁전선으로 조직화하는 정치투쟁"(서울노동운동연합, 1985 ; 김용기 외, 1989, 267~279쪽 ; 편집부 엮음, 1988a, 267~279쪽)을 강조하였던 것이다. 이 노선은 노동자 대중들의 의식수준과 민주노조운동의 현실적 투쟁과제에 상응하는 정치투쟁을 중심으로 민주노조운동과의 연대관계를 구축하려 하였다. 그러나 이 노선도 CA세력의 혁명적 전위조직론을 비판하고 있지만, 혁명적 전위조직과 대중적 정치조직의 차별성을 드러내지 못했다. CA세력도 마찬가지였지만, 민주노조운동에 대한 정치적 지도성이 이론적으로 과잉화되었던 것이다.

이러한 투쟁노선은 정치적 조직주체들을 단위 사업장에서 조직화하는데 기여하였다. 이들을 '전달벨트'로 하는 정치활동이 노동현장에서 전개될 수 있었던 토대였다. 하지만 민주노조운동은 이러한 투쟁노선을 수용할만한 주체를 대중적으로 형성하지 못하였을 뿐만 아니라 노동조합을 안정적으로 구축하는 것조차 힘들었다. 정파세력을 중심으로 하는 투쟁은 선도적인 방식으로 전개되었지만, 노동자 대중들의 현실적인 노동현장의 이해를 구체적으로 반영하지 못하였다. 노동자 대중들이 그러한 투쟁노선을 실질적으로 실천하는데 많은 어려움을 겪을 수밖에 없었던 주요 이유이다. 이러한 현상은 현실의 노조운동에서도 나타나고 있다. 노동자 대중들은 전위적이고 선도적인 활동가들과 달리 사회변혁적 전략의 계급주체로 쉽게 나서지 못하는 것이다.

2) 대중적 투쟁역량 강화론과 민주노조운동

대중적 투쟁역량 강화론은 NL그룹의 '소그룹 운동론'과 밀접하게 연계되어 있다. 소그룹운동론은 「우리 운동에 제기된 사상상·조직상의 몇 가지 문제에 대하여」, 「전위조직을 어떻게 건설할 것인가」, 「현 시기 한국 혁명운동의 조직적 임무에 대하여」 등의 팜플렛을 통해 제기되었다.

NL그룹은 한국의 사회적 관계를 '식민지 반(半)봉건주의 혹은 식민지 반(半)자본주의'로 규정한 상태에서, '미제국주의대 민중' 간의 대립을 주요모순으로 설정하였고, 또한 노조운동의 제1단계 투쟁과제를 미국 제국주의에 반대하는 모든 세력의 통일전선운동을 토대로 하는 '민주연합정권'의 수립으로 설정하였다.

그래서 이 그룹은 "민중민주공화국을 수립하기 위한 대중적 정치투쟁과 노동조합의 직접적인 정치투쟁을 지향하는 전위적 선도투쟁론을 민주노조운동의 독자적인 가치를 과소평가하는 것"(편집부 엮음, 1988a, 217~225쪽)이라고 비판하였다. 이 그룹의 활동가들은 "혁명적 공세기를 준비하는 차원의 활동, 즉 혁명적 정당의 세포조직들이 소그룹활동을 토대로 미약한 노동조합의 대중적 역량을 점진적으로 강화시킴과 동시에 각 공장단위에 혁명적 정치소조를 결성하여 혁명적 대중조직을 건설"(편집부 엮음, 1988a, 128~184쪽)하는 활동에 주력하여야 한다는 것이었다. 즉 직접적인 정치투쟁을 수행할 수 있을 정도의 주체역량을 확보하지 못한 노동자 대중들을 정치적으로 의식화하고 조직화해야 한다는 것이었다.

이와 같이 이 노선은 노동현장의 소그룹을 매개로 하여 활동가 그룹의 개별적 주체와 노동현장의 개별적 활동가들의 상호결합을 추진하였다. 그리하여 이 노선에 입각한 정파세력들은 노동자 대중들의 현실적이고 일상적인 이해에 기반하는 정치활동을 전개하였다. 정파세력들이 노동자 대중들을 정치투쟁의 장으로 동원하는 과정에서 형성되는 연대관계를 거부하는 대신, 계급의식의 수준이 매우 낮은 노동자 대중들과의 긴밀한 결합에서 형성되는 연대관계를 중시하였던 것이다. 그리하여 민주노조운동의 현실적 이해관계와 노동자 대중들의 의식수준에 기반하는 상호연대관계가 형성될 수 있었고, 이를 토대로 민주노조운동의 대중적 역량이 강화될 수 있었다. 노조운동의 추수적 현장지도관계, 즉 노동자 대중들의 현실적 수준에 따라 노조운동을 다양하게 지도·지원하는 관계를 형성하였던 것이다. 그렇지만 정파운동의 활동내용 및 활동방식, 그리고 민주노조운동과의 연대관계도 노동자 대중들의 불균등한 하향평준화 방식의 추수주의적인 수준에서 구축되었다. 왜냐하면 노동자 대중들의 제반 이해는 각 단위사업장의 노동조건에 따라 매우 다양하고, 노동자들의 의식 또한 매우 불균등하다고 판단하였기 때문이다. 그렇지만 이 투쟁노선은 노동자 대중들의 불균등한 정치적 의식을 정파주의적으로 판단하는 오류를 극복하지 못하였다. 정치적 의식을 판단하기 위한 객관적 기준이 제시되지 않았고, 직접적인 파업투쟁 및 정치적 대중투쟁으로 표출되는 노동자 대중들의 행위조차 통일전선을 형성하는 수단으로 간주되어 버렸다. 노동자 대중들은 이 과정에서 계급주체로서의 정치적 정체성보다 계급연합적인 투쟁전선을 형성하는 주체로서의 정체성을 형성하는데 주력하지 않을 수 없었다.

3) 단계적 전위역량 조직론과 민주노조운동

단계적 전위역량 조직론은「전진하는 프롤레타리아의 이정표」,「한국 혁명주의자의 당면 조직적 과제에 대하여」,「남한 혁명운동의 조직노선상에 있어서 긴급한 과제」라는 팜플릿에서 제창되었고, 지역노조운동동맹론으로 집약되었다. 지역노동동맹론은 기업별 노동조합의 한계를 극복하기 위한 지역적 연대운동을 강조하였다. 지역적 연대운동의 구체적인 내용은 동일지역 내 동일업종의 중소기업 노동자 일반을 조직화하는 지역별 노동조합의 건설 활동, 지역에 존재하는 노동조합 혹은 서클을 지도하는 활동가들의 공동협의체의 건설 활동, 노동쟁의의 상호지원활동, 공동 교육프로그램의 운영활동, 활동가의 인적교류활동, 미조직 사업장의 조직 활동, 주민운동과의 연대활동 등이었다.

이 노선은 한국의 사회적 관계를 신식민지 예속국가독점자본주의로 규정한 상태에서, 제국주의 세력 대 한국민중 간의 대립을 주요모순으로 설정하였다. 그래서 이 그룹은 대중추수적인 노동조합투쟁과 선도적인 정치투쟁을 동시에 비판하였다. "선도적 정치투쟁에 의해서만 대중의 본질적 혁명성을 발견할 수 있다는 것은 대중정치조직 만능주의이고, 또한 대중조직과의 결합을 배제하는 것이라고 비판하였다."(김용기 외, 1988, 238쪽) 이 노선의 전략은 "전략적 대치기에 상응하는 정파운동의 활동, 즉 반제민중전선을 구축하기 위한 전초작업의 일환인 지역노동동맹을 노동현장의 전위역량과 전국적 전위역량의 동시

구축으로 결성하고, 이 조직을 중심으로 민족민중혁명을 통한 반제민
중정권 수립투쟁"(김용기 외, 1988, 439~475쪽)을 전개하는 것이었다.

이 그룹이 제창했던 지역노동동맹은 "노동조합운동을 지도하는 정
치적 지역전위조직으로서, 전국적인 노동자 당을 건설하고 해소해 나
가는 과도기적 전위조직으로서"(김용기 외, 1988, 58~74쪽)의 역할을
단계적으로 수행하는 지역전위조직이었다. 즉 지역노동동맹은 민주
노조운동의 투쟁역량을 강화하는 활동에 주력하는 지역 내 정치투쟁
의 주체이자 지역 내에서 전국적인 정치적 투쟁을 주도하는 전국적인
정치투쟁의 과도적 주체였다. 그래서 이 노선은 지역전위조직의 역할
을 "지역 내 노동조합운동의 연대활동(김용기 외, 1988, 149~161쪽)을
강화하고, 노동현장의 선진적 활동가들을 지역차원에서 정치소조로
조직화"(김용기 외, 1988, 238쪽)하는 데에 비중을 두었다. 이 노선은
노조운동이 구로동맹파업투쟁 이후 노동조합운동의 선진 활동가들의
양적인 성장을 질적인 성장으로 전화시켜 낼만한 조건을 구비하지 못
했다는 점에 주목하였다.

그래서 이 그룹은 선진적 노동자 역량을 전위조직과 노동자 대중조
직을 통일시켜 주는 매개자로서 뿐만 아니라 경제투쟁을 정치투쟁과
결합시켜 나갈 계급투쟁의 핵심적 주체로 성장시키고자 하였던 것이
다. 그 계기는 지역 내 민주노조운동 간의 연대활동을 전개하는 과정
에서 노동조합운동의 선진적인 활동가들과 정치적 서클들을 단계적
으로 조직화하는 활동이었다. 즉 노동조합운동의 선진적 활동가들을
단계별로 조직하여 지역노동자투쟁위원회 및 전국적 노동자 투쟁위
원회를 조직하고 노동조합운동의 선진적 활동가들을 정치선동과 대
중적 정치투쟁을 매개로 하여 반제반파쇼통일전선의 정치적 주체로
세우는 것이었다.

이와 같이 이 그룹은 민주노조운동과의 연대관계를 '당위적 정치지

도관계와 추수적 현장지도관계'에서 나타날 수 있는 속성을 동시에 내포하고 있는 '단계적 투쟁조직관계'로 설정하였다. 지역전위조직은 지역노동자투쟁위원회로 조직화된 노동현장의 선진적 활동가들을 매개로 노동자 대중들의 투쟁역량을 강화시키기 위한 지역 내 민주노조운동의 정치적 연대활동을 전개하였고, 또한 전국적인 조직주체를 결성하기 위한 지역전위조직 간의 연대활동 및 타계급·계층과의 연대활동을 전개하였다. 그렇지만 이 그룹은 민주노조운동과의 '단계적 투쟁조직관계'에서 나타나는 지역노동자투쟁위원회의 절충적 성격, 즉 대중조직으로서의 성격과 정치조직으로서의 성격을 명확하게 규명하지 못하였다.

5. 1980년대 사회구성체론과 노조운동의 조직노선

1) 노조운동 내 조직발전논쟁의 토대

1987년 투쟁은 노동자들에게 있어서 해방이었다. 노동자들은 비록 짧은 기간이었을지라도, 노동에서 뿐만 아니라 노동으로부터도 해방되었던 것이다. 먼저, 1987년 7월 이후, 노동자들의 쟁의행위는 노동자 대중들에게 보편화되어 양적으로 급격하게 증가하였고, 전투성을 동반하는 쟁의행위 양식 역시 그 이전 시기와는 다르게 보편화되었다는 점이다. 1987년 7~9월 동안 무려 3천여 건 이상의 파업투쟁으로 진행된 노동자 대투쟁의 성격을 요약해보면, 다음과 같다. '노동자 대중들은 자연발생적으로 전개된 노동자 대중들의 탈법적 연대투쟁을 통해 최소한의 민주주의적 기본권과 민주노조운동의 대중적 토대를 확보하려 하였고, 이 과정에서 일시적이나마 계급역관계에서 우위를 확보할 수 있었다. 노동자들은 이러한 힘을 바탕으로 그동안 불만으로만 남아있었던 '생존권 확보, 기본권리 확보, 조직주체 형성' 등을 원하는 대로 제시하고, 회사와의 주체적인 협상을 통해 관철시킬 수 있었다. 노동자들 스스로 투쟁을 통해 삶의 주인임을 인정받게 되었고, 인간으로서의 존재가치를 확인할 수 있었다. 특히 노동자들은 회사 밖에서 거리를 마음대로 활보할 수 있는 투쟁의 주체로 변하였다. 대우조선 노동조합 및 전국금속노동조합연맹의 전 위원장이었던 백순환과 경남지역노동조합협의회 및 전국금속노동조합의 간부로 활동하고 있는 홍지욱·김상철은 다음과 같이 증언하고 있다.

처음 터져서 정문으로 나와서, 옥포까지 가두투쟁을 나왔지. 거리투쟁, 지게차 앞세우고, 뭐, 다 따라 나온 거지, 다. 그래서 다시 회사 안에 들어가서 종합운동장이라 해서 거기 모여서, 밤새 노조 설립과정을……그리고 회사에 교섭 요구하고……이틀인가 삼일인가 정도 지나다가, 쫌 오래 지났나, 한 닷 새, 일주일 지났나? 그러다가 석규 사건이 발생했죠. 마산 창원의 경우, "누구나 할 것 없이 거리로 나왔다. 너무나 자연스러웠고, 그동안의 억압된 불만을 폭발하는 장이었다.(백순환, 2007년 6월, 서울에서 인터뷰 ; 홍지욱·김상철, 2010년 4월, 창원에서 인터뷰)

1987년 7~9월 대투쟁 이후, 노조운동은 투쟁의 과정에서 '임금인상투쟁의 연대, 전국조직 결성투쟁의 연대, 선거정치 참여투쟁의 전략적 연대, 제도개선투쟁의 연대' 등을 경험하였다. 노조의 현실적 조직형태는 기업별 노조였음에도 불구하고 각종의 투쟁 사안에 대한 지역 수준에서의 연대를 강화하여 전국적 연대와 계급적 결집의 매개고리 형성, 동일지역·동일업종 노동자들의 경험 교류의 보편화 및 노조운동탄압에 대한 일상적 공동대응 등을 전개하였다. 노동자들 간의 연대가 전국적으로 다양한 형식과 내용으로 이루어졌던 것이었다.

이처럼 노동자들은 1987년 대투쟁의 과정에서 다양한 것들을 경험하였다. 대표적인 것은 전투적인 투쟁, 계급적인 연대, 민주적이고 자발적인 지도력, 지도부들에 대한 밑으로부터 통제, 그리고 조합원들의 총회 민주주의 등이었다. 그중에서도 가장 소중했던 것은 그들 스스로 공장의 기계가 아니라 인간임을 확인하는 것이었다. 1987년 8월 28일, 경동산업 노동자들은 민주노조의 집행부가 공식적으로 존재하지 않았음에도 불구하고, 그들 스스로 투쟁을 전개하면서 인간임을 선포하는 내용의 성명서를 제시하였다.

> 민주화 조치 운운한 6·29선언이 우리 노동자들에게 그 얼마나 기만에 찬 것인가! 독재정권은 들불처럼 번지는 공장 민주화의 불길을 막으려 혈안이 되어 있고, 모든 사람들이 사면, 복권되어 제자리로 되돌아가는데, 유독 해고된 노동자들만 아직도 외부세력 운운하면 탄압을 가하고 있다. 노동자는 더 이상 바보가 아니다. 우리 경동산업 민주노동자 일동은 고 이석규 민주 노동열사의 뜻을 이어 받아 우리의 정당한 요구를 전면 관철시킴은 물론이요 모든 노동자가 하나 되어 우리의 권리를 되찾을 때까지 끝까지 투쟁할 것임을 엄숙히 선언하는 바이다.(경동산업 민주노동조합 임시집행부, 1987)

1988년 11월 12일 100여 명의 전국 노동조합 위원장과 20여 명의 노조운동단체 대표자들은 노동자들의 다양한 투쟁 및 노동법 개정투쟁의 성과와 한계를 토대로 민주노조운동의 전국적 상급조직을 건설하기로 하였다. 1987년 7~9월 노동자 대투쟁과 1988년 노동법개정투쟁의 성과를 집적하고, 노동조합 전국조직의 필요성에 대한 문제의식이 연석회의에서 최초로 공식화되었던 것이다. 노조위원장들과 단체대표자들은 누구나 이 문제의식에 공감하였다.

그래서 서울지역노동조합협의회는 1988년 11월 28일 노동법 개정을 촉구하기 위해 전국 노동조합 간부와 조합원이 민주당에서 농성할 당시, '전노협 건설에 대한 제안'을 제출하였고, 이어서 전국노운협[2]은 1989년 3월 노동조합의 전국적 조직건설과 관련된 구체적인 토론안건을 제출하였다. 전국노운협은 전국회의의 투쟁사업과 전노협 건설투쟁에 긴밀하게 결합하여, 정책기획 및 대중적 토론을 조직하였다. 토론의 핵심적인 내용은 "노동조합의 전국적 조직화의 목표, 현 지역·업종별 협의회의 문제점, 전국적 노동조합조직에의 참여범위, 노총과의 관계설정, 연대활동의 강화, 탄압에 대한 공동대처, 정치의식을 획득하기 위한 목적의식적 활동의 강화, 상급조직 간부의 권한·책임의 명확화, 노동조합운동의 전국적인 지도구심, 노조운동탄압에 대한 강력한 연대투쟁, 법·제도개선투쟁의 강화, 여타 계층과의 연대를 모색하고 노동자계급의 정치적 진출 도모 등을 위해 전국적 조직건설을 추진하자는 것"(김용기 외, 1989, 737~739쪽)이었다. 이 과정에서 노동자 출신이든 학출이든 노조운동의 운동권들이 주도적인 역할을 담당하였다. 현재 사이버노동대학의 이사장인 김승호는 다음과 같이 증언하고 있다.

> 80년도 물론 70년대 민주화운동 노조운동 했던 부분들도 다 깨지고 다시 온 부분들이니까 사실은 80년 3년 4년 이때 이후 노동자 출신이든 학출이든 운동권들이 그 역할을 한 거란 말입니다. 우선 그거를 확인할 필요가 있다. 전노협 만들어 지기 전에 87년 대투쟁 과정에도 일부는 했지만 그때는 좀 부족했다고 자생성이 더 많았다고 볼 수 있는데 88년서부터 지노협 만들어지고 하는 과정에는 이미 목적의식적인 부분들이 주동성을 가졌다고 나는 봅니다.(김승호, 2010년 5월, 서울에서 인터뷰)

---

2) 1988년에 '노조탄압저지 전국노동자공동대책위원회'를 중심으로 전국적인 연대투쟁을 전개하였던 전국 10개, 지역 30여 개 노조운동단체들은 '전국노조운동단체협의회'(이하 전국노운협)를 결성하였다.

2) 전국노동조합협의회 건설 논쟁

민주노조운동의 전국적 조직을 결성하기 위한 투쟁에 자발적이든 조직적이든 운동권의 참여가 이루어지면서 전노협의 건설을 둘러싼 논쟁이 활발하게 전개되었다. 1980년대 초반부터 지속되었던 사회구성체론이 민주노조운동의 전국적 조직을 결성하는 것으로 부활하였다. 이러한 논쟁은 전노협이 결성되는 시점뿐만 아니라 전노협의 조직발전전략을 둘러싼 내용으로 전화되어 전노협이 해산하는 시점까지 지속되었다. 어떤 사람이든지 노동자 대중들의 제반 이해를 획득하기 위한 민주노조운동의 전국적 조직구심을 형성시켜, 이를 토대로 기업별 노조의식을 극복하기 위한 투쟁과 전국적이고 통일적인 산별 조직을 건설해야 한다는 점에 대해서는 동의하였다. 모두가 민주노종운동의 조직발전이 필요하다는 점에 대해 공감하였던 것이다. 하지만 논쟁의 다양한 근거들은 1980년대 사회구성체론의 구성요소들을 반영하고 있다. 즉 기업별 노조의식의 한계를 극복할 필요성, 기업별노조의 수평적 결합체인 지노협과 업종협의 한계를 극복할 필요성, 그리고 투쟁의 과정에서 전국적인 지도·집행력의 필요성 등이 1980년대 사회구성체론과 투쟁노선의 연장선상에서 제시되었다. 이러한 조직노선 역시 노동현장의 대중들과 긴밀하게 결합되지 못하고 선진적인 활동가 중심의 논쟁으로 구분되었지만, 노동현장의 대중들도 전국노동조합협의회의 건설문제에 대해서 다양한 방식으로 실천하였다.

아래의 〈표 2〉는 전국적이고 통일적인 조직주체를 결성하는 시기의 문제로 표출된 전노협의 조직형태를 둘러싼 건설논쟁의 경향성을 정리한 것이다.

<표 2> 전노협 조직형태 논쟁

조직형태론	전노협 건설시기	근거
한국노총 민주화론	건설포기	민주노조운동의 현실적 역량은 180만 조합원의 10%인 20만에 불과하다. 따라서 민주노조운동은 독자적인 조직주체를 건설하기보다는 각 지노협을 해체하여 한국노총의 시협의회와 통합하고, 그 속에서 민주파 블록을 형성하여 중간노조를 견인하면서 한국노총 자체를 민주화시켜야 한다.
전국노동조합협의회론	즉각건설	민주노조운동은 민주노총과 산별노조의 건설을 추진한다는 전제하에, 각 지노협 및 업종협과 같은 수평적 협의체를 전국적으로 확대한 전노협을 즉각 결성한다. 전노협은 전국 노동조합 대표자들을 중심으로 일정정도의 지도력과 집행력을 확보하는 시점에서 결성한다. 그리고 진보적 노동단체들은 전국조직의 구성원으로 직접 참여하지 않는 상태에서, 공동투쟁사업을 통해 상호연대를 강화한다.
전국노동조합총연합론	시기상조	민주노조운동의 전국조직 주체는 연합조직으로 결성되어야 한다. 전국조직의 주체는 단위사업장의 노조와 지노협·업종협, 일용노동자, 실업자의 대중조직, 그리고 단위사업장의 노민추 등으로 구성되어야 한다. 진보적 노조운동을 지향하는 단체와 노조 지원 단체 역시 일반 노동조합과 같은 자격으로 전국조직에 참여하여야 한다.

위 <표 2>에서 알 수 있듯이, 각 조직형태론의 경향성들은 전노협 건설의 방식과 위상 등을 제시하면서 노조운동의 발전방향까지 제기하고 있다. 조직형태는 곧 민주노조운동의 전략적 가치와 목표까지 담고 있었다. 조직형태의 차이는 노조운동 발전을 둘러싼 각 세력의 정치·이념적 노선의 반영, 계급주체 형성의 정도, 계급주체 형성의 방향, 민주노조운동의 전술적 방향, 그리고 노동자 정당건설운동의 발전방향과 과제에 대한 인식의 편차였기 때문이다. 세 가지 조직형태론은 모두 민주노조운동의 전국조직의 필요성에 대해서는 공감하고 있었다. 그러나 '주체역량, 민주노조운동과 노조운동단체와의 관계, 당면 투쟁전략과 전술' 등에 대해서는 상이한 견해들을 제출하였다.

한국노총 민주화론은 노동조합운동의 전국적 조직을 새롭게 건설하지 말고 민주노조들이 이미 존재하고 있는 한국노총에 들어가서 민주노조운동의 세력을 양적으로 확대하여 접수하자는 전략이었다. 이미 건설되어 있었던 지역노동조합협의회를 해체하라고 말한 것처럼, 민주노조운동의 독자적인 조직주체의 건설을 부정한 것이다. 한국노총 민주화론은 1980년대 노조운동의 대중적 투쟁역량의 강화 및 대중추수주의적인 투쟁노선을 집적하고 있다. 이 노선은 여전히 노동자들의 계급의식이나 정치의식을 매우 낮게 평가하고, 그들의 의식을 고양시키는 것이 가장 긴급한 과제라고 보았던 것이다.

반면에 전국노동조합협의회론은 1987년 7~9월 노동자 대투쟁과 1988년 노동법 개정투쟁의 성과로 건설되었던 지노협과 업종협을 민주노조운동의 전국적 조직주체로 상정하였고, 이러한 주체들을 중심으로 새로운 산업별 노조를 건설해 나가야 한다고 주장하였다. 1980년대 전위적 선도투쟁의 노선을 추구하거나 단계적으로 정치적 전위역량을 강화시키려 했던 정파운동, 특히 1987년 7~9월 노동자 대투쟁 이후에 공개적으로 방식으로 노조운동을 전개했던 정파세력의 대부분이 이 노선을 지향했다.

한편 전국노동조합협의회 및 그 활동에 대해 한국노총 민주화론과 다르게 비판하는 세력들도 있었다. 전국노동조합총연합론을 주장한 사람들이었다. 이들은 주로 1980년대에 단계적 전위역량 강화노선을 지향했던 세력의 일부였다. 전국노동조합총연합론은 전노협의 건설이 시기상조라고 하면서 새로운 전국적 조직의 필요성을 부정하지 않았지만, 민주노조운동의 양적 확대를 강조하였다는 측면에서는 한국노총민주화론과 비슷하였다. 전국노동조합총연합론은 업종별 노조협의회, 일용노동자, 실업자의 대중조직, 그리고 단위사업장의 노조민주화추진위원회 등을 전국적 조직의 주체로 설정하였던 것이다.

현재의 협의회들은 합법적 노조들만의 참여를 보장하고 있기 때문에 어용노조 내 민주적인 세력, 노동조합운동을 지원하고 있는 수많은 활동가들을 끌어안을 수 없기 때문에 문제라고 보는 시각이 그것이었다. 이를 포괄할 틀이 마련되지 않으면 노동조합운동이 계급적 요구에 따라 정치적으로 진출하지 못하고, 노동조합주의 또는 노사협조주의에 빠져들 가능성이 크다는 것이다. 그 이유로 제기되었던 것은 첫째, 각 노조들 내에 계급의식으로 무장한 활동가가 매우 적다는 것, 둘째, 기업별 노조는 노동자의 힘을 분산시키고 노사협조주의에 빠져드는 경향이 있기 때문에 당연히 산별노조를 발전시켜야 하는데, 그것은 매우 어려운 과제라서 계급의식으로 무장한 수많은 활동가를 필요로 한다는 것, 셋째, 현재의 협의회들이 가장 중요한 과제 중 하나인 대규모 사업장 어용노조 민주화투쟁을 적극 지도 · 지원하기에는 매우 취약하다는 것 등을 들었다. 이들 중 일부는 그 해결방안으로 전국노운협과 노조협의회를 포괄하는 전국노동조합운동연합을 결성할 것을 제의하였다.(김명시, 1989, 42쪽)

그러나 한국노총 민주화론과 전국노동조합총연합론은 노조운동단체뿐만 아니라 노동현장에서 거부되었다. 노동자들은 전국적 조직의 필요성을 절감하고 있었고, 1987년 노동자 대투쟁과 1988년 노동법 개정투쟁의 성과를 조직화하려 하였다. 대부분의 노조운동단체들은 민주노조운동은 대중적 토대가 취약하기 때문에, 각 지노협을 해체하고 한국노총 내부의 산업별 체계를 점진적으로 민주화시켜야 한다는 한국노총 민주화론을 비판하였다. 또한 전국조직을 건설할만한 주체역량의 성장을 인정했지만, 지노협만을 토대로 하는 전국조직의 건설에 대해서는 반대하면서 보다 광범위한 대중주체들의 참여를 전제로 하는 전국조직 건설의 필요성을 제기하였던 전국노동조합총연합론도 비판의 대상이 되었다.[3] 결과적으로 전노협 건설을 둘러싼 조직발전

---

3) 한국노총민주화론이 다른 이론적 노선에 대해 비판하는 것을 확인하려면 장명국, 1989 ; 한종구, 1989, 69~90쪽을 참조하시오.

논쟁은 민주노조운동의 전국적 조직주체의 건설을 통해 민주노조운동의 통일적 발전과 그 토대의 강화 그리고 노조운동의 대중적 조직을 형성·강화하자는 통일적 입장으로 수렴되었다. 하지만 한국노총 민주화론과 전국노동조합총연합론에서 제기하였던 '주체의 양적 확대 전략'은 향후 ILO공대위의 건설 및 전국노동자대표자회의라는 전국조직을 새롭게 건설해 나가는 논의의 토대로 작용하였고, 현재 진행되고 있는 조직통합을 중심으로 한 산업별 노조건설전략의 역사적 토대라고 할 수 있다.

3) 전국노동조합협의회 건설논쟁의 의의

전노협 건설논쟁은 민주노조운동의 산별노조 건설전략을 둘러싼 쟁점이기도 했다. 산별노조의 건설에 대한 인식은 1987년 7~9월 노동자대투쟁(이하 대투쟁) 이후 1990년 1월 전노협을 결성하기 이전까지 민주노조운동의 '지역별 협의체' 활동을 어떻게 보느냐의 문제와 긴밀하게 연계되어 있었다. 현 시점에서 대투쟁의 성과와 산별노조 결성운동 간의 상호관계를 보기 위해서는 대투쟁의 성과를 두 가지로 구분해서 볼 필요가 있다. 대투쟁의 조직적 성과를 넓은 의미의 관점에서 본다면, 현재 민주노총의 토대이자 산별노조 결성운동의 또 다른 역사적 당위로 작용했다.

그런데 1987년 노동자 대투쟁의 조직적 성과를 좀 더 좁은 관점에서 본다면, 전노협이 결성되기 이전까지 각 지역별로 협의체를 결성하는 것으로 집중되었고, 조직주체는 지역별 공동투쟁의 실질적인 힘으로 작용했다. 많은 사람들이 대투쟁의 성과를 전자로 귀결시키고 있지만, 결코 틀린 말이 아니다. 오히려 민주노총의 역사적 정체성을 대투쟁의 성과에서 찾고 있다는 점을 과소평가할 수 없다. 하지만 대투쟁의 실질적인 성과를 좀 더 좁은 관점에서 강조하는 경우는 그리 많지 않다. 투쟁으로 결성된 지역별 협의체가 지역별 연대투쟁의 실질적 구심체로 존재하면서 전노협이라는 전국적 상급단체 또한 투쟁으로 결성해냈다는 사실이다. 민주노조운동의 역사에 대해 인식하고 있는 많은 사람들은 1988년과 1989년에 전개되었던 많은 지역별 공동투쟁, 특히 경노협·인노협·서노협 시절의 투쟁경험을 무용담처럼 이야기한다. 이러한 경험은 무용담으로 계승되는 것이 아니라 실질적인 조직발전의 동력으로 계승되어야 한다.

1987년 노동자 대투쟁 이후, 각 지역 노동조합의 연맹체·연합체들은 전노협의 조직적 토대였던 연대조직을 결성하였다. 이 연대조직들은 현상적으로는 1987년 대투쟁의 과정에서 자연스럽게 형성된 지역적 연대투쟁의 성과였다. 전 전노협 조직국장이었던 김종배는 다음과 같이 증언하였다.

> 전노협의 실질적 토대였던 지노협은 각 지역에 존재했던 노동단체들과 활동가들의 투쟁결과라 할 수 있다. 1987년 대투쟁의 과정에서 긴밀하게 결합했던 단체와 활동가들은 투쟁과정에서 배출된 선진노동자들의 조직, 선진 활동가들 간의 교류 형성, 노동조합 간의 일상적 연대 형성, 지역 내 연대투쟁을 조직하는 활동 등을 전개하였다. 이러한 활동들이 각 지노협 결성의 실질적인 동력으로 작용하였다. 특히 전국노운협이 결성되고 난 이후, 지노협 결성은 가속화되었다고 할 수 있다. 16개 지노협 중 마창·서울·성남·진주를 제외한 12개 지노협이 전국노운협에 소속된 지역적 주체들의 결합으로 결성되었다는 점이 시사하는 바가 크다.

한국노총 민주화론이나 전국노동조합총연합론이 지역이나 노동현장에 영향을 미치지 못하고, 지노협과 업종협의회를 중심으로 전노협이 건설될 수밖에 없었던 점에 대해서 현재 사이버노동대학 이사장인 김승호는 다음과 같이 이야기하고 있다.

전노협도 전노협 중앙만 보면 안 되고 전체를 보는 게 좋을 거 같아요. 내가 볼 때는. 그럼 지역을 보면 어떤 지역의 지노협이나 업종협의회들이 만들어지잖아요. 근데 그 부분들이 대부분 보면 그 목적의식성 운동권 이른바 인제 세칭 운동권이라 하는 부분들이 전부 다 거기에 전부다 사실 산파 역할을 하거든요.……그 부분들이 축이 되가지고 자생적으로 올라온 기업별 노조들을 지역적으로나 업종으로 이렇게 모아내면서 기업별이지만은 기업별을 인제 한계를 넘어서는 계급적인 어떤 단결을 지향해 나가는 연대 활동들이 됐지요. 그래서 지역 업종 연대틀이라는 형태로 나타나지잖아요. 88년 그랬고 그랬죠. 그리고 그것이 모아져서 딱 한 게 인제 노동자대회로 88년 노동자대회로 다 모아져 보잖아요. 아, 모아져 보니까 이게 인제 된다, 될 수 있다는 확신이 생겼죠.(김승호, 2010년 5월, 서울에서 인터뷰)

전국의 지역별·업종별 노동조합협의회 대표자들은 이러한 투쟁의 성과를 바탕으로 12월 22일, 대전에서 대표자회의를 열고 지속적인 전국노동자의 단결을 위해 지역·업종별노동조합전국회의를 결성하였고, 그 산하에 당면투쟁의 전국적 공동수행을 위한 임금인상 및 노동법개정전국투쟁본부를 두기로 결정하였다. 전국노운협의 지도부들은 전국회의의 결성 및 운영과정에서 정치적 지도력을 발휘하였다. 전국회의는 지노협을 중심축으로 일부 업종별협의체와 노조운동단체를 보조축으로 하여 결성되었지만, 전국노운협은 노조운동단체의 대표성을 부여받은 상태에서 전국회의의 또 다른 중심축이었다.

전국회의는 1989년 공동임투와 노조운동탄압 저지투쟁을 저지하면서 단계적으로 전노협 결성투쟁을 전개하였다. 전국회의는 전노협준비소위원회 결성(제3차 회의, 1989.2.23~24), 전노협준비소위원회 강화(제6차 회의, 1989.5.17~18), 전노협준비소위원회와 전국노동법개정 및 임금인상투쟁본부를 해체하고 중앙집행위원회 설치(제8차 회의, 1989.7.19~20), 전노협 건설일정 및 사업계획 확정(제12차, 1989.11.23~24) 그리고 제13차 회의(1989.12.11~12)에서 전노협 창립준비위원회 체계 및 담당자 확정, 강령규약의 주요 내용 및 일정 확정을 끝으로 해소되었다. 이 과정에서 전국노운협의 대표 1인은 전국회의의 중앙집행위원의 자격으로 회의에 참여하여 1989년 12월 17일 전노협준비위원회가 발족되기 이전까지 전노협 결성투쟁의 주요 역할을 담당하였다.

지역·업종별 노동조합전국회의(1989.11.12)는 전노협 건설의 필요성을 당시 노동조합운동의 한계에서 찾았다. 더 이상 단위노조나 지역적 단결만으로 해결할 수 없는 어려움에 처해 있었던 것이다. 지역·업종별 노동조합전국회의는 기업별 노조의 협의적 관계로 유지되고 있어서, 전체 노동자의 이해를 대변하고 투쟁하기가 어려웠을 뿐만 아니라 조직의 강화 및 확대가 어려웠던 상황이었다. 왜냐하면 지역·업종별 노동조합전국회의는 법적으로 노동조합의 상급단체로 인정되지 않는 임의단체였기에 교섭권과 쟁의권을 가질 수 없었고, 이로 인해 지역·업종 전체의 단결을 꾀하기 어려웠었다.

그래서 지역·업종별 노동조합전국회의는 그 해답을 전국조직의 건설에서 찾았다. 지역·업종별 노동조합전국회의는 우선 전노협이 건설되면 지금과 어떻게 달라질까? 혹은 노동조합이 처한 여러 가지 어려움들을 정말로 해결될 수 있을까 하는 의문의 해결이 급선무였다. 전노협은 노동자의 권익을 쟁취하기 위한 무기였던 것이다. 전노협은 전지전능의 신, 만병통치약이 아니라 오늘의 바람찬 투쟁의 현장에 우리 일천만 노동자가 하나의 대오로 결집하여 경제적·정치사회적 요구를 스스로 해결해 나가기 위한 조직적 힘이었다. 지역·업종별 노동조합전국회의는 전국의 노동조합이 전노협으로 조직될 경우에 나타날 수 있는 현상을 다음과 같이 기술하였다.

계급의식, 정치의식이 높아진다. 일상활동이 전문화된다. 전체 노동자의 이해를 대변하고 투쟁해 나간다. 전국적인 단일대오로서 공동투쟁을 해나간다. 농민, 빈민, 학생 등 광범한 민중민주세력과 연대사업을 강화한다.(지역·업종별 노동조합전국회의, 1989, 26~32쪽)

이처럼 노동자들은 산고의 고초를 겪으면서 아니 또 다른 산고의 고통을 각오한 채 노동자 자신의 조직인 전노협을 출범시켰다. 새로운 조직의 출현이 곧 또 다른 조직발전의 시작이었다는 점에 대해 1980년대 중반에 남노련 활동을 했고, 1990년 당시 월간 『노동자』의 기획위원이었던 최규엽은 다음과 같이 말한다.

전노협은 기본적으로 한국노총 내에서의 민주화의 가능성을 부정하고 새로운 산별노조를 중심으로 하는 진정한 노동조합 전국조직을 지향하는 과도기적 성격을 갖고 있다 할 것이다.……전노협은 이러한 신생 대기업 민주노조들과 업종별 노조들을 올바르게 조직하여 시급히 산별노조체계로 전환해 나가는 것이야말로 가장 중요한 과제라 할 수 있다. 노동자는 하나다는 계급의식으로 뭉치고 민주노조와 노동자들의 생존을 지켜내고, 노조운동의 지속적인 발전을 위해 1990년 1월 22일에 전노협이 결성되었다.(최규엽, 1990, 194~196쪽)

6. 맺음말

1980년대 사회구성체론은 정파운동을 매개로 하여 노동현장에 투영되었다. 그 주체는 학생운동을 중단하고 노동현장에 참여한 활동가들이었다. 이들은 노동현장에서 사회구성체론의 다양한 이론을 무기로 노조운동의 투쟁노선과 조직노선을 정파운동의 일환으로 추구하였다. 학출과 일부 선진노동자들은 노동조합운동의 다양한 소그룹을 중심으로 정파운동을 전개하였다. 당시 현장으로 침투하려는 학생운동의 활동가들은 장기간 현장투신을 위해 준비하였고, 이 과정에서 의식화의 교육매체 선전 및 학습, 의식화전술, 현장 활동가로서의 품성, 소그룹 형성론, 외부세력과의 연계구조형성 등을 집중적으로 훈련하였다. 학출들은 사회구성체론을 무기로 이러한 조직활동 및 정파운동을 전개하였다. 이러한 정파운동은 1987년 노동자 대투쟁 이후 전국노동조합협의회의 및 민주노총 건설투쟁의 밑거름이자 노동자 정치세력화의 주체들을 양성하였다. 물론 1980년대 사회구성체론의 연장선에서 국민과 함께 하는 노조운동 및 진보적 노동조합주의를 지향하는 이론은 이미 1990년 하반기부터 전노협 위기론으로 등장하여 노동조합운동에 영향을 끼쳤고, 이후 전노협 청산운동의 계기로 작용하였다.

따라서 사회구성체론은 혹은 최근의 체제논쟁은 건강한 정파운동과 함께 실천적 변혁운동의 이론적 토대로 정착되어야 한다. 그것을 위해서는 사회구성체론이 권력 헤게모니에 의해 조작되지 않아야 하는데, 이를 위해서는 논쟁과 토론이 공개적으로 활성화되어야 한다. 음모적이면서도 비밀리에 추진되는 정파주의적 토론이 지양되어야 한다. 또한 이론적 논쟁과 토론의 결과를 수용하는 문화도 필요하다. 논쟁과 토론의 과정에서 비판은 있는데, 그 성과는 온데간데없다. 토론회는 그저 형식적인 행사로 전락하거나 결정의 명분을 쌓는 과정으로 치부되고, 서로가 서로에게 상처만 남기는 최악의 논쟁과 토론만이 존재해서는 안 된다. 건강한 정파운동이 혁명적 이론을 둘러싼 논쟁으로 활성화되고, 민주노조운동의 미래를 여는 디딤돌이 되어야 하는 것이다. 건강한 정파운동은 함께 투쟁하고 실천하는 과정에서 활성화되어야 한다. 정파운동을 배격하는 순간, 민주노조운동은 노동조합주의나 노동자주의로 전락할 가능성이 아주 많다.

▣ 참고문헌

경동산업 민주노동조합 임시집행부, 1987.8.28『투쟁자료집』.

김명시, 1989『전노협건설과 노동조합운동의 현 단계』, 백산서당.

김용기·박승옥 엮음, 1989『한국노조운동논쟁사』, 현장문학사.

김종엽, 2005「분단체제와 87년체제」『창작과비평』 130호(겨울호).

김종엽 편, 2009『87년 체제론: 민주화 이후 한국사회의 인식과 새 전망』, 창비.

김진균, 1999「1980년대 : '위대한 각성'과 새로운 주체형성의 시대」『1980년대 혁명의 시대』(이해영 편), 새로운 세상.

민주사회를 위한 변호사 모임, 1991『변론자료집 1』.

손호철, 2009a「한국체제' 논쟁을 다시 생각 한다: 87년 체제, 97년 체제, 08년 체제론을 중심으로」『한국과 국제정치』 25권 2호(여름호)

______, 2009b「한국사회체제론'을 다시 생각한다: 사회학적 서술주의와 추상성의 혼돈을 넘어서」서강대 사회과학연구소 20주년 학술심포지엄 발표논문.

서영표, 2009「일상적 정치공간에 대한 통찰과 추상적 이론논쟁」서강대 사회과학연구소 20주년 학술심포지엄 발표논문(2009년 11월 13일).

양재원, 1989「민족민주운동의 활성화가 낳았던 정치노선논쟁」사회와 사상,『80년대 사회운동논쟁』, 한길사.

이해영, 1999「思想史'로서의 '1980년대' : 우리에게 1980년대란 무엇인가?」『1980년대 혁명의 시대』(이해영 편), 새로운 세상.

제헌의회그룹, 1986「혁명운동의 기수를 제헌의회 소집으로(86.6~7)」(김용기·박승옥 엮음, 1989)

장명국, 1989「노동조합 전국조직 건설의 방향」『새벽』 제4호, 석탑.

지역·업종별 노동조합전국회의, 1989『전노협건설로 총진군하자』.

조희연 편, 1989『한국사회구성체논쟁(Ⅱ)』, 죽산.

조희연·박현채 편, 1989『한국사회구성체논쟁』 제1~2권, 죽산.

조희연·서영표, 2009「체제논쟁과 헤게모니전략」경상대학교 사회과학연구원,『마르크스주의 연구』 15호(가을호).

조희연, 2009a「87년 체제', '97년체제'와 민주개혁운동의 전환적 위기」『87년 체제론: 민주화 이후 한국사회의 인식과 새 전망』(김종엽 편), 창비.

______, 2009b「97년 체제의 '이중성'과 08년 체제하에서의 '헤게모니적 전략'에 대한 고민」서강대 사회과학연구소 20주년 학술심포지엄 발표논문(2009년

　　11월 13일).
지역·업종별 노동조합전국회의, 1989『전노협건설로 총진군하자』.
채만수, 「다시, 2003, 한국사회의 구성과 성격에 대하여」한국노동이론정책연구
　　소 연구소창립8주년 기념 심포지움(2003년 9월 27일).
최규엽, 1990「전노협 건설의 역사적 의미와 과제」『노동자』, 편집부.
크리스챤아카데미, 1985「중간집단과 한국사회」『자료집』.
한종구, 1989『노동조합운동의 올바른 발전을 위하여』, 백산서당.
편집부 엮음, 1988a『팜프렛 조직노선』, 일송정.
______, 1988b『팜프렛 정치노선』, 일송정.

〈구술자료〉
김상철, 2010 인터뷰, 마산.
김승호, 2010 인터뷰, 서울.
김종배, 1997 인터뷰, 서울.
김혜란, 2005 인터뷰, 서울.
백순환, 2007 인터뷰, 거제.
황용재, 2007 인터뷰, 서울.
홍지욱, 2010 인터뷰, 마산.

찾아보기

ㄷ

필자소개
(원고게재순)

▶ **안병욱** · 2001~2010년에 민주화운동기념사업회 이사, 가톨릭대학 교수
「전근대 민중운동의 논리와 이념」(1994), 「한반도 통일국가의 목표
와 체제」(2000), 「유신체제와 반유신 민주화운동」(2006), 「한국 과거
청산의 현황과 과제」(2010)

▶ **이준식** · 대통령소속친일반민족행위자행위자재산조사위원회 상임위원 현재
는 연세대학교
『농촌 사회 변동과 농민 운동』(1994), 『일제하 만경강 유역의 사회
사』(공저, 2007), 『조선공산당 성립과 활동』(2009), 『植民地朝鮮の子
どもたちと生きた敎師 上甲米太郎』(공저)

▶ **김정인** · 춘천교육대학교 사회과교육과 부교수
『우리 학문 속의 미국』(공저, 2003), 『개벽에 비친 식민지 조선의 얼
굴』(공저, 2007), 『동아시아에서 역사인식의 국경넘기』(공저, 2008),
『천도교 근대 민족운동 연구』(2009)

▶ **김지형** · 한양대학교 동아시아문화연구소 연구교수
『데탕트와 남북관계』(2008), 『한국민주화운동사 3』(공저, 2010), 「7·4
공동성명 전후의 남북대화」(2008), 「4월항쟁기 부산지역 통일운동
의 탈지역성」(2010)

▶ **이상록** · 국사편찬위원회 편사연구사
「박정희체제의 사회정화담론과 청년문화」(2006), 「1960~1970년대 비
판적 지식인들의 근대화 인식」(2007), 「함석헌의 민중 인식과 민주
주의론」(2010)

▶ **이세영** · 한신대학교 인문대학 국사학과 교수

대한제국의 토지조사사업(공저, 1995), 『한국사연구와 과학성』(1997), 『조선후기 정치경제사』(2004)

▶ **이용기** · 성균관대학교 동아시아학술원 선임연구원

『근대를 다시 읽는다-한국 근대 인식의 새로운 패러다임을 위하여』(공저, 2006), 「역사학, 구술사를 만나다-역사학자의 관점에서 본 구술사의 현황과 과제」(2009), 「식민지기 민중의 셈법과 '자율적' 생활세계」(2010), 「'새로운 민중사'의 지향과 현주소」(2010).

▶ **류동민** · 충남대학교 경제학과 교수

『프로메테우스의 경제학』(2009), 『경제학의 숲에서 길을 찾다』(2009), 『맑스의 경제학』(역서, 2010)

▶ **김영수** · 경상대학교 연구교수

『과거사 청산, 민주화를 넘어 사회화로』(2008), 『민주주의를 혁명하라』(2009)